JEAN-JACQUES ROUSSEAU

Vom Gesellschaftsvertrag

Klassiker Auslegen

Herausgegeben von
Otfried Höffe
Band 20

Otfried Höffe ist o. Professor für Philosophie
an der Universität Tübingen.

Jean-Jacques Rousseau

Vom Gesellschaftsvertrag oder Prinzipien des Staatsrechts

Herausgegeben
von Reinhard Brandt und
Karlfriedrich Herb

2., bearbeitete Auflage

Akademie Verlag

Titelbild: Jean-Jacques Rousseau, Ausschnitt aus einem Gemälde von Allan Ramsey, 1766, National Gallery of Scotland

Bibliografische Information der Deutschen Nationalbibliothek

Die Deutsche Nationalbibliothek verzeichnet diese Publikation in der Deutschen Nationalbibliografie; detaillierte bibliografische Daten sind im Internet über http://dnb.d-nb.de abrufbar.

ISBN 978-3-05-005146-8
E-Book-ISBN 978-3-05-006018-7

Ein Wissenschaftsverlag der Oldenbourg Gruppe

www.akademie-verlag.de
Dieses Papier ist alterungsbeständig nach DIN/ISO 9706

Gesamtgestaltung: K. Groß, J. Metze, Chamäleon Design Agentur, Berlin
Satz: Print-Out, Castrop-Rauxel
Druck: MB Medienhaus Berlin

Printed in the Federal Republic of Germany

Inhalt

Vorwort

Bescheiden im Umfang, revolutionär in der Wirkung, kontrovers in seinen Deutungen behauptet sich Rousseaus Schrift *Vom Gesellschaftsvertrag oder Prinzipien des Staatsrechts* (1762) bis heute unangefochten unter den Klassikern der Politischen Philosophie der Moderne. Mit intellektueller Verve geschrieben, bündelt das schmale Buch zentrale Ideen des antiken und neuzeitlichen Naturrechts und gibt ihnen eine neue Pointe. Zum Zentrum wird die Freiheit des Menschen gemacht, aufgehoben im paradoxen Gesellschaftsvertrag. In ihm konzentriert sich die Begründung der Prinzipien des Staatsrechts, nur durch ihn soll die Einheit von Selbstbestimmung und Herrschaft, von Freiheit und gesetzlicher Bindung einsichtig werden. Daß die Natur des Menschen Freiheit sei, lautet die schlichte und revolutionäre Botschaft, auf der Rousseau seine vertragstheoretische Legitimation staatlicher Herrschaft aufbaut. Aber so fundamental der Vertrag für diese neuartige Wissenschaft vom Staat ist, so schillernd und zwiespältig erscheint er in seiner genaueren theoretischen Entfaltung. Er läßt sich gleichermaßen als Grundformel für die moderne Rechtsidee wie auch für die Wiederbelebung der antiken Republik bemühen. Rousseau formuliert das neue Fanal: „Der Mensch ist frei geboren, und überall liegt er in Ketten“; „Auf seine Freiheit verzichten, heißt auf sein Menschsein verzichten, auf seine Menschheitsrechte, sogar auf seine Pflichten“. Aber die freien Menschen, die im Vertrag ihre Freiheit nicht verlieren, sondern erhalten oder in ihrer wahren Form gewinnen sollen, werden zu einem „moi commun“, einem „gemeinsamen Ich“ vergesellschaftet, sie werden bis in den Nerv ihrer Existenz Glieder der Gesellschaft. Dadurch wird der freiheitsgewährende Unterschied von Mensch und Bürger im Gesellschaftsvertrag, dem Fundament der Vereinigung, aufgehoben! Neben diese inhaltliche Spannung tritt die Sprengkraft der Darstellung, denn der rechtsphilosophische Traktat ist zugleich als politisches Pamphlet verfaßt. Rousseau nimmt einerseits die Themen und Positionen einer gelehrten Tradition von Hugo Grotius und Thomas Hobbes, von John Locke und Samuel Pufendorf auf, andererseits ist seine Diktion jedoch nicht wie bei diesen Autoren akademisch neutral, sondern durchsetzt von rhetorischen Glanzlichtern, die die Gedanken in ihr Extrem setzen und die detaillierte Begriffsarbeit übertönen. Welche Freiheit war es genau, die im Akt der Vergesellschaftung nicht verlorengehen soll? Konnten die Menschen im Naturzustand alles Beliebige tun? Sicher nicht, aber welches ist der deontologische Grund der dem Staat zuvorliegenden Freiheitsgesetze und Pflichten? Die Natur? Ist der allgemeine Wille an etwas gebunden, das ihm zuvorliegt? Und: Welche juridischen Möglichkeiten hat der Bürger, der in einen Dissens mit dem Gemeinwesen gerät und seine Freiheit bewahrt sehen möchte? Rousseau läßt den Leser bei essentiellen Fragen im Stich und eilt zu weiteren Themen.

Rousseau gehört zu den Autoren, die ihre Interpreten immer wieder ins Unrecht setzen. Wenige Positionen seines umfangreichen Werkes läßt er unwidersprochen, wenige Gewißheiten bleiben unzweifelhaft. Einer derartigen Spannung sehen sich auch Leser und Interpreten von Rousseaus staatsphilosophischem Hauptwerk ausgesetzt. Sichtung und Analyse der Vielschichtigkeiten des Werkes muß deshalb als Imperativ für jede Beschäftigung mit dem *Gesellschaftsvertrag* gelten. Ihm tragen die Kommentare und Interpretationen des vorliegenden Bandes – auf je eigene Weise – Rechnung; sie konzentrieren sich, der Chronologie des Werkes folgend, auf die wichtigsten Fragen, Thesen und Argumentationen des *Gesellschaftsvertrages*. Der Band vereint einflußreiche Beiträge der Rousseau-Forschung aus den letzten Jahrzehnten und eigens für diese Sammlung verfaßte Aufsätze. Frau Michaela Rehm, M.A. (München), gilt unser Dank für die tatkräftige Unterstützung bei der Vorbereitung der Aufsatzsammlung.

Reinhard Brandt und Karlfriedrich Herb
Marburg und München im März 1999

Vorwort zur Neuauflage

Die Neuauflage des Kommentarbandes zu Rousseaus politischem Hauptwerk *Vom Gesellschaftsvertrag oder Prinzipien des Staatsrechts* erscheint pünktlich zur Wiederkehr des 300. Geburtstags seines Verfassers. Suchten Leser und Interpreten zu Rousseaus 200. Geburtstag nach der Einheit des Rousseauschen Oeuvres, so führt die Vergewisserung seines Erbes heute zu seinen Widersprüchen und Ambivalenzen. Dies kann durchaus als interpretatorischer Fortschritt gewertet werden. Wer sich heutzutage an die Lektüre des schmalen Werkes zum *Gesellschaftsvertrag* wagt, dem kann die fehlende Einheit des Entwurfes nicht verborgen bleiben. Wie Vertragstheorie und Republikanismus, Volkssouveränität und *législateur*, Gemeinwillen und Zivilreligion zusammenpassen, bleibt bis heute kontrovers.

Die in diesem Band versammelten Aufsätze geben diesem Tatbestand auf ihre Weise Ausdruck. Der „Vielschichtigkeit des Werkes Rechnung tragen" – so lautete der gemeinsame Tenor der 1999 erschienenen Erstauflage. Die Aufsatzsammlung erscheint nun – von lästigen Flüchtigkeitsfehlern befreit – in unveränderter Form und mit Ergänzung neuer Literatur. Zugegebenermaßen bleibt auch bei der Neuauflage ein wichtiges Thema des *Gesellschaftsvertrages* ausgespart: Das Schweigen Rousseaus über die Frau in der Republik. Neuere Interpretationen (vor allem Kuster 2005) haben indes gezeigt, dass die Geschlechterdifferenz die geheime Matrix der Politischen Philosophie Rousseaus erhält und ein neues Licht auf Rousseaus Konstitution von Privatheit und Öffentlichkeit wirft. In diesem Sinne ließe sich auch der berühmte Eingangssatz des *Gesellschaftsvertrages* „L'homme est libre" in seiner profunden Ambivalenz neu lesen.

Die Herausgeber danken Sabine Hausner, Philipp Heil und Georg Jürgens für die tatkräftige Unterstützung bei der Neuauflage und Magdalena Scherl, M.A. für die kritische Revision der Bibliografie.

Reinhard Brandt und Karlfriedrich Herb, Marburg und Regensburg im April 2012.

Reinhard Brandt / Karlfriedrich Herb

Einführung in Rousseaus *Gesellschaftsvertrag*

1.1 Aufnahme eines Klassikers

Wenig gelesen und von sehr wenigen verstanden, so beschreibt ein Zeitgenosse Rousseaus das frühe Schicksal des *Gesellschaftsvertrags*. Seine bescheidene Resonanz verdankt das schmale Buch dem Namen des Verfassers. Während Rousseaus andere Werke hohe Auflagen erzielen, wird der *Gesellschaftsvertrag* in knapp drei Jahrzehnten nur einmal separat aufgelegt. Der verlegerische Mißerfolg spiegelt das geringe Leseinteresse an Rousseaus Philosophie des Rechts wider. Ihre eigentliche Erfolgsgeschichte beginnt erst mit der Französischen Revolution und aus Gründen, die sein Autor selbst kritisch gewertet hätte. Die Sympathien der Revolutionäre für den *Gesellschaftsvertrag* wären von seinem Autor nicht erwidert worden. Wenig Anlaß zum Enthusiasmus bieten offenbar auch die Umstände, unter denen Rousseau im Frühjahr 1762 sein Hauptwerk zur Rechts- und Staatsphilosophie veröffentlicht. Denn was er auf gerade einmal zweiundsiebzig Druckseiten als seine *Prinzipien des Staatsrechts* vorlegt, ist bei weitem nicht die Ausführung jenes ehrgeizigen Unternehmens der *Institutions politiques*, das ihn seit Beginn der vierziger Jahre beschäftigt und seine Reputation als Rechtsphilosoph schaffen soll (vgl. *Confessions* I 404, 516). Ein solches Unternehmen, gesteht Rousseau in der *Vorbemerkung* zum *Gesellschaftsvertrag*, sei über seine Kräfte gegangen. Infolge dessen könne die *kleine Abhandlung (petit traité)* allenfalls als *Auszug* aus jenem größeren Werk bezeichnet werden (III 249). Dieses selber ist am Ende bloßes Projekt geblieben. Was nur ein Teil des Ganzen sein sollte, war am Ende schon das Ganze.

Daß Rousseau mit dem *Gesellschaftsvertrag* so deutlich hinter seinen selbstgesteckten Zielen zurückbleibt, hat seiner Erfolgsgeschichte keinen Abbruch getan. Es gibt nur wenige Werke der Politischen Philosophie, die dem *Gesellschaftsvertrag* in ideengeschichtlicher und politischer Wirkung gleichkämen, und darunter kaum eines, dessen Bedeutung und Stellung im Verlauf seiner Rezeptionsgeschichte so kontrovers diskutiert wurde. Möglicherweise beruht bereits sein erster Erfolg bei den Akteuren der Französischen Revolution auf einem Mißverständnis. Bis heute scheint es sich beharrlich allen eindeutigen und endgültigen Festlegungen zu entziehen. Die zahllosen Versuche, Rousseau als Begründer der modernen Idee des Rechts, der modernen Demokratie, des Liberalismus, als Begünstiger von Despotismus und Totalitarismus zu feiern oder zu überführen, wirken, jeder für sich, unbefriedigend. Sie treffen, im besten Fall, Einzelnes, versagen aber mit Blick auf das Ganze des *Gesellschaftsvertrags*.

Daß Rousseaus Rechts- und Staatsphilosophie bei ihren Lesern und Interpreten in keinem Augenblick eine eindeutige und unstrittige Einschätzung gefunden hat, kann angesichts der Vielschichtigkeit des Werkes kaum überraschen. Mit einiger Vergröberung läßt sich die Vielzahl widerstreitender Rousseau-Deutungen als Variation jener Zuordnung verstehen, die Kant und Constant am Ende des achtzehnten Jahrhunderts für den *Gesellschaftsvertrag* treffen. Beide sind gleichermaßen überzeugt von der epochalen Bedeutung Rousseaus für die Formierung der Idee der Menschenrechte, ordnen den *Gesellschaftsvertrag* jedoch ganz unterschiedlichen Theorietypen zu. Liest Kant das Werk als Philosophie der Freiheit, die mit dem *Ideal des Bürgerbundes* den Schlüsselbegriff des modernen Staatsrechts liefert, so wittert Constant im *Contrat social* die theoretische Begünstigung des Despotismus. Rousseau orientiere sich an einem geschichtlich überholten Freiheitsbegriff und trage mit diesem Anachronismus wesentlich zur Pathologie des revolutionären Terrors bei.

Es ließe sich schwer entscheiden, welche Lesart im Laufe der wechselvollen Rezeptionsgeschichte die Oberhand gewonnen hat. Den Freunden Rousseaus steht eine lange Liste von erbitterten Rousseau-Gegnern gegenüber. Unter ihnen finden sich zuweilen, vor allem in der Frühgeschichte der Rezeption, die besseren Rousseau-Kenner. Bis heute scheint der *Gesellschaftsvertrag* nichts von seiner polarisierenden Kraft verloren zu haben. So überzeugend die Kantische Option im Grundsätzlichen auch sein mag, als ganz abwegig wird man Constants Sichtweise angesichts der Mittel, mit denen Rousseau die Herrschaft des allgemeinen Willens garantieren will, nicht abtun können; zumal auch Kant selbst die Rousseausche Freiheitsprämisse derart abändert, daß ein gänzlich anderer Theorietyp entsteht. Jedenfalls gehört es zum eigentümlichen Schicksal des *Gesellschaftsvertrags*, schon bald den Vorwurf auf sich zu ziehen, mit dem er selbst die Tradition des modernen Vertragsrechts bedenkt. Angetreten mit dem Anspruch, den *Fauteurs du despotisme*, allen voran Hobbes und Grotius, das Handwerk zu legen, gerät Rousseau selbst schnell unter Despotismus-Verdacht. „Die Begünstiger des Despotismus können aus den Prinzipien Rousseaus einen immensen Vorteil ziehen“, schreibt Constant nach den Erfahrungen des Jakobinerterrors und der Herrschaft des Direktoriums. Interpreten des zwanzigsten Jahrhunderts sollten nicht zögern, in Rousseau einen der geistigen Väter des Totalitarismus auszumachen (exemplarisch Cobban, Talmon). Constants Vorwurf kommt angesichts der paradoxen Lektüre, die der *Contrat social* in der Französischen Revolution erfährt, nicht einmal überraschend. Viele der Akteure der Revolution sehen sich durch Rousseau in ihrem politischen Willen bestärkt und erkennen im *Contrat social* die Programmschrift ihrer Revolution wieder. Einige lesen die Revolution sogar als eine Art Entwicklungsroman des *Gesellschaftvertrags* und die politischen Ereignisse als Werkinterpretation. So schreibt Lakanal im September 1794 im *Moniteur*: „Es ist gewissermaßen die Revolution, die uns den Contrat social erklärt hat.“ Folgt man einer neueren Interpretation (Manent 1987), gibt Rousseau mit seinem Werk den Takt für die politische Einschreibung der Prinzipien von 1789. Einer solchen Interpretation steht die Warnung gegenüber, Rousseaus Politische Philosophie über die Revolution und deren Auslegung des *Gesellschaftsvertrags* zu erschließen (Philonenko 1984). Statt nach Übereinstimmungen zwischen Rousseauschen Prinzipien und Jakobinischer Politik zu suchen, so die Forderung, ist vielmehr die Logik der Verzeichnung und Deformation aufzudecken (vgl. Gauchet 1989, 118).

Rousseau selbst äußert sich vergleichsweise eindeutig zum Phänomen der politischen Revolution. Er hat das Kommen revolutionärer Veränderungen vorausgesagt, ohne darin irgendeine Hoffnung auf Rechtsfortschritt zu setzen. Seine Prognose für die nahe Zukunft Europas ist düster, aus ihr spricht eine grundsätzliche Skepsis gegenüber Sinn und Folgen der Revolution. Wenn die pauschale Verurteilung des bestehenden Rechts im Zeichen der Vertragsidee (vgl. III 352) beim Leser vielleicht den Gedanken an ein Revolutionsrecht aufkommen läßt, so wehrt sich Rousseau energisch gegen ein solches Verständnis. Der *Gesellschaftsvertrag* enthält keine Aufforderung zum Widerstand. Offensichtlich sieht sich Rousseau genötigt, dies später ausdrücklich zu betonen. „Man bestand hartnäckig darauf, einen Beförderer von Umsturz und Unruhen in dem Mann zu sehen“, richtet Rousseau über Jean-Jacques, „der auf der Welt die aufrichtigste Hochachtung vor den Gesetzen und nationalen Verfassungen und den größten Widerwillen gegen alle Revolutionen und gegen Verschwörer aller Art hat, den sie ihm heimzahlen.“ (I 935) Als Rechtfertigung oder gar Programmschrift der Revolution, als die man einen anderen Klassiker der Politischen Philosophie lesen gelernt hat, Lockes *Second Treatise of Government*, kann man den *Gesellschaftsvertrag*, zumindest im Selbstverständnis des Autors, nicht verstehen. Für Rousseaus Konservatismus sind allerdings noch andere als die Rechtsgründe des *Gesellschaftsvertrags* verantwortlich.

1.2 Rezeption

Wenn es sich immer wieder als schwierig herausstellt, sich des konkreten Gehalts des *Gesellschaftsvertrags* zu vergewissern, so hängt dies nicht zuletzt mit der strittigen Frage seiner Stellung in seinem Gesamtwerk zusammen. Rousseau, der die innere Einheit seines *Systems* ausdrücklich betont, hat nicht nur die Politische Philosophie der Moderne entscheidend geprägt, sondern auch mit seinen anderen Werken Geschichte geschrieben: als Autor literarischer Subjektivität in den *Confessions*, als Kritiker der modernen Zivilisation im *Diskurs über die Ungleichheit*, als Pädagoge im *Emile*. Gerade die beiden letztgenannten Werke tragen allerdings dazu bei, daß Rousseaus Ambitionen auf eine philosophische Theorie des Rechts in ein problematisches Licht geraten. Aus der Perspektive des *Diskurs*es muß das Projekt einer Vergesellschaftung durch das Recht von vornherein prekär erscheinen, fügt Rousseau doch die Idee vertraglicher Staatsgründung in eine Verfallsgeschichte der Gattung ein und diskreditiert den Vertragsschluß hinsichtlich seiner Voraussetzungen und Folgen. Gleichzeitig scheint der *Gesellschaftsvertrag* einer Fundierung im *Diskurs* zu bedürfen: nur hier entfaltet Rousseau ausführlich, was im Selbstverständnis des modernen Kontraktualismus die Grundlage des Gesellschaftsvertrages abgeben soll – die Theorie des Naturzustandes.

Noch schwerer wiegen die Probleme für denjenigen, der sich des Verhältnisses von rechtsphilosophischem und pädagogischem Werk versichern will. Einen Monat vor dem *Gesellschaftsvertrag* erschienen, scheint der *Emile* das gesamte Unternehmen einer Prinzipientheorie des Rechts in Frage zu stellen. Rousseau sieht für die Moderne das Ende der öffentlichen Erziehung gekommen, der Gegenwart fehle jegliche Empfänglichkeit für die Idee republikanischer Herrschaft. Zwar stellt der *Emile* den Gesellschaftsvertrag als eine *règle de droit* für die Gegenwart vor, seine Krisenanalyse der zeitgenössischen Gesellschaft zeigt aber, daß das Zeitalter der Republik und des *citoyen* überschritten ist. Die geschichtlichen Möglichkeiten für die politische Praxis nach den *Prinzipien des Staatsrechts* sind damit vereitelt. Der rückwärtsgewandte Charakter des *Gesellschaftsvertrags* ergibt sich nicht nur aus der Perspektive des *Emile*, er erschließt sich auch aus dem rechtsphilosophischen Werk selbst. Er zeichnet sich ab in der republikanischen Überfrachtung der Vertragsidee. Die Vertragskontrahenten müssen am Anspruchsprofil des republikanischen Bürgers scheitern. Soll die vertragliche Bürgergemeinde auf Dauer bestehen können, muß jeder Einzelne ein allgemeines Leben führen. Ist die Bereitschaft zur existentiellen *aliénation* zugunsten der Republik vom zeitgenössischen *bourgeois* zu erwarten? Hinzu kommt, daß Rousseau die institutionelle Ausgestaltung der idealen Republik mit solcher Radikalität vornimmt, daß jede Hoffnung auf Praktikabilität und Realisierbarkeit unter den Bedingungen der zeitgenössischen bürgerlichen Gesellschaft illusorisch wird. So modern und revolutionär die Idee des Gemeinwillens sein mag, so sehr sie der Idee der politischen Autonomie des Individuums Bahn bricht, durch die Verknüpfung mit der Idee radikal-demokratischer Herrschaft nimmt Rousseau ihr den emanzipatorischen Gehalt. Indem er jegliche Repräsentation des Gemeinwillens ablehnt, setzt er sich mit dem *Gesellschaftsvertrag* in unmittelbaren Widerspruch zum *gouvernement des modernes*.

Für diesen Umstand ist nicht allein Rousseaus fraglose, wenn auch ambivalente Begeisterung für die Antike verantwortlich. Er muß sich zwangsläufig aus dem Bemühen ergeben, die unbedingte Teilhabe aller am Gemeinwillen zur *conditio sine qua non* für die Selbstbestimmung des Individuums als Bürger – und damit für die Legitimität staatlicher Herrschaft überhaupt zu machen. Der Preis, den Rousseau für die bittere Konsequenz seiner Freiheitstheorie und für die Reinheit der *Prinzipien des Staatsrechts* zahlt, hätte höher nicht sein können. Er bestand darin, dem Herrschaftsmodell des *Gesellschaftsvertrags* jede Chance auf Verwirklichung unter den Bedingungen der Moderne zu nehmen. Die Verfassungsvorschläge für Korsika und Polen zwingen Rousseau zu Zugeständnissen, führen aber nicht zur Aufgabe des modernitätsfeindlichen Prinzips. Die Logik des *Gesellschaftsvertrags* diktiert auch hier die Anwendung des Staatsrechts. So unbeirrt Rousseau an der Forderung unmittelbarer Volksherrschaft festhält und sich durch den Rückblick auf die Antike ermutigen will, der schwerwiegenden Folgen seines Prinzipienpurismus ist er sich bewußt. Insofern hat er, wie Eric Weil bemerkt, nicht nur erkannt, daß seine Theorie nicht zu verwirklichen ist, sondern dies ausdrücklich gewollt. Die Entfaltung des Herrschaftsmodells führt zurück in das theoretische Milieu der antiken Polis. Auf die Gegenwart eröffnet Rousseau keine tröstliche Perspektive, er ist Demokrat ohne jede Leidenschaft für die Zukunft.

Über Rousseaus Skeptizismus hat nicht nur die Generation der Revolutionäre mit der Aufnahme des *Gesellschaftsvertrags* bereitwillig hinweggesehen. Auch in der Entwicklungsgeschichte des Kontraktualismus verliert der Vertrag wieder seine rückwärtsgewandte Bedeutung. In Kants Interpretation des Rousseauschen *Bürgerbundes* erhält er umgehend die Gestalt eines Zukunftsprojekts. Die neue Vernunftidee des Vertrages ist über den Verdacht des Schimärischen erhaben. Sie ist in reiner Theorie beheimatet und verordnet der politischen Praxis eine Reform nach Prinzipien (Langer 1986). Ob Kant das von ihm bewunderte Werk Rousseaus besser verstanden hat als dieser selbst und ob die Lektüre Kants notwendig war, um Rousseau als Philosophen zu entdecken, wie dies kantianisierende Rousseau-Deutungen zuweilen nahelegen, mag dahin gestellt sein. Ohne Zweifel trägt seine Lektüre dazu bei, den rechtsphilosophischen Gehalt des *Gesellschaftsvertrags* für die Tradition des Kontraktualismus zu sichern. Mit seinen stillschweigenden Korrekturen legt Kant nicht nur die Begründungsdefizite bei Rousseau offen, er revidiert auch die skeptische Wendung der Vertragstheorie. Vertrag und Gemeinwesen werden nach methodischer und inhaltlicher Reform zu modernitätsbejahenden Prinzipien des modernen Republikanismus. In Kants Kontraktualismus verliert die Gegenwart – mit einem Ausdruck Hegels (Rechtsphilosophie § 360) – ihre Barbarei und unrechtliche Willkür.

Gegen die politisch-revolutionäre und vernunftkritische Deutung des *Gesellschaftsvertrags* erheben einige Rousseau-Interpreten vehement Einspruch (Forschner 1977, Spaemann 1980). Philonenkos großangelegte Interpretation *Rousseau et la pensée du malheur* (1984, 3 Bde.) sieht in solcher Aufnahme einen Verrat des Rousseauschen Werkes. Der *Gesellschaftsvertrag* ist als archäolgogische Abhandlung der Verzweiflung zu lesen: ein Grabgesang, keine Mörgenröte (1984, III 47). In der deutschen Rousseau-Forschung plädiert Fetscher für eine konservative Lektüre. Hauptanliegen Rousseaus sei die Verlangsamung des Fortschritts. Ob der Vertrag eine geschichtseröffnende oder eine rückwärtsgewandte Perspektive abgibt, darüber besteht in der Rousseau-Interpretation letztlich keine Einigkeit. Die Bewertung des Vertragsmodells im engeren Zusammenhang des Staatsrechts fällt ebenso kontrovers aus. Der Umstand muß überraschen. Stellt Rousseau seine Herrschaftsbegründung mit dem Titel *Contrat social* nicht eindeutig unter das Paradigma des Kontraktualismus? Und wird er nicht in jeder Philosophie- und Ideengeschichte als Protagonist der neuzeitlichen Vertragstradition aufgeführt? In einer neuen Darstellung der *Politischen Philosophie des Gesellschaftsvertrags* (Kersting 1994) führt der Autor Rousseau als „Begründer eines dezidiert demokratischen Kontraktualismus" ein und bezeichnet den Vertrag zugleich als „völlig verfehltes Symbol für eine Republik". Schon Fetschers ältere Darstellung hegt ähnliche Zweifel gegenüber Rousseaus kontraktualistischen Absichten, der Vertrag erscheint als Fremdkörper innerhalb der Politischen Theorie. Mit diesem überraschenden Befund tragen beide Interpreten auf ihre Weise dem uneinheitlichen Bild Rechnung, das sich aus der Analyse des *gesamten Gesellschaftsvertrags* ergibt. Es läßt sich nicht bestreiten, daß der Vertrag das zentrale Begründungsmodell seiner Staatsrechtsprinzipien darstellt. Die geltungstheoretische Frage nach der Einheit von Freiheit und Herrschaft kann nur mittels der Vertragsidee beantwortet werden. Andererseits erhält Rousseaus Republikideal mit fortschreitender Entfaltung ein Profil, das mit seinen vertragstheoretischen Voraussetzugen immer schwerer in Einklang zu bringen ist. Die innere Spannung des Werkes führt zur Frage, ob die gesuchte *Form der Republik* (III 1410) mit den begrifflichen Mitteln der Vertragstheorie überhaupt vollständig zu bestimmen ist und inwiefern vertragliche Grundlegung und Republikanismus-Theorie vereinbart werden können.

Rousseau präsentiert den Vertrag im *Gesellschaftsvertrag* ohne rechtfertigungstheoretische Vorgeschichte. Er beginnt seine Vertragslehre – anders als die moderne Tradition – ohne normativen Rekurs auf den Naturzustand. Damit stellt sich auch die Frage nach dem naturrechtlichen Fundament der Vertragstheorie. Ähnlich wie Taylor für die Hobbes-Forschung den *Leviathan* wieder in die Tradition des christlichen Naturrechts einzuordnen versucht, sucht die wirkungsmächtige Untersuchung von Derathé (1950), Rousseau als Vertreter des neuzeitlichen *droit naturel* zurückzugewinnen (vgl. bereits Haymann 1898). Dazu zeichnet er die vielfältigen Rezeptionsbezüge Rousseaus zur Naturrechtstradition auf und findet auch einige positive Anklänge ans Naturrecht. Für den *Gesellschaftsvertrag* läßt sich die Zugehörigkeit nicht belegen. Eine naturrechtliche Einhegung der Staatsgewalt sieht Rousseau – anders als Hobbes und Locke – nicht vor. Legitimität und Autorität der staatlichen Gesetze verdanken sich einzig den besonderen „demokratischen“ Bedingungen ihres Zustandekommens. Das prozedurale Vertragsrecht soll ohne naturrechtliche und grundrechtliche Einbindung auskommen – für viele Interpreten ein Grundmangel der Theorie (vgl. Cobban 1934).

Rousseau hat dem Gesellschaftsvertrag allerdings andere Fundamente und Garantien nicht rechtlicher Art verleihen wollen. Diese stehen jedoch in Konkurrenz zu seinen vertragstheoretischen Prämissen. Mehr noch: aus ihnen spricht bereits das Mißtrauen in den selbsttragenden Charakter des kontraktualistischen Staatsrechts. Das Ende des *Gesellschaftsvertrags* zieht mit dem Kapitel über die *Religion civile* die Gewißheiten seines Anfangs in Zweifel. Das *rein bürgerliche Glaubensbekenntnis* soll das Programm der Politischen Philosophie stützen und abrunden. Bürgerreligion als Sekundanz der weltlichen Vertragsverpflichtung. Das ist gewiß keine Politische Theologie, wohl aber der Versuch, die Republik mit allen Mittel zu retten. So fragwürdig der Versuch erscheinen mag, die klassische Einheit von Staat und Religion wieder herzustellen, und so ruinös die aufdiktierten *sentiments de sociabilité* auf die Prinzipien des Staatsrechts wirken mögen: Das Problembewußtsein, das Rousseaus Ausflucht zugrunde liegt, verweist auf aktuelle Diskussionen. Rousseau spürt, daß der Staat nicht allein aus den Voraussetzungen zu existieren vermag, die durch den Gesellschaftsvertrag und die republikanischen Institutionen geschaffen werden. Liberale und Kommunitaristen haben dem vertragstheoretischen *embarras* in der Debatte über die Grundlagen der modernen Demokratie besonderes Augenmerk geschenkt. Auf den *Gesellschaftsvertrag* können sich beide Parteien berufen. Die Forderung nach der starken Demokratie findet in Rousseau einen energischen Fürsprecher, und seine Kritik der Philosophie des *self-interest* sowie das Unbehagen gegenüber einem kosmopolitischen Universalismus stellt ihn auf die Seite des Kommunitarismus. Diese „Liberalismus-Kritik" ist allerdings getragen vom – vertragsstheoretischen – Bewußtsein der notwendigen Formalität des Rechts und dessen Indifferenz gegenüber jeder besonderen Vision des guten Lebens. Ohne Liberaler sein zu wollen, hätte Rousseau kein Kommunitarist mehr sein können. Lebte er doch in einer entzauberten Welt, in der es keine Bürger mehr gibt.

1.3 Inhalt

Rousseau gliedert den Text des *Gesellschaftsvertrags* in vier Bücher, die ihrerseits in Kapitel aufteilt sind. Für eine erste Orientierung lassen sich folgende thematische Schwerpunkte nennen. Im ersten Buch entfaltet Rousseau mit dem Gesellschaftsvertrag das einzig mögliche Prinzip des legitimen Staates. Das zweite Buch handelt von der Legislative; es bestimmt ihr souveränitätstheoretisches Profil und definiert Wesen und Funktionsweise des Gemeinwillens. Das dritte Buch stellt die Exekutivgewalt vor, beschreibt ihren institutionellen Ursprung und Status und erläutert ihre demokratische, aristokratische, monarchische und Mischvariante. Im vierten Buch liefert Rousseau zunächst weitere institutionelle Einzelheiten der republikanischen Herrschaftsordnung nach antiken Vorbildern. Diese Institutionen, die nicht zur gewaltenteiligen Verfassung im engeren Sinn gehören, sind teils Ausführungsbestimmungen, teils Einrichtungen, die dem Verfall der Republik entgegenwirken.

Die *Vorbemerkung* verweist auf die Unvollständigkeit der Schrift gegenüber den ursprünglich geplanten *Institutions politiques*. Dieser Hinweis wird in der *Schlußbemerkung* präzisiert.

Erstes Buch

Unbetitelte Vorrede zur Absicht und zur politischen Rolle des Autors des Werks (nicht nur des I. Buches! Das III. Buch hat einen kurzen Vorspann, der sich auf das entsprechende Buch beschränkt).

1. Thema dieses ersten Buches. [Ein analoges Kapitel fehlt am Anfang der drei übrigen Bücher]. Deklaration zur Legitimität von Herrschaft: Das Recht der gesellschaftlichen Ordnung entstammt nicht der Natur, d.h. natürlichen gewachsenen Verhältnissen [Kap. 2] oder der puren Gewalt [Kap. 3], sondern einer Vereinbarung, aber welcher? [Kap. 4ff.]. [Zur Klärung: Es gibt zwei Formen der *natürlichen* – physis – Vereinigung, beiden fehlt jedoch die normative Geltung: und es gibt zwei Formen der *Konvention* – nomos – ; die erste Form der Konvention, der Unterwerfungsvertrag, entfällt, es bleibt daher nur die zweite, die nun auch, so zeigt der weitere Verlauf der Argumentation, nicht nur die einzig mögliche, sondern auch eine realisierbare Form der Vergesellschaftung ist].

2. Von den ersten Gesellschaften. Die Familie als einzige natürliche Gesellschaft ist keine Rechtsquelle für die Legimität politischer Herrschaft (1–3). Kritik an Hugo Grotius, Thomas Hobbes und Aristoteles (4–9).

3. Vom Recht des Stärkeren. Die physische Überlegenheit stiftet keine moralische Verpflichtung des Gehorsams.

4. Von der Sklaverei. Nachdem gezeigt wurde, daß die Natur (Familienautorität; physische Überlegenheit) kein Recht erzeugt, bleibt nur die Konvention als Ursprung des Rechts. Es kann sich dabei nicht um eine vertragliche bedingungslose Unterwerfung handeln. Ein Volk hat weder einen plausiblen Grund, seine Freiheit zu verkaufen, noch sie zu verschenken (2–4). Jede Generation müßte den Unterwerfungsvertrag erneuern (5). Eine vertragliche Freiheitsaufgabe widerspricht der Natur des Menschen und ist in sich widersprüchlich (6). Der Krieg kann nicht die vertragliche Unterwerfung des Besiegten begründen (7–14).

5. Daß man immer auf eine erste Konvention zurückgreifen muß. Vor einem Akt der Unterwerfung und vor der Einrichtung bestimmter Institutionen muß es eine Konvention geben, durch die das Volk sich in seiner Einheit konstituiert.

6. Vom Gesellschaftsvertrag. Die Notwendigkeit, die zum Zusammenschluß der im Naturzustand lebenden Menschen führt (1–2). Durch ihn dürfen die Freiheit und die Kraft zur Selbsterhaltung nicht verlorengehen (3–5). Der gesuchte Vertrag gewährt die Vereinigung zu einem gemeinsamen Ich einerseits und den Erhalt von natürlicher Freiheit und Stärke andererseits (6–10).

7. Vom Souverän. Jeder einzelne ist zugleich Glied des souveränen Zusammenschlusses und Untertan im Staat (1–2). Der Staat als Schutz- und Interessengemeinschaft nach außen und innen (3–6). Es ist möglich, daß jemand einen mit dem Allgemeinwillen nicht identischen partikularen Willen hat (7). Jeder [sc. mit den selbstverständlichen Ausnahmen: Kinder, Frauen] ist aktives Staatsglied und wird notfalls dazu gezwungen, freier Bürger zu sein.

8. Vom bürgerlichen Zustand. Der Mensch verwandelt sich durch den Übergang vom Natur- zum Zivilzustand aus einem Tier in einen selbstbewußten und -verantwortlichen freien Menschen und Bürger.

9. Vom Staatsbesitz. Der Staat ist der Oberbesitzer aller Güter seiner Untertanen (1). Das Recht des Erstbesitzes resultiert aus Bedürfnis und Arbeit (2–4). Der Bürger hat sein Eigentum als Depositum des Staats (5–8).

Zweites Buch

1. Daß die Souveränität unveräußerlich ist. Während im I. Buch *Prinzipien* entwickelt wurden, will Rousseau jetzt *Folgerungen* ziehen (1). Der allgemeine Wille kann die Kräfte des Staatskörpers nur auf das Allgemeinwohl und allgemeine Interesse lenken, und diese seine Funktion ist unveräußerlich. Ein Herrscherwille kann nicht an die Stelle des souveränen Volkswillens treten (1–4).

2. *Daß die Souveränität unteilbar ist.* Aus demselben Grund wie die Unveräußerlichkeit folgt die Unteilbarkeit; wird der allgemeine Wille zu einem Teilwillen, hört er auf zu existieren (1). In der politischen Wirklichkeit wird die Souveränität in Stücke zerrissen (2). Fälschlich wurden Teilfunktionen für selbständige Teilgebiete gehalten. Kriegserklärungen und Friedensschlüsse sind z.B. spezielle Akte der Gesetzesanwendung, aber keine allgemeinen Äußerungen des Souveräns. Die Fehler von Grotius und Barbeyrac im Hinblick auf die Rechte der Könige und der Völker (5).

3. *Ob der allgemeine Wille irren kann.* Eine weitere Folgerung des Vorhergehenden. Der allgemeine Wille will immer das Allgemeinwohl, erkennt es jedoch nicht immer (1). Das Verhältnis des Allgemeinwillens zum partikularen Willen aller (2). Addiert man die partikularen Willen ohne vorherige Parteienbildung, ist das Resultat ungefähr der unverfälschte Allgemeinwille. Daher sollten Parteien im Staat nicht zugelassen werden (3). [Vgl. als Anschlußkapitel IV 1!]

4. *Von den Grenzen der souveränen Gewalt.* Der Staat ist eine „moralische Person" und hat als solche wie die Einzelperson völlige Gewalt über seine Glieder (1). [Zur Dualität von allgemeinem Willen und physischem Körper vgl. die Zweigewaltenlehre III 1 ff.]. Aber wie steht es mit der natürlichen Freiheit des einzelnen Menschen? (2) Nur der Souverän urteilt – im Rahmen des Ziels des Gemeinwohls – über die Grenzen seiner Gewalt und der verbleibenden Freiheit des Bürgers (3–4). Die reale Allgemeinheit des souveränen Willens; er kann nicht über partikuläre Subjekte entscheiden (5–6; 8). Das generalisierende Element des allgemeinen Willens ist das allgemeine Interesse (7). Hiermit sind die Grenzen der souveränen Gewalt aufgestellt (9). Der Vorteil des Zivil- gegenüber dem Naturzustand (10).

5. *Vom Recht über Leben und Tod.* Der Mensch verfügt zwar über kein Recht im Hinblick auf sein eigenes Leben [Selbstmordverbot], er kann jedoch einen Vertrag schließen, der ihm

das Überleben gewährleistet unter der Bedingung, daß er sein Leben im Notfall für die Vetragsgemeinschaft einsetzt (1–2). Die Todesstrafe entspringt dem Gesetz, gemäß dem niemand Opfer eines Mörders sein möchte (3). Der Verbrecher scheidet mit seiner Tat aus dem Staatsverbund aus und wird zum Feind, den man tötet (4). Die Funktion der Gerichtsbarkeit delegiert der Souverän, er übt sie nicht selbst aus (5). In einem guten Staat gibt es wenig Verbrecher (6). Das Problem der Begnadigung (7).

6. Vom Gesetz. Die Naturgesetze bieten keine Sanktion und werden daher nicht eingehalten; die Gesetze der staatlichen Legislative zwingen dagegen zur allgemeinen Beachtung (1–2). Die Bekundung des allgemeinen Willens ist eine Willensäußerung aller über alle, hat also den Charakter von Gesetzen, und nur der allgemeine Wille ist zur Gesetzgebung kompetent (3–8). Der Staat, in dem diese Gesetzgebung (und die ihr entsprechende Regierung) realisiert ist, heißt Republik (9). Wie gestaltet sich die Gesetzgebung, wenn dem Volk selbst die Einsicht fehlt?

7. *Vom Gesetzgeber.* Die den Menschen adäquaten Gesetze könnten nur Götter erkennen (1). Die Seltenheit eines großen Gesetzgebers (2). Wer eine Menge Menschen zu einem Staatsvolk macht, muß ihre Natur transformieren, er muß die Verfassung schaffen, ohne Glied des neuen Gemeinwesens zu sein; seine Autorität ist nicht identisch mit der Souveränität (3–8). Die Schwierigkeit des Anfangs, in dem Qualitäten von der Menge verlangt werden, die sie erst als Staatsvolk erlangt. Der Gesetzgeber kann weder mit Gewalt noch mit Vernunftargumenten beginnen (9). So ist verständlich, warum die Gründungsväter der Nationen eine Stütze in der Religion suchten (10–11).

8–10. Vom Volk. – 8: Der weise Gesetzgeber macht sich zunächst mit den Qualitäten der Menschen vertraut, denen er eine Verfassung geben will (1). [Die Zeit:] Nur junge oder durch eine Krise erschütterte Völker sind geeignet (2–3). Ein Volk kann sich befreien, nicht aber die verlorene Freiheit wiedergewinnen (4). Der rechte Zeitpunkt der Verfassungsgebung, erläutert an Beispielen. – 9: [Der Raum:] Die rechte Größe eines Staats; kleine Staaten sind proportional stärker als große (1). Die Schwierigkeit, die Administration in großen Räumen effizient zu gestalten (2). Die Bürger eines großen Staats identifizieren sich nicht emotional mit diesem (3). Eine gewisse Größe ist jedoch vorausgesetzt, um dem Druck der Nachbarn zu widerstehen (4). Beim Abwägen der Gründe von Expansion und Größe wiegt die interne Konstitution mehr als die Rücksicht auf äußere Feinde (5). Staaten, die unter dem Zwang einer permanenten Erweiterung standen, erreichten mit ihrer größten Ausdehnung auch den Anfang ihres Niedergangs (6). – 10: Entscheidend ist das Verhältnis von Bevölkerung und Staatsgebiet; der Staat sollte nicht aus einer Mißproportion zum Handel oder zum Krieg genötigt sein (1). Schwierigkeiten, die im einzelnen Fall einer Bestimmung des günstigen Verhältnisses von Volks- und Landgröße entgegenstehen (2). Die Phase der Staatsgründung darf nicht von Krieg oder anderen Formen einer Krise bedroht werden. In derartigen Situationen entstehen Tyranneien (3–4). Merkmale eines für die Verfassungsgebung geeigneten Volks (5). Korsika z.B. – die Insel wird Europa noch in Staunen versetzen (6).

11. Von den verschiedenen Systemen der Gesetzgebung. Das größte Gut eines Gemeinwesens, auf das alle Gesetzgebung zu zielen hat, ist die Freiheit, deren Grundlage die Gleichheit bildet (1). Die bürgerliche Freiheit wurde schon erklärt; die Gleichheit besteht darin, daß kein Bürger so reich ist, einen anderen kaufen zu können, und niemand so arm, sich verkaufen zu müssen (2). Die Gleichheit ist keine Chimäre; die Gesetze müssen der natürlichen Tendenz zur Ungleichheit entgegenwirken (3). Natürliche Gegebenheiten des jeweiligen Landes, die auf Freiheit und Gleichheit einwirken (4). Ideal ist der Zusammenklang von natürlichen Bedingungen und der Verfassung. Tritt dieser nicht ein, vergeht der Staat unweigerlich (5).

12. Unterteilung der Gesetze. Um den Staat in der bestmöglichen Form einzurichten, sind verschiedene Verhältnisse zu beachten. An erster Stelle die Beziehung des Ganzen zum Ganzen oder des Souveräns zum Staat. Dieses Verhältnis wird, wie später [III 1ff.] zu zeigen ist, durch Zwischenverhältnisse artikuliert (1). Die Gesetze dieser Grundbeziehung sind die „politischen Gesetze", auch „Grundgesetze" genannt. Das Volk als Souverän kann sie nach Gutdünken ändern (2). Die zweite Beziehung betrifft die der Bürger untereinander oder zum Staat. Die erstere Abhängigkeit muß minimal sein, die zweite möglichst eng und intensiv. Diese zweite Beziehung wird durch die bürgerlichen Gesetze reguliert (3). Die Kriminalgesetze bestimmen das Verhältnis des Bürgers zum Gesetz (4). Zu den drei Gesetzesformen gesellt sich eine vierte, die Sitten und tradierte Meinung (5). Nur die politischen Gesetze sind einschlägig für das Thema des Werks (6).

Drittes Buch

Handelte das II. Buch im wesentlichen von der souveränen Legislative, ist Buch III der Exekutive gewidmet (eine getrennte dritte Gewalt der Judikative als Thema etwa des Buches IV gibt es – trotz II 5, 5 und II 12, 4 – nicht). Im Vorspann weist Rousseau darauf hin, daß er zuerst die Regierung im allgemeinen erörtern will, bevor er die einzelnen (sc. 4) Regierungsformen im einzelnen abhandelt. Der Vorspann bezieht sich damit nur auf die Kapitel 1–7.

1. Von der Regierung im allgemeinen. Die Dualität von Legislative und Exekutive korrespondiert der Zweiheit von Wollen und Handeln (2). Die Regierung, die sich mit Partikularem befaßt, kann nicht von der auf das Allgemeine gerichteten Legislative ausgeübt werden (3). Die Regierung vermittelt zwischen Gesetzgeber und Bürgern (4–5). Die Regierung wird von der Legislative eingesetzt, es gibt keinen (Unterwerfungs-) Vertrag (6–7). Von der proportionalen Macht der Regierung zwischen Souverän und Bürgern (8–16). Die Regierung bildet eine Art politischen Körper im politischen Körper, wobei dessen Wille kein anderer sein darf als der der Legislative (17–19). Die Regierung hat ein eigenes Ich, ein eigenes Leben (20–21). Entscheidend bleibt, die Regierung im Verhältnis zu dem jeweiligen Staat zu sehen (22).

2. Vom Prinzip, das die verschiedenen Formen der Regierung bestimmt. Die Relation der Magistratspersonen zur Regierung im ganzen soll bestimmt werden (1–2). Die Kraft der Regierung bestimmt sich konstant aus der des Staats; je mehr sie von dieser Kraft intern auf die Magistratspersonen verwenden muß, desto stärker sinkt ihre Einflußmöglichkeit auf das Volk (3–4). Die drei unterschiedlichen Willenskomponenten in einer Magistratsperson (5). Im Idealfall dominiert der Allgemeinwille im besonderen Magistratswillen (6). In der natürlichen Ordnung dominiert umgekehrt der Individualwille, dann folgt der Magistrats- und am Ende der Allgemeinwille (7). Die Kraft der Regierung ist nun am größten, wenn sie in der Hand einer Person liegt (8, s. 4). Wird die Regierung durch alle Bürger (wie die Legislative) gebildet, ist die Kraft am geringsten (9). Beobachtungen zur Bestätigung der angeführten Thesen (10–11). Es folgt auch, daß die Regierung bei größerer Staatsfläche kräftiger sein muß, d.h. sich verkleinern muß (12). Die Richtigkeit der Entscheidungen der Regierung ist wiederum invers zu ihrer Stärke (13).

3. Einteilungen der Regierungen. Im vorhergehenden Kapitel wurden die Gründe der numerischen Differenz von Regierungsmitgliedern benannt; jetzt soll die entsprechende Gliederung selbst vorgeführt werden (1). Der Souverän kann die Regierung in die Hände aller (Demokratie), einiger (Aristokratie) oder eines einzigen (Monarchie) legen (2–4). Verschiedene Varianten dieser drei Grundformen (5). Daneben gibt es auch Mischformen (6). Ob eine Regierungsform die beste ist, läßt sich nicht abstrakt erörtern, nur in Beziehung auf den jeweiligen Staat, wie aus den vorhergehenden Darlegungen folgt (7).

4. Von der Demokratie. Die partikularen Gegenstände der Regierung können nicht in die Hände der allgemeinheitsbezogenen Legislative gelegt werden (1–2). Eine völlige Demokratie hat es nie gegeben; die notwendige Ineffizienz einer demokratischen Regierung, ihre Angewiesenheit auf besondere Umstände, speziell die Tugendgesinnung der Bürger (3–7). Nur Götter, nicht Menschen können sich demokratisch regieren (8).

5. Von der Aristokratie. Die aristokratische Regierung als eine vom Souverän getrennte moralische Person (1). Ihre historische Entwicklung; sie macht klar, daß es eine natürliche, eine Wahl- und eine Erbaristokratie gibt, von denen die mittlere die beste ist (2–4). Die Vorteile einer Wahlaristokratie (5–9).

6. *Von der Monarchie.* Hier fallen die moralische Person und eine einzige natürliche Person zusammen; dadurch ist die Kraft der Regierung am konzentriertesten und größten (1–3). Das Glück des Staats hängt hier am partikularen Willen einer Person, und es liegt im unmittelbaren Interesse dieser Person, das Volk zu schwächen (4–5). Der Monarch füllt normalerweise die Kluft zwischen sich und dem Volk durch einen Adel (6). Der Hof zieht im Gegensatz zur republikanischen Regierung kleinliche Intriganten an sich (8). Das Problem der mißlichen Proportion zwischen der Staatsgröße und der Größe des Regenten

(9). Die Mißlichkeit der Wahl eines Nachfolgers führt zur Erbmonarchie mit ihren notwendigen Exzessen (10–12). Die Inkohärenz in der Regierung von Erbmonarchien und dem Wechsel von Fürstenlaunen (13–16).

7. *Von den Mischregierungen*. Faktisch enthält jede der drei reinen Formen Gegenelemente in sich, so daß es nur Mischformen der Regierung gibt; England und Polen als Beispiele (1–2). Relative Vorzüge der Mischformen (3–6).

8. *Daß nicht jede Regierungsform jedem Land angemessen ist.* Montesquieus richtiges Prinzip, daß die Freiheit nicht allen Ländern angemessen ist, hat sein Fundament in der Tatsache, daß die Regierungen vom Mehrwert zehren und daß die Produktion des Mehrwerts abhängig ist vom Klima und (damit auch) vom Eigenbedarf des Volks. Die Regierungsformen entwickeln unterschiedliche Bedürfnisse, die Demokratie die geringsten, die Despotie die größten (1–6). Die Funktionen von Klima, Bodenfruchtbarkeit und Arbeit bei der Erzeugung von Mehrwert; ist dieser groß, bietet sich eine Monarchie an (7). Die Despotie entspricht den warmen Ländern des Südens, die Barbarei den kalten Ländern des Nordens, die Republik („politie“) der gemäßigten Mitte. Das Verhältnis von Produktion und Konsum der Bevölkerung (9–10). In warmen Ländern wird weniger gegessen als in gemäßigten; der Luxus der Kleidung; die Wohnungen; die Qualität der Nahrungsmittel (11–14). Klima und Bevölkerungsdichte (15).

9. *Von den Zeichen einer guten Regierung*. Die Qualität einer Regierung läßt sich nur im Hinblick auf das jeweilige Volk bestimmen (1). Des weiteren werden Regierungen nach den unterschiedlichsten Kriterien beurteilt; eines scheint jedoch unleugbar zu sein: Bei einer guten Regierung wächst die Bevölkerung (2–4). Anmerkung: Die Bewertung von Zeitaltern.

10. *Vom Mißbrauch der Regierung, und von ihrer Tendenz des Verfalls.* Es ist unvermeidlich, daß die Regierung gegen die Legislative opponiert und am Schluß den Staatsvertrag zur Auflösung bringt (1). Die Regierung löst sich entweder auf, wenn sie sich im Verlauf der Zeit zunehmend verkleinert, oder der Staat sich auflöst (2–4). Dies letztere geschieht entweder, wenn der Regent die Legislative usurpiert (6) oder wenn die Regierung sich spaltet (7). Die Namen der Degenerationsformen der einzelnen Regierungstypen (8). Tyrannen und Despoten (9–10).2

11. Vom Tod des politischen Körpers. Wie das Individuum, muß auch der Staat sterben. Er stirbt den Herztod (des Abscheidens der Legislative), nicht den Gehirntod (des Endes der Regierung).

12–14. Wie sich die souveräne Autorität erhält. Entscheidend ist die Gesetzgebung der Volksversammlung. Deren Zusammentritt ist nicht so chimärisch, wie man jetzt meint – Griechenland und Rom beweisen es. (Kap. 12). Zur legitimen turnusmäßigen Versammlung der Legislative. Die Notwendigkeit eines Stadtstaats (Kap. 13). Ist das Volk versammelt, ist alle übrige Staatsgewalt außer Kraft gesetzt (Kap. 14).

15. Von den Deputierten oder Repräsentanten. Der öffentliche Dienst muß das primäre Interesse des Bürgers sein; der Staat steht dem Ruin nahe, wenn sich die Bürger im Dienst am Staat durch Söldner und Deputierte vertreten lassen und wenn überhaupt das Geld eine Rolle spielt (1–2). In einem guten Staat befaßt sich der Bürger nicht mit seinen Privatinteressen, sondern denen der Öffentlichkeit (3). Der dritte Stand und das Staatsinteresse (4). Die Idee der Repräsentation des Volkswillens entstammt der Feudalzeit; sie war der Antike fremd (6). Regierungsgewalt und Souveränität in Rom, Freiheit und Sklaverei in Griechenland (7–10). Der Freiheitserhalt in der Neuzeit; Stadt- und Flächenstaat (11–12).

16. Daß die Einrichtung der Regierung kein Vertrag ist. Die Einrichtung einer von der Legislative getrennten Regierung ist notwendig (1–2). Die Beziehung kann kein (Unterwerfungs-) Vertrag von Befehl und Gehorsam sein, weil dies dem Prinzip der Souveränität widerspricht (4), ein partikularer Akt wäre (5) und einer höheren Schlichtungsinstanz bei Streitfällen bedürfte (6). So kann es nur den Vereinigungsvertrag geben (7).

17. Von der Einrichtung der Regierung. In einem allgemeinen Gesetz beschließt die Legislative die Form der Regierung; sodann wird die Legislative entweder für eine einzige Handlung eine demokratische Regierung, die den partikularen Akt der Personbenennung der künftigen Regierung vornimmt (1–5), wie in England (6), oder sie bleibt im Amt, wenn die Legislative eine demokratische Regierung beschlossen hat (7).

18. Mittel, um der Usurpation der Regierung vorzubeugen. Die Legislative kann ihr Gesetz über die Regierungsform revozieren (1–3). Die Tendenz, daß die Regierung die Legislative außer

Kraft setzt (4). Periodische Versammlungen der Legislative zur Verhinderung ihrer Entmachtung (5–8). Auch der Sozialvertrag selbst kann in einer derartigen Versammlung aufgehoben werden (9).

Viertes Buch

1. Daß der allgemeine Wille unzerstörbar ist. Der Allgemeinwille ist der Wille aller in glücklichen Zeiten, wenn Bauern, ohne viel zu reden, ihre Politik unter Eichen regeln (1). Anders, wenn das Eigeninteresse dominiert wie in den Metropolen Paris und London (2–5). Auch dann ist der Allgemeinwille nicht vernichtet, denn jeder bezieht sich auf ihn, wenn er sich selbst und seine eigenen Interessen von ihm ausnimmt (6–7).

2. Von den Abstimmungen. Die Einstimmigkeit ist ein Indiz der Lebendigkeit des Allgemeinwillens (1). Das gilt selbst für die turbulente römische Republik, in der im Grunde alle dasselbe wollten (2). Auf der anderen Seite findet sich das Extrem der Einhelligkeit im Zustand völliger Sklaverei wie in der römischen Kaiserzeit (3). Der Staatsvertrag verlangt absolute Einstimmigkeit; später wird die Zustimmung durch den Wohnsitz auf dem Staatsgebiet erteilt (5–6). Bei einzelnen Gesetzen will der Bürger den Allgemeinwillen, auch wenn er sich irrt und gegen die Mehrheit stimmt (8–9). Der Allgemeinwille im Hinblick auf abweichende Stimmen (10). Die Proportion bei dringlichen und nicht dringlichen Fällen (10).

3. Von den Wahlen. Fürst und Magistrat werden entweder gewählt oder durch Los entschieden (1). Die Demokratie entscheidet durch Los, weil damit im Bereich der menschlichen Entscheidung die Allgemeinheit des Gesetzes gewahrt bleibt (2–4). In der Aristokratie wählen die Regenten die nachrückenden Regenten (5), während Venedig das Mischverfahren einer Mischverfassung darstellt und Genf die Bürgerschaft an die Stelle des Patriziats stellt (6). Die Losentscheidung der Demokratie (7–8). Das Verfahren in der Monarchie und im alten Rom (9–10).

4. Von den römischen Volksversammlungen. Es ist dies das erste von vier Kapiteln, die den Institutionen der römischen Republik gewidmet sind. 4 bringt eine historische allgemeine Einführung, in 5–7 werden zugleich analoge Vorschläge für den vorliegenden Gesellschaftsvertrag entwickelt; die Institutionen gehören nicht zur Verfassung im engeren Sinn. Das letzte Kapitel schließt insofern an, als es die Institution der Staatsreligion unter heidnischen Bedingungen vorstellt.

5. *Vom Tribunat*. Die Tribunen, die nicht zur Verfassung im engeren Sinn gehören, haben die Aufgabe, zwischen Legislative und Exekutive und Volk zu vermitteln (1–2). Das Tribunat in verschiedenen historischen und zeitgenössischen Verfassungen (2–8).

6. *Von der Diktatur*. In Notfällen können die unflexiblen Gesetze außer Kraft gesetzt und ein Diktator auf Zeit gewählt werden (1–4). Die Diktatur in Rom (5–10).

7. *Von der Zensur*. Der Zensor ist nur das Sprachrohr der tradierten öffentlichen Meinung im Hinblick auf die Sitten (1–6). Die Einrichtung in der Antike (7–8).

8. *Von der Zivilreligion*. Die Staatsreligion in der heidnischen Antike und bei den Juden (1–7). Christliche und mohammedanische Religion in neueren Staaten (8–12). Stellungnahmen von Theoretikern (13–14). Politische Gefahren, die für einen Staat aus der christlichen Religion erwachsen (15–30). Vorschlag einer Zivilreligion auf der Rechtsgrundlage des Gesellschaftsvertrags.

1.4 Beiträge

Unter den Klassikern der Politischen Philosophie gehört der *Gesellschaftsvertrag* zu den vermeintlich leicht lesbaren. Dem rhetorischen Charme, der ihn abrückt von den akademisch-schwerfälligen Abhandlungen vieler seiner Zeitgenossen, haben sich seine Leser von jeher schwer entziehen können. Trotz oder gerade wegen der Leichtigkeit des Stils bereitet die Lektüre des *Gesellschaftsvertrags* beträchtliche Probleme. Die in diesem Band versammelten Beiträge dienen dem Zweck, einige der vielen tatsächlichen Probleme einer Lösung näher zu bringen oder sie zumindest in ihrem philosophischen Gehalt besser verstehbar zu machen. Die Anordnung der Beiträge versucht, dem Grundaufbau und Themenverlauf des *Gesellschaftsvertrags* so weitgehend wie möglich zu folgen. Es liegt in der Natur der Sache, daß der dabei beabsichtigte kooperative Kommentar keine streng fortschreitende und den Text gleichmäßig abdeckende Analyse und

Interpretation liefern kann. Die einzelnen Beiträge konzentrieren sich jeweils auf die zentralen Problemstellungen der angegebenen Textpartien und versuchen, sie mit Blick auf ihre werkimmanenten Voraussetzungen, Konsequenzen, methodischen Prinzipien und Bezüge zu anderen Schriften Rousseaus sowie der staatsphilosophischen Tradition zu erhellen. Die ersten beiden Beiträge analysieren Auftakt und Methode des *Gesellschaftsvertrags* (Herb) und streben eine Situierung der Vertragsidee in der Tradition des neuzeitlichen Kontraktualismus (Kersting) an. Die folgenden drei Beiträge gelten Themenstellungen aus dem ersten und zweiten Buch. Sie thematisieren die Grundbegriffe der vertragstheoretischen Herrschaftsbegründung: den Begriff der politischen Freiheit (Plamenatz, Wokler) und der *volonté générale* (Riley). Sie rekonstruieren, zum Teil mit apologetischem Interesse, Rousseaus vertragstheoretische Auflösung des *problème fondamental*, die Vereinigung von Autonomie und Herrschaft. Der Beitrag von Bastid untersucht die institutionelle Gestalt der Herrschaftsordnung, die Theorie der Regierungsformen im dritten Buch. Die Beiträge zur Figur des *législateur* (Gagnebin), zum Repräsentationsproblem (Herb), zu den antiken Institutionen (Cousin) und zur Bürgerreligion (Rehm) gelten allesamt Themenstellungen des *Gesellschaftsvertrages*, mit denen Rousseau, jeweils in unterschiedlichem Maße und aus unterschiedlichen Motiven, von der vertragstheoretischen Aufgabenstellung, ihren Prämissen und Prinzipien, Abstand nimmt. Die Beiträge thematisieren das Innenleben der Republik und die Vorkehrungen und Einrichtungen, die ihr Gedeihen sichern und ihrem Ruin vorbeugen sollen. Diese Maßnahmen zeugen auf ihre Weise von Rousseaus Zweifel an den lebensweltlichen Voraussetzungen des Vertrages. Der letzte Teil der Aufsatzsammlung ist Fragestellungen gewidmet, die über den *Gesellschaftsvertrags* selbst hinausweisen. Er enthält eine Rekonstruktion der völkerrechtlichen Vorstellungen, mit denen Rousseau das am Anfang und Ende des *Gesellschaftsvertrags* ankündigte Projekt der *Institutions politiques* komplettieren wollte (Asbach). Die Folgen der Rousseauschen Theorie thematisiert der letzte Beitrag. Er zeichnet die Umwandlung des *Contrat social* in das Kantische *Ideal des Bürgerbunds* (Brandt) nach.

Wenn für Rousseaus Resignation bei der Veröffentlichung des *Gesellschaftsvertrags* auch schwerwiegendere Gründe verantwortlich waren als das Bewußtsein von den Grenzen der eigenen intellektuellen Ausdauer, nämlich das fatale Bewußtsein von der Vergeblichkeit einer philosophischen Theorie des Rechts, so geschieht die Vergegenwärtigung des *Gesellschaftsvertrags* in den folgenden Beiträgen doch in dem Bewußtsein, daß Rousseaus *principes du droit politique* auch heute noch zur Vergewisserung der philosophischen Grundlagen der modernen Demokratie gelesen werden können. Es ist allerdings gut möglich, daß die Beschäftigung mit Rousseaus Werk heute eher auf den fragenden als auf den antwortenden Rousseau aufmerksam wird; daß die Probleme und Aporien, in die der *Gesellschaftsvertrag* führt, wertvollere Auskünfte geben als seine Antworten und Gewißheiten. Wenn sich herausstellen sollte, daß Rousseaus skeptische Sicht der Dinge am Ende mehr trägt als seine republikanische Zuversicht und die kritische Analyse über die normative Konstruktion zu stellen ist, muß dies Aktualität und Bedeutung des Rousseauschen Beitrags keineswegs schmälern. Rousseaus *Prinzipien des Staatsrechts* lassen sich mit guten Gründen als kritisches Unternehmen lesen. Sie sind ebenso Kritik der Moderne wie Entwurf ihres grundlegenden Prinzips. Wie dem auch sei – die Erfolgsgeschichte des *Gesellschaftsvertrags* scheint gesichert.

Literatur

Chapman, J. W. 1956: Rousseau – Totalitarian or Liberal? New York.

Cobban, A. 1934: Rousseau and the modern state, London.

Constant, B. 1980: De la liberté chez les Modernes. Écrits politiques. Hg. v. M. Gauchet, Paris.

Derathé, R. 1950: Jean-Jacques Rousseau et la science politique de son temps, Paris.

Fetscher, I. [3]1975: Rousseaus politische Philosophie, Frankfurt.

Forschner, M. 1977: Rousseau, Freiburg u. München.

Gauchet, M. 1989: La Révolution des droits de l'homme, Paris.

Haymann, F. 1898: Rousseaus Socialphilosophie, Berlin.

Kant, I. 1900ff.: Kants Gesammelte Schriften, hg. v. d. (königlich / deutschen / göttingischen) Akademie der Wissenschaften, Berlin.

Kersting, W. 1994: Die politische Philosophie des Gesellschaftsvertrags, Darmstadt.

Langer, Cl. 1986: Reform nach Prinzipien. Untersuchungen zur politischen Theorie Immanuel Kants, Stuttgart.

Manent, P. 1987: Histoire intellectuelle du libéralisme. Dix leçons. Paris.

Philonenko, A. 1984: Jean-Jacques Rousseau et la pensée du malheur, 3 Bde., Paris

Roussel, J. 1972: Jean-Jacques Rousseau en France après la Révolution 1795–1830. Lectures et légende, Paris.

Schottky, R. 1995: Untersuchungen zur Geschichte der staatsphilosophischen Vertragstheorie im 17. und 18. Jahrhundert: Hobbes – Locke – Rousseau – Fichte; mit einem Beitrag zum Problem der Gewaltenteilung bei Rousseau und Fichte, Amsterdam.

Spaemann, R. 1980: Natürliche Existenz und politische Existenz bei Rousseau, in: Rousseau – Bürger ohne Vaterland. Von der Polis zur Natur, München, 15–33.

Talmon, J. L. 1952: The Rise of the Totalitarian Democracy, Boston.

Weil, E. 1984: Rousseau et sa politique, in: Pensée de Rousseau, hg. v. P. Bénichou et al., Paris, 9–39.

Karlfriedrich Herb

Zur Grundlegung der Vertragstheorie

(I 1–8)

2.1 Auftakt und Methode des Gesellschaftsvertrags

Du Contrat social setzt Rousseau über seine *kleine Abhandlung* zur Rechts- und Staatsphilosophie. Der Titel ist Bekenntnis und Programm zugleich. Er reiht die *Prinzipien des Staatsrechts* ein in die Bemühungen der Moderne, politische Herrschaft aus der Idee der vertraglichen Vereinigung freier und gleicher Subjekte zu begründen. „There being no obligation on any man, which ariseth not from some Act of his own; for all man equally, are by Nature Free" (*Leviathan*). Auf diese kurze und revolutionäre Formel hatte Hobbes das moderne Prinzip vertragstheoretischer Herrschaftsbegründung gebracht. Ihm ist auch Rousseaus Gesellschaftsvertrag verpflichtet. Wie der *Leviathan* fragt der *Gesellschaftsvertrag* nicht nach bester Herrschaft, sondern nach der Legitimität von Herrschaft überhaupt. Daß Herrschaft nicht mehr mit Berufung auf die Natur gerechtfertigt werden kann, macht Rousseau gleich zu Anfang geltend. Mit dieser Absage beginnt das Vorhaben seiner vertragstheoretischen Begründung politischer Herrschaft. „Die gesellschaftliche Ordnung ist ein geheiligtes Recht, das allen anderen zur Grundlage dient. Dennoch stammt dieses Recht nicht von der Natur; es beruht also auf Vereinbarungen. Es handelt sich darum, die Art dieser Vereinbarungen zu kennen" (III 352).

Schon ein flüchtiger Blick auf die Inhalte des ersten Buches zeigt, daß Rousseau die methodischen Erwartungen, die sein programmatisches Bekenntnis zum Kontraktualismus nahelegt, im Aufbau des *Gesellschaftsvertrags* keineswegs erfüllt. Während die Vertragstradition mit dem *Zustand der Menschen außerhalb der bürgerlichen Gesellschaft* (Hobbes, *De Cive I*) beginnt und in diesem Anfang die Propädeutik zur Lehre von Vertrag und Staat liefert, kommt Rousseau auf den Naturzustand im *Gesellschaftsvertrag* allenfalls am Rande zu sprechen (vgl. Vaughan 1915, I 441). Gegenstand einer eigenständigen Erörterung wird er nirgends. Rousseau verabschiedet die *politische Architektonik* (Pufendorf) des Kontraktualismus, indem er im ersten Buch (I 2–5) an die Stelle der traditionellen Grundlegung eine polemische Auseinandersetzung mit den Legitimationsmodellen seiner antiken und modernen Vorgänger setzt. Im Zentrum stehen dabei die philosophisch zu rechtfertigenden Gründe für die Möglichkeit staatlicher Herrschaft, nicht aber deren spezifische Notwendigkeit. Warum es überhaupt des Staates bedarf und warum der Gesellschaftsvertrag geschlossen werden soll, ist von untergeordnetem Interesse.

Für den bemerkenswerten Umstand, daß dem *Gesellschaftsvertrag* im Lichte des traditionellen Begründungsprogramms das Fundament fehlt, scheint die eigentümliche Entstehungsgeschichte des Rousseauschen Werkes eine naheliegende Erklärung zu bieten. Ließe sich das vermißte Fundament des *Gesellschaftsvertrags* doch bereits in einer früheren Schrift des Autors finden: in dem Mitte der fünfziger Jahre erschienenen *Diskurs über die Ungleichheit*. Hier trifft man in der Tat auf eine ausführliche Theorie vom natürlichen Zustand, so daß sich die Kompilation beider Werke aufzudrängen scheint. Folgt man einem gängigen Interpretationsschema, bilden beide Werke einen unmittelbaren Zusammenhang, in dem der *Diskurs* die Funktion einer Grundlegung erhält (exemplarisch Derathé 1950). Man ist leicht versucht, für diese interpretatorische Verschmelzung beider Werke den Autor selbst zu bemühen. Redet Rousseau doch schließlich davon, bereits im *Diskurs* – einem *Werk von größerer Wichtigkeit* – seine Prinzipien *vollständig* zu entwickeln und schon hier alle theoretischen Wagnisse des *Gesellschaftsvertrags* vorwegzunehmen (*Confessions* I 388, 407). So verlockend es sein mag, sich für die Verknüpfung beider Schriften auf die Autorität des Autors zu berufen, und so naheliegend der Rückgang auf den *Diskurs* mit Blick auf das kontraktualistische Muster zunächst erscheinen mag, so liegt darin doch ein grundsätzliches Problem. Rousseau entwirft in beiden Werken offensichtlich ganz unterschiedliche systematische Perspektiven. Die Problematisierung des Ursprungs der *société civile* erfolgt in beiden Fällen unterschiedlichen, ja konkurrierenden Interessen. Obwohl Rousseau ansonsten mit Auskünften über seine methodischen und systematischen Motive geizt, macht er zu Beginn des *Gesellschaftsvertrags* auf die eigentümliche Fragestellung der Schrift aufmerksam und grenzt sie gegen die frühere Schrift ab. Was im *Diskurs* im Mittelpunkt des Interesses steht, die naturwüchsige Genesis der bürgerlichen Gesellschaft, spielt für den Autor der *principes du droit politique* keine Rolle mehr. Die Frage nach dem geschichtlichen Prozeß der Verrechtlichung wird im berühmten Auftakt des ersten Buches in geradezu selbstironischer Weise zurückgewiesen. „Der Mensch ist frei geboren, und überall liegt er in den Ketten. Einer hält sich für den Herren der andern und bleibt doch mehr Sklave als sie. Wie hat sich dieser Wandel (changement) vollzogen? Ich weiß es nicht. Was kann ihm Rechtmäßigkeit verleihen? Diese Frage glaube ich beantworten zu können" (III 351). Sind die *changemens successifs* (III 123) im *Diskurs* vorzüglicher Gegenstand der Sozialisationsgeschichte, fragt der *Gesellschaftsvertrag* einzig nach der rechtlichen Legitimität des bürgerlichen Zustands. Als Rechtsphilosoph will sich Rousseau freimachen von der Hypothek der Geschichtsphilosophie des früheren Werkes. Das Staatsrecht verlangt einen methodischen Neuansatz, den Rousseau selbst als Übergang zur *quaestio juris* versteht.

Auf den fundamentalen Unterschied zwischen Faktums- und Geltungsfragen macht Rousseau bereits im *Diskurs* aufmerksam (vgl. III 122, 178ff., 191). Die Eigenständigkeit des Staatsrechts unterstreichen einschlägige Äußerungen Ende der fünfziger Jahre. „Es gibt tausend Arten, um Menschen zu versammeln, aber nur eine einzige, um sie zu vereinen. Aus diesem Grund liefere ich in diesem Werk [= CSMS] nur eine einzige Methode zur Bildung politischer Gesellschaften, wenngleich es in der Vielzahl von Anhäufungen, die augenblicklich unter diesem Namen existieren, vielleicht nur zwei gibt, die auf dieselbe Weise gebildet wurden und nicht eine einzige auf die Art, die ich vorstelle. Aber ich suche das Recht und die Vernunft und streite nicht über Tatsachen [...] Es geht nicht um die Frage, was ist, sondern darum, was angemessen und gerecht ist, nicht um die Gewalt, der zu gehorchen man gezwungen ist, sondern um diejenige, die anzuerkennen man verpflichtet ist" (III 297, 305). Im *Émile* liefert Rousseau, bei Gelegenheit des Resümees des Staatsrechts eine wichtige methodologische Bemerkung, die den *Gesellschaftsvertrag* als Ganzes auf das Niveau einer normativen Theorie hebt. „Ehe man beobachtet, muß man Regeln für seine Beobachtungen aufstellen: Man muß einen Maßstab aufstellen, nach dem man die genommenen Maße ausrichtet. Unsere Prinzipien des Staatsrechts sind dieser Maßstab. Unsere Maße sind die politischen Gesetze eines jeden Landes" (IV 837). Vermittels dieser Metabasis sind die deskriptiven Bestimmungen der Republik in normativ-praktische, urteils- und handlungsleitende Ideen zu übersetzen. Wollte man diesen Zusammenhang in Kantischer Begrifflichkeit ausdrücken, so erklärt Rousseau den *Gesellschaftsvertrag* im *Émile*, gewissermaßen von außen, zu einer Theorie der *respublica noumenon* (AA VII 91), des *Staates in der Idee* (AA VI 313). Kant wird Rousseaus marginale methodische Bemerkungen aus der Peripherie ins Zentrum der Vertragstheorie verlegen. Normativität und Idealität gehören für ihn zum Begriff des Vertrages selbst. Der Gründungsakt der bürgerlichen Gesellschaft ist der „ursprüngliche Vertrag", aber „eigentlich nur die Idee desselben" (AA VI 315).

Für wie bedeutsam Rousseau den methodischen Neuansatz des *Gesellschaftsvertrags* mit der *quaestio juris* hält, wird schon daraus ersichtlich, daß er darin die Originalität seines Beitrags zur politischen Ideengeschichte verbürgt sieht. Wie Hobbes ist er der Meinung, daß die moderne Wissenschaft von Recht und Staat allererst noch zu entwickeln ist. Nimmt man Rousseaus Äußerungen im *Émile* ernst (vgl. IV 836), so sind die modernen *Principes du droit politique* nicht älter als der *Gesellschaftsvertrag*. Hobbes' Anspruch auf diese Neuerung[1] weist er zurück, weil

1 „I shall deserve the reputation of having been ye first to lay the grounds of two sciences: this of the Optiques, ye most curious, and yet other of *Natural Justice*, which I have done in my book *De Cive*, ye most profitable of all other." (Hobbes, A Minute or First Draught of the Optiques, English Works VII 467). Der behauptete Nutzen ist Rousseau für seine eigene Theorie allerdings fragwürdig geworden. Vom Blickwinkel seiner skeptischen Geschichtsphilosophie aus entdeckt sich die Philosophie des Rechts als *grande et inutile science* (IV 836).

dieser, ebenso wie Grotius, das Recht lediglich auf Tatsachen gründe und damit dem Despotismus das Wort rede (vgl. III 353; IV 836). Rousseaus Staatsrecht streitet nicht nur mit der staatsrechtlichen Tradition, es stellt sich auch in Widerspruch zu der von ihr sanktionierten Wirklichkeit des Rechts. Es verweigert der Gegenwart die vertragstheoretische Absolution.

Größere Verdienste um den Fortschritt des *droit politique* erkennt Rousseau bei Montesquieu. Allerdings scheitere auch dieser aus den nämlichen Gründen. „Der einzige Moderne, der im Stande gewesen wäre, diese große und nutzlose Wissenschaft zu schaffen, wäre der berühmte Montesquieu gewesen. Aber er hat sich gehütet, die Prinzipien des Staatsrechts zu behandeln; er begnügte sich mit der Abhandlung über das positive Recht bestehender Regierungen; und nichts in der Welt ist unterschiedlicher als diese beiden Untersuchungen" (*Émile* IV 836). Rousseaus Interesse gilt der *regle de droit* (III 435). Sollte sich allerdings ein Blick auf die *maxime de politique* als unumgänglich erweisen, liegt die Präferenz für den Rechtsphilosophen offen: die Prinzipien des Rechts dominieren die *politischen Betrachtungen* (III 467). Angesichts des Nachdrucks, mit dem Rousseau die Frage der Rechtsgeltung betont, erweist es sich als fraglich, die Interpretation des Werkes ohne weiteres mit der Hypothek einer Fundierung in der Geschichtsphilosophie zu belasten. Rousseaus Selbstverständnis spricht für eine prinzipientheoretische Lesart des *Gesellschaftsvertrags* aus sich selbst heraus, nämlich so weit als möglich aus den dort vorgetragenen Grundsätzen. In der Schrift selbst fehlt jedenfalls jeder ausdrückliche Hinweis, der eine Fundierung im *Diskurs über die Ungleichheit* forderte. Freilich besagt Rousseaus klare und entschiedene Ankündigung einer Prinzipientheorie des Staatsrechts noch nichts über die Konsequenz der Ausführung. Läßt man sich auf die Einzelheiten des Begründungsgangs beider Werke ein, so wird bald deutlich, daß Rousseau weder im *Gesellschaftsvertrag* noch im *Diskurs* seinen methodischen Vorgaben und selbstgesteckten Zielen konsequent folgt. So wenig er sich dort auf die angekündigte normative Prinzipienanalyse beschränkt, so wenig beläßt er es im *Diskurs* bei der Rekonstruktion der *histoire hypothétique des gouvernements* (III 127). Schließlich gelangt er schon hier zu einer Untersuchung der Tatsachen anhand des Rechts (vgl. III 182).

2.2 Naturgeschichte der Vergesellschaftung

Der *Diskurs über die Ungleichheit unter den Menschen* entwirft eine Archäologie des *homme naturel*, die den Naturzustands- und Naturrechtsbegriff der *Modernen* (III 124) in geschichtsphilosophischer Absicht überholen will. Folgt man der Programmatik des *Diskurses*, so macht sich Rousseau die systematische Grundabsicht der Vertragstradition durchaus zu eigen, im Modell des Naturzustands Aufklärung über die normativen Grundlagen des Gemeinwesens zu suchen. Wie seine Vorgänger fühlt auch er die „Notwendigkeit, [...] bis zum Naturzustand zurückzugehen", um darin die „Grundlagen der Gesellschaft" offenzulegen (III 132). Seine Vorgänger sieht er allerdings hinsichtlich der philosophischen Radikalität und methodischen Konsequenz dieses Rückgangs gescheitert. Die fiktive Aufhebung des bürgerlichen Zustands sei bereits mit der Abstraktion von Recht und Staat zum Stillstand gekommen, ohne daß die durch diese Institutionen bedingten Wandlungen und Deformationen der Natur des Menschen eigens zur Sprache kämen. Der authentische Begriff des *homme naturel* harrt noch auf Bestimmung: „Die Philosophen, welche die Grundlagen der Gesellschaft untersucht haben, haben alle die Notwendigkeit gefühlt, bis zum Naturzustand zurückzugehen, aber keiner von ihnen ist bei ihm angelangt [...] alle haben (schließlich) unablässig von Habsucht, von Unterdrückung, von Begehren und von Stolz gesprochen und damit auf den Naturzustand Vorstellungen übertragen, die sie der Gesellschaft entnommen hatten. Sie sprachen vom wilden Menschen und sie beschrieben den bürgerlichen Menschen" (III 132).

Rousseaus anthropologisches und genetisches Interesse am Naturzustand führt zu einer merklichen Veränderung der Begründungsabsichten. Gleichsam unter der Hand verwandelt er das rechtstheoretische Modell der Tradition in ein geschichtsphilosophisches. Wollten Hobbes, Pufendorf und Locke im Ausgang vom fiktiven *status naturalis* die Einrichtung des Staates philosophisch rechtfertigen und seiner Herrschaft naturrechtliche Schranken setzen, dominiert den *Diskurs* ein genuin entwicklungsgeschichtliches Interesse. Er liefert eine umfassende Rekonstruktion des wahren *homme naturel* und schreibt – als Geschichte des Verlustes dieser ursprünglichen Natur – die Naturgeschichte einer mißratenen Vergesellschaftung. Man muß sich nicht auf

Einzelheiten der Methode und Inhalte des Rousseauschen Rekonstruktionsvorhabens einlassen – die Orientierung an Methoden der empirischen Wissenschaften (vgl. III 133, 198), die Berufung auf ethnologische Forschung (vgl. III 140) und subjektive Introspektion (vgl. III 126) –, um zu sehen, daß sein Naturzustandsmodell den Inhalten und Absichten der Tradition diametral entgegengesetzt ist: Was diese fraglos zur Naturausstattung des Menschen zählt, verrechnet Rousseau als Deformation der authentischen Natur des natürlichen Menschen. Vernunftlosigkeit, Sprachlosigkeit und der Mangel gesellschaftlicher Verbindungen entdecken sich in der Gestalt des *homme naturel* als die ursprüngliche und wahre *nature de l'homme*. Diese verbürgt dem Einzelnen ein geglücktes Leben jenseits von Reflexion und Sozialität und der Gattung friedvolle Koexistenz noch vor aller Herrschaft.

Für wie originell man Rousseaus Argumente in dieser Kontroverse, für wie radikal seinen anthropologischen Ansatz, für wie gelungen man seine geschichtsphilosophische Revision des neuzeitlichen Naturzustandsmodells insgesamt halten mag: den Begründungsabsichten seiner Vorgänger wird Rousseau nicht gerecht. Gemessen an deren Absichten möchte man seine Alternativkonzeption vielmehr als Produktivwerden eines entwicklungsgeschichtlichen Ressentiments verstehen. Als Kontrastbild zum bürgerlichen erfüllt der natürliche Zustand zwar die Funktion einer kritischen Norm, dies aber nicht in rechtlich-normativer, sondern in kulturkritischer Absicht. Im Zeichen der geglückten Existenz des natürlichen Menschen wird der zivilisierte Mensch der zeitgenössischen Gesellschaft desavouiert (vgl. III 293f.). „Die wahren Grundlagen des Politischen Körpers, die gegenseitigen Rechte seiner Glieder" (III 126), die Rousseau anfangs mit seinem Naturzustandsrekurs entdecken will, bleiben bei dieser Gegenüberstellung im Dunkeln. Eine rechtliche Norm für die Staatsgründung gibt der Begriff des veritablen Naturzustands nicht ab. Er liefert weder ein naturrechtliches Modell für den bürgerlichen Zustand (Locke) noch macht er die Gründe für dessen rechtliche Notwendigkeit offenbar (Hobbes). Das Verlassen des Naturzustands erscheint in einem ganz anderen Licht. Begreift die Tradition die Staatsgründung als positiven und naturrechtlich gebotenen Akt zur Sicherung der Gesellschaft, macht Rousseau daraus einen kontingenten naturwüchsigen Prozeß mit fataler Dynamik. Die

Schaffung des politischen Gemeinwesens erweist sich als weiteres Datum in einer unaufhaltsamen Verfallsgeschichte.

Mag sein, daß die Dramatik, mit der Rousseau die einzelnen Etappen dieses Verfalls schildert, dazu beiträgt, die ursprünglich naturrechtliche Fragestellung des *Diskurses* in Vergessenheit geraten zu lassen. Das rechtsphilosophische Intermezzo, mit dem sich Rousseau dem *Ursprung der Gesellschaft und der Gesetze* (III 178) unter rechtsphilosophischen Gesichtspunkten zuwendet und damit die Perspektive des *Gesellschaftsvertrags* einnimmt, ist unabhängig von der Archäologie des *status naturae purae*, mehr noch, es steht zu deren Prämissen in unmittelbarem Widerspruch. Bei der Kritik alternativer Staatsgründungsmodelle setzt Rousseau den kritisch reformierten Naturzustandsbegriff außer Kraft und argumentiert ausschließlich im Rückgriff auf die Idee des Rechts. Im Zentrum steht dabei ein geschichtsinvarianter Naturrechtsbegriff Lockescher Prägung (vgl. III 184), ein Begriff, den er zuvor mit seinem entwicklungsgeschichtlichen Vorbehalt gegenüber den *Modernen* kritisiert und durch die vorrationalen *amour de soi* und *pitié* (vgl. III 125f.) ersetzen will. Es scheint, als habe Rousseau darin so wenig ein Problem erkannt wie in dem stillschweigenden Perspektivenwechsel von naturgeschichtlicher Rekonstruktion zu rechtstheoretischer Kritik. Der Wechsel wird beiläufig mit der unverdächtigen Formel kommentiert, nun „die Tatsachen anhand des Rechts zu untersuchen" (III 182); theoretisch bleibt er unbewältigt.

In der Sache führt der Übergang zur *quaestio juris* dazu, daß Rousseau bereits im *Diskurs*, seiner kritischen Absicht entsprechend *per negationem*, zentrale Bestimmungen des künftigen Staatsrechts vorträgt. Der *Gesellschaftsvertrag* läßt sich in werkgeschichtlicher Hinsicht als Präzisierung und Entfaltung der Positionen des *Diskurses* verstehen, allerdings befreit aus der Einbindung in die Gattungsgeschichte. Will man dieses Erbe für den *Gesellschaftsvertrag* kurz charakterisieren, so bieten sich folgende Formeln an: 1. Ohne Freiheit als Geltungsbedingung des Vertrages keine rechtliche Legitimität des bürgerlichen Zustands (vgl. III 170, 181ff.). 2. Ohne annähernde ökonomische Gleichheit der Vertragschließenden keine Realisation des Vertragszwecks (vgl. III 177f.). 3. Ohne absolute Rechtsposition des Souveräns kein gesicherter Bestand der staatlichen Rechtsordnung. Daß diese Absolutheit in radikal-demokratischer Volkssouveränität verankert sein muß, deutet sich in der Ablehnung des Regierungsvertrages an. „Da das Volk, was die gesellschaftlichen Beziehungen betrifft, alle seine (Einzel)Willen zu einem einzigen vereinigt hat, werden alle Artikel, über die dieser Wille sich erklärt, zu ebensoviel Grundgesetzen, die alle Mitglieder des Staates ohne Ausnahme verpflichten und eines dieser Gesetze regelt die Wahl und die Gewalt der Magistrate, die damit beauftragt sind, über die Ausführung der anderen zu wachen." (III 184f.) Damit gibt Rousseau nicht nur die für den *Gesellschaftsvertrag* charakteristische Zuordnung von Legislative und exekutivem Magistrat an, er denkt die Legislative bereits in demokratischer Gestalt. Zwar taucht der Begriff der *volonté générale* nicht auf, die Sache aber ist präsent. Bereits in der ambivalenten *Widmung* an die Genfer Republik klingt die Idee einer Herrschaftsordnung an, in der „das Recht der Gesetzgebung allen Bürgern gemeinsam" ist (III 113f.). Die vertragstheoretischen Anforderungen an das künftige Staatsrecht sind gestellt; sie einzulösen, bleibt dem *Gesellschaftsvertrag* vorbehalten, der das „Bild des wahren Naturzustands" nicht mehr nachzeichnen braucht. Vergegenwärtigt man sich die enorme Spannung, die den *Diskurs über die Ungleichheit* mit dem doppelten Interesse an einer Naturgeschichte der Gattung und einer Staatengeschichte in rechtsphilosophischer Absicht beherrscht, verbietet sich jede pauschale Zuordnung zur späteren Schrift. Die rechtsphilosophischen Partien von 1755 zeigen vielmehr, daß sich Rousseau bereits hier von den Prämissen seines genetischen Naturzustandsmodells löst. In ihm ist das normative Potential für eine Theorie des Politischen nicht zu finden. Rousseaus *Principes du droit politique* stehen auf eigenen Füßen: Einer Grundlegung in der Naturzustandstheorie des *Diskurses* bedürfen sie nicht.

2.3 Naturzustand als Rechtsproblem

Das *Genfer Manuskript*, die zwischen 1758 und 1760 entstandene Erstfassung des *Gesellschaftsvertrags* (vgl. III S. LXXXIIff.) bestätigt den Befund auf seine Weise. Der Intention der Schrift entsprechend ist die Beschäftigung mit dem Naturzustand nicht mehr als genetischer Rekurs auf die vorgeschichtliche Existenz des natürlichen Menschen angelegt; die Problematisierung der *allgemeinen Gesellschaft der menschlichen Gattung* dient einem rechtstheoretischen Zweck. Bevor Rousseau seine Theorie legitimer Herrschaft entfaltet, will er die Gründe für die spezifische Notwendigkeit des Staates aufzeigen. „Beginnen wir zu untersuchen, woraus die Notwendigkeit der politischen Institutionen entspringt.“ (III 281) Diese traditionelle Aufgabenstellung schlägt sich in der – von der Endfassung differierenden – Formulierung des *problême fondamental* nieder. Angesichts der prekären vorstaatlichen Verhältnisse steht die Notwendigkeit einer einheitlichen rechtssetzenden Gewalt im Vordergrund. „Da der Mensch keine neuen Kräfte erzeugen, sondern nur die gegebenen vereinigen und lenken kann, gibt es kein anderes Mittel sich zu erhalten, als durch Anhäufung eine Summe von Kräften zu bilden, die den Widerstand überwinden kann, sie durch eine einzige Triebfeder in Bewegung zu setzen, sie zu gemeinsamem Handeln zu bringen und auf einen einzigen Gegenstand zu lenken. Dies ist das Grundproblem, dessen Lösung in der Einrichtung des Staates liegt“ (III 289f.).

Es versteht sich von selbst, daß der Naturzustand unter der neuen rechtstheoretischen Perspektive nicht mehr als prästabilierte Harmonie, sondern als Situation des Mangels und des Konflikts erscheinen muß; er entdeckt sich als allgemeiner Kriegszustand, der allein mit der Stiftung politischer Institutionen überwunden werden kann. Rousseau vertritt diesen rechtsphilosophischen Realismus gegenüber einer Konzeption, die Diderot im Enzyklopädie-Artikel *Droit naturel* (1755) prominent macht. In seinem eigenen Artikel *Économie politique* (1755) hatte Rousseau noch positiv Anleihen bei Diderot gemacht: die erste Formulierung der Idee der *volonté générale* (III 244ff.) folgt, bis in den Wortlaut hinein, den Vorgaben Diderots (vgl. Brandt 1973). Im *Genfer Manuskript* ist der Bezug polemischer Natur: es geht nun nicht mehr um die Rechtsgültigkeit des Gemeinwillens der Gattung (sie steht auch hier außer Frage, III 286), sondern darum, ob dieser ohne allgemeine Zwangsgewalt wirksam werden kann. Rousseau ist sich mit Hobbes einig, daß eine bloß naturrechtliche Verpflichtung, wie sie Diderot aus dem Gemeinwillen der Gattung ableitet, keinen gesellschaftlichen Frieden gewährleisten kann: Die *Identität der Natur* der Menschen verbürgt keinen Zustand spontaner rechtlicher Einheit. Statt eines „vorgeblichen, von der Natur diktierten Gesellschaftsvertrags“ (III 284) bedarf es der ausdrücklichen Stiftung in einem rechtlich wirksamen Gesellschaftsvertrag. Diderots kosmopolitische Idee der unter ihrem vernünftigen Gattungswillen vereinigten Menschheit ist für Rousseau im wahrsten Sinne des Wortes zu schön, um wirklich zu sein, sie gilt ihm als bloßes Hirngespinst (*une véritable chimère* III 284). Allgemeine Gerechtigkeit und Rechtssicherheit bedürfen der Zwangsgewalt des partikularen politischen Verbandes. Sie sind außerhalb des bürgerlichen Zustands – selbst beim besten Willen aller Beteiligten – nicht zu garantieren. Rousseaus *raisonneur* (III 284ff.) legt die prekäre Handlungslogik im Naturzustand mit Hobbesschen Argumenten offen (vgl. *De Cive* I 4; *Leviathan* XV 36). Die freiwillige individuelle Erfüllung naturrechtlicher Verbindlichkeiten macht den Staat nicht überflüssig. Dieser ist unverzichtbar, um die Wechselseitigkeit der Verpflichtungen zu sichern.

So entschieden die rechtliche Problematik des Naturzustands im *Genfer Manuskript* in den Vordergrund tritt, die entwicklungsgeschichtliche Problemlast des *Diskurses* ist auch hier noch spürbar. Was die Vorstellung einer friedlichen Rechtsgemeinschaft der Gattung scheitern läßt, ist nicht allein der Mangel rechtlicher Sicherheit bei naturgesetzkonformem Verhalten. Diderots Konzept kranke auch daran, daß sie ein Maß an Abstraktionsfähigkeit und Regelverständnis voraussetze, das dem Naturzustandsbewohner als gattungsgeschichtlichem Archetypus noch fehle. Die abstrakten Regeln der *volonté générale* fänden im Menschen des Naturzustands keinen kompetenten Adressaten. Einwände dieser Art belegen, daß Rousseaus entwicklungsgeschichtliches Ressentiment auch in der ersten Fassung des *Gesellschaftsvertrags* noch präsent ist – trotz der angekündigten Beschränkung auf die Rechtsfrage. Indem Rousseau für die endgültige Fassung auf das Kapitel über die *Allgemeine Gesellschaft des Menschengeschlechts* (CSMS I 2) verzichtet, distanziert er sich weiter von seiner genetischen Kritik der Vertragstheorie. Im *Gesellschaftsvertrag* begnügt er sich damit, das rechtsphilosophische Fazit seiner Naturzustandsreflexionen kurz in Erinnerung zu rufen. „Sicher gibt es eine universelle Gerechtigkeit, die aus der Vernunft fließt; aber um unter uns anerkannt zu werden, muß diese Gerechtigkeit wechselseitig sein. Um die Dinge menschlich zu betrachten: Die Gesetze der Gerechtigkeit sind mangels natürlicher Sanktion unnütz (vaine) unter den Menschen; sie sind nur zum Vorteil des Bösewichts und zum Nachteil des Gerechten, solange dieser sie der ganzen Welt gegenüber beachtet, ohne daß irgend jemand sie ihm gegenüber beachtet. Wir benötigen deshalb Abmachungen und Gesetze, um Pflichten und Rechte miteinander zu verbinden und die Gerechtigkeit ihrem Gegenstand zuzuführen“ (III 378).

Die Einsicht, daß Gerechtigkeit unter Menschen nicht unter den natürlichen Bedingungen ihrer Existenz zu realisieren ist, sondern erst unter der Herrschaft positiver Gesetze, bildet die unumstößliche, wenn auch nicht mehr eigens begründete Voraussetzung des Staatsrechts. Von der Vorstellung einer zwangsfreien Friedensgemeinschaft unter dem Naturrecht, der noch Locke (vgl. Second Treatise § 19) das Wort redet, ist Rousseau im *Gesellschaftsvertrag* meilenweit entfernt. Wenn er sich für das Staatsrecht den Hobbesschen Imperativ „der Naturzustand muß verlassen werden“ zueigen macht, hat dies für die vertragstheoretische Problemlösung unmittelbare Konsequenzen. Da der Naturzustand keine positive Norm für den bürgerlichen Zustand abgibt, sondern nur dazu dient, dessen Notwendigkeit zu illustrieren, kann die Staatseinrichtung in jenem natürlichen Zustand nicht mehr normativ vorbestimmt sein. Die Einrichtung der staatlichen Ordnung dient vielmehr dem Zweck, die Defekte einer bloß natürlichen Existenz der Menschen zu kompensieren. Mit anderen Worten: Die Kunst des Politischen hat in den Bedingungen der Natur kein Vorbild mehr. Mehr noch: Sie ist nur im Bruch mit ihr möglich. Die *art perfectionné* der Staatsgründung hat deshalb nicht nur die Fehler einer durch die *art commencé* gelenkte Vergesellschaftung zu revidieren, Rousseaus vollkommene Kunst des Politischen versteht sich zugleich als Korrektur der Natur und als Korrektur des Prozesses ihrer künstlichen Verfremdung. „Bemühen wir uns, aus dem Übel das Gegenmittel zu gewinnen, das es heilen muß! Verbessern wir, wenn möglich, durch neue Vereinigungen (nouvelles associations) die Fehler der allgemeinen Vereinigung (association générale)“ (III 288).

2.4 Naturzustand als Grenzbegriff

Es entspricht ganz der Logik der kontraktualistischen Entgegensetzung von Naturzustand und Staat, wenn Rousseau in der endgültigen Fassung seines Staatsrechts auf die Zeichnung des *Bildes des wahren Naturzustands* (III 160) verzichtet. Unter positivem Vorzeichen ist vom Naturzustand nicht mehr die Rede. Die offensichtliche Beiläufigkeit, mit der Rousseau vor der Formulierung des *problême fondamental* auf den Naturzustand zu sprechen kommt, macht deutlich, wie irrelevant die Gestalt des wahren Naturzustands – das große Thema des *Diskurses* – nun geworden ist. Mehr noch: In dieser Beiläufigkeit deutet sich an, was die Ausführung der Theorie immer offensichtlicher werden läßt: der Funktionsverlust des Naturzustandsmodells in Rousseaus Prinzipientheorie des Rechts. Das Grundlegungsmodell der Tradition wird nur noch mit einer eiligen Hypothese gestreift: „Ich vermute," schreibt Rousseau vorsichtig, „daß die Menschen sich zu der Stufe emporgeschwungen haben, wo die Hindernisse, die ihrer Erhaltung im Naturzustand schädlich sind, durch ihren Widerstand die Oberhand über die Kräfte gewinnen, die jeder einzelne aufbieten muß, um sich in diesem Zustand zu behaupten. Dann kann dieser Zustand nicht länger fortbestehen, und das menschliche Geschlecht müßte zugrunde gehen, wenn es die Art seines Daseins nicht änderte" (III 360). Rousseaus Skizze, die erste Gründe für den Vertragsschluß nennt, greift Platons Idee auf, daß die Menschen die Hindernisse der äußeren Natur nur in Gemeinschaft arbeitsteilig bewältigen können (vgl. *Politeia* 369 b–c). Nicht die konfliktreiche Existenz der Einzelnen im vorstaatlichen Zustand erzwingt den Vertrag; es sind – zunächst – vitale Notwendigkeiten der Gattung, die die isolierten Einzelnen zu gemeinsamer Lebensbewältigung nötigen.

Daß es beim Naturzustand nicht bleiben kann, diese Voraussetzung allein genügt Rousseau vorerst, um zum eigentlichen Grundproblem, der Vergesellschaftung durch das Recht, zu gelangen. Bei der Problemlösung hat der Naturzustand, zumindest als positive Norm, ausgedient. Von der umfangreichen Bemühung der Tradition, etwa bei Locke, die Vertragstheorie in einem normativ aufgeladenen Naturzustand zu verankern und Zweck, Stiftung und Institutionen politischer Herrschaft naturrechtlich zu bestimmen, ist im *Gesellschaftsvertrag* nichts mehr zu spüren. Argumentativ ist der Naturzustand nur noch im Sinne eines negativen Grenzbegriffs wirksam. Er bildet die negative Matrix zur vertraglichen Rechtsordung, deren Stiftung er *ex negativo* begründet.

In welchem Maße sich im *Gesellschaftsvertrag* die theoretische Perspektive auf den Naturzustand gegenüber dem *Diskurs* wandelt, zeigt das Kapitel *De l'état civil* (CS I 8). Der Übergang vom natürlichen in den bürgerlichen Zustand wird als *vorteilhafter Tausch* (III 375) beschrieben und nun auch, gemäß der traditionellen Vertragslogik, als eindeutig positives Ereignis gefaßt. Während der Ausgang aus dem Naturzustand im *Diskurs* als *funeste hazard* (III 171) und als Auftakt zu einer fulminanten Verfallsgeschichte erscheint, feiert der Rechtsphilosoph Rousseau die Staatsgründung als *instant heureux* (III 364), sie wird zur Geburtsstunde des neuen Menschen. „Der Übergang vom Naturzustand zum bürgerlichen Zustand erzeugt im Menschen eine sehr bemerkenswerte Veränderung, weil dadurch in seinem Verhalten die Gerechtigkeit an die Stelle des Instinkts tritt und seinen Handlungen die Moralität verliehen wird, die ihnen zuvor fehlte. Erst jetzt, wo die Stimme der Pflicht an die Stelle des körperlichen Triebs und das Recht an die des Begehrens tritt, sieht der Mensch, der bislang nur sich selbst im Auge hatte, gezwungen, nach anderen Grundsätzen zu handeln und seine Vernunft zu befragen, bevor er seinen Neigungen Gehör schenkt [...] Man könnte nach dem Vorhergehenden zum Erwerb des bürgerlichen Zustandes noch die moralische Freiheit hinzufügen, die allein den Menschen zum wirklichen Herren seiner selbst macht" (III 365). – Rousseaus emphatisches Lob des bürgerlichen Zustandes bedient sich der vertragstheoretischen Dichotomie von Naturzustand und Staat und führt doch gleichzeitig zur Preisgabe der Grundidee des Vertrages. In einer paradoxen, an der Polistheorie orientierten Wendung wird zur Folge des Vertrages, was zugleich seine ureigenste Bedingung ist: die rechtliche und moralische Subjektivität des Einzelnen. Die innere Disparatheit der Argumentation, die hier zutage tritt, ist keineswegs eine periphäre Problematik, sie charakterisiert Rousseaus Staatsrecht über alle Entwicklungsstufen. Sie führt dazu, daß der Vertragsbegriff zugleich als Herzstück und Fremdkörper (vgl. Kersting 1994, 101) des *Gesellschaftsvertrags* erscheint.

In den spärlichen Naturzustandsreflexionen, die Rousseau zu vertragstheoretischen Zwecken anstellt, bleibt er dem *Ideal des hobbes* (Kant AA XIX 99) verpflichtet. Exemplarisch zeigt dies die radikale Forderung nach vollständigem Rechtsverzicht der

Vertragspartner. Die *aliénation totale* (III 360) gilt Rousseau als *conditio sine qua non* bei Vertragsschluß. Ein Residuum natürlicher Rechte könne bei der Gründung der Republik unmöglich gewährt werden. Wo Hobbes und Locke für einen individuellen Rechtsvorbehalt plädieren, um den Bürgern einen naturrechtlichen Anspruch außerhalb staatlicher Rechtsdistribution zu sichern, steht für Rousseau bereits die Existenz des bürgerlichen Zustands auf dem Spiel. Ein naturrechtlicher Vorbehalt widerspräche dem Prinzip staatlicher Souveränität und setze den Staat der Gefahr eines permanenten Rückfalls in den Naturzustand aus. „Darüber hinaus ist die Vereinigung, da die Entäußerung (aliénation) ohne Vorbehalt geschah, so vollkommen, wie sie nur sein kann, und kein Mitglied hat mehr etwas zu fordern: denn wenn den Einzelnen einige Rechte blieben, würde jeder – da es keine allen übergeordnete Instanz gäbe, die zwischen ihnen und der Öffentlichkeit entscheiden könnte – bald den Anspruch erheben, weil er in manchen Punkten sein eigener Richter ist, es auch in allen zu sein; der Naturzustand würde fortdauern, und der Zusammenschluß würde notwendig tyrannisch oder inhaltslos“ (III 361). Rousseau plädiert zugunsten der Ordnungsmacht der Staatsgewalt. Die Empfehlung eines *appeal to heaven*, die Locke für den Konfliktfall zwischen Einzelnen und Staat ausspricht, führte in einen Ruin des Gesellschaftsvertrages, sie sprengte die Zuständigkeit der Politischen Philosophie. *L'état de nature subsisteroit* (ebd.) – Rousseaus Sprachgebrauch entspricht ganz dem Defizitmodell des *Leviathan*. Markierte die Aufgabe des ursprünglichen Naturzustands für den *Diskurs* den Anfang vom Ende, wird die Fortdauer des Naturzustands nun zum Horror.

In der Bedeutung eines rechtlichen Notstandes führt der Naturzustand zu keiner positiven Bestimmung oder Begrenzung staatlicher Kompetenzen. Als negativer Fluchtpunkt markiert er die unerläßlichen Bedingungen, unter denen die Staatsgewalt ihre friedens- und freiheitssichernde Funktion nach innen und außen zu erfüllen vermag. Gefahr für individuelle und kollektive Selbsterhaltung, Gegensatz der Einzelinteressen und unvermeidliche Konflikte um Leib und Leben – das sind die Bedingungen, die im Naturzustand des *Gesellschaftsvertrags* herrschen (vgl. III 360, 368, 375). Solche Defekte lassen sich lediglich vertragstheoretisch beheben (vgl. III 368; 375). Die

Vorstellung eines Bruchs zwischen natürlicher und politischer Ordnung charakterisiert das Programm des *Gesellschaftsvertrags* nur zur negativen Seite hin. Positiv beinhaltet der Verzicht auf die traditionelle naturrechtliche Einhegung der Staatsgewalt, daß Rousseau die Legitimationsidee des neuzeitlichen Kontraktualismus weiter zuspitzt. Die Stiftung des politischen Rechts ist einzig und allein als Selbstschöpfung autonomer Individuen, und damit im Grunde als völlige Neuschöpfung gegenüber der Ordnung der Natur zu begreifen. In diesem Sinne läßt sich das Verhältnis von Natur und Staat nur noch als Verhältnis ihrer Diskontinuität, ja letzten Endes, als Widerspruch bestimmen.

Wenn Rousseau seine *Prinzipien des Staatsrechts* ohne expliziten Rückgriff auf den Naturzustand als normatives Raster der *société civile* entfaltet, so bekundet er darin seine Freiheit gegenüber dem architektonischen Grundmuster der modernen Vertragstheorie. Die Dichotomie von Naturzustand und Vertrag hat für den *Gesellschaftsvertrag* an Gewicht verloren. Der Vertrag braucht keine rechtfertigungstheoretische Vorgeschichte, und die historischen Gründe hat Rousseau zu Beginn selbst für unmaßgeblich erklärt. Wer den *Diskurs* zu externer Grundlegung des Staatsrechts bemüht, läuft nicht nur Gefahr, die Einsicht in dessen tatsächliche Begründungsverhältnisse zu vereiteln und den paradoxen Begründungsverlauf des *Diskurses* zu übersehen. Er verdeckt zugleich die Tatsache, daß der *Gesellschaftsvertrag* die vielleicht radikalste Version kontraktualistischer Herrschaftsbegründung entwirft. Lädt Rousseau doch der Idee des Gesellschaftsvertrages – und seiner Verzeitlichung im Gemeinwillen – die gesamte philosophische Begründungslast auf. Das neue *droit politique* will die Prinzipien politischer Gerechtigkeit allein und ausschließlich aus der Idee der Vereinigung freier und gleichberechtigter Subjekte begründen. „Kann es ein sichereres Fundament für die Verpflichtung unter Menschen geben", fragt Rousseau in den *Lettres de la Montagne* (III 806f.), „als das freiwillige Engagement desjenigen, der sich verpflichtet? Man kann jedes andere Prinzip bestreiten, dieses wird man nicht bestreiten können." Diesem Prinzip in politischen Institutionen Gestalt zu geben, erwies sich für den Autor der *Kleinen Abhandlung* am Ende als Quadratur des Kreises.

Literatur

Brandt, R. 1973: Rousseaus Philosophie der Gesellschaft, Stuttgart.
Derathé, R. 1950: Jean-Jacques Rousseau et la science politique de son temps, Paris.
Forschner, M. 1977: Rousseau, Freiburg u. München.
Inston, K. 2010: Rousseau and Radical Democracy, London u. a.
Kersting, W. 1994: Die politische Philosophie des Gesellschaftsvertrags, Darmstadt.
Masters, R. D. 1968: The political philosophy of Rousseau, Princeton / New York.
Strauss, L. 1953: Natural Right and History, Chicago.
Vaughan, Ch. E. 1915: The Political Writings of J.-J. Rousseau, 2 Bde., Cambridge.

Wolfgang Kersting

Die Vertragsidee des *Contrat social* und die Tradition des neuzeitlichen Kontraktualismus

(I 1–9, II 1–2)

3.1 Unzureichende Lösungen des Problems der Herrschaftslegitimation

„Der Mensch wird frei geboren, aber überall liegt er in Ketten [...] Wie ist es zu dieser Entwicklung gekommen? Ich weiß es nicht. Was kann sie rechtmäßig machen? Ich glaube, daß ich dieses Problem lösen kann" (III 351). Rousseau spricht hier von dem Problem der Herrschaftslegitimation. Die Gründe rechtmäßiger Herrschaft liegen aber nicht offen zutage. Sie müssen unter großen philosophischen Anstrengungen freigelegt werden. Dabei sind zuerst die verfehlten Antworten auf die Legitimationsfrage beiseite zu räumen.

Rousseau unterscheidet zwei Klassen unzureichender Lösungen des Legitimationsproblems: machttheoretische und vertragstheoretische. Machttheoretische Lösungen des Legitimationsproblems sind allesamt Varianten der dem Sophisten Kallikles zugeschriebenen These von dem Recht des Stärkeren. Sie teilen deren Fehler und legen Machtverhältnisse unmittelbar herrschaftsrechtlich aus. Physische Überlegenheit erzeugt jedoch kein Recht; und selbst der, der Recht unwiderstehlich durchzusetzen vermag, beweist damit nicht, daß er zur Setzung allgemein verpflichtenden Rechts befugt ist (vgl. III 354f.). Eine legitime gesellschaftliche Ordnung kann nicht auf Macht, sondern nur auf Vereinbarung gegründet werden. Rousseau ist Kontraktualist und mit den Philosophen und Naturrechtsjuristen des 17. und 18. Jahrhunderts der Meinung, daß sich das Legitimationsproblem nur im Rahmen der Vertragstheorie angemessen behandeln und lösen läßt.

Aber nicht jede Vereinbarung begründet eine legitime Ordnung. Auch in der Tradition der Vertragstheorie gibt es unzureichende Lösungen des Problems der Herrschaftslegitimation. Zwar gebührt der kontraktualistischen Rechtfertigungsmethode ein struktureller legitimationstheoretischer Vorzug gegenüber der kurzschlüssigen Machttheorie, jedoch droht dieser verspielt zu werden, wenn die vertraglichen Vereinbarungen ihrerseits rechtlich und sittlich unannehmbar sind. Es kommt also alles darauf an, in den Gedankenexperimenten des Kontraktualismus rechtlich zulässige Vereinbarungen von rechtlich unzulässigen Vereinbarungen zu unterscheiden.

Die von seinen kontraktualistischen Vorgängern vorgeschlagenen Vertragsmodelle lehnt Rousseau als legitimationstheoretisch unzureichend ab. Seine Kritik gilt insbesondere dem kontraktualistischen Absolutismus wie er in der Doppelvertragslehre von Grotius und Pufendorf und in der Staatsphilosophie von Thomas Hobbes entwickelt wird. „Es ist ein nichtiger und widersprüchlicher Vertrag, auf der einen Seite absolute Herrschaft und auf der anderen unbegrenzten Gehorsam zu vereinbaren. Ist es nicht klar, daß man demjenigen nichts schuldig ist, von dem alles zu fordern man das Recht hat, und daß diese Bedingung allein, ohne Wechselseitigkeit und ohne Tausch, die Nichtigkeit des ganzen Vorgangs nach sich zieht? [...] Die Wörter: Sklaverei und Recht widersprechen sich; sie schließen sich gegenseitig aus. Zwischen Mensch und Mensch oder zwischen einem Menschen und einem Volk ist folgende Absprache ohne Sinn: ‚Ich schließe mit dir einen Vertrag, der ganz zu deinen Lasten und ganz zu meinem Nutzen geht; ich halte ihn, solange es mir gefällt, und du mußt ihn einhalten, solange es mir paßt'" (III 356, 358).

Eine kontraktualistische Begründung absoluter staatlicher oder fürstlicher Herrschaft ist für Rousseau ein hölzernes Eisen. Freiheit kann nicht die Freiheit zur Selbstabschaffung umfassen und die Rechtsform des Vertrages nicht zur rechtlichen Erzeugung absoluter Rechtlosigkeit dienen; ein Selbstversklavungsvertrag ist ein rechtliches Unding. Die Unterwerfungsverträge Grotius' und Pufendorfs, in denen sich die Gesellschaft vorbehaltlos dem herrscherlichen Willen ausliefert, aber auch der Staatsvertrag Hobbes', mit dem die Menschen einen absoluten Herrn erzeugen, der alle Gewalt über sie hat, kommen jedoch einem Selbstversklavungsvertrag gleich; sie sind darum in hohem Maße rechtswidrig (zur Vertragslehre Hobbes' und der Naturrechtsjuristen vgl. Kersting 1993; Kersting 1994a, Kap. III und VII). Der kontraktualistische Absolutismus ist legitimationstheoretisch gescheitert. Wie Rousseau überdies und in völliger Übereinstimmung mit John Locke hervorhebt, ist der kontraktualistische Absolutismus auch durch und durch irrational und keine ernsthafte Option kluger, auf Maximierung ihrer Interessen bedachter Individuen: denn welcher Mensch, der bei Sinnen ist, würde sich zu einer rechtlichen Selbstauslöschung bereitfinden und seine Freiheit ohne gesicherte Gegenleistung einfach wegschenken? Ein sich „umsonst (gratuitement)" weggebendes Volk ist zweifellos ein „Volk von Wahnsinnigen; aber Wahnsinn schafft kein Recht" (III 356). Aufgrund offensichtlicher Unzurechnungsfähigkeit der Vertragspartner kann die vertragliche Begründung des staatlichen Absolutismus also kein gültiges und wirksames Rechtsgeschäft darstellen.

3.2 Das Freiheitsrecht und das staatsphilosophische „problème fondamental"

Im Zentrum der Rousseauschen Kritik der kontraktualistischen Überlieferung steht ein Freiheitsverständnis, das die Freiheit zur Wesensbestimmung des Menschen erklärt und damit in den Rang eines absoluten rechtfertigungstheoretischen Kriteriums erhebt. Nur das kann als gerechtfertigt gelten, was sich aus dem Begriff der Freiheit rechtfertigen läßt. Freiheit wird zur Quelle, zum Maß und zum Zweck des Rechts und der politischen Ordnung, und Verträge, die nicht Freiheit zum Inhalt haben, die nicht Freiheitssicherungsverträge sind, sind illegitim. „Auf seine Freiheit verzichten heißt, auf seine Eigenschaft als Mensch, auf die Menschenrechte, sogar auf seine Pflichten verzichten. Es gibt keine mögliche Entschädigung für den, der auf alles verzichtet. Ein solcher Verzicht ist unverträglich mit der Natur des Menschen; wer seinem Willen jede Freiheit nimmt, nimmt seinen Handlungen jegliche Moralität“ (III 356).

Freilich umfaßt das Freiheitsrecht der Menschen in den Augen Rousseaus nicht nur die Freiheit von eines anderen nötigender Willkür, nicht nur allgemeine Handlungsfreiheit, es umfaßt auch einen unveräußerlichen und undeligierbaren Anspruch auf materiale Selbstbestimmung, auf Selbstherrschaft. Und diese autonomieethische Bedeutungsdimension des Freiheitsrechts bereitet der Legitimationstheorie besondere Schwierigkeiten. „Es ist eine Form der Vergesellschaftung zu finden, die mit der gesamten gemeinschaftlichen Macht die Person und den Besitz eines jeden Gemeinschaftsmitglieds verteidigt und beschützt, und durch die gleichwohl jeder, indem er sich mit allen vereinigt, nur sich selbst gehorcht und ebenso frei bleibt wie zuvor“ (III 360). Es ist ersichtlich, daß der Rahmen konventioneller Rechtsstaatlichkeit die hier gesuchte Vergesellschaftungsform nicht enthält. Bekommt das Selbstbestimmungsrecht den Status einer herrschaftslegitimatorischen Bedingung, dann ist jede koordinationspolitische Lösung des staatsphilosophischen „problème fondamental“ unzureichend.

Daher kann Rousseau sich auch nicht dem kontraktualistischen Liberalismus Lockes anschließen. Seine Beschreibung des „problème fondamental“ zeigt deutlich, daß ihm der Weg konstitutionalistischer Absolutismuskritik versperrt ist. Im Schatten staatsgerichteter Abwehrrechte und liberaler Institutionen der Herrschaftsmäßigung kann die anspruchsvolle Freiheitskonzeption Rousseaus keine angemessene politische Wirklichkeit finden. Denn sie verlangt die Gründung einer politischen, gesetzgebenden und gewalthabenden Einheit, deren Mitglieder nach wie vor frei sind und ihre eigenen Herren bleiben, so daß sich ihr rechtlicher Status durch den Übergang vom *status naturalis* in den *status civilis* nicht im mindesten ändert. Es ist ersichtlich, daß in einer Herrschaftsordnung jedes Mitglied nur dann nach wie vor sich nur selbst gehorcht, wenn es auch nach wie vor über sich selbst herrscht, wenn die Gesetze, die Gehorsam verlangen, selbstgegebene Gesetze sind. Aber kann es unter der Voraussetzung eines derart radikalen, autonomieethischen Freiheitskonzepts überhaupt legitime Herrschaft geben? Muß nicht jeder Versuch, dieses Legitimationsproblem aufzulösen, in eine ordnungspolitische Paradoxie münden? Wie ist eine gesellschaftsvertragliche Herrschaftserrichtung denkbar, die die materiale Selbstbestimmung der Individuen nicht schmälert?

Die Antwort auf diese Frage gibt der Rousseausche Gesellschaftsvertrag.

3.3 Die Struktur des Gesellschaftsvertrags

„Die Bedingungen dieses Vertrages sind durch die Natur seines Zustandekommens so genau festgelegt, daß die geringste Änderung ihn nichtig und unwirksam macht [...] Versteht man diese Bedingungen richtig, lassen sie sich auf eine einzige zurückführen, nämlich auf die vollständige Entäußerung eines jeden Mitglieds mit all seinen Rechten an die Gemeinschaft. Wenn sich nämlich erstens jeder ganz übereignet, ist die Bedingung für alle gleich; niemand hat ein Interesse, sie für die anderen drückend zu machen. Da zweitens die Entäußerung vorbehaltlos geschieht, ist die Vereinigung so vollkommen, wie sie nur sein kann, und kein Mitglied kann weitere Ansprüche stellen. Denn wenn einem einzelnen Rechte verblieben, so wäre er, da kein gemeinsames Oberhaupt zwischen ihm und der Gemeinschaft entscheiden kann, gewissermaßen sein eigener Richter in seinen Belangen und bald in allen anderen auch. Der Naturzustand würde fortbestehen. Wenn sich schließlich jeder allen überäußert, überäußert er sich niemandem. Da man über jedes Mitglied das gleiche Recht erwirbt, das man ihm über sich selber einräumt, gewinnt man den Gegenwert über alles, was man verliert, und ein Mehr an Kraft, das zu bewahren, was man hat. Alles Unwesentliche weggelassen, läßt sich der Gesellschaftsvertrag auf folgende Formel zurückführen: „Jeder von uns unterstellt gemeinschaftlich seine Person und seine ganze Kraft der obersten Leitung des Gemeinwillens, und wir nehmen als Körper jedes Glied als untrennbaren Teil des Ganzen auf'„ (III 360f.).

Was bildet den Inhalt des Vertrags? „Die vollständige Entäußerung eines jeden Mitglieds mit all seinen Rechten an die Gemeinschaft“ (III 360). Es mag angesichts der heftigen Polemik Rousseaus gegen den kontraktualistischen Absolutismus überraschen, aber die Vertragslehre des *Contrat social* vertritt einen ungeschmälerten souveränitätstheoretischen Hobbesianismus. Die Syntax des Rousseauschen Gesellschaftsvertrags unterscheidet sich nicht von der Syntax des Hobbesschen Staatsvertrags. In beiden Fällen haben wir es mit einem Entäußerungsvertrag zu tun, in dem die Naturzustandsbewohner einander versprechen, auf alle Freiheit, alles Recht und alle Macht zu verzichten und sich rückhaltlos einer absoluten Gewalt zu unterwerfen. Das Recht, das die Individuen durch dieses vertragliche Versprechen erhalten, ist das Recht auf den absoluten politischen Gehorsam aller anderen. Der Entäußerungsakt ist sowohl bei Hobbes als auch bei Rousseau der Konstitutionsakt der politischen Herrschaft, die Geburtsstunde des Souveräns. Der Adressat und Nutznießer des Entäußerungsaktes existiert nicht vor diesem. Er ist eine rechtliche Schöpfung, die unabhängig von den sie erzeugenden Vertragsbeziehungen der Individuen keinerlei rechtliche Existenz besitzt.

Die Besonderheit des Rousseauschen Gesellschaftsvertrags besteht nun darin, daß allein die Gemeinschaft der Vertragsschließenden selbst die Position der Souveränität rechtmäßig einnehmen kann. Während bei Hobbes durch den Staatsvertrag zwar eine absolute herrschaftsrechtliche Machtposition geschaffen, aber noch kein materialer Souverän eingesetzt wird, da für Hobbes keinerlei notwendige Beziehung zwischen den absoluten herrschaftsrechtlichen Befugnissen und der materialen Besetzung der Souveränitätsposition besteht, fallen im Gesellschaftsvertrag Rousseaus die Erzeugung der absoluten Herrschaftsposition und deren materiale Besetzung durch die Gemeinschaft der Vertragsschließenden selbst notwendig zusammen.

Aufgrund dieser demokratischen Interpretation des absolutistischen Souveränitätsschemas, aufgrund dieser numerischen Identität von Vertragsgemeinschaft und Souverän ist es Rousseau sogar möglich, der absolutistischen Entäußerungsklausel eine noch radikalere Fassung zu geben. Rousseau verlangt nämlich die totale Entäußerung „der Güter, der Person, des Lebens und der ganzen Kraft“ (IV 840) an die Gemeinschaft und geht damit weit über Hobbes hinaus, dessen Entäußerungsformel an dem Selbstverteidigungsrecht eine Grenze findet. Und diese Entäußerungsschranke ist im Kontext der Hobbesschen Staatsphilosophie nur konsequent, weil ja der Hobbessche Staat nichts anderes als ein Selbsterhaltungsmittel der Menschen ist und nicht gut den Zweck sabotieren darf, den zu verwirklichen er ersonnen worden ist. Hier verbirgt sich freilich auch einige politische Gefahr, da mit diesem Selbstverteidigungsvorbehalt die ganze sperrige Subjektivität mit ihren idiosynkratischen Sichtweisen in das Gehege des positiven Rechts einbricht, denn sie muß sich mit dem Selbstverteidigungsvorbehalt auch das Recht reservieren, über den Selbstverteidigungsfall souverän entscheiden zu können. Das Ausmaß der ordnungspolitischen Unsicherheit wird deutlich, wenn man bedenkt, daß Hobbes den Selbstverteidungsvorbehalt ja keinesfalls durch die engen Grenzen eines Notrechts einschränkt, sondern mit der traditionellen life-liberty-estate-Trias, also dem Kerngehalt der frühen liberalen Menschenrechtskonzeption, verknüpft (vgl. Hobbes 1968, Kap. XIII; Kap. XIV; zum Zusammenhang zwischen dieser Güterdreiheit und der frühen Menschenrechtskonzeption vgl. Brandt 1982).

Rousseaus Republik überbietet den leviathanischen Absolutismus also beträchtlich. Die Rousseausche Gemeinschaft duldet keinen Bereich nicht-vergesellschafteter Subjektivität, keinen Interpretationsvorbehalt für Selbsterhaltungsfragen. Es gibt keinen entäußerungsresistenten Freiheits- und Rechtskern bei Rousseau. In seinem Gesellschaftsvertrag wird das Individuum von der Gemeinschaft mit Haut und Haaren verschlungen. In dieser größeren Entäußerungsreichweite des Rousseauschen Gesellschaftsvertrages manifestiert sich jedoch nicht eine größere Geringschätzung des Rechts und der Interessen der Individuen. Die Rousseausche Konstruktion bezweckt vielmehr, der Befürchtung der Individuen, staatliches Handeln könnte auch einmal gegen ihr Freiheitsrecht und ihr Selbsterhaltungsinteresse gerichtet sein, jeden rationalen Anlaß zu nehmen: aufgrund seiner Entstehung ist der Gemeinwille unfehlbar und will notwendig das Gemeinwohl, das mit dem Glück der Individuen zusammenfällt. Daher kann Rousseaus demokratische Interpretation des absolutistischen Souveränitätsschemas den Souverän mit einer Machtfülle ausstatten, die der leviathanischen noch überlegen ist. Das Titelbild des *Leviathan* muß korrigiert werden: nicht die durch den Hobbesschen Staatsvertrag, sondern die durch den Rousseauschen Gesellschaftsvertrag generierte politische Einheit stellt die größte Macht auf Erden dar.

Im Rahmen der staatsrechtlichen Chemie des *Contrat social* kommt dem Entäußerungsakt der Charakter einer Transformation der aggregativen, distributiv-allgemeinen Gemeinschaft der Vertragsschließenden in eine kollektiv-allgemeine Willenseinheit zu: aus dem Individuenaggregat der vielen einzelnen partikularen Willen wird eine politische Einheit mit einem einheitlichen allgemeinen Willen. *Populus est rex*: der Rousseausche Gesellschaftsvertrag ist das Symbol der politischen Selbstermächtigung des Volkes. Indem er jedem die doppelte Rolle eines gleichberechtigten Herrschaftsteilhabers und eines gleichverpflichteten Herrschaftsunterworfenen zuteilt, bildet er die rechtliche Form einer herrschaftsrechtlichen Selbstorganisation der Gesellschaft. Näherhin lassen sich die folgenden Verhältnisse im komplizierten Beziehungsgeflecht des Rousseauschen Gesellschaftsvertrags unterscheiden:

1. Die fundamentale formale vertragsrechtliche Reziprozitätsbeziehung zwischen den Naturzustandsbewohnern.

2. Die Entäußerungsbeziehung: auf der einen Seite die sich rückhaltlos entäußernden Vertragspartner, auf der anderen Seite der durch diese rückhaltlose Entäußerung aller aus der Vertragsgemeinschaft selbst entstehende „Moral- und Kollektivkörper", den Rousseau auch Staatsperson nennt, weil in ihm die plurale Vertragsgemeinschaft eine personenanaloge Einheit erhält, ein „gemeinsames Ich" wird und „Leben" und „Willen" bekommt (III 361).

3. Die Herrschaftsbeziehung zwischen dem (Volk als) Souverän und dem (Volk als Untertanen-)Volk, die

4. sich in jedem Individuum reproduziert, das als Herrschaftsteilhaber Bürger und als Gesetzesunterworfener Untertan ist.

Zwischen diesen Beziehungen besteht folgendes Verhältnis: (3) und (4) verweisen aufeinander; (4) ist die individuelle Entsprechung von (3). Daß eine derartige Entsprechung zwischen einem externen staatsrechtlichen und einem internen moralischen Verhältnis bestehen kann, hat seinen Grund in dem Umstand, daß die staatsrechtliche Beziehung die herrschaftsrechtliche Binnenstruktur einer auf der Identität von Herrschenden und Beherrschten beruhenden Demokratie beschreibt. (3) ist die staatsrechtliche Präzisierung des Ergebnisses von (2). Wie in einem moralischen Selbstherrschaftsverhältnis – wir mögen es mit Platon als Herrschaft der Vernunft über die niederen Seelenteile oder mit Kant als Herrschaft des intelligiblen Menschen über den sinnlichen Menschen explizieren – die Herrschaftspartner numerisch identisch sind, so ist auch in einer plebiszitären Demokratie von der numerischen Identität von Herrschenden und Beherrschten auszugehen. (2) beinhaltet den Schöpfungsakt des demokratischen Leviathan, des einheitlichen allgemeinen Willens. (2) ist der Inhalt von (1); und (1) bezeichnet die logische Binnenstruktur eines Vertragsverhältnisses zwischen Individuen.

Das Hobbessche Naturzustandsargument ist so geartet, daß sich aus den Naturzustandsbestimmungen keine Festlegungen hinsichtlich des Herrschaftssubjekts ableiten lassen: wer absolute Herrschaft ausüben soll, kann vor dem Hintergrund des Hobbesschen Naturzustandskonzepts nicht entschieden werden, nur daß eine absolute Herrschaft etabliert werden muß, ist von ihm zu lernen. Seine Staatsphilosophie besitzt darum großen souveränitätspolitischen Spielraum, der zum Zwecke der Bestimmung des Herrschaftspersonals einen zusätzlichen, dem Staatsvertrag nachgeordneten Institutionsvertrag erforderlich macht (vgl. Kersting 1994a, Kap. III). Ein anderes, um die Autonomieprämisse bereichertes Naturzustandsargument führt Rousseau zu einem ganz anderen Ergebnis. Die Etablierung einer Herrschaftsordnung, die mit der Selbstbestimmungsfreiheit der Individuen kompatibel sein muß, verlangt nach einem demokratischen Herrschaftssubjekt, das darüberhinaus in seiner gesetzgeberischen Willensbildung keinerlei normative Einschränkung dulden darf, denn nur im Rahmen einer absoluten Souveränitätskonzeption kann die menschenrechtliche Prämisse unveräußerlicher Selbstbestimmung ohne alle inhaltliche Abstriche herrschaftsrechtlich produktiv werden. Das kontraktualistische Argument Rousseaus führt also zu einer logischen Umkehrung des Verhältnisses von Souveränitätsschema und Herrschaftssubjekt: das Herrschaftssubjekt ist keine logisch nachträgliche Ausfüllung des vorwegbestimmten Souveränitätsschemas, sondern die Bestimmung des Herrschaftssubjekts geht der Festlegung des Souveränitätsprofils voraus. Die Bestimmung des Herrschaftssubjekts folgt nämlich unmittelbar aus der staatsrechtlichen Aufgabenstellung, eine selbstbestimmungsverträgliche Herrschaft zu errichten; und erst dann wird aus der Festlegung des Herrschaftssubjekts das absolutistische Souveränitätsprofil gewonnen. Weil legitime Herrschaft selbstbestimmungsverträgliche Herrschaft ist, und weil selbstbestimmungsverträgliche Herrschaft nur im Rahmen einer staatsrechtlichen Konstellation ausgeübt werden kann, in der jedermann gleichberechtigter Herrschaftsteilhaber ist, darum muß diese Herrschaft absolut, von allen normativen Vorgaben frei sein. Ist der etatistische Absolutismus Hobbes' sicherheitsfunktional, so ist der demokratische Absolutismus Rousseaus selbstbestimmungsfunktional.

Es führt zu einer verkürzten Strukturbeschreibung, betrachten wir Rousseaus Vertrag nur als „einen Sonderfall der Hobbesschen Formel", der Hobbes' Offenheit gegenüber den Herrschaftsorganisationen Demokratie, Aristokratie und Monarchie zugunsten einer Festlegung für die Demokratie aufhebt (cf. Fetscher 1978, 105). Weil bei Rousseau Souveränitätskonzept und Herrschaftssubjekt intern miteinander verknüpft sind und nicht mehr in einer nur äußerlichen Beziehung zueinander stehen, werden die Bestimmung des Souveränitätsmodus und die Festlegung des Herrschaftssubjekts in einem einzigen Vertragsakt vollzogen, kehrt sich auch ihre argumentationslogische Vorrangsordnung um. Bei Rousseau sucht sich keine aus der Naturzustandsargumentation als notwendig abgeleitete absolute Souveränität ein Subjekt, sondern kann das aus Naturzustand und Autonomieprämisse als notwendig abgeleitete Herrschaftssubjekt eine selbstbestimmungskompatible Herrschaft nur als absoluter Souverän ausüben.

Durch den Entäußerungsvertrag entsteht „ein Moral- und Kollektivkörper", eine „Staatsperson", ein „Staatskörper", ein „allgemeiner Wille", ein „gemeinsames Ich". Die Subjektivität mit ihren wesentlichen Bestimmungen und internen Beziehungen fungiert auch in der Theoriekonzeption des Kontraktualismus als Sprachbildner der politisch-staatsrechtlichen Ordnung. Die politische Einheit artikuliert sich in anthropologischen Metaphern; die Einheit der Person, die sich in Handlungsmächtigkeit und kontrolliertem Körpereinsatz sinnfällig werdende personale Einheit ist ihr Vorbild. Auch der Staat des *Leviathan* ist ein „Staatskörper", eine „Staatsperson"; in gewisser Weise sogar ein „Moral- und Kollektivkörper" und ein „gemeinsames Ich"; denn er wird konstituiert durch individuelle Entäußerungsakte, die als einheitsbildende Handlungen zugleich die Menge der

Vertragspartner in eine handlungsfähige Einheit verwandeln, deren Handlungen von jedem Untertanen als eigene anzuerkennen sind. Aber vertraglich konstituierter Staatskörper und einheitsstiftender allgemeinverbindlicher Wille fallen bei Rousseau nicht auseinander; der *makros anthropos* des Titelkupfers des *Leviathan* von 1651 kann nicht als emblematische Darstellung der sozialvertraglichen Republik Rousseaus taugen, denn die Trennung zwischen den Vielen und dem Einzelnen wird bei Rousseau aufgehoben. Während sich bei Hobbes die politische Existenzform der Individuen in der vertraglichen Konstitution des Staatskörpers und in der politisch passiven Identifikation des eigenen Willens mit dem Willen des Souveräns erschöpft, manifestiert sie sich bei Rousseau in aktiver Herrschaftsteilhaberschaft. Während bei Hobbes die einheitsbildende Identität auf einer Identifikation, auf einer kontraktualistisch-staatsrechtlichen Als-ob-Identität beruht, weicht bei Rousseau diese interpretationsgestiftete Als-ob-Identität einer realen Identität.

3.4 Äquivoker Kontraktualismus: Das rechtlich-ethische Doppelgesicht des Gesellschaftsvertrags

Hobbes-Interpreten streiten sich über den rechtlichen Charakter des Entäußerungsversprechens, das im *Leviathan* die Gestalt einer Abtretung des Selbstherrschaftsrechts, einer Autorisierung des Souveräns annimmt. Meinen die einen, hier ein zumindest rudimentäres wechselseitiges Verpflichtungsverhältnis zwischen dem Autorisierenden und dem Autorisierten annehmen zu dürfen, so machen die anderen geltend, daß der staatsrechtliche Konstitutionsakt der Entäußerung und Autorisierung kein reziprokes Verpflichtungsverhältnis zwischen Untertan und Herrscher begründet, diese vielmehr rechtlich unverbunden bleiben und die einzige wechselseitige Verpflichtungsrelation nur zwischen den ursprünglichen Partnern des Staatsvertrags besteht. Erstere bringen vor, daß ein Autorisierungsverhältnis den Autorisierten notwendigerweise an den Autorisierenden rechtlich binden müsse; letztere machen geltend, daß das Beweisziel einer kontraktualistischen Absolutismusbegründung verfehlt wäre, würde der Souverän durch Verpflichtungen gegenüber seinen Untertanen eingeschränkt; sie führen zudem an, daß ein Autorisierungsakt keine wechselseitige Verpflichtung zwischen dem Autorisierenden und dem Autorisierten begründen kann, wenn der Autorisierte erst durch den Autorisierungsakt in eine rechtliche Existenz treten kann.

Es scheint, daß die Anhänger der These von der entäußerungsbegründeten wechselseitigen Verpflichtung durch Rousseau starke Unterstützung erfahren, sagt Rousseau doch, „daß der Akt der Vergesellschaftung eine wechselseitige Verpflichtung zwischen dem Gemeinwesen und dem einzelnen beinhaltet, und daß jedes Individuum, das gewissermaßen mit sich selbst einen Vertrag schließt, in doppelter Weise verpflichtet ist: einmal als Mitglied des Souveräns gegenüber den Einzelindividuen und als Mitglied des Staates gegenüber dem Souverän" (III 362). Aber diese Darstellung bereitet beträchtliche Schwierigkeiten, denn es ist nicht zu sehen, wie diese Verpflichtungswechselseitigkeit zwischen den Produkten der vertraglichen Assoziation, also zwischen Souverän und Staatsvolk bzw. zwischen Souverän und Untertan aus der wechselseitigen Verpflichtung der vertragsschließenden Individuen gewonnen werden kann. Es war ja gerade der Witz des Hobbesschen Kontraktualismus, die politischen Bindewirkungen der Wechselseitigkeit des mittelalterlich-ständestaatlich-monarchomachischen Herrschaftsvertrages dadurch aufzuheben, daß er die vertragliche Reziprozität auf rein interindividuelle Vertragsverhältnisse beschränkte und Volk und Souverän, Gesellschaft und Staat als gleichzeitig erzeugte Vertragsprodukte einführte, die weder untereinander noch durch verbliebene rechtliche Ansprüche ihrer individualistischen Schöpfer rechtlich gebunden werden konnten (zum Unterschied zwischen den Herrschaftsverträgen des Mittelalters und dem staatsphilosophischen Vertragsmodell Hobbes' und auch Rousseaus vgl. Kersting 1990).

Rousseau hat diese Vertragsstruktur übernommen; auch sein Vertrag verankert seine gesellschaftliche und politische Einheitsstiftung in einem rückhaltlosen Entäußerungsversprechen, das sich die Individuen wechselseitig geben. Staat und Souverän sind auch im Rahmen seines kontraktualistischen Arguments vertragliche Konstitutionsprodukte, die selbst nicht in Vertragsbeziehungen eingebunden sind. Gerade weil auch bei Rousseau alle Vertragspartner sich aller Macht und Freiheit und allen

Rechts vollständig entäußern, sie also nicht wie die Menschen in der liberalen Welt Lockes unveräußerliche Rechte zurückbehalten, kann der Souverän ihnen gegenüber nicht in einem Verpflichtungsverhältnis stehen. Wie sähe es denn aus, wenn der Souverän seine Pflicht verletzen würde? Welches Recht der Staatsmitglieder definiert die Pflichten der Souveränitätsmitglieder? Ist der Souverän nicht darum das vereinigte, einmütige Volk selbst, damit die Autonomie von jedermann strukturell garantiert ist? Ist der Souverän aufgrund seiner internen Verfaßtheit nicht konstitutionell unfehlbar? Erläßt er aufgrund seiner Entstehung nicht notwendigerweise gerechte, weil allgemein gewollte Gesetze? Es ist doch das ganze Bestreben der Rousseauschen Argumentation, eine politische Gemeinschaftsform zu entwerfen, deren Herrschaftsausübung notwendigerweise gerecht ist und mit der Freiheit von jedermann in Übereinstimmung steht. Die rechtliche Verbesserung, die seine Theorie an dem Staatsvertrag Hobbes' vornimmt, stützt sich nicht auf die liberale Strategie, ist nicht vom generellen Mißtrauen staatlicher Macht gegenüber motiviert, läuft also nicht auf eine menschenrechtliche Limitierung und konstitutionalistische Bindung der Herrschaft hinaus; die von Rousseau ins Auge gefaßte rechtliche Verbesserung des etatistischen Absolutismus setzt auf die demokratische Strategie, stützt sich auf das Konzept der Selbstherrschaft der Vertragspartner. Damit wird aber nicht, daran muß immer erinnert werden, das Souveränitätsschema gemildert. Mit der normativen Auszeichnung des demokratischen Herrschaftssubjekts, die durch die Autonomiethese verlangt wird, ändert sich weder die interne staatsrechtliche Struktur der Vertragsdemokratie noch das Verhältnis der staatsrechtlichen Bestimmung der komplementären Rollen von Souverän und Untertan zur sozialvertraglichen politischen Schöpfungshandlung. Auch wenn sich in der Struktur des Souveräns der Egalitarismus der Vertragspartnerschaft wiederholt, wiederholt sich doch in der staatsrechtlichen Asymmetrie von Souverän und Untertan nicht die Verpflichtungsreziprozität des ursprünglichen Assoziationsvertrages.

Es scheint, daß Rousseau die logische Struktur seines eigenen kontraktualistischen Arguments nicht durchschaut hat. Als Erklärung könnte sein mehrdeutiger Gebrauch der Vertragsbegifflichkeit dienen. Bedenkt man die vielen unterschiedlichen und begrifflich klar unterscheidbaren Verwendungskontexte, in denen Rousseau auf die Vertragssprache zurückgreift, dann kann man geradezu von einem *äquivoken Kontraktualismus* reden, dessen unterschiedliche Bedeutungsschichten sich überlappen und überlagern. Trifft man zu Beginn des Arguments noch auf eine der jungen kontraktualistischen Tradition angemessene rational-individualistische Verwendung der Vertragssprache, so findet man bereits in der Darstellung der vertragsbegründeten politischen Gemeinschaftsform eine metaphorische Verwendung der Vertragssprache, die mit Hilfe von Vertragsbeziehungen, wechselseitiger Verpflichtung und Recht-Pflicht-Komplementarität auf gänzlich unangemessene Weise die innere ethischpolitische Einheit einer identitär-demokratischen Gemeinschaft veranschaulichen will.

Der Kontraktualismus geht von der Voraussetzung aus, daß Rechtsfiguren ausreichen, um das Legitimationsmodell einer wohlgeordneten Gesellschaft zu entwerfen. Rousseau hat paradoxerweise im Rahmen einer Auslegung des kontraktualistischen Arguments diese Voraussetzung gekündigt und das Rechtsmodell der Herrschaft durch das Demokratiemodell der Herrschaft erweitert; dabei wird der negative Freiheitsbegriff in einen positiven, auf Beteiligung, Internalisierung, gelebter Gemeinschaftlichkeit und affektivem Zugehörigkeitsbewußtsein basierenden Freiheitsbegriff integriert. *Der Vertrag ist jedoch ein völlig verfehltes Symbol für eine Republik.* Das Leben einer Republik speist sich aus anspruchsvollen moralisch-motivationalen Ressourcen, verlangt Bürger mit einer habitualisierten Gemeinwohlorientierung im Denken und Handeln. Vertragsbegründete Ordnungen hingegen müssen mit kargeren motivationalen Voraussetzungen auskommen, müssen ihr sozialintegratives Pensum mit den Mitteln des aufgeklärten Selbstinteresses bestreiten. Der Kontraktualismus kann nur den Motivations- und Integrationstypus bereitstellen, der dem Rationalitätsprofil des Vertragsarguments entspricht; und die Überlegungen des Vertragsarguments werden in der Geschichte des Kontraktualismus durchgängig durch die interessenverwaltende und nutzenmaximierende Klugheit bestimmt. Sofern ein Gemeinwesen seinen Integrationsbedarf nicht aus dieser Quelle des rationalen Selbstinteresses befriedigen kann und anderer Ressourcen bedarf, können diese im begrifflichen

Rahmen des Kontraktualismus nicht angemessen dargestellt und diskutiert werden (vgl. Kersting 1994b).

3.5 Gesellschaftsvertrag und Menschwerdung

In Rousseaus äquivokem Kontraktualismus, der Rechtsfiguren und Ethosformen ineinander schiebt, wird der Gesellschaftsvertrag zur allgemeinen zivilisationstheoretischen Chiffre. Er wird zum Sinnbild einer ethisch-politischen Metamorphose, einer Verwandlung der natürlichen Menschen in Gemeinschaftswesen, einer Transformation natürlicher Lebensverhältnisse in eine moralische Welt. Die Rechts- und Pflichtbeziehungen, die Loyalitäten und sittlichen Bindungen, die in der moralischen Welt anzutreffen sind und ihre Differenz zur natürlichen ausmachen, wurzeln in der Verpflichtungsreziprozität des ursprünglichen Assoziationsvertrages. Die Vertragsbeziehung wird zur Mutterbeziehung aller normativ imprägnierten Sozialität; da aber Rousseau anders als seine kontraktualistischen Zeitgenossen einen emphatischen Begriff von Sozialität besitzt, die soziale bürgerliche Existenzweise wie Aristoteles als dem menschlichen Wesen einzig angemessen beurteilt, wird der Vertrag damit für ihn zu einem Akt der Menschwerdung. „Der Übergang vom Naturzustand in den staatsbürgerlichen Zustand bewirkt im Menschen eine sehr bemerkenswerte Verwandlung: an die Stelle des Instinkts tritt die Gerechtigkeit und verleiht seinen Handlungen jenen sittlichen Sinn, der ihnen vorher fehlte. Erst jetzt, da die Stimme der Pflicht den physischen Trieb ersetzt und das Recht die Begierde abgelöst hat, sieht sich der Mensch, der bislang nur auf sich selbst Rücksicht genommen hat, gezwungen, nach anderen Grundsätzen zu handeln und seine Vernunft zu Rate zu ziehen, ehe er seinen Neigungen folgt. Obwohl er sich damit mehrerer Vorteile begibt, die ihm die Natur gewährte, so gewinnt er doch andere und größere. Seine Fähigkeiten entwickeln sich, seine Ideen erweitern sich, seine Gefühle werden veredelt, und seine ganze Seele erhebt sich zu solcher Höhe, daß er [...] unaufhörlich den glücklichen Augenblick preisen müßte, der ihn dem Naturzustand für immer entrissen und aus einem dummen beschränkten Tier zu einem vernünftigen Wesen, zu einem Menschen gemacht hat“ (III 364).

Der Rousseausche Vertrag ist eine Stätte der Verwandlung. Die Menschen betreten sie als kluge Wölfe und verlassen sie als Bürger und Patrioten. Eigentlich verlassen sie sie überhaupt nicht; denn der Vertrag ist nicht nur der gedachte Beginn der Assoziation; er ist auch das Grundgesetz der durch ihn geschaffenen Gemeinschaft. Der Vertrag kultiviert, zivilisiert und moralisiert die Menschen; in der Vertragsgesellschaft können sich die Anlagen des Menschen bestimmungsgerecht entfalten; sie ist eine Perfektionsagentur der Menschen. Es ist überaus aufschlußreich, dieses Vergesellschaftungskonzept des Rousseauschen *Contrat social* mit dem Vergesellschaftungskonzept des Hobbesschen *Leviathan* zu vergleichen. Die Vergesellschaftung Hobbes' ist ein Übergang von einem Zustand, in dem Furcht und Unsicherheit herrschen und sich darum die menschlichen Fertigkeiten und Fähigkeiten, die nutzenmaximierenden Zivilisationstechniken nicht entwickeln können, zu einem anderen, in dem Furcht und Unsicherheit verschwunden sind und sich die Menschen zielstrebig der Entwicklung ihrer Fertigkeiten und Fähigkeiten widmen können. Die Vergesellschaftung beruht also auf einem Veränderungsprozeß, der die äußeren Lebensbedingungen verbessert. Kern dieser Verbesserung ist die Etablierung eines zuverlässigen Systems der äußeren Handlungskoordination. Es ist für die Hobbessche Argumentation charakteristisch, daß die Natur des Menschen von diesem Sozialisationsvorgang unberührt bleibt. Der vergesellschaftete, im Gehege der Institutionen lebende Mensch wird immer noch in seinem Interessens-, Gefühls- und Handlungsleben von der ‚atavistischen' Begierde- und Rationalitätsstruktur geleitet, die auch seine Naturzustandsexistenz geprägt hat. Das Hobbessche Argument setzt auf die Integrationsleistungen der sanktionsbewehrten Institutionen, die das strategische Handeln der Individuen zur Anpassung an die objektiv gewünschte Ordnung zwingen. Zugespitzt formuliert: Seine Vergesellschaftungstheorie stützt sich auf einen *externalistischen Institutionalismus*.

Ganz anders Rousseau. Die emphatische Menschwerdungsmetapher läßt keinen Zweifel daran, daß mit dem alten Menschen des Naturzustandes keine Gesellschaft und kein Staat zu machen ist. Der Mensch muß sich ändern, seine Natur muß sich ändern. Das natürlich-instinktive Verhaltensprogramm muß durch eine vernünftige Lebensführung, durch ein verhaltensbestimmendes Gemeinschaftsethos ersetzt werden. Die Alienationsklausel des Rousseauschen Gesellschaftsvertrages hat neben den vertrauten rechtlich-politischen Konnotationen auch die fremde, das Vertragsparadigma sprengende Bedeutung einer Moralisierung, durch die der natürliche Triebegoismus der Menschen moralisch-vernünftig überformt wird. Es ist eine Merkwürdigkeit des Rousseauschen Kontraktualismus, daß er den staatsrechtlichen Diskurs der politischen Philosophie der Neuzeit mit dem ethischen Diskurs der Tradition vermischt, damit Motivations-, Erziehungs- und Integrationsfragen in die Argumentation einführt, die der auf Externalisierung aller Koordinationsprobleme ausgerichtete neuzeitliche Kontraktualismus aus dem Diskurs der politischen Philosophie gerade ausgeklammert hat.

Rousseaus Vergesellschaftungskonzept stützt sich auf einen *internalistischen Moralismus*, der die strategische, äußerlich abgenötigte Anpassung durch innere Formung ersetzt, der die Menschen innerlich allgemeinheitsfähig macht und das Allgemeine in ihnen durch Gemeinsinn und Gemeinwohlorientierung wirksam werden läßt. Rousseau sieht sich daher auch gezwungen, Überlegungen in seine Theorie aufzunehmen, mit denen sich Kontraktualisten gewöhnlich nicht belasten müssen, Überlegungen, die sich mit den Voraussetzungen einer ethischen Integration, mit Gestalt und Gestaltung ethosstabilisierender sozialer und ökonomischer Lebensbedingungen beschäftigen: Wie können Menschen zu Bürgern werden? Wie kann der Egoist ein Patriot, der Individualist ein Gemeinschaftsmensch werden? Wie müssen Menschen erzogen werden, um Gemeinsinn zu entwickeln, um politische Tugenden zu erwerben, Überlegungen, die in der Einführung des herzenskundigen *Législateur* gipfeln (vgl. Brandt 1973).

3.6 Anatomie der Volkssouveränität

Die durch den Rousseauschen Vertrag der *aliénation totale* konstituierte Souveränität hat vier charakteristische Eigenschaften: sie ist unveräußerlich; sie ist unvertretbar; sie ist unteilbar; sie ist unfehlbar. All diese Eigenschaften sind eine unmittelbare Konsequenz des Vertrages. Die Souveränität manifestiert sich im

Vollzug des allgemeinen Willens, der allein „die Kräfte des Staates dem Zweck seiner Gründung entsprechend lenken kann. Der Zweck aber ist das Gemeinwohl. Denn wenn der Gegensatz der Einzelinteressen die Bildung von Gesellschaften notwendig gemacht hat, so hat sie das Zusammenspiel der gleichen Interessen möglich gemacht. Das soziale Band bildet das Gemeinsame in diesen verschiedenen Interessen. Gäbe es nämlich keinen Punkt, in dem alle Interessen übereinstimmten, so könnte keine Gesellschaft existieren. Aus diesem gemeinsamen Interesse muß die Gesellschaft einzig und allein regiert werden" (III 368).

Unveräußerlich ist die Souveränität also, weil allein der Gemeinwille selbst, und nicht irgendein Repräsentant des Gemeinwillens, eine angemessene, zweckentsprechende, eben gemeinwohlorientierte Herrschaft dauerhaft und zuverlässig ausüben wird. Der Inhalt des Gemeinwillens ist das Gemeinwohl; im Gemeinwillen artikuliert sich die integrative Gemeinsamkeit der Gemeinschaft; nur der Gemeinwille kann daher eine gemeinschaftsfördernde Herrschaft ausüben. Dieses Unveräußerlichkeitsargument ist ersichtlich pragmatischer Natur; es korrespondiert der anthropomorphen Auslegung der Herrschaftsorganisation, bietet aber im Gegensatz zur Hobbesschen Version dieses Arguments einen zusätzlichen inhaltlichen Grund. Nicht nur bedarf es eines einheitlichen Willens, um eine effiziente Lenkung der gesellschaftlichen (Körper-)Kräfte zu gewährleisten; dieser einheitliche Wille muß auch der Gemeinwille sein, weil die Aufgabe einer gemeinwohlorientierten Politik bei ihm am besten aufgehoben ist. *Der Kern des Unveräußerlichkeitsarguments ist geradezu expertokratisch: der Gemeinwille besitzt die größte Gemeinwohlkompetenz.* Das kann freilich nicht verwundern: das Gemeinwohl ist sein gleichsam natürlicher, oder besser: logischer Inhalt. Unabhängig von ihm läßt es sich nicht formulieren und finden. Das, was als Gemeinwohl gelten kann, wird durch das, was der Gemeinwille will, bestimmt. Die Konstitution des Gemeinwillens kommt also einer Heuristik des Gemeinwohls gleich. Kontraktualisten sind Prozeduralisten; anders als ihre naturrechtlichen Vorgänger greifen sie zur Lösung normativer Probleme nicht auf objektive Prinzipien, sondern auf bestimmte, idealisierte Verfahren zurück. Während jedoch Hobbes das Vertragsverfahren nur zum Zwecke der Herrschaftslegitimation benutzt, verwendet es Rousseau als normatives Erkenntnisverfahren selbst – darin wird ihm Kant später folgen. Dieser Gedanke einer prozeduralen Bestimmung des Guten und Gerechten weist Rousseau trotz aller antimodernistischen Tendenzen seines Ethisierungs- und Republikanisierungsprogramms als modernen Denker aus: nicht einer substantiellen Vernunft, nicht einer vorgegebenen Teleologie wird die Bestimmung des Guten übertragen, sondern einem – seinem ursprünglichen rechtlichen Sinn nach: universalistischen – demokratischen Verfahren.

Das zweite und systematisch wichtigere Unveräußerlichkeitsargument entfaltet die politischen Implikationen des Rousseauschen Freiheitsbegriffs. Die Unveräußerlichkeit der Souveränität ist die politische Entsprechung der individuellen Autonomie. Sowenig der Mensch Mensch bleibt, wenn er auf seinen Willen, auf Selbstbestimmung seiner Handlungen und seines Lebens verzichtet, sowenig bleibt ein Volk ein Volk, wenn es sich einen fremden Herrn gibt und darauf verzichtet, seine Kräfte zur Beförderung seines Wohls durch den eigenen Willen zu lenken. Mit einem Wort: zwischen der Unveräußerlichkeit der Souveränität und der Sicherung der individuellen Autonomie durch die Republik des Rousseauschen Alienationsvertrages besteht ein logisches Bedingungsverhältnis: nur dann vermag die durch den Vertrag begründete Gesellschaftsform eine selbstbestimmungskonforme Herrschaftsorganisation zu etablieren, wenn die Volkssouveränität auf immer beim Volk bleibt und die damit verbundenen legislatorischen Befugnisse nur von ihm wahrgenommen werden. Damit ist klar, daß die Unveräußerlichkeit der Souveränität überaus weitreichende herrschaftsorganisatorische Konsequenzen hat und nicht nur Monokratie und Oligarchie als autonomiewidrig verwirft, sondern auch all die demokratischen Ordnungsformen delegitimieren muß, die von der faktischen und unmittelbaren politischen Selbstorganisation der Gesellschaft abweichen und das souveräne Volk durch wie immer ermittelte Repräsentanten vertreten läßt. Damit den Individuen in der politischen Herrschaft nicht eine fremde, ihren Willen abtötende und sie damit in ihrer Subjektivität zerstörende, in ihrem Menschsein annullierende Macht gegenübertritt, muß politische Herrschaft nach dem Autonomiemodell errichtet werden, muß der politische Wille der eigene der Bürger sein. Nur dann kann sich in der Ausbildung des allgemeinen Willens zugleich individuelle Selbstbestimmung vollziehen, wenn der subjektive Wille und der Gemeinwille zusammenfallen, wenn der Gemeinnutz zum Inhalt des individuellen Willens geworden ist. Die aus der Entäußerungslogik abgeleitete Identitätsfiktion, mit der Hobbes die politische Einheit zum Ausdruck bringt, weicht bei Rousseau einer Realidentität (vgl. Kersting 1996). Der subjektive Wille der Bürger wird selbst zum Gemeinwillen. Die Autonomieform nimmt den politischen Inhalt auf, und der allgemeinheitskonforme Bürger bestimmt sich im Wollen des Allgemeinen nach wie vor selbst. Rousseaus staatsphilosophisches „problème fondamental" gestattet weder eine koordinationspolitische noch eine partizipationspolitische, sondern allein eine identitätspolitische Lösung.

Der Weg, den seine kontraktualistischen Vorgänger eingeschlagen haben, um die vertragsbegründete Herrschaftsstruktur in Wirklichkeit zu überführen, ist Rousseau verschlossen. Wenn der Vertrag selbst die einzige legitime politische Herrschaftsordnung ist, wenn der gesellschaftsvertragliche Egalitarismus zur politischen Entscheidungsregel werden muß, dann kann die Vertragsdemokratie weder durch einen leviathanischen Einzelwillen absorbiert noch auf der Grundlage eines einmütig eingeführten Mehrheitsprinzips sich eine Verfassung für angestellte Gesetzgeber geben – wie es bei Locke der Fall ist. Das, was den Rousseauschen Bürger als Untertan gesetzlich binden soll, muß notwendigerweise einem Gemeinwillen entstammen, bei dessen Zustandekommen er gleichbereichtigt mit allen anderen beteiligt war. Die Übertragung des Selbstherrschaftsmodells verlangt die authentisch-sinnfällige, reale und erlebte Anwesenheit jedes Bürgers in den Beratungen und Entscheidungen der Allgemeinheit. Volkssouveränitätsmythologische Legitimationshermeneutik, die durch geeignete Auslegungen ihn und die anderen Bürger als Geltungsgrund der Gesetze der Delegiertenversammlungen, Abgeordnetenversammlungen und Repräsentantenversammlungen exponieren, reichen nicht aus: denn nur die reale Anwesenheit und Mitwirkung garantieren legitime Machtausübung.

Aus der Unveräußerlichkeit und Unrepräsentierbarkeit der Souveränität folgt auch ihre Unteilbarkeit. Ein Teil kann nicht legitim über die Allgemeinheit bestimmen, auch die Mehrheit nicht. Die Souveränität zeigt sich in der Gesetzgebung. Über das ganze Volk kann aber nur das ganze Volk beschließen. Das

Selbstherrschaftsmodell duldet keine Vertretung, auch nicht die Vertretung der Allgemeinheit durch die Mehrheit. Rousseaus Polemik gegen die Teilung der Souveränität hat wenig mit einer Kritik der Gewaltenteilung zu tun, sondern ist vor allem gegen das Mehrheitsprinzip zum einen und gegen den Gesetzesanspruch von Verwaltungsvorschriften, Dekreten und dgl. zum anderen gerichtet. Kann die Mehrheit sich nicht anmaßen, gültige Gesetze zu geben, so können Erlasse und Verordnungen nie als Souveränitätsäußerungen gelten. Nur der allgemeine Wille selbst kann Gesetzgeber sein.

Die vierte Eigenschaft der *volonté générale* ist die Unfehlbarkeit: sie kann schlechterdings nicht irren. Ihre Unfehlbarkeit ist die Folge ihres Konstruktionsprinzips, ihrer Entstehungsbedingungen. Es ist nicht so, daß sich Rousseau keine Herrschaftsirrtümer vorstellen könnte. Die Rede von illegitimer Herrschaft, von ungerechten Gesetzen, von freiheitsverletzender und gemeinwohlschädlicher Machtausübung ist für ihn durchaus verständlich. Darin unterscheidet er sich von dem Rechtspositivisten Hobbes, für den der staatliche Wille das Definitionsmonopol in Gerechtigkeitsangelegenheiten hat und durch seine faktischen legislatorischen Äußerungen die Bedeutungen der Gerechtigkeitsprädikate festlegt. Der Allgemeinwille wird durch Rousseau aber so konstruiert, daß er unfehlbar sein muß. Die Unfehlbarkeit des Gemeinwillens ist das Resultat seiner Genese; sie ist nicht logisch-semantisch, wie bei Hobbes, sondern prozeduralistisch begründet. Wenn alle an seiner Bildung gleichberechtigt beteiligt sind, wenn er nur in einmütigen Entscheidungen wirklich und gegenwärtig ist, dann müssen seine Äußerungen notwendigerweise auf das Gemeinwohl zielen, dann muß die in seinen Gesetzen formulierte Freiheitseinschränkung notwendigerweise von jedem für jeden und also auch für sich selbst gewollt sein, dann kann sich in ihm keine Fremdbestimmung bemerkbar machen, dann muß sich in seinen Gesetzen die Autonomie jedes Bürgers realisieren.

Literatur

Brandt, R. 1973: Rousseaus Philosophie der Gesellschaft. Stuttgart-Bad Cannstatt.
– 1982: Menschenrechte und Güterlehre. In: R. Brandt (Hrsg.): Rechtsphilosophie der Aufklärung. Berlin.
Fetscher, I. 1987: Rousseaus politische Philosophie. Zur Geschichte des demokratischen Freiheitsbegriffs. Frankfurt/M.
Herb, K. 1989: Rousseaus Theorie legitimer Herrschaft, Würzburg.
Hobbes, Th. 1968: Leviathan. Ed. with an Introduction by C. B. Macpherson. Harmondsworth.
Kersting, W. 1990: Vertrag-Gesellschaftsvertrag-Herrschaftsvertrag. In: Geschichtliche Grundbegriffe. Lexikon zur politisch-sozialen Sprache in Deutschland. Hrsg. von O. Brunner/W. Conze/R. Koselleck. Bd. 6. Stuttgart.
– 1993: Thomas Hobbes zur Einführung. Hamburg.
– 1994a: Die politische Philosophie des Gesellschaftsvertrags. Darmstadt.
– 1994b: Pluralismus und soziale Einheit. Elemente politischer Vernunft. In: H. F. Fulda (Hrsg.): Vernunftbegriffe in der Moderne. Stuttgart.
– 1996: Vertrag, Souveränität, Repräsentation. Zu den Kapiteln 17 bis 22 des *Leviathan*. In: W. Kersting (Hrsg.): Thomas Hobbes – Leviathan oder Stoff, Form und Gewalt eines bürgerlichen und kirchlichen Staates. Klassiker Auslegen Bd. 5. Berlin.

John Plamenatz

„Was nichts anderes heißt, als daß man ihn zwingen wird, frei zu sein"[1]

(I 7)

„Was nichts anderes heißt, als daß man ihn zwingen wird, frei zu sein" (I 7). – Diese Worte haben viele Leser des *Gesellschaftsvertrags* schockiert und verwundert. Obwohl sie auch mich durchaus oft verwunderten, darf ich mit der Feststellung beginnen, daß sie mich persönlich nie schockierten.

Bei meiner Interpretation verfolge ich daher keineswegs die Absicht, Rousseau gegen Kritiker zu verteidigen, die ihn als Verräter an der Freiheit ansehen, wofür sie eine Erklärung bieten, die hier außer acht gelassen werden kann.

Mir schien dies immer ein überzogener Vorwurf gegenüber einem Mann zu sein, der nachdrücklich betont, daß keine wahre Freiheit möglich sei, solange nicht alle Bürger Mitglieder der gesetzgebenden Versammlung sind, und solange nicht jeder von ihnen sich eigene Meinungen bilden kann, „n'opine que d'après lui".

Denn selbstverständlich ist dies nicht möglich, solange man nicht die Freiheit hat, diese Meinungen auch zu äußern und in Übereinstimmung mit ihnen sein Votum abzugeben. Wenn man sich die Bedingungen genau ansieht, die laut Rousseau garantiert sein müssen, damit die Versammlung als Träger des Gemeinwillens gilt, kann man erkennen, daß dem Bürger alle Sicherheiten gewährleistet werden, die er vernunftgemäß

1 Der Text ist die übersetzte Fassung von John Plamenatz, *Ce qui ne signifie autre chose qu'on le forcera d'être libre*, in: Annales de philosophie politique (5), Paris 1965.

erwarten kann. Rousseau erklärt, daß jeder Bürger, der weder von der souveränen Versammlung ausgeschlossen, noch innerhalb derselben Druck und Intrigen ausgesetzt ist, die seine Meinungen zunichte machen, zum Gehorsam gegenüber den von der Versammlung beschlossenen Gesetzen verpflichtet ist.

Welche Mängel diese Lehre auch haben mag – sie wird der Freiheit nicht gefährlich. Und nichts von dem, was Rousseau über den Gemeinwillen sagt, tut dem einen Abbruch. Zu behaupten, wer gezwungen werde, dem Gesetz zu gehorchen, werde gezwungen, frei zu sein, mag widersinnig klingen, aber es widerspricht nicht dem, was Rousseau über das Recht aller Bürger, am Gesetzgebungsprozeß teilzunehmen, aussagt.

Mag sie nun widersinnig sein oder nicht, die Aussage „man wird ihn zwingen, frei zu sein" ist in jedem Fall schwer verständlich. Wie soll man sie deuten? Nimmt man sie wörtlich, ergibt sie keinen Sinn, verzichtet man aber darauf, kann man einen Schlüssel für bestimmte Zusammenhänge zwischen Gesetz, Pflicht und Freiheit in ihr finden, welche Rousseau – wenn er nicht der erste war, der sie bemerkte – auf neue Weise deutete. Womöglich vermittelt Rousseau etwas sehr Wichtiges, wenn er von Freiheit spricht, etwas, das weder bei Hobbes, noch bei Locke, noch bei Montesquieu, auch nicht bei den französischen Enzyklopädisten oder den Anhängern Benthams zu finden ist.

Es wurde behauptet, Rousseau biete eine neue Idee von Freiheit. Ich selbst ziehe es vor zu behaupten, er biete neue Ideen *über* die Freiheit. Ich bezweifle, daß sich in seinen Schriften eine Definition von Freiheit finden läßt, die sowohl neu als auch akzeptabel ist, aber ich glaube, wir können dort durchaus neue Ideen über die sozialen und psychologischen Bedingungen der Freiheit entdecken.

4.1

Die Worte „man wird ihn zwingen, frei zu sein" (on le forcera d'être libre) sind anscheinend widersprüchlich. Wie Rousseau selbst eingesteht, gibt es sehr wohl einen Unterschied „zwischen der Ausführung dessen, was man versprochen hat, weil man es versprochen hat, und dem, daß man es immer noch will" (CSMS III 315f.). Wenn jemand in der Vergangenheit versprochen hat, etwas zu tun, und sich somit zu dessen Ausführung verpflichtet hat, garantiert das nicht, daß er es immer noch tun möchte, wenn die Zeit gekommen ist, sein Versprechen zu erfüllen. Das ist die Sichtweise des gesunden Menschenverstandes, und, wie man sieht, auch diejenige Rousseaus. Hört man Rousseau also davon sprechen, ein Mensch, der gezwungen werde auszuführen, was er begonnen hat, werde gezwungen, frei zu sein, darf man daraus nicht folgern, daß er eine allgemein anerkannte Meinung aufgebe, die er gewöhnlich teilt. Man muß daraus eher folgern, daß er etwas sagen möchte, was darüber hinausgeht, etwas, das in dieser Meinung nicht enthalten ist, aber seiner Ansicht nach damit vereinbar ist.

Rousseau greift hier absichtlich auf ein Paradox zurück. Wer das auf diese Weise tut, hat in der Regel kein Interesse daran, die überkommene Meinung zurückzuweisen, die sein Paradox herauszufordern scheint. Seine Absicht ist, den Zuhörer oder Leser aufzurütteln, damit er etwas beachtet, was er ansonsten übersehen könnte. Natürlich könnte es sein, daß es da nichts zu übersehen gibt und der Urheber des Paradoxes ganz einfach einen Fehler gemacht hat. Es könnte sein, daß er Unsinn von sich gibt, aber mit dem simplen Mittel, sich auf die überkommene Meinung zu berufen, der sein Paradox zu widersprechen scheint, läßt sich das nicht beweisen.

Ich gab zu bedenken, daß man bei Rousseau weniger ein neues Konzept von Freiheit als neue Ideen über die sozialen und psychologischen Bedingungen der Freiheit finden könne. Diese Ideen betreffen die Bedingungen, wie man sich eine Vorstellung von Freiheit bildet und nach ihr strebt genauso wie die Bedingungen, sie zu erlangen. Und sie werden nicht deutlich klargelegt. Wie Rousseau selbst in seinen *Bekenntnissen* erzählt, fiel es ihm sehr schwer, seine Gedanken in Worte zu fassen. Ziemlich häufig passierte es, daß er dachte, es sei ihm gelungen, wenn das nicht der Fall war – seine eigene Beredsamkeit täuschte ihn. Trotzdem gibt es heute wenige, die seine Originalität in Frage stellen und sich Madame de Staëls Urteil über ihn anschließen würden: „er hat nichts entdeckt, er hat alles in Brand gesetzt."

Seine Originalität wird umso deutlicher, je besser man die Gesellschaft und ihren Einfluß auf unsere Anschauungen versteht, und es wird auch deutlich, wie sehr er uns dabei hilft, die

Metaphern auszulegen, die die Menschen seit langem benutzt haben, um ihre tiefsten Gefühle über sich selbst, über Moralität und Gesetz und über die Gemeinschaft, der sie angehören, zum Ausdruck zu bringen. Das ist nicht überraschend, weil Menschen die Fähigkeit, diese Gefühle in Worten auszudrücken, weitaus früher erlangen, als sie in der Lage sind, sie zu erklären oder ihre sozialen oder psychologischen Wurzeln zu entdecken. Zweifellos sind Rousseaus Erklärungen verwirrend und unangemessen. Originelle Geister beherrschen die Ideen, für die sie von der Nachwelt geehrt werden, oft nur zur Hälfte.

In Europa wurde seit der griechischen Antike – anderswo möglicherweise sogar früher – von der „Versklavung durch die Leidenschaften" und von Freiheit als Form der Selbstdisziplin gesprochen. Von Freiheit wurde auch so gesprochen, als beinhalte sie Gehorsam gegenüber einem höheren Gesetz, einem Gesetz Gottes oder der Natur. Die Idee, Freiheit bedeute Gehorsam gegenüber einem höheren Gesetz, einen durch die Leidenschaften erschwerten Gehorsam, war gebildeten Personen seit langem vertraut und ist nicht einmal spezifisch europäisch. Sie taucht auf, sobald Moralität nicht mehr als reine Angelegenheit der Übereinstimmung mit dem Brauch angesehen wird, sobald die Sitte einer Kritik unterzogen wird, sobald ein Mensch ein Moralist wird, nicht nur ein moralisches Wesen; sie taucht bei Sokrates und bei Buddha auf. Und diejenigen, die mit systematischer Philosophie nichts anfangen können, finden sie in den Worten des Heiligen Paulus an die Römer: „Ich tue nämlich nicht das Gute, das ich will, vielmehr was ich nicht will, das Böse, das tue ich." (*Römerbrief* 7,19). Aber Sokrates und Buddha, die Stoiker und die Theologen sprechen nicht, wie Rousseau das tut, von einem Gemeinwillen. Was bedeutet das?

Rousseau wies die alte Vorstellung eines höheren, mit dem Verstand erkennbaren Gesetzes nicht zurück, obwohl er manchmal – wie im *Diskurs über die Ungleichheit* – nahe daran war, dessen Existenz anzuzweifeln (Disc. III 125). Er war in seinem Zweifel nicht so kühn, scharfsichtig und konsequent wie beispielsweise Hume, und ihm fehlte Humes Begabung, scharfe und genaue Unterscheidungen zu treffen. In seinen Schriften gibt es wenig Anzeichen, daß er jemals die Tragweite der Lehre, es gebe moralische Wahrheiten, klar gesehen hat (weder um sie zu akzeptieren, noch um sie zurückzuweisen). Deshalb stellt man oft fest, daß er – was trotz Hume unter den Philosophen seiner Zeit die Mode war – redet, als ob „moralische Wahrheiten" in gleicher Weise wie wissenschaftliche Gesetze Aussagen über die Welt darstellten. Manchmal spricht er tatsächlich sogar vom Gemeinwillen, als ob dieser eher eine Art Wissen als eine Art Wille sei. Ein Beispiel dafür ist eine Passage aus der ersten Fassung des *Gesellschaftsvertrags*:

„Niemand wird in Abrede stellen, daß der Gemeinwille in der Tat in jedem Individuum ein reiner Akt des Verstandes ist, mit dem man im Schweigen der Leidenschaften über das nachdenkt, was der Mensch von seinen Mitmenschen fordern kann und was sein Mitmensch rechtmäßig von ihm fordern kann" (CSMS III 286).

Dennoch spürt er sogar dann, wenn er von diesem „reinen Akt des Verstandes" spricht, die Notwendigkeit, ihn „Wille" zu nennen. Und im *Diskurs über die Ungleichheit* bietet er in dem Abschnitt, auf den ich gerade als den einen, in dem Rousseau seine Zweifel über die traditionelle Darlegung des Naturgesetzes ausgedrückt hat, hingewiesen habe, die folgende Erklärung dafür, wie Menschen dazu kamen, an die Existenz eines solchen Gesetzes zu glauben:

„Zunächst sucht man nach den Regeln, über die untereinander übereinzukommen für die Menschen zum allgemeinen Nutzen angemessen wäre; und dann gibt man der Sammlung dieser Regeln den Namen ‚natürliches Gesetz', ohne anderen Beweis als das Wohl, das – wie man findet – aus ihrer universellen Praxis resultieren würde" (Disc. III 55).

Rousseau geht hier weiter, als einfach zu leugnen, daß der natürliche Mensch das Gesetz der Natur, von dem die Philosophen sprechen, erkennen kann; er gibt tatsächlich zu verstehen, daß ein solches Gesetz nicht existiert – jedenfalls nicht in dem von den Philosophen verstandenen Sinn. Nirgendwo sonst kommt er Humes Ansicht näher, daß fundamentale moralische Regeln weder offenkundige Wahrheiten seien, noch daß sie in einer getreuen Beschreibung der menschlichen Natur und der Lage der Menschen beinhaltet seien, sondern daß sie Lösungen für praktische Probleme darstellten. Da die Bedürfnisse, Fähigkeiten und Verhältnisse des Menschen in mancher Hinsicht überall dieselben sind, gibt es Probleme, die der ganzen Menschheit gemeinsam sind, und demnach muß es auch gemeinsame Lösungen geben. Um zu diesen Lösungen zu gelangen, müssen die Menschen natürlich ihren Verstand benutzen, sie müssen sich über sich selbst und ihre Verhältnisse klar werden, sie müssen beschreiben, vorhersagen, Schlüsse ziehen; sie müssen viele Urteile fällen, deren Richtigkeit in Frage gestellt werden kann.

Aber die Regeln, die diese Lösungen verkörpern, sind nicht selbst – als bloße Regeln genommen – Beschreibungen, Vorhersagen oder Schlußfolgerungen, obwohl sie nur von Wesen anerkannt werden, die beschreiben, vorhersagen und Schlüsse ziehen, und obwohl jeder, der ihre Anerkennung fordert, auf beschreibende, vorhersagende und schlußfolgernde Urteile zurückgreifen muß. Sie sind weder wahr noch falsch, sondern dem Zweck, den sie erfüllen sollen, gut oder schlecht angepaßt; obwohl das Urteil darüber, ob sie das eine oder andere sind, wahr oder falsch sein kann. Rousseau näherte sich dieser Überzeugung nur einmal, und er verstand auch dann ihre Tragweite nicht so wie Hume. Aber es ist wichtig festzuhalten, daß jemand, der Humes Gründe für die Zurückweisung des traditionellen Konzeptes eines Naturgesetzes anerkannt hat, auch weitgehend Rousseaus Darlegung der Freiheit und des Gemeinwillens akzeptieren könnte. Denn in seiner Darlegung gibt es wichtige Wahrheiten, die sowohl von Hume als auch von seinen Zeitgenossen vernachlässigt wurden, die an dem festhielten, was er zurückwies. Um zu zeigen, worin diese Wahrheiten bestehen, ist es nicht nötig, auf die Metaphysik der deutschen Idealisten zurückzugreifen.

4.2

Rousseau spricht von mindestens drei Arten von Freiheit: *natürlicher*, *bürgerlicher* und *moralischer* Freiheit. Unter *natürlicher Freiheit* versteht er nur die Unabhängigkeit der Menschen voneinander. Diese Art von Freiheit kann es dort geben, wo Regeln, und damit auch Rechte und Verpflichtungen, unbekannt sind. Es ist die einzige Freiheit, die Menschen im Naturzustand, wie Rousseau ihn sich vorstellt, haben können, denn in diesem Zustand ist der Mensch noch kein moralisches Wesen; er hat keinen Begriff von Regeln, Rechten oder Verpflichtungen. *Bürgerliche Freiheit* gibt es nur, wo Regeln existieren; sie besteht im Recht, zu tun, was die Regeln nicht verbieten. Indem Rousseau diese Art der Freiheit *bürgerlich* nennt, setzt er voraus, daß diese Regeln Gesetze sind, daß es sich um Regeln handelt, die innerhalb einer Gemeinschaft von Personen durchgesetzt oder angewandt werden, die zu solchem Handeln autorisiert wurden. Aber es ist natürlich möglich, sich Regeln vorzustellen, die nicht so durchgesetzt oder angewandt werden, beispielsweise im Naturzustand, wie Locke ihn beschrieben hat. Weil Rousseau sich den Naturzustand als ungesellschaftlichen Zustand vorstellt und sich außer im *Diskurs über die Ungleichheit* nicht allzu sehr mit Gemeinschaften ohne organisierte Regierung befaßt, bemüht er sich für gewöhnlich nicht, soziale Regeln, die keine Gesetze sind (weil sie nicht von einer anerkannten öffentlichen Autorität durchgesetzt werden), von Gesetzen im eigentlichen Sinn des Wortes zu unterscheiden.

Aber diese Unterscheidung ist für die Betrachtung seiner Ideen über Freiheit nicht maßgeblich. In allen Gemeinschaften, mögen sie nun Staaten sein oder nicht, werden wichtige Regeln durch Sanktionen unterstützt. Wer eine solche Regel verletzt, riskiert, in einer Art und Weise behandelt zu werden, die normalerweise von einer solchen Verletzung abschreckt. *Bürgerliche Freiheit* im Sinne Rousseaus ist im Grunde genommen das Recht zu tun, was gesellschaftlich wichtige Regeln nicht verbieten. *Moralische Freiheit* wird als „Gehorsam gegen das selbstgegebene Gesetz" definiert (CS III 365). Obwohl auch sie nur dort existieren kann, wo es Regeln gibt, ist sie nicht das gleiche wie *bürgerliche Freiheit*. Nachdem Rousseau gewarnt hat, es sei „notwendig, die natürliche Freiheit [...] deutlich von der bürgerlichen Freiheit zu unterscheiden, die durch den Gemeinwillen begrenzt ist", fährt er fort: „Man könnte [...] zum Erwerb des bürgerlichen Standes noch die sittliche Freiheit hinzufügen, die allein den Menschen zum wirklichen Herrn seiner selbst macht [...]" (ebd.). Bürgerliche Freiheit ist nur das Recht (oder, in anderem Zusammenhang, die Fähigkeit), zu tun, was die Gesetze bzw. Regeln, die eine Gemeinschaft ihren Mitgliedern auferlegt, nicht verbieten, wogegen moralische Freiheit der Gehorsam gegen das selbstgegebene Gesetz ist. Natürlich ist es ein Teil von Rousseaus Glaube, daß die Regeln, die die Gemeinschaft ihren Mitgliedern auferlegt, unter Einhaltung bestimmter Voraussetzungen ebenso von jedem Mitglied selbstauferlegt sind. Trotzdem werden hier zwei Arten von Freiheit unterschieden: Die erste davon ist das Recht oder die Fähigkeit, das bzw. die die Individuen in einer Gemeinschaft genießen, die zweite ist eine Beziehung des Individuums zu sich selbst.

Offensichtlich meint Rousseau die moralische Freiheit, wenn er sein berühmtes Paradox über den Menschen, der zur Freiheit gezwungen wird, vorbringt. Bevor aber die moralische Freiheit weiter untersucht wird, soll die natürliche Freiheit oder Unabhängigkeit, wie Rousseau sie auch nennt, näher betrachtet werden.

Der natürliche Mensch hat bescheidene und leicht zu befriedigende Bedürfnisse, obwohl ihm manchmal Hindernisse im Weg stehen. Er ist unabhängig, weil er – abgesehen von seltenen und eher zufälligen Gelegenheiten – nicht dazu gezwungen ist, zu tun, was andere von ihm wollen. Für gewöhnlich befriedigt er seine Bedürfnisse ohne ihre Hilfe, ebenso wie sie ihrerseits ohne seinen Beistand auskommen. Er ist so weit wie nur möglich in der Lage, in der er „nur will, was er kann, und tut, was ihm gefällt" (Émile IV 309). In dieser Lage muß er sich befinden, um frei zu sein. Im Naturzustand hält er sich darin auf, ohne darüber nachzudenken, daß er darin sein muß, und ohne zu wissen, daß er darin ist. Das ist die Lage, die unter den völlig anderen Bedingungen des gesellschaftlichen Lebens wiederhergestellt werden muß, wenn der Mensch als soziales (und damit moralisches) Lebewesen frei sein soll, obwohl er doch seine Bedürfnisse nicht länger ohne Hilfe anderer befriedigen kann.

Im Naturzustand denkt der Mensch nicht über Freiheit nach, obwohl er frei ist. Und er ist kein „Sklave" seiner Leidenschaften. Nicht, weil er etwa keine Leidenschaften hätte, sondern weil er noch kein moralisches Wesen ist, und deswegen keine Bedürfnisse und Sehnsüchte hat, mit denen die Leidenschaften in Widerstreit geraten könnten. Obwohl er durchaus Leidenschaften besitzt, handelt es sich noch nicht um solche, die den Menschen „versklaven", denn diese Leidenschaften entstehen aus Eitelkeit, und der natürliche Mensch ist nicht eitel. Infolgedessen reicht es nicht aus, daß ein Mensch Leidenschaften besitzt und nicht von der Vernunft regiert wird – mit anderen

Worten, nicht über Selbstdisziplin verfügt – um als „Sklave der Leidenschaften" zu gelten. Die Tiere sind nicht „Sklaven ihrer Leidenschaften", und Menschen sind es auch nicht, bis sie Bedürfnisse und Sehnsüchte entwickelt haben, zu denen nur sie alleine fähig sind. Sie erlangen sie in der Gesellschaft, während sie sich zu rationalen und moralischen Lebewesen entwickeln. Nur solche Lebewesen sind in der Lage, nach Freiheit zu streben oder aber „Sklaven der Leidenschaften" zu sein. Eben weil der Mensch ein moralisches Wesen ist (wozu er sich in der Gesellschaft entwickelt), spürt er die Notwendigkeit, sich selbst gegenüber auf der Hut zu sein, sich selbst zu beherrschen.

Wenn wir, die wir uns nicht im Naturzustand befinden, uns die Situation des Menschen vorstellen, der sich darin befindet, erkennen wir, daß er keinen Herrn hat. Aber er selbst sieht das nicht, er hat keine Vorstellung von Herrschaft, weder von der eines Menschen über einen anderen noch von der über sich selbst. Nur der Mensch in Gesellschaft, der einer gesellschaftlichen Ordnung unterworfen ist, kann einen Begriff von Herrschaft oder Freiheit haben. Aber eben weil er ein soziales Wesen ist, hat er Bedürfnisse entwickelt, die ihn an die Gesellschaft binden. Wenn er in der Gesellschaft Freiheit finden soll, muß er sie im Rahmen einer Ordnung, unter dem Gesetz, finden.

4.3

„Der wirklich freie Mensch will nur, was er kann, und tut, was ihm gefällt." Dieser Satz stammt nicht aus einer von Rousseaus Beschreibungen des natürlichen Menschen, sondern aus dem *Émile*. Die nächsten beiden Sätze lauten: „Das ist meine wesentliche Lebensregel. Es handelt sich nur darum, sie auf die Kindheit anzuwenden, und alle Erziehungsregeln werden sich aus ihr ergeben" (*Émile* IV 309). Aber Émiles Erzieher bereitet seinen Schüler darauf vor, ein freier Mensch innerhalb der Gesellschaft zu sein.

Im wesentlichen ist das Problem, das sich Émiles Erzieher stellt, das gleiche wie das, für das der Gesellschaftsvertrag die Lösung bietet. Émile soll ein guter Nachbar, ein guter Bürger und ein freier Mensch sein, ebenso wie der Gesellschaftsvertrag eine Vereinigung bilden soll, durch die jeder, „indem er sich mit allen vereinigt, nur sich selbst gehorcht und genauso frei bleibt wie zuvor“ (CS III 360).

Um wirklich frei zu sein, darf der Mensch nur das wollen, was er bekommen kann. Er darf keine unersättlichen Gelüste oder unverträglichen Begierden haben. Seine Bedürfnisse dürfen nicht größer sein als seine Fähigkeit, sie zu befriedigen. Aber Rousseau übernimmt diese alte Theorie der Stoiker nicht unverändert. Die unersättlichen und unverträglichen Begierden werden seiner Meinung nach in der Gesellschaft erworben, sie erwachsen aus der dem natürlichen Menschen unbekannten Leidenschaft, anderen vorgezogen zu werden. Diese Leidenschaft ist nicht nur deswegen unnatürlich, weil der wilde und isoliert lebende Mensch davon frei ist, sondern auch in dem wichtigeren Sinn, daß sie den Menschen daran hindert, glücklich zu werden, nachdem er sich zu einem sozialen und rationalen Wesen entwickelt hat, das bewußt nach Glück strebt.

Rousseau richtet seine Aufmerksamkeit auf ein Problem, dem die Stoiker keine Beachtung schenkten: Wie sieht eine soziale und politische Ordnung aus, in der die Menschen nicht die Bedürfnisse und Leidenschaften entwickeln, die sie davon abhalten, glücklich zu sein?

Wie sieht eine Ordnung aus, die die Aufgabe, die Émiles Erzieher für seinen Schüler wahrnahm, für alle Menschen erfüllen könnte; die ihre Fähigkeiten anregen würde, ohne in ihnen Bedürfnisse zu wecken, deren Befriedigung außerhalb ihrer Reichweite läge?

Rousseau spricht oft von Émile und auch vom Menschen im allgemeinen so, als könne er nur dann frei sein, wenn er von niemandem abhängig sei. Er sagt beispielsweise in *Émile*: „Der einzige, der seinen Willen ausführt, ist der, der es für die Ausführung nicht nötig hat, daß ihm ein anderer unter die Arme greift“ (*Émile* IV 309). An anderer Stelle heißt es: „Keiner, der von einem anderen abhängt und seine Hilfsmittel nicht aus sich selbst schöpft, kann frei sein“ (*Corse* III 903). Aber diese Aussagen dürfen nicht wortwörtlich verstanden werden, denn wie Rousseau selbst immer wieder in Erinnerung ruft, hat jeder Mensch, der von der Gesellschaft geprägt ist, Bedürfnisse, die er ohne die Hilfe anderer nicht befriedigen kann. In jeder Gesellschaft *greift man einander unter die Arme*.

Nur im Naturzustand sind die Menschen unabhängig, in Gesellschaft können sie nur noch nach gegenseitiger Abhängigkeit streben. Ob sie wollen oder nicht – sie haben Bedürfnisse, die sie dazu bewegen, aneinander Ansprüche zu stellen. Wenn auf die Ansprüche bereitwillig eingegangen wird, hat niemand das Gefühl, daß man von ihm mehr fordert als ihm selbst zugestanden wird, oder daß er zu kurz kommt.

Deshalb gibt es hier zwei soziale Bedingungen für Freiheit: Die Gesellschaft darf in ihren Mitgliedern keine Bedürfnisse wecken, die sie nicht befriedigen können, und die Bedürfnisse, die die Gesellschaft weckt, sollten ihre Mitglieder nicht dazu bewegen, Ansprüche aneinander zu stellen, die sie nicht erfüllen wollen. Diese zweite Bedingung ruft Rousseaus bereits erwähnte Behauptung in Erinnerung, der Gemeinwille sei ein „Akt des Verstandes, mit dem man über das nachdenkt, was der Mensch von seinen Mitmenschen fordern kann und was sein Mitmensch rechtmäßig von ihm fordern kann" (CSMS III 286).

Rousseau spricht davon, was ein Mensch von seinem Mitmenschen fordern *kann*, und was sein Mitmensch *rechtmäßig* von ihm fordern kann. Aber es geht hier nicht um einen Gegensatz von *Macht* und *Recht*. Unter ‚was ein Mensch fordern *kann*' ist zu verstehen, was zu fordern für ihn vernünftig ist, und *vernünftig* hat hier, wie so oft, zwei Bedeutungen. Wenn man sagt, eine Forderung sei *vernünftig*, meint man entweder, daß ihre Erfüllung wahrscheinlich ist, oder daß ihr Urheber ein Recht darauf hat, sie zu stellen. Oder man meint das eine wie das andere, ohne sich die Mühe einer Unterscheidung zu machen. Denn eine Forderung, die der ersten Bedeutung nach vernünftig ist, wird für gewöhnlich auch der zweiten Bedeutung nach als vernünftig gelten, wenn ihrem Urheber die Macht fehlt, ihre Erfüllung zu erzwingen. Wenn ein Mensch einen anderen in seiner Macht hat, kann es für ihn vernünftig sein, von seinem Opfer zu verlangen, was von Seiten des Opfers unvernünftig wäre, von ihm zu verlangen. Und sein Opfer könnte durchaus zugeben, daß es sich so verhält; daß der Stärkere aus seiner Stärke einen Vorteil ziehen soll. Aber in diesem Fall wird er das nur in Bezug auf die erste Bedeutung zugeben. Er wird nicht zugeben, daß der Stärkere das Recht hat, an ihn Forderungen zu stellen. Die Forderungen, die ein Mensch an andere stellt, entstehen aus seinen Bedürfnissen, während seine Bereitschaft, ihre Forderungen zu erfüllen, von ihrer Bereitschaft abhängt, die seinen zu befriedigen. Normalerweise ist das der Fall, außer wenn die Starken es auf sich nehmen, für die Schwachen zu sorgen und sie zu schützen, wie Eltern das für ihre Kinder tun. Wenn erwachsene Menschen einander brauchen und sich keiner in der Macht eines anderen befindet, gibt es eine Regel, die alle akzeptieren, weil sie eindeutig im Interesse eines jeden von ihnen liegt: daß niemand von den anderen fordern soll, was er ihnen nicht selbst gewähren würde.

Wenn man so will, ist diese Regel nichts anderes als die allen Völkern vertraute Maxime: *Handle so, wie du behandelt werden willst.* Aber sie ist eine Variante, die zur Erhellung dessen dient, was Rousseau den *Gemeinwillen* nennt. Es ist wesentlich für diesen Willen, daß die, die an ihm Anteil haben, einander als Gleiche anerkennen. Und über das Recht auf Gleichheit sagt Rousseau, es rühre „von dem Vorzug her, den jeder sich selbst gibt, und folglich von der Natur des Menschen“ (CS III 373). Weil jeder sich selbst anderen vorzieht und doch nicht ohne sie auskommen kann, wird keiner einem anderen großzügig mehr einräumen als dieser ihm zugesteht. Als Gleicher anerkannt zu werden ist das Äußerste, was ein Mensch von einem anderen erwarten kann, der nicht schwächer als er selbst ist.

Rousseau war sich darüber im Klaren, daß es in allen Gesellschaften eine Neigung dazu gibt, Macht und Reichtum ungleich zu verteilen. „Genau deshalb, weil die Kraft der Dinge stets dazu neigt, die Gleichheit zu zerstören, muß die Kraft der Gesetzgebung stets versuchen, sie aufrechtzuerhalten“ (CS III 329). Und wo Ungleichheiten auftauchen, entwickeln sich Vorurteile, Leidenschaften, und schließlich sogar Gesetze, die dazu dienen, sie aufrechtzuerhalten. Das sind die Vorurteile und Leidenschaften, die die unersättlichen und unverträglichen Gelüste erzeugen, die die Menschen unglücklich machen. Daher ist der von der Gesellschaft geformte Mensch, der nachdenkt und moralisiert, ein Parteigänger der Gleichheit: Er zieht sich selbst anderen vor und ist doch von ihnen abhängig, und deswegen liegt es in seinem Interesse, von ihnen als Gleicher anerkannt zu werden. Zweifellos kann er den anderen als minderwertig behandeln, wenn er mächtiger oder reicher ist als jener; aber er ist nicht mächtiger oder reicher als alle anderen Menschen.

Wie reich oder stark er auch sein mag, liegt es doch oft in seinem Interesse, das Prinzip der Gleichheit zu beschwören, und je schwächer und ärmer er ist, desto größer ist sein Interesse daran. Der Mensch in Gesellschaft besitzt auch eine Neigung zur Freiheit. Er sucht nach mehr als nach einer einfachen Befriedigung seiner ihn jeweils überkommenden Gelüste; er sucht nach einer Art zu leben, die ihn zufriedenstellt, und nimmt es übel, wenn ihn irgendetwas daran hindert. Da er Vorlieben und Grundsätze hat, Vorsorge trifft und selbstkritisch ist, kann er nicht bekommen, was ihn befriedigt, wenn es ihm an Selbstdisziplin fehlt. Und genauso wie er gegen den Grundsatz der Gleichheit verstoßen kann, obwohl dessen Verteidigung in seinem Interesse liegt, so stehen ihm seine Leidenschaften im Weg, wenn es um seine Selbstdisziplin geht und um die Erlangung dessen, was ihn befriedigt.

4.4

Wie können Menschen, die voneinander abhängig sind, deren Bedürfnisse sie dazu zwingen, Forderungen aneinander zu stellen, frei sein? Das ist nur möglich, wenn sie willentlich tun, was von ihnen verlangt wird, wenn ihre Verpflichtungen ihren eigenen Vorstellungen entsprechen. Aber ihre Verpflichtungen werden von den Regeln bestimmt, die die Gesellschaft ihren Mitgliedern auferlegt, von den Gesetzen also.

An zwei Stellen fragt Rousseau mit beinahe identischem Wortlaut: „Durch welche unbegreifliche Kunst hat man das Mittel ausfindig gemacht, die Menschen zu unterwerfen, um sie frei zu machen?" „Wie kann man es bewerkstelligen, daß sie gehorchen und niemand befiehlt?" Und er antwortet: „Diese Wunderdinge sind das Werk des Gesetzes" (EP III 248f. vgl. CSMS III 310).

Ein Mensch kann nur dann das Gesetz befolgen und gleichzeitig frei sein, wenn das Gesetz Ausdruck seines Willens ist. Aber es muß mehr als dessen eigenen Willen zum Ausdruck bringen, weil sonst nur er alleine frei wäre. Es muß den Willen aller zum Ausdruck bringen, die zu dieser Gemeinschaft gehören, zu dem Kreis gegenseitiger Abhängigkeit, der ihn einschließt. Sie müssen alle an der Gesetzgebung Anteil haben.

Aber es ist denkbar, daß ein Mensch jetzt nicht mehr tun möchte, wozu er sich in der Vergangenheit aus freien Stücken verpflichtet hat. Oder es könnte vorkommen, daß er gegen einen Vorschlag stimmt, der Gesetz wird. Rousseau stellt die Frage: „Wie können Andersdenkende zugleich frei und Gesetzen unterworfen sein, denen sie nicht zugestimmt haben?" Seine Antwort lautet, die Frage sei „so nicht richtig gestellt [...]. Der Bürger stimmt allen Gesetzen zu, selbst jenen, die man gegen seinen Willen verabschiedet, und sogar solchen, die ihn bestrafen, wenn er es wagt, eines davon zu verletzen. Der beständige Wille aller Glieder des Staates ist der Gemeinwille; durch ihn sind sie Bürger und frei" (CS III 440).

Ein Teil dessen, was Rousseau hier sagt, ist leicht verständlich: Wer freiwillig und unter denselben Bedingungen wie die anderen an Verhandlungen teilnimmt, die zu einer Entscheidung führen, bindet sich selbst daran, die Entscheidung sogar dann anzuerkennen, wenn er dagegen stimmt. Geht Rousseau aber noch darüber hinaus? Besonders, wenn er vom *beständigen Willen* der Mitglieder des Staates spricht? Warum sollte ein Gesetz, das jemand jetzt brechen möchte, obwohl er in der Vergangenheit dafür gestimmt hat, sein *beständiger Wille* genannt werden?

Rousseau gibt keine direkte Antwort auf diese Frage, aber in seiner Idee des Gemeinwillens ist eine enthalten. Sogar der Gesetzesbrecher kann als jemand bezeichnet werden, der das Gesetz respektiert, wenn er will, was ohne Gesetzesbruch nicht zu haben ist und trotzdem möchte, daß die Gesetze befolgt werden. Möglicherweise will er gesetzestreu sein, obwohl er zugleich etwas möchte, was er ohne Gesetzesbruch nicht erlangen kann. Aber seine Einstellung zu diesen beiden Wünschen ist unterschiedlich. Wenn er das Gesetz hält und auf das verzichtet, was mit einem Gesetzesbruch verbunden wäre, mag ein Gefühl des Bedauerns in ihm aufkommen. Wenn er das Gesetz aber bricht, empfindet er Scham oder versucht sich selbst davon zu überzeugen, daß er es nicht gebrochen hat oder daß sein Handeln aus irgendeinem Grund entschuldbar ist. Entweder er verdammt sein Handeln, oder er versucht, vor seinem eigenen Urteil über sich selbst zu fliehen. Das trifft selbstverständlich nur zu, sofern er glaubt, es sei seine Pflicht, das Gesetz einzuhalten.

Rousseau lenkt unsere Aufmerksamkeit möglicherweise mehr als je ein anderer Schriftsteller vor ihm auf etwas, das für das Pflichtgefühl charakteristisch ist: Wir empfinden sowohl, daß es unsere Absichten vereitelt, als auch, daß es befreiend wirkt. Wer Pflichtgefühl besitzt, unterwirft sich nicht dem Willen eines anderen (nicht einmal dem Willen Gottes), sondern fühlt sich durch eine Regel gebunden, sogar wenn es niemanden gibt, der ihn zu ihrer Befolgung zwingt. Er möchte auch, daß die Regel in allen Fällen, für die sie gilt, eingehalten wird.

Hobbes und Hume haben (neben anderen) argumentiert, daß Menschen einverstanden sind, Regeln zu befolgen, deren Einhaltung – wie die Erfahrung sie lehrt – zu ihrem Vorteil ist. Dieses Argument findet man auch in Rousseaus Schriften. Aber er fügt noch etwas hinzu. Er stimmt zu, daß sich Menschen nicht Regeln unterwerfen würden, wenn sie nicht Gelüste und Leidenschaften hätten, die zu ihrer größeren Befriedigung beherrscht werden müssen. Er besteht jedoch darauf, daß sie gegenüber den Regeln auf eine Weise empfinden, wie sie es gegenüber den Gelüsten und Leidenschaften nicht tun. Deswegen sagen Menschen von den Regeln, sie *hielten sie in Schranken*, während sie über die Gelüste weitaus drastischer sagen, sie *versklavten* sie.

Als Wesen mit Gelüsten haben sie das Gefühl, daß die Regeln ihre Absichten durchkreuzen, als moralische Wesen aber möchten sie sie befolgen. Obwohl ihre Gelüste oft stärker sind als ihr Wunsch, die Regeln einzuhalten, wünschen sie doch, daß es nicht so sein möge. Sie möchten gesetzestreu sein, auch wenn sie es faktisch nicht sind. Das ist das, was Rousseau ihren *beständigen Willen* nennt. Aber dieser ist nur dann in ihnen stark, wenn sie spüren, daß das Gesetz nicht der Wille anderer ist, der ihnen aufgezwungen wird.

Im *Gesellschaftsvertrag* beschreibt Rousseau die sozialen und politischen Bedingungen, die er am ehesten dafür geeignet hält, in den Menschen dieses Gefühl gegenüber den Gesetzen zu erzeugen, die sie befolgen sollen. Und er gibt zu verstehen, daß eben diese Bedingungen, die gewährleisten, daß die Gesetze so sind, wie die ihnen Unterworfenen es wollen, ungünstig für die Leidenschaften sind, die die Menschen zum Gesetzesbruch veranlassen. In der Gesellschaft der Gleichen sind die gefährlichen, aus Überheblichkeit entstandenen Leidenschaften am schwächsten. Und der Mensch außerhalb des Naturzustandes ist so nah wie nur möglich an dem Zustand, in dem er nur das will, was in seiner Reichweite liegt, und tut, was ihm gefällt („nur will, was er kann, und tut, was ihm gefällt"). Er ist nicht dem Willen irgendeines seiner Mitbürger unterworfen, sondern einem Gesetz, das seinen eigenen Willen so gut wie den der anderen ausdrückt; und er ist auch in dem Sinn selbstgenügsam, als er nicht von ihrer Gunst abhängig ist, um zu bekommen, was er will, sondern von Gesetzen, deren Befolgung im Interesse aller liegt.

Auch wenn man das alles akzeptiert, darf man Rousseau doch nicht wörtlich nehmen, wenn er sagt, ein Mensch, der gezwungen werde, dem Gesetz zu gehorchen, werde gezwungen, frei zu sein. Vielleicht kann man sich darauf einigen, daß Rousseau wie kein anderer zuvor erklärt, wie es möglich ist, daß Menschen in einer Ordnung, die ihnen von einer als gerecht empfundenen Gesellschaft auferlegt wird, eine moralische Stütze finden, eine Macht, die ihnen hilft und sie vor sich selber schützt.

Übersetzung: Michaela Rehm

Literatur

Fetscher, I. 1993: Rousseaus politische Philosophie. Zur Geschichte des demokratischen Freiheitsbegriffs, Frankfurt/Main.

Kain, Ph. J. 1990: Rousseau, the general will, and individual liberty, in: History of Philosophy Quarterly, 315–334.

Rempel, H. D. 1976: On forcing people to be free, in: Ethics 87, 18–34.

Schottky, R. 1995: Staatliche Souveränität und individuelle Freiheit bei Rousseau, Kant und Fichte, in: Fichte-Studien 7, 119–142.

Vossler, O. 1963: Rousseaus Freiheitslehre, Göttingen.

Wokler, R. 1987: Rousseau's two concepts of liberty, in: Feaver, George (Hg.), Lives, liberties and the public good, Basingstoke u. a., 61–100.

Robert Wokler

Rousseau and his critics on the fanciful liberties we have lost[1]

5.1

Rousseau's critics have often complained that his love of humanity embraced few individuals apart from himself. In passing from the cravings of his own nature to the common interests of mankind, he has appeared inattentive to the needs of other persons. Instead of recognising the differences between men and women in their pursuit of disparate goals, he is said to have imagined a world in which the people act as one, prompted by the solidarity of their shared general will. Nowhere is his neglect of individual aspirations and behaviour more conspicuous and sinister, according to his detractors, than with regard to his conception of freedom. To speak of liberty as obedience to a law which we prescribe to ourselves, as Rousseau defines it in the *Social Contract* (III 365), is to confuse true freedom with a collective obligation that restricts it. His conception of liberty under the rule of an absolute sovereign not only submerges the fundamental distinctions between free individuals which he ought to have been anxious to preserve; it also ascribes liberty to those very powers of the state which interfere with it most gravely. To the extent that freedom is the central principle of his philosophy, it seems that Rousseau was determined to destroy the very ideal for which he stands.

1 Der Text ist entnommen aus: Robert Wokler (Hg.), Rousseau and Liberty, Manchester – New York 1995, 189–212.

His misinterpretation of the meaning of liberty has been traced by his critics to at least four main sources. The first and most important has to do with his confusion of our private and public domains and his focus upon freedom through state control. No other major political thinker has ever been so foolish as to suppose that a sovereign citizen assembly was the instrument of each individual's personal freedom. Contrary to Adam Smith and other liberal writers of his day, Rousseau was convinced that everything depends upon politics (I 404) and that a properly constituted state, in promoting the virtue of its subjects, secured their liberty as well. In this belief, it is alleged, he failed to grasp that actual states, however constituted, always threated freedom, which can only be protected by keeping state powers in check.

Second, it is complained that he lacked any notion of individual rights. In extolling the merits of state control over human affairs in general he not only failed to distinguish our private from our public activities; he equally overlooked the fundamental demarcations between separate persons. He had no conception of natural property rights, such as Locke or Diderot had espoused, which every state was bound to respect. Nor, like John Stuart Mill in the next century, did he believe that the liberty of individuals in society required their protection from the tyranny of public opinion as well as from state powers. Social solidarity stemming from shared beliefs was, in principle, as congenial to Rousseau as the spirit of fraternity engendered by participation in the making of law, and in both cases he appears to have defined liberty in terms of collective action rather than individual choice.

Third, he has been assailed by his liberal critics for adopting the idea of the infinite malleability of human nature, which they correlate with his belief in the limitless powers of the state. To such readers his view of moral perfectibility raises the terrible spectre of mass political indoctrination, in accordance with ideals which violate our ordinary sense of personal freedom. Unlike Montesquieu or Hume, among his contemporaries, Rousseau claimed that it is better to make men what they must be than to deal with them as they are (III 251). If, as he supposed, our moral nature is shaped by our governments (II 969), then good governments may be deemed to manufacture human virtue no less than bad governments produce vice. Yet nothing could be more injurious to freedom than the refabrication of men's characters in accordance with a state's scheme for the enhancement of virtue, especially since the liberty Rousseau conceived in his *Social Contract* involved the transformation of each individual from a solitary being into part of a greater whole (III 381). Modern totalitarian regimes, it is alleged, have aspired to reshape human nature in a strikingly similar way.

Fourth, the agents of such authoritarian manipulation – whether lawgivers that create new states, or sovereign assemblies presiding in them, or tutors entrusted with the care of children – are deemed, in Rousseau's phrase, to force men to be free (III 364). Citizens and pupils alike imagine themselves masters of their own will, and yet all their wishes accord with those of the persons who have framed the world they inhabit. The more completely our natural independence is annihilated by our lawgivers, Rousseau suggests in the *Social Contract*, the more perfect are our shared institutions (III 382). Kant, who upheld a similarly dualist view of human nature, could not have subscribed to such an authoritarian approach to the manufacture of freedom. How perverse of Rousseau to elaborate an idea of liberty which infiltrates the recesses of our mind, and permeates all the activities of which we suppose ourselves the agents, just when we have been subjected to the will of others who have altered our constitution as they see fit.

These, roughly, are the principal charges against Rousseau that can be distilled, at least in part, from the writings of De Maistre or Constant in the early nineteenth century, and from Jacob Talmon or Lester Crocker today. I take it that the contemporary libertarian response to his political philosophy, moreover, incorporates all such allegations and, no doubt, many others as well. To my mind, they are serious charges, levelled against an author whose professed love of freedom rings out from almost every page of his works. How could Rousseau have so strangely misconceived the meaning of a principle he held so dear? His admirers certainly have a case to answer, and they should take little comfort from the fact that other detractors of a more collectivist persuasion – Hegel, Proudhon and Marx, for instance – have complained instead of his narrowly individualist idea of freedom and the lack, as they see it, of an overarching political or underlying social dimension within which true liberty can be fulfilled. Such dimensions have, of course, already been uncovered by his libertarian critics, to his cost, at almost every turn, but Rousseau is not alone among major thinkers in having garnered together utterly contradictory objections.

Some friendly commentators of a liberal disposition have in recent years attempted to blunt the challenge of his critics by closer examination of those safeguards for individual liberty which he introduced to curtail the abuse of sovereign power. Robert Derathé, for instance, perhaps the most distinguished contemporary interpreter of his political philosophy, has focused upon the supremacy of natural law in Rousseau's doctrine and upon the illegitimacy of any popular assembly's transgression of this precept of reason and God. Somewhat like Howard Warrender in his reading of Hobbes, Derathé has stressed the importance for Rousseau of a divine framework which circumscribes our obligations in society and which sets limits to the powers that may be rightfully exercised by the sovereign of any state (Derathé 1970). John Plamenatz (1965) has instead addressed himself to the reflexive nature of Rousseau's conception of duty, according to which persons who are mutually dependent upon one another accept in law a discipline they find necessary as morally responsible agents. In so far as our individual appetites are often stronger than our shared desire to abide by the rule of law, our sense of political obligation may be seen, he argues, as constraining and liberating us at the same time. Ralph Leigh (1979), by contrast, has placed special emphasis on Rousseau's conception of religious toleration, which, unlike that of Locke, for instance, could admit atheists to membership of the state. Other, predominantly liberal, defenders of Rousseau's politics have responded to critics who accuse him of advocating totalitarian democracy by reminding their readers of how inimical to freedom he judged any continuous assembly of the people, and by emphasising his strictures on the need for multifarious particular wills within every state, without whose tensions and opposition the formation of a true general will was impossible.

There is much to commend in these readings of Rousseau, each of which, to my mind, is immeasurably better informed as to his meaning than are the charges to which they respond. Yet they nevertheless strike me as rather too tame in his defence. In deflecting the blows of crude attacks they seem to me to lose some of the force of Rousseau's own pronouncements on liberty, which fired the imagination of so many followers in the course of the French Revolution and were judged no less incendiary by such contemporary critics as Voltaire and Burke. I propose therefore to address Rousseau's views on freedom here in a manner somewhat different from Derathé, Plamenatz and Leigh and mean to respond to some of the charges against him by suggesting certain ways in which he may himself have anticipated the complaints of his critics. Of course, as a political thinker who always counselled restraint, Rousseau could scarcely imagine that he might one day be accused of having inspired the worst excesses of totalitarian despotism. Even the liberation of the whole of humanity, he once remarked, did not justify shedding the blood of a single man (Leigh XXX, 384–388). But he formulated his ideas of freedom in response to other doctrines which he believed had misdescribed it and against a political background from which he thought it had been wiped away. I believe Rousseau would have found such absence of real freedom and similar misconceptions about its meaning to be no less characteristic of our own epoch than of the regimes of his day. And if such baleful continuities would have prompted him to seek solitude and refuge from the tribulations of our world too, I hope they may at least provide some justification for my pursuit here of an otherwise anachronistic reading of his thought.

5.2

Perhaps the most serious censure of his political philosophy has turned upon his assimilation of liberty to popular sovereignty, a link commonly perceived as discredited in both theory and practice under the Jacobin dictatorship of the French Revolution. There is no doubt that this conjunction of liberty with sovereignty forms an original theme in his writings, setting Rousseau apart from such precursors as Plato, Machiavelli and Montesquieu, who like him were concerned with political and not just personal liberty. Before he imbued it with a new meaning, the concept of sovereignty had been connected by its interpreters with the idea of force, power or empire, and it generally pertained to the dominion of kings or other governors over their subjects rather than to citizen's freedom. But in identifying the supreme authority of the state as the subjects themselves, Rousseau ascribed sovereignty to the ruled as well as to the ruling element, and he connected it with the concepts of will or right rather than force or power – that is, with *le moral* of politics and not *le physique*, a fundamental distinction in his philosophy to which I shall return presently. Yet is it not just because of his innovative association of an altogether unlikely pair of terms – in effect, *liberty*, as drawn from an ancient republican tradition with its emphasis upon self-rule, and *sovereignty*, from a modern absolutist ideology addressed to the need for a predominating power – that liberal critics have found Rousseau's doctrine to be so remarkably sinister in design? How can absolute force and perfect liberty possibly go hand in hand? The suggestion that citizens may be „forced to be free" seems one of the vilest deceptions imaginable from an author claiming to be liberty's truest friend.

Rousseau, however, attempted to meet the charge that his conception of absolute popular sovereignty threatened our freedom by defining it in such a way as to exclude precisely that infliction of harm upon persons which his theory is alleged to justify. The authority of the sovereign, he insisted, must come from all and apply to all (III 373). The voice of the general will which it enacts cannot pronounce on individuals without forfeiting its own legitimacy, since it articulates in laws the common interest of every citizen, whereas the exercise of force over disparate persons is reserved exclusively for a nation's government. Rousseau's sovereign never implements its own laws and never punishes transgressors against it (III 377, 397), nor, indeed, forces anyone to be free.

More than any other major political theorist before or after him Rousseau distinguished „right" from „power", the formulation of principle from its application, or, in this context, the moral will which determines laws from the physical force that administers them, by placing each in different hands – here, respectively, the legislative power and the executive power. Critics misread the meaning of this unique passage of his works in which he describes force as the agent of liberty when they attribute to Rousseau the view that the punishment we suffer for flouting the law renders us truly free. For such force as only governments may apply to recalcitrants was designed, he maintained, to protect them from personal dependence, which invariably *does* deprive individuals of their freedom, and to legitimate their own civil undertakings, without which the social contract would be „absurd, tyrannical and liable to the gravest abuse“ (CS III 364). Rousseau believed that according to the terms of their association, all subjects undertook to obey the laws and that without exception they were then required to take part in the laws' formulation as members of their state's sovereign assembly. His point about force and freedom means scarcely more than that citizens must always be bound by their own agreements, even if they are occasionally inclined to break or overlook them. No force is exercised except over persons who have reneged on their decision to abide by laws they enact themselves, and no force at all is exercised in the state by the sovereign, or by unarmed lawgivers or powerless tutors.

The tyrannical abuse of authority which liberal critics impute to Rousseau's sovereign was actually perceived by him to be a misappropriation of the powers of government, against which the absolute sovereignty of citizens was the only real safeguard. In their periodic election of parliamentary representatives the people of England perversely entrusted their legislative authority to what should have been merely an executive power, and thereby showed themselves unfit for the liberty it was their duty to exercise directly themselves (CS III 430). In Geneva, somewhat differently, the executive power (that is, the *Petit Conseil*) had made itself progressively more dominant by arrogating responsibilities that properly belonged to the assembly of citizens (the *Conseil Général*), even obstructing that sovereign body from meeting. With the executive force of Rousseau's native state substituted for its popular will, absolute right was corrupted into unfettered power. „Where force alone reigns“, Rousseau remarked in his *Letters from the Mountain*, „the state is dissolved. That [...] is how all democratic states finally perish“ (III 815).

In the light of such claims it is worth bearing in mind that Rousseau's conception of civil liberty in the *Social Contract* was drawn as much from an idealised model of Geneva as from Spartan and Roman sources, and that his political self-identification as „Citizen of Geneva“ thus referred to a republic whose constitutional liberties, in his view, had already been undermined. The modern citizens of Geneva, no less than our primitive forebears which he portrayed in his *Discourse on Inequality*, had been deprived of their liberty as they passed under the sway of political tutelage, but in the case of his compatriots that was because they had allowed their sovereign will to be stilled and the executive power of government to rise up despotically in its stead. Paradoxically, it seems, Rousseau's conception of an absolute sovereign ensured civil liberty not so much by virtue of an overarching law (to which there is anyway no reference in the final version of his *social contract*) as on account of an infrastructural separation of powers. As is so often the case, Hobbes, for whom absolute sovereignty entailed the undivided concentration of all powers, appears to be his foremost adversary. Rousseau, no less than Locke, was determined that governments must not exercise „force beyond right". Unlike Locke, however, he found protection from such despotism only in a vigilant sovereign of the whole people. Liberty was thus made secure, in his view, by the very institution which, his liberal critics have since alleged, can only destroy it. So long as the general will of a community remained general, citizens kept their freedom under the rule of its laws.

I take this novel association of the ideas of sovereignty and freedom to have informed the meaning of what Rousseau termed civil liberty, but it must be remembered that the *Social Contract* also introduces a second positive concept of freedom, which I have mentioned already, that is *moral liberty*, or obedience to a law we prescribe over ourselves. So considered, the concept may seem to mean little more than the ancient Greek notion of autonomy, although in Rousseau's doctrine, especially in its affinities with his idea of the general will, it has distinctive connotations somewhat different from the sense of autonomy as political self-rule or independence. Both in his definition of moral liberty and in his novel use of the expression *general will*, Rousseau articulated classical principles of freedom in a modern vocabulary which may, at first glance, seem as alien to those principles as his invocation of ancient liberty in justification of modern sovereignty. Indeed, some of Rousseau's most striking images derive their force from just such attempts to illuminate the values of old cultures in a new language commonly thought to have dispensed with them, and much may be learnt about his meaning if we regard him, to use his own words (although not about himself) as one of those „moderns who had an ancient soul" (Jugement III 643).

The most distinctive feature of his concept of moral liberty, as Plamenatz has noted, is its element of self-prescription. For Rousseau, every morally free agent was required to determine the rules that would guide him by looking inward into the depths of his own conscience in a self-reliant manner, free from the influence of all other persons. The most absolute authority, he observed in his *Discourse on Political Economy*, „is that which penetrates into man's innermost being", incorporating him in the common identity of the state, as he adds in the *Social Contract* (III 251). Liberal critics recoil in horror from these claims, in so far as they take them to imply the complete submergence of our separate wills under the collective (perhaps even organic) will of the body politic which envelops and moulds us. Yet what Rousseau meant by his conjunction of moral liberty with the general will has no such significance, and it was designed to avert rather than achieve the social indoctrination of individuals. Not only did he insist upon the fact, which Leigh has underscored, that a nation's general will could only be realised through opposition to the particular wills of each of its members, so that the constant tension between two kinds of will, and not the suppression of one by the other, proved indispensable to the achievement of the common good (III 371). He also stressed that the same opposition was present in the minds of all citizens, so that every person was motivated by both a particular and a general will, dividing his judgement of what was beneficial to himself from what was right for the community (III 363). Especially in the modern world, Rousseau believed, our general will was much weaker than our particular will, and it was to be strengthened and animated, not by our imbibing the collective opinions of our neighbours in a public assembly, but just the reverse – by all men expressing their own opinions alone, „having no communication amongst themselves", which might render their separate judgements partial to this or that group interest (III 371). To ensure that in the assembly there were as many votes as individuals, every member must act without regard to the rest, consulting his own general will as a citizen, thereby still obeying himself alone. Our personal identity was only lost when in legislation we echoed the opinions of an unreflective, undiscriminating multitude. For Rousseau, the more perfect our independence from others – the more profoundly we turned into ourselves for guidance – the more likely were our deliberations to yield the common good.

In the social contract state which he envisaged, deep introspection was therefore the corollary of the outward pursuit of that common good or public interest. As has been frequently noted before, the idea of „will", in this context, expresses the voluntarist, contractarian strain of modern political thought, whereas what is general encapsulates the ancient idea of a public good towards which each person's will should be aimed. It follows that, according to Rousseau's philosophy, in order to be a citizen of a *res publica* one must look deep within oneself for a personal commitment to a collective goal. Of course, in promoting the general will, it is our dedication to the shared good of all which renders our moral liberty, as he conceived it, so much grander and more noble than the natural freedom he claimed men forfeit when they enter into civil society. But that belief in an uplifting form of liberty, so often decried by his critics, requires for its fulfilment no great leap forward into the modern world of totalitarian democracy. It is, rather, an expression of a wholly familiar ancient idea of liberty that Rousseau drew from his reading of Cicero, Seneca, Plutarch and other classical sources, and then more latterly from Machiavelli, Montaigne and Montesquieu. Already in his writings he contrasted that conception of liberty with what he took to be the ill-considered modern notion of personal freedom which had been introduced by Hobbes, whereas after the French Revolution Constant and other liberals were to reverse his preferences by associating true liberty with privacy and individual rights as against the ancient ideal which he had upheld, but which in their judgment had given rise to the worst excesses of Jacobin tyranny.

We have only to turn to Rousseau's *Considerations on the Government of Poland* to note how passionate was his commitment to ancient political liberty as against the modern, individualist, notion. In a chapter of that work entitled „The spirit of ancient institutions" Rousseau grieved over the civil and moral liberty we had lost in passing from antiquity into the modern world, much as in other contexts he lamented our forsaken natural liberty, destroyed in the abandonment of our primeval state. „Modern men", he wrote, „no longer find in themselves any of that spiritual vigour which inspired the ancients in everything that they did" (III 959). Ancient legislators sought to forge links that would attach citizens to their fatherland and to one another, in religious ceremonies, games and spectacles. The laws that rule modern men, by contrast, are solely designed to teach them to obey their masters.

In his *Letter to d'Alembert* on the theatre he pursued a similar theme, complaining that we have lost all the strength of the men of antiquity. Whereas the festive citizens of Sparta assembled in the open air and consecrated their lives to great matters of state, the shady inhabitants of modern republics only come together for private meetings and intrigue. Ancient liberty had been lost, according to Rousseau, largely because of its displacement from the public arena into the world of private affairs. Where today, he asked, is „the concord of citizens"? „Where is public fraternity [...] liberty [...] innocence?" The term *fraternity* cited here in conjunction with liberty does not figure often in Rousseau's works, however much its meaning resonates so clearly in his conception of the general will and indeed throughout his political writings as a whole. But it does figure again in his *Considerations on the Government of Poland*, where he proclaimed the need for Polish youth to become accustomed to „equality" and „fraternity", „living under the eyes of their compatriots, seeking public approbation" (III 968).

By so linking the ideas of liberty, equality and fraternity, Rousseau – in this as in so much else – heralded an incoming French Revolution with his gaze fixed upon a bygone ancient world. Without equality, he observed in the *Social Contract*, „freedom cannot subsist", for between the estate of the rich man and the pauper, public liberty is always traded; the one buys, and the other sells. „Each is equally fatal to the common good" (III 391/2). For that common good to be promoted, he added in his *Project for a Constitution for Corsica*, it was necessary that „no one should enrich himself" (III 924). In the feast of the grape harvesters which he portrayed in his *New Héloïse*, moreover, all three principles were drawn together. „Everyone lives under the most intimate familiarity", he wrote: „all the world is equal". At dinner each gaily joins with all the rest, in „sweet equality" but without luxury, in the enjoyment of liberty limited only by perfect candour (II 607–609).

That exultant feast in which all partake freely, equally and fraternally was of course purely imaginary; and no doubt similarly fanciful was Rousseau's belief that it reflected, or even surpassed in joy, the saturnalian banquets of the ancient Romans. But there is no doubting the fact that the concept of liberty which his image evokes is altogether different from the modern idea of personal freedom. For in the contemporary world, as he perceived it, liberty had come to be shorn of its associations with equality and fraternity. Rousseau observed in his *Essay on the Origin of Languages* that whereas our ancestors had once sung *aimez-moi* and cried out *aidez-moi* to one another, we now only mutter *donnez de l'argent*. The same expression, repeated in the *Social Contract*, is described there as the harbinger of a society in chains, ruled by the slavish institution of finance, unknown to the men of antiquity (III 429, 929, 1004). We moderns have been transformed into mute auditors of declamations from the pulpit and proclamations from the throne, our collective voice stilled. Where once our interests were openly shared and inscribed in our hearts, now they are in conflict, secreted away in the linings of our purses. Have we forgotten that once we aspire to serve the state with our purses rather than our person, it is on the edge of ruin? Have we forgotten that in a well-ordered city everyone flies to the assemblies? (III 428/9). Modern liberty, stripped of fraternity, on the one side, and of equality, on the other, stands exposed as nothing more than private gain. But so far from it embracing the only proper use of the term *liberty*, the contemporary ethos of private gain was for Rousseau just ancient slavery in a modern form, all the more psychologically insidious for our pursuing it as if it were real freedom. Turned inward on himself and outward against his neighbours, modern man in fact, like primeval man in fiction, had run headlong into chains which he supposed had made him free.

5.3

I have so far addressed myself only to Rousseau's conceptions of civil and moral liberty, as they figure in the *Social Contract* and are elaborated in his other political writings. Both of these notions are linked with his view of sovereignty, and, in the terminology of Isaiah Berlin, they may be deemed *positive* concepts of liberty, directed as they are towards an ideal of self-determination by citizens in their conduct of public affairs (I. Berlin 1969, 131–141). Yet they scarcely embrace all of Rousseau's reflections on freedom. On the contrary, his most fundamental principle was not that of liberty within the state, but rather of freedom outside it, and whereas his political conceptions may have been inspired by republican images of antiquity, his more general idea revolved around the liberty we had lost in subjecting ourselves to the trappings of culture and civil society as a whole.

In his first *Discourse on the Arts and Sciences* Rousseau charged that civilisation had been the bane of humanity and that men in society had forsaken, as he put it, "that original liberty for which they seem to have been born" (III 7). It is this deprivation of the freedom for which we had been born that in Rousseau's philosophy marked our passage from nature to culture and our enslavement in the stultifying social world we had constructed. In his *Discourse on Inequality* he developed that proposition largely in terms of the subjugation of our freedom attributable to private property and all the morally pernicious institutions and forms of government built upon such a miserable base. Liberty, he exclaimed there, was an essential gift of Nature, which men possessed by virtue of their humanity alone (III 184) – an attribute which thus could only be impaired and not fulfilled through our political undertakings. In his *Essay on the Origin of Languages* he put forward much the same thesis in terms of the corruption of our speech that had occurred in the course of our social history, as modern languages, increasingly devoid of their original musical inflection, had rendered those who spoke them progressively more passive, servile and unfree. These themes occur throughout Rousseau's works and lie at or very near the heart of most of them. However sharp was the contrast between his own account of the state of nature and that of Hobbes, he certainly agreed with Hobbes that our fundamental liberty was to be found there, and not under the political hegemony of any sovereign's rule.

As distinct from Hobbes, however, Rousseau is alleged by his liberal critics to have believed in an illusory form of freedom, which was realised when men were bound by civil laws, or "artificial chains", as Hobbes described them. That illusion of freedom can indeed be found in Rousseau's doctrine, but only because it is explicit in his argument, in his claim that civil society was fabricated from it. Throughout the course of our history, he contended, we have made ourselves slaves just because we have been credulous, „running headlong into our chains", he remarked, „supposing that [we] had ensured our freedom" (III 177). How else could we have accepted the yoke of despotism but because it had been wrapped around us like a mantle of justice? No sphere of our social life, he believed, had escaped the ravages of such self-delusion. In his conception of private property as the crucial institution marking our passage from the natural to the civil state, he of course raised an economic dimension of striking significance in his political thought, addressed as it was to the class origins of different constitutions and to the perpetual conflict, at least of interest, between rich and poor. So strong was the link he perceived between inequalities of wealth and deprivations of freedom (in effect between poverty and slavery) that we might even with some justice ascribe to Rousseau an economic theory of history, indeed a theory of economic determinism, according to which our political systems were shaped by forces of a still more fundamental kind. But we must bear in mind that in his account of private property Rousseau placed greatest emphasis upon the cunning eloquence of those who claimed that right, and on the foolishness of persons so readily beguiled. Rhetoric, persuasion and deception were as central to his account of how we had ensnared ourselves as was the institution of private property, established through the manipulation and abuse of language. Property, as Rousseau conceived it, was thus more than the economic mainspring of human bondage; it was also an emblematic expression of the fixation of social man in an abstract world of his own making.

Rousseau's whole theory of culture, moreover, reinforces, elaborates and embellishes this conception of the illusory bonds under which political slavery masquerades as freedom. Our arts, letters and sciences, he remarked in his first *Discourse*, are but „garlands of flowers round the iron chains by which [men] are weighed down" (III 7). Contemporary theatre, he complained in his *Letter to d'Alembert*, not only makes an adornment of the most terrible vices but also promotes and increases the inequalities of fortunes, which is incompatible with the preservation of liberty. Music, displaced from its springs of poetry and melody, he lamented in his *Essay on the Origin of Languages*, has become a collection of artificial scales and listless harmonies, echoed in speech by the prosaic rhetoric of mountebank kings and charlatan priests. Just as in society we have come to be enmeshed within hierarchical moral relations, so in music we have become enthralled by the calculation of harmonic intervals, each measuring the loss of our independence under artificial chains more insidious than any imagined by Hobbes, each a proof of the strength of our illusions and the captivating power of the instruments of our captivity. When liberals decry Rousseau's commitment to an uplifting form of positive liberty that threatens our true freedom, they forget how profoundly negative was his philosophy of history, according to which our liberty had been lost already. Others might suppose that individuals gained their freedom as society developed and its arts and sciences were perfected. For Rousseau, every stride in the apparent advance of civilisation had in reality been a step towards the decrepitude of our species and the alienation of our fundamental liberty (III 171).

Of course it must be remembered that his idea of natural liberty was in an important sense illusory as well, in so far as mankind never actually inhabited the innocent pristine state in which such liberty could be enjoyed. According to Rousseau's philosophy, as he remarked himself, in order to get at the truth it was often necessary to lay the facts aside, and although we must not exaggerate this distinction, since he drew much of the evidence for his portrait of primitive man from the available historical record of our origins, it remains the case that the state of nature he conceived was a fiction. There could therefore be no point in our attempting to return to it, he noted in a long discussion on the subject in his *Discourse on Inequality* (III 202–208); there was no sense in our trying to recover the merely hypothetical freedom he had ascribed to mankind in that state. Critics who believe that in his political doctrine Rousseau sought to re-establish the independence from one another which we had lost rather neglect this feature of his thought, and they also overlook his repeated claims that in political society man's nature is transformed (III 364/5, 381/2; IV 249). With duty substituted for instinct as our guide, Rousseau observed, our constitution is altered, and our lives are reshaped. Good social institutions do not fulfil human nature but instead *denature* man, depriving him of the wholeness of his physical existence in exchange for a moral existence that is relative and partial. For these very reasons, Rousseau's liberal critics have been wrong to locate his fundamental account of freedom in the state. The liberty that was most expressive of human nature in his philosophy could not be gained or restored in a new form under the institutions he described in the *Social Contract*. Nowhere did he map out a programme for the political redemption of our freedom, made progressively more remote from our grasp as civilisation and society advanced relentlessly towards our subjection.

Indeed, it is almost everywhere else apart from in his political writings that we find Rousseau longing for and attempting to preserve that fragile independence of the human spirit that in the modern world was at least akin to natural liberty. A passionate desire to find freedom informed his botanical communion with Nature in his later years, when the company of other men had become so burdensome to him. Earlier it had inspired his disenchantment with much of the Enlightenment establishment, from whose dark and oppressive influence he had sought refuge in his escape from Paris. Rousseau's uncompromising, if eventually unsuccessful, determination to refuse the pensions that were offered to him, his contempt for urban artifice and culture and his love of the open sky outside the closed city – indeed, much of his life, and most of its crises – were inspired by this essentially solitary dreamer's rapturous attachment to uncultivated Nature. „I was never really fit for civil society“, he wrote with weary resignation in his *Reveries*, his last major work. „My natural independence always left me incapable of the thraldom necessary for anyone who wishes to live among men“ (I 1059). The isolationist lines of Defoe's *Robinson Crusoe* formed a better guide to his deepest affections even than the consolidating paths of Plato's *Republic*.

In their neglect of these central features of his philosophy of history, perhaps the most striking of his critics' omissions is the very definition of our fundamental liberty which Rousseau put forward. For the freedom we had suppressed, he believed, was no uplifting principle of public virtue but only a faint distinction between savage man and beast. All other creatures, he remarked in the *Discourse on Inequality*, behaved as their instincts impelled them to do, while we alone, even in our original state, must have been the authors of our actions, as we came to terms with each situation in a manner free from Nature's control. It was therefore because we lacked a set of prescribed responses to our natural drives rather than because we were endowed with any positive traits unique to our species that, according to Rousseau, we must always have enjoyed a prospect of development – in due course out of the state of nature and into another of our own making – which animals did not share (III 134/5, 141/2).

This idea of liberty as a merely inchoate trait distinguishing man from beast is perhaps the most remarkably negative conception of freedom in Western social and political thought. In Rousseau's philosophy it was linked to no substantive goal or desirable end of any sort, being without a determinant moral content such as his critics have judged to be the principal illiberal characteristic of his doctrine in general. Quite the contrary, Rousseau's conception of our natural liberty was at least partly designed to show how other accounts of freedom were inadequate just because they were not negative enough, a thesis which he developed above all in response to Hobbes, whose reflections on this subject he found wanting for two reasons.

First, Hobbes had failed to grasp the fact, so central to our plight, as Rousseau understood it, that persons may render themselves subject to internal impediments, which in their operation upon the human spirit were no less a constraint upon their freedom than shackles round their wrists or threats to box their ears. Any suggestion that we might be or become slaves to our passion was as absurd for Hobbes as the correlative idea of a disembodied freedom of the will, but freedom of the will and the absence of human slavery to innate passions were for Rousseau crucial to that otherwise scarcely perceptible *differentia* between man and beast. If we were not at least capable of being the agents of what we did, if it was only our appetites and aversions that moved us, then our lives were just a succession of events that happened to us, lacking all merit, vice or perfectibility with each member of our species trapped in the same changeless world as all the others. Without free will, he supposed, both morality and human history were impossible. In his opposition to Hobbes on this point, Rousseau's view that our distinctive qualities were not wholly explicable with reference to natural causes or impulsions comes to much the same verdict as Isaiah Berlin's contention in his essay on „Historical inevitability" that if determinism were true then we would not be free to act in a morally responsible way (Berlin 1969, 63/4, 73–75). No less than for Berlin in his understanding of moral agency, for Rousseau the language of free will lay at the heart of our ordinary perception of social relations – with this difference, of course, that according to Rousseau our history bore witness to our becoming slaves to new passions, that is, to the fundamental and ever worsening abuse of our liberty, rather than, as for Berlin, to diverse cases of its exercise for better or worse.

Rousseau's second reason for regarding Hobbes's conception of liberty as insufficiently negative has to do with the fact that Hobbes had, in his view, drawn too complex a picture of human nature in support of his belief that the freedom of each person was imperilled by that of all his neighbours. In ascribing certain socially developed characteristics of our lives, such as the pursuit of power and glory, to humanity in general, Hobbes had wrongly supposed that masterless men were naturally in need of a commonwealth for protection. This is to say that he found fault with human nature mainly because, in Rousseau's terminology, he mistook *amour propre* for *amour de soi*, imagining that we cared for ourselves at the expense of others rather than without regard to them. Much the same error, moreover, was held by Rousseau to be a common failing of most philosophies of natural law and the social contract, including those of Grotius, Locke and Pufendorf, who attributed rather more benign qualities or principles, such as a sense of justice or community or a right of property, to mankind in the state of nature. All such thinkers had failed to strip away our social traits from their postulates about the essence of the human race as a whole; according to Rousseau, they had confused our acquired attributes with what was fundamental to our constitution.

Yet in their focus upon his unduly collectivist conception of liberty, critics of Rousseau's illiberalism forget that he claimed time and again that it was just because we had already made ourselves social that we had forsaken our freedom. While savage man lives within himself, Rousseau remarked, „sociable man, always outside himself, only knows how to live in the opinions of others" (III 193). Our natural integrity, and with it our freedom from one another, had been lost just because we had come to value ourselves in the light of qualities that we imagined others judged worthy of esteem. Rousseau agreed with Hobbes that the natural life of man must have been solitary, but it could only have become poor, nasty, brutish and short when subject to the fears and aspirations of a social world he did not at first inhabit. The more negative our approach to an understanding of human nature, the less negative, at any rate, the less defective, appears the state of nature we uncover.

As is well known, Rousseau believed that civil society must originally have been founded when men, already socialised by vice, attempted to obtain Locke's political warrant for the morally pernicious institution of private property, which in turn must have occasioned Hobbes's vile state of war, fought over the distribution of property. Rather like the debauched protagonists of the Marquis de Sade's *La Nouvelle Justine, ou Les Malheurs de la vertu*, the so-called natural men portrayed first by Hobbes and then Locke might well have said of themselves, „No sooner did we commit a horror than we sought to legitimate it" (Œuvres complètes, Paris 1966/67, VII 37). These two thinkers and others had inadvertently drawn an accurate picture of the state of civil society, supposing it to be a description of the state of nature, for the vices in need of remedy which they depicted were not those of our original constitution but rather those that stemmed from the very social systems they commended to us. According to Rousseau, in short, Hobbes, Locke and other jurisprudential defenders of civil society had conceived their ideas as solutions to some problems of which those solutions were in fact the cause (III 184, 288, 610; IV 524).

Liberal thinkers since the end of the eighteenth century, and libertarians more recently, have apparently inherited Hobbes's and Locke's concern with inviolable frontiers, safeguards and barriers between persons; but Rousseau would have been the first to remark that this was because their philosophies are imbued with many of the assumptions about our essential motives, fears and desires that his social contract precursors had confused for natural traits. To that extent their views of human nature seem overburdened with he weight of attributes they believe universally characteristic of mankind; and, tied to these encumbrances, they stand apart from Rousseau's emptier, more formal, more strictly negative, conception of our distinguishing behavioural traits – unique only because, in his judgement, they are uncontrolled by instincts. Paradoxically, it is at least some of the doctrines of negative liberty so often contrasted with his positive idea which in contemporary political thought constitute the prevailing forms of "the retreat to the inner citadel", as Berlin has termed it. In the light of the argument Rousseau himself presents, we could only retreat to citadels we had already taken the trouble to construct, and we were only prompted to seek sanctuary there because we had contrived to make enemies outside.

5.4

This account of Rousseau's conceptions of liberty may not be exhaustive, although I confess that it was meant to be, partly because I believe that it embraces most specific applications of the word *liberté* in his philosophy, and partly because I know of no other expressions of the term which he employed beyond *liberté civile*, *liberté morale* and *liberté naturelle*. Conversely, I think that it would be a mistake to dwell on the absence from his writings of such ideas as freedom of conscience, or of speech, or of the press, on the grounds that these individualist notions are excluded by his collectivist approach. Leaving aside some complexities of translation and contextual problems raised by principles addressed to different issues from those he broached himself, there seems to me no reason to regard those freedoms as alien to or irreconcilable with his ideals. Indeed, Rousseau argued passionately that each individual's conscience was the sole guide to religious faith, and it may be said, with some justice, that he perceived his own life as an outspoken expression of the freedom of conscience of a man who at every turn confronted forces seeking to deny him freedom of the press.

It does not follow from this that Rousseau approved of liberty in all human activities. He judged free love to be an abuse of the proper relations between men and women in civilised societies, and he supposed that, at least in small republics, freedom of the stage only undermined the integrity of onlookers, transfixed by a spectacle in which they played no part. To the extent that he associated liberty with the virtue of citizens, he showed no sympathy for either sexual licentiousness or theatrical licence, which he deemed incompatible with self-restraint, on the one hand, and with public engagement, on the other. With regard to these matters, no less than the idea of personal freedom, the contrasts between his political theory and the doctrines of liberals and libertarians remain sharp.

More difficult to explain, perhaps, if only because Marxists and libertarians alike have held it against him, is his apparent lack of any idea of economic freedom. Yet in that charge, too, I believe that his critics are mistaken. Not only did Rousseau anticipate a Marxian conception of slavery built round the institution of private property; as we have seen, he also stressed the need for economic equality as a condition of civil and moral liberty. Of course Rousseau differed from Marx in denying that the abolition of slavery required the abolition of property as well. According to his social doctrine, that would have shifted responsibility for human subjection from the rich in society to a state that was no less oppressive, thereby bringing the principle of equality into conflict with that of liberty. But the fact that Rousseau rejected any socialist notion of the expropriation of private property scarcely warrants the criticism that he lacked an idea of economic freedom.

Neither is that complaint warranted by his difference from libertarians. If we may regard Smith's idea of the link between economic freedom and the public interest as a principle approved by libertarians which had already been enunciated in his own lifetime, I think we can ascribe this difference to three sources. First, Rousseau denied that the public interest of a state could be achieved by each citizen's pursuit of private gain. In his terminology, that would be to confuse the general will with the will of all, which was no more than the aggregated particular wills of individuals and was always distinct from the interest of the community as a whole. Second, he was opposed to the inegalitarian distribution of wealth, which he believed invariably puts liberty up for auction. To discourage relations of personal dependence which were fatal to the common good, Rousseau contended that states should ensure that no citizen was so wealthy as to purchase another's freedom, nor so indigent as to be obliged to give his freedom away. Third, he held that the accumulation of wealth, however distributed, was itself inimical to the public good. Commerce, luxury, opulence and all the trappings of advanced civilisation bore witness, in his view, to moral corruption rather than economic freedom, and he believed that persons who acquired great fortunes were as much ensnared by their unnatural avarice as were the poor by their envy. Smith and Marx together might both have been persuaded that freedom and prosperity went hand in hand, but for Rousseau these were incompatible objectives.

It may be said that the positive and negative conceptions of liberty which I have ascribed to him share a common frame of reference, since each excludes any idea of personal dependence, either to the will of other individuals, or indeed to one's own passions in society. But in discriminating between the civil and natural states in which they largely figure, and which Rousseau continually distinguished in his political theory, I have tried, rather, to emphasise the contrasts between them. Civil and moral liberty were associated by him with the notion of *l'homme moral*, whereas natural liberty was ascribed instead to *l'homme physique*. The same dichotomy generally sets apart love from sex, in his writings, as well as authority from power, right from force, even legislation from government. And just as in his *Discourse on Inequality* he maintained that our moral distinctions could not be attributed to any natural differences between us, so likewise he attempted to disengage two fundamentally opposed ideas of freedom. As he observes in the *Social Contract*, civil and moral liberty require for their achievement the alienation of our original freedom (III 364/5). In political society we do not make our natural liberty secure, but renounce it in exchange for liberty of another sort. „Give man entirely to the state or leave him entirely to himself", Rousseau concluded in a fragment „On public happiness" (III 510), for the contradiction between our desires and our duties renders our condition miserable. Men could not possibly enjoy both forms of liberty together.

Neither form of liberty, it is as well to remember, had ever been enjoyed by individuals at all, for Rousseau identified both his positive and negative conceptions with a fictitious past, one ancient, and the other antediluvian. Each was drawn from a different imaginary world which mankind had lost, and each illuminated the world he inhabited himself only in the sense that the governments of his day had betrayed them. It is true that, towards the end of his life, when he agreed to draft constitutions for Corsica and Poland, he conceived plans to enshrine his principles in the institutions of actual states. But judging from the experience of Corsica, which was invaded, and Poland, which was partitioned, each soon after he set out his programme for the achievement of their freedom, the impact of his ideas upon those few specific political causes which he advanced should have been more a matter of concern to his friends than alarm to his enemies.

If Rousseau largely despaired of men's achievement of civil and moral liberty in the modern world, still less did he suppose that they might be won in the future. In *Emile* he anticipated the demise of European monarchies in a century of revolutions (IV 468), but that was not a prospect which he welcomed. Nowhere did he propose any revolutionary transformations of corrupt society into new republics of virtue, and it cannot be stressed too strongly that he wished to avert rather than promote revolution and spurned the idea of overthrow, through violence, of any of the governments of his day. The uplifting enhancement of our social relations which he envisaged was all entirely in his dreams and reveries, inspired by what in his *Moral Letters* he called the „devouring strength" and „noble distraction" of „sublime delirium" (IV 1101). While „the world of reality has its limits", he exclaimed, „the world of imagination is infinite" (IV 305). Transported into the domain of reverie, like his own fictitious pupil Emile, Rousseau could drink from the waters of oblivion, the past effacing itself from his memory, with a new horizon opening up before him (IV 912; III 381). There, in savouring the solitary enjoyment of undisturbed natural liberty, he could contemplate a social world of perfect civil and moral liberty as well.

It is perhaps such flights of fancy which offend Rousseau's liberal critics most of all. In his dreams he appears to raise what they perceive as the nightmare prospect of reshaping human nature in accordance with ideals that violate their sense of personal freedom. How else, they ask, are we to understand his account of lawgivers – those persons who occupy an extraordinary position in the state, attempting to „change [...] human nature" and „transform each individual" from a solitary person into a fragment of a whole community? Does this idea not suggest the complete indoctrination of our minds under governments more despotic than any ever previously experienced? Have we not finally witnessed, in the totalitarian world of Hitler and Stalin, how Rousseau's monstrous ideal of the lawgiver may be given real substance?

In reply to his detractors, it is perhaps pointless to recollect his insistence that the lawgiver was the father of a nation and not its ruler, that he had no subjects but instead inspired individuals to form their own new state, and that, if he miraculously succeeded in transforming human nature, this was because his divine eloquence had persuaded others to establish a sovereign for themselves. Never mind the fact that Rousseau's lawgivers – principally Moses, Lycurgus and Numa – were for the most part ancient prophets and guides who had pointed the way to men's achievement of civil and moral liberty such as had been unknown to them before. In probing the metamorphoses of human nature which Rousseau conceived in his dreams on the model of ancient myths, his liberal critics resolutely uncover a vision of an alternative world that they judge dangerously abhorrent. Yet where else but in his dreams could Rousseau find escape from the social and political tyrannies under which liberals believe their true freedom is enjoyed already? Where else but in reverie could Rousseau's imagination have come to legislate for all mankind? Why is it that his critics find his fanciful ideals more intolerable than all the weight of the social systems of the world that he described and they inhabit? So long as liberal principles prevail, individuals in society who are anxious to learn why their liberty seems so oppressive will find in Rousseau's works the resonant voice of a solitary prophet of the brotherhood of man.

Bibliography

Berlin, I. 1969: Four Essays on Liberty, London.

Derathé, R. 21970: Rousseau et la science politique de son temps, Paris.

Inston, K. 2010: Rousseau and Radical Democracy, London u. a.

Leigh, R. A. 1979: „Rousseau and the Problem of Tolerance in the Eighteenth Century“, Oxford.

Plamenatz, J. 1972: '„Ce qui ne signifie autre chose qu'on le forcera d'être libre'“, in: Hobbes and Rousseau, New York.

Wokler, R. 2004: Rousseau, Freiburg u. a.

Patrick Riley

Eine mögliche Erklärung des Gemeinwillens[1]

(I 7, II 1-3)

Ein „Gemeinwille" ist ein philosophischer und psychologischer Widerspruch in sich. „Wille" ist ein Begriff, der, wenn überhaupt, nur im Sinne individueller Handlungen verständlich ist. Das Problem kann nicht vertuscht werden, indem man – wie T. H. Green – den Gemeinwillen auf ein „gemeinsames Ego" oder auf einen Kants reiner praktischer Vernunft analogen Vorläufer zu reduzieren versucht. Warum also hat Rousseau eine so unplausible Idee zum Mittelpunkt seiner politischen Theorie gemacht, und warum wurde dieser Idee weiterhin ernsthafte Aufmerksamkeit geschenkt?

Der Gemeinwille wird nach wie vor ernst genommen, weil er den (nicht ausdrücklichen) Versuch einer Mischung zweier äußerst wichtiger Traditionen des politischen Denkens darstellt, die man in etwa antike „Geschlossenheit" und modernen „Voluntarismus" nennen könnte. Seit dem 17. Jahrhundert war das politische Denken unter anderem durch Voluntarismus gekennzeichnet, durch eine Betonung auf die Zustimmung der Individuen als Maßstab von politischer Legitimität. Man findet das gewiß bei einigen der wichtigsten Denker zwischen Hobbes und Kant, und sogar Hegel, den man schlecht als „atomistischen Individualisten" oder Vertragstheoretiker bezeichnen kann, legte ausdrücklich dar: „in den alten Staaten war der sub-

1 Der Text ist die übersetzte Fassung von Patrick Riley, *A possible explanation of Rousseau's general will*, in: The American Political Science Review LXIV 1970, 86–97.

jektive Zweck mit dem Wollen des Staates schlechthin eins, in den modernen Zeiten dagegen fordern wir eine eigene Ansicht, ein eigenes Wollen und Gewissen" (*Rechtsphilosophie* § 261, Zusatz). Wenn eine politische Entscheidung getroffen werden soll, fuhr Hegel fort, muß „ein ‚Ich will' vom Menschen selbst ausgesprochen werden" (*Rechtsphilosophie* § 279, Zusatz).

Dieses ‚Ich will', so dachte er, muß eine „angemessene objektive Existenz" in der Person eines Monarchen haben; „in einer wohlgeordneten Monarchie kommt dem Gesetz allein die objektive Seite zu, welchem der Monarch nur das subjektive ‚Ich will' hinzuzusetzen hat" (*Rechtsphilosophie* § 280, Zusatz).

Wenn sogar Hegel diese voluntaristische Wendung in seiner eigenen, nicht kontraktualistischen Theorie zuläßt, versteht es sich von selbst, daß die ganze Vertragstheorie als bestes Beispiel für voluntaristische Ideen angesehen werden kann.

Keine Theorie ist seither an irgendeinem Punkt im politischen System der Inthronisation des Willens entkommen – bei Hegel war das beinahe wortwörtlich der Fall. Warum der Voluntarismus, die politische Legitimation durch Autorisierung individueller Willen, dazu kam, so einen bedeutenden Platz im westlichen Denken einzunehmen, müßte in einem eigenen Buch abgehandelt werden, in einer Geschichte des politischen Willens. Wahrscheinlich machten antike quasi-ästhetische Theorien von der besten Regierungsform und dem rechten Ziel des Menschen mit der Einführung des Christentums dafür Platz, mit Hilfe des Modells „guter Taten" über Politik nachzudenken: Gerade wie gute Taten sowohl das Wissen über das Gute als auch den Willen, Gutes zu tun, erforderten, verlangte die Politik jetzt moralische Zustimmung, die Einbeziehung des Individuums in die Politik durch seine eigene Willensentscheidung. Die Freiheit, freiwillig mit absoluten Normen übereinzustimmen, war in der christlichen Lehre schon immer von Bedeutung; zweifellos verstärkte die Reformation das Element der individuellen Wahl im moralischen Denken noch zusätzlich, während sie die Rolle moralischer Autorität herunterspielte. Und es war eine natürliche Entwicklung, daß die protestantische Sicht von individueller moralischer Autonomie und Verantwortung von der Metaphysik zur Politik überlaufen und damit die intellektuelle Grundlage der Vertragstheorie bilden sollte. Die vorzügliche Qualität einer sozialen Institution allein würde nicht länger ausreichen; sie würde nun rationale Zustimmung erfordern. Wie immer Voluntarismus und Vertragstheorie aufgekommen sein mögen, es steht fest, daß die Ideen eines *guten* Staates mehr und mehr den Ideen eines rein *legitimen* Staates Platz machten. Und diese Legitimation wurde nach dem 17. Jahrhundert häufig als auf dem Willen beruhend angesehen.

Der Voluntarismus, dem es um Legitimation ging, vermochte jedoch nichts über die eigentliche Qualität des Gewollten auszusagen. Es ist natürlich möglich, zu behaupten, was auch immer gewollt werde, sei richtig, einfach weil es gewollt wird. Rousseau aber reichte das nicht aus, und genau an diesem Punkt legte er sich auf eine besondere Form des Willens fest. Er wollte, daß der Wille eine besondere Form einnehme; er wollte, daß der Voluntarismus legitimiere, was er als Einheit und Geschlossenheit – die Allgemeinheit – des antiken Gemeinwesens, besonders von Sparta und Rom, ansah. Sein politisches Ideal war in der Tat das antike Gemeinwesen, das jetzt von modernen Menschen gewollt werden sollte, denen gleichermaßen an den Gründen für Verpflichtung wie an perfekten Regierungsformen gelegen war. Gegen den vermeintlichen Atomismus der früheren Vertragstheorie wollte Rousseau, daß die Allgemeinheit – der Anti-Individualismus oder eher Prä-Individualismus – der Antike durch Zustimmung legitimiert werde. An diesem Punkt verstrickte er sich natürlich in das Paradox, darauf zu beharren, daß die wesentlich nicht-voluntaristische Politik, die für die Antike charakteristisch ist, gewollt werden solle. Das heißt, er verstrickte sich in das philosophische Paradox eines gewollten Anti-Voluntarismus. Aber wenn dieses paradoxe Konzept, der Gemeinwille, ein Wille, der der gemeinsame „Wille“ einer ganzen Gesellschaft ist, ein Wille, der von Willkür abhält, nicht philosophisch verteidigt werden kann, kann er doch zumindest mit interessanten Folgerungen für alle voluntaristischen und perfektionistischen Theorien entwirrt werden – ganz zu schweigen von demokratischen Theorien, die stets in der Verlegenheit sind, das Gewollte mit dem eigentlich Guten zu verschmelzen. Und diese Entwirrung hilft, einige der für gewöhnlich unlösbaren Paradoxe bei Rousseau aufzuklären, und sein Denken verständlicher, wenn auch nicht weniger problematisch, zu machen.

6.1

Jean-Jacques Rousseau war ein strenger Kritiker des modernen politischen Lebens – seines Mangels an öffentlicher Moral und Tugend, seines Mangels an Patriotismus und Bürgerreligion, seiner Hingabe an niedrige Philosophie und Künste ohne Wert für die Moral. Gleichzeitig war er ein großer Bewunderer der stärker geeinten politischen Systeme der Antike, in denen seiner Meinung nach Sittlichkeit, Bürgerreligion, Patriotismus und einfache Lebensführung die Menschen zu einer völlig sozialisierten und wahrhaft politischen Einheit gemacht hatten. Und er glaubte, das moderne politische Leben bringe den Menschen in Widerspruch mit sich selbst und lasse ihn dabei mit all seinen rein privaten und unsozialen Interessen halb innerhalb und halb außerhalb der politischen Gesellschaft, so daß er weder die amoralische Unabhängigkeit der Natur noch die moralische Erhebung, die durch wahre Vergesellschaftung gewährt wird, genießen könne.

Warum Rousseau dachte, die geeinten politischen Systeme der Antike seien den modernen vorzuziehen, ist nicht schwer zu verstehen. Er faßte den Unterschied zwischen dem natürlichen und dem politischen Menschen in scharfe Worte. Während das politische Leben in der Vertragstheorie meist nur als nicht natürlich angesehen wurde (hauptsächlich, um die Argumente für natürliche politische Autorität beiseite zu wischen), war es für Rousseau in positiver Weise unnatürlich oder widernatürlich, nämlich eine vollständige Verwandlung des natürlichen Menschen. Der natürliche Mensch muß seiner natürlichen Kräfte entledigt werden, er muß andere erhalten, „ihm fremde [...], von denen er nur mit Hilfe anderer Gebrauch machen kann“; Politik erreicht den Gipfel der Vollkommenheit, wenn die natürlichen Kräfte vollständig tot und ausgelöscht sind und der Mensch „ein Dasein als Teil“ bekommt (CS III 381f.). Der Fehler der modernen Politik war in Rousseaus Augen der, daß sie nicht genügend politisch war; sie schloß einen Kompromiß zwischen der völligen Künstlichkeit und Gemeinschaftsbezogenheit des politischen Lebens und der Natürlichkeit und Unabhängigkeit des vorpolitischen Lebens, und verursachte dabei die größten Unglücke des modernen Menschen: Widerspruch mit sich selbst, Konflikt zwischen privatem Willen und Gemeinwohl, das Gefühl, weder in dem einen noch in dem anderen Zustand zu leben. „Was das menschliche Unglück ausmacht", schreibt Rousseau in *Vom öffentlichen Glück*, „ist der Widerspruch, der sich zwischen unserem Zustand und unseren Wünschen findet, zwischen unseren Pflichten und unseren Neigungen, zwischen der Natur und den gesellschaftlichen Institutionen, zwischen dem Menschen und dem Bürger" (*Vom öffentlichen Glück* III 510). Um den Menschen mit sich eins zu machen, um ihn so glücklich wie möglich zu machen, „gebt ihn völlig dem Staat, oder überlaßt ihn völlig sich selbst. Aber wenn ihr sein Herz zerteilt, zerreißt ihr ihn, und laßt euch nicht einfallen, der Staat könne glücklich sein, wenn seine Glieder leiden" (ebd.). Die unvollkommene Sozialisierung des modernen Menschen erlaubte Rousseaus Ansicht nach vor allem, daß Privatpersonen und Gruppeninteressen andere Privatpersonen kontrollieren und dadurch zu äußerster Ungleichheit und persönlicher Abhängigkeit führen. Nur die Allgemeinheit von Gesetzen, die auf der Idee des Gemeinwohls beruhen, könnte seiner Meinung nach alle private Abhängigkeit abschaffen, die für ihn vielleicht das größte gesellschaftliche Übel überhaupt war. Er wollte, daß der sozialisierte Mensch „sich in vollkommener Unabhängigkeit gegenüber allen anderen und in äußerster Abhängigkeit von der Polis" befinden möge, denn nur die Stärke des Staates und die Allgemeinheit seiner Gesetze „macht die Freiheit seiner Glieder aus" (CS III 394).

Rousseau dachte, daß antike Politien wie Sparta, mit ihrer Einfachheit, Moral (oder Politik) des Gemeinwohls, ihrer Bürgerreligion, dem moralischen Gebrauch der schönen und der militärischen Künste, ihrem Mangel an extremem Individualismus und Privatinteresse, politische Gesellschaften im eigentlichen Sinn gewesen seien: In ihnen war der Mensch „Teil eines größeren Ganzen", von dem er „in gewissem Sinn sein Leben und Dasein empfängt" (CS III 381). Auf der anderen Seite sorgen moderne „Vorurteile", „niedrige Philosophie", und „Leidenschaften des kleinlichen Eigennutzes" dafür, daß „die Menschen der Neuzeit in sich nicht die Spur jener Seelenkraft finden, welche den Alten durch all diese Dinge eingeflößt wurde" (*Pologne* III 956 und 959). Und diese geistige Stärke kann als Vermeidung (durch die Identität mit einem „größeren Ganzen") „dieser gefährlichen Veranlagung" verstanden werden, der

Selbstliebe. Die politische Erziehung in einem extrem geeinten Staat wird „uns zu uns selbst führen", bevor das „*menschliche Ich*, das sich in unseren Herzen verdichtet, dort jene verächtliche Tätigkeit entfaltet hat, welche alle Tugend erstickt und das Leben der niederen Seelen ausmacht" (EP III 260). Daraus folgt, daß die besten gesellschaftlichen Institutionen „jene sind, die am besten dazu imstande sind, den Menschen zu denaturieren, ihm seine absolute Existenz zu nehmen, um ihm eine relative zu geben, und das *Ich* in die gemeinschaftliche Einheit zu bringen" (*Émile* IV 249). Für Rousseau waren diese gesellschaftlichen Institutionen der idealen antiken Politien immer das Werk eines großen Gesetzgebers, eines Numa oder Moses: Sie wurden nicht in der politischen Erfahrung entwickelt und perfektioniert, sondern sie wurden von einem Gesetzgeber „verabreicht".

Obwohl Rousseau die höchst geeinte antike Politie und ihre politische Moral des Gemeinwohls der modernen fragmentierten Politik mit ihrer politischen Moral des Eigennutzes für überlegen hielt, teilte er gleichzeitig mit dem modernen individualistischen Denken die Überzeugung, daß alles politische Leben auf Übereinkunft beruht und nur durch individuelle Zustimmung verpflichten kann. Zweifellos dachte er, er habe politische Verpflichtung und rechtmäßige politische Autorität auf Übereinkunft gegründet: „die bürgerliche Vereinigung ist der freieste Akt der Welt; da jeder Mensch frei und als Herr seiner selbst geboren ist, kann ihn niemand ohne seine Einwilligung zum Untertan machen, unter welchem Vorwand auch immer" (CS III 440). Tatsächlich sind die ersten vier Kapitel des *Gesellschaftsvertrags* Zurückweisungen von irrigen Theorien über Verpflichtung und Recht gewidmet (väterliche Autorität, das „Recht des Stärkeren", aus Sklaverei abgeleitete Verpflichtung). „Da kein Mensch von Natur aus Herrschaft über seinesgleichen ausübt", folgert Rousseau, „und da Stärke keinerlei Recht erzeugt, bleiben also die Vereinbarungen als Grundlage jeder rechtmäßigen Herrschaft unter Menschen" (CS III 355).

Und doch war sich Rousseau auch darüber im Klaren, daß die Vertragstheorie an sich wenig mehr als eine bloße Theorie der politischen Verpflichtung liefert. In den *Briefen vom Berge* sagt er, wo er über Vertrag und Zustimmung spricht, der Staat werde nur durch die Einheit seiner Glieder gemacht, diese Einheit sei die Folge der Verpflichtung, und Verpflichtung könne nur aufgrund von Übereinkunft erfolgen. Er gab zu, daß die Begründung der Verpflichtung politische Theoretiker gespalten habe: „Den einen zufolge, ist es Stärke, den anderen zufolge die väterliche Autorität; gemäß anderen, der Wille Gottes" (*Briefe vom Berge*, Brief VI, III 806). Er sagte, alle Theoretiker stellten ihr eigenes Prinzip der Verpflichtung auf und griffen das der anderen an. „Ich selbst habe es nicht anders gemacht, und ich bin dem verständigsten Teil derer gefolgt, die diese Angelegenheiten diskutiert haben, und habe die Übereinkunft seiner Glieder zur Grundlage des politischen Körpers gemacht" (ebd.). Und er schloß mit der Frage, „welche beständigere Grundlage kann die Verpflichtung unter Menschen haben, als die freie Zustimmung dessen, der sich verpflichtet?" (ebd.).

Man könnte argwöhnen, für Rousseau sei die Vertragstheorie eher ein Weg zur Zerstörung falscher Theorien über Verpflichtung und Autorität gewesen, als ein Weg zur Schaffung einer umfassenden Theorie darüber, was politisch recht ist. Während die Theorie der Verpflichtung durch Zustimmung für Hobbes und Locke von zentraler Bedeutung ist, stellt sie für Rousseau keine vollständige politische Theorie dar. Jedes politische System, das „sich auf den bloßen Gehorsam beschränkt", wird Mühe haben, „sich Gehorsam zu verschaffen": „Wenn es gut ist, zu wissen, wie man sich der Menschen, so wie sie sind, bedienen soll, so ist es noch weit besser, sie so zu bilden, wie man sie nötig hat" (EP III 251). Das war, kurz gesagt, Rousseaus Kritik an der Vertragstheorie: Sie beschäftigte sich zu sehr mit der Form der Verpflichtung, mit dem Willen, wie er ist, und nicht genug mit dem, *wozu* man verpflichtet sein müßte, und mit dem Willen, wie er sein sollte.

Seine Kritik an Hobbes beruht auf diesem Punkt. Hobbes hatte rechtmäßige politische Autorität tatsächlich auf Zustimmung gegründet; er hatte väterliche Autorität und auf natürlichem oder göttlichem Gesetz gründende Verpflichtung abgelehnt; er hatte das Gesetz (und damit die Sittlichkeit) zum Befehl einer künstlichen „repräsentativen Person" gemacht, der sich die Staatsbürger durch freiwillige Übertragung der natürlichen Rechte (ausgenommen die Selbstverteidigung) zuvor verpflichtet hatten. Aber Hobbes hatte nichts getan, um den wesentlichen Fehler (in Rousseaus Sichtweise) der modernen

Politik zu beheben; das Privatinteresse nahm überhand und stand in Hobbes' System tatsächlich an erster Stelle (konnte man nicht entscheiden, ob man sein Leben für den Hobbesschen Staat aufs Spiel setzen wollte oder nicht?). Rousseau dachte, der hauptsächliche Irrtum von Hobbes sei gewesen, daß er in den Naturzustand alle menschlichen Laster hineingelesen habe, die die Halb-Sozialisierung hervorgebracht hatte, und daß er daher die kulturell produzierte Verderbtheit als natürlich und den Hobbesschen Absolutismus, nicht die Erzeugung eines Gemeinsinnes, als Heilmittel für diese Verderbtheiten angesehen habe. Der „Irrtum Hobbes' und der Philosophen", erklärte Rousseau, „besteht darin, den natürlichen Menschen mit den Menschen zu vermischen, die sie vor Augen haben, und ein Wesen in ein System bringen zu wollen, das nur in einem anderen leben kann" (*Der Kriegszustand* III 611). Rousseau, der dachte, ein perfekt sozialisierter Staat (wie Sparta) könne Menschen emporheben und sie aus „stumpfsinnigen und beschränkten Lebewesen" (CS III 364) zu moralischen und intelligenten Menschen machen, muß Hobbes' Politik für unvollständig gehalten haben, für eine Politik, „die sich auf bloßen Gehorsam beschränkt", die nicht versucht hat, Menschen zu dem zu machen, „was sie notwendigerweise sein sollten", sondern die durch ein System gegenseitigen Aus-dem-Weg-Gehens keine Verbesserung im politischen Leben in Angriff nahm.

„Man frage sich," meint Rousseau, „warum die Sitten in dem Maß verfallen, wie der Geist aufgeklärt wird" (*Der Kriegszustand* III 612). Hobbes mochte sehr wohl eine aufgeklärte Sicht von Verpflichtung haben (insofern, als er sie auf Zustimmung begründete), aber er tat nichts, was den durch „Privatinteresse" und „individuellen Willen" verursachten moralischen Verfall angeht.

Rousseau hatte zugleich sowohl den Gedanken im Kopf, daß die stark geeinten politischen Systeme der Antike (wie er sie idealisierte) die vollkommensten Arten einer Politie seien, als auch die Vorstellung, jede politische Gesellschaft sei die durch Übereinkunft entstandene Schöpfung individueller Willen durch einen Gesellschaftsvertrag. Beide Ideen aufrecht zu erhalten, schaffte Probleme. Denn während die Notwendigkeit von grundlegenden Prinzipien der politischen Gesellschaft, von einer Erzeugung eines rein politischen Konstruktes durch „Willen und Kunstfertigkeit", Doktrinen sind, die für das charakteristisch sind, was Michael Oakeshott die „Sprache der Individualität" genannt hat, hing die antike Konzeption einer höchst geeinten und kollektiven Politik nicht nur von einer Moral des Gemeinwohls ab, die jedem Beharren auf dem individuellen Willen als Schöpfer der Gesellschaft und Grundlage der Verpflichtung ziemlich fremd ist (und Rousseau erkannte das manchmal, besonders in der *Abhandlung über die politische Ökonomie*), sondern war auch auf eine Sicht des politischen Lebens als höchstem, alles umfassenden Ziel des Menschen angewiesen. Und sie wurde außerdem als sowohl natürlich wie auch vorrangig, ontologisch wenn nicht chronologisch, gegenüber der unabhängigen Existenz selbstgenügsamer Menschen angesehen. Unter der Voraussetzung der antiken Sicht von der Moral des Gemeinwohls und der äußersten Wichtigkeit und Natürlichkeit des politischen Lebens hatte das antike Denken es nicht nötig gehabt, Theorien politischer Verpflichtung zu entwickeln (die nur gebraucht werden, wenn die Pflicht zum Gehorsam angezweifelt wird); da Politik das höchste Ziel des Menschen war, stellte die Verpflichtung kein wirkliches Problem dar, und die Aufgabe des großen Gesetzgebers war nicht, zu zeigen, warum Menschen gehorchen sollten, sondern nur in welcher Weise – unter welcher Art von Herrschaft – sie das tun sollten. Gesetzgebung war die Aufgabe, einer an sich wertvollen Tätigkeit die vollkommenste Form zu geben.

Rousseau, der kein systematischer Philosoph war (wie er oft betonte), behob die Spannungen zwischen seiner Verpflichtungstheorie und seinem Modell politischer Vollkommenheit niemals wirklich. Wenn man Rousseau einheitlicher machen möchte, als ihm selbst wichtig war, muß man zugeben, daß sein antikes ideales Modell, als Schöpfung nicht einer auf Übereinkunft beruhenden Verbindung individueller Willen, sondern eines mit den Mitteln politischer Erziehung und allgemeiner guter Moral arbeitenden großen Gesetzgebers, nicht „verpflichtend" für die Bürger ist, nicht auf Recht beruht. Es stimmt, daß Rousseau sich manchmal so ausgedrückt hat, als wären die antiken Systeme durch gegenseitige individuelle Zustimmung konstruiert, aber dabei handelt es sich um Ausnahmen.

Obwohl jegliche politische Gesellschaft, ob antik oder modern, in dem Sinne für ihn künstlich ist, daß sie nicht der ursprüngliche Zustand des Menschen ist, schließt die Vertragstheorie ein zusätzliches Element der Künstlichkeit mit ein, und zwar die Vorstellung, eine Gesellschaft müsse durch den Willen all ihrer Glieder geschaffen werden. Rousseau hat sich selten so geäußert, als wäre die antike Politie in diesem Sinne künstlich gewesen; für gewöhnlich sagte er, die antiken Systeme seien nicht durch Vertrag, sondern durch das Genie von Gesetzgebern wie Moses und Lykurg geschaffen worden. Moses zum Beispiel „plante und führte das erstaunliche Unternehmen durch, eine Schar unglücklicher Flüchtlinge [...] zu einem politischen Körper zu machen"; „er gab ihnen Sitten und Bräuche" (*Pologne* III 956). Lykurg errichtete Institutionen für Sparta; „er legte ihm ein eisernes Joch auf" (ebd., 957). Tatsächlich nimmt Rousseau nur im *Gesellschaftsvertrag* häufiger Bezug auf Zustimmung oder Vertrag in der antiken Politik; die übliche Betonung (wie in der *Politischen Ökonomie* und in den *Betrachtungen über die Regierung Polens*) liegt auf großen Männern, politischer Bildung und der Abwesenheit eines ausgeprägten individuellen Willens.

Wenn man Teile von Rousseaus Denken nebeneinanderstellen möchte, läßt sich außerdem sagen, daß ihm bei der Analyse des geeinten Geistes der antiken Politik grundlegende Fehler unterlaufen sind. Er erkannte die wünschenswerten Folgen einer Moral des Gemeinwohls, ohne zu beachten, daß gerade das Fehlen einer Vorstellung vom Vorrang des individuellen Willens diese Moral (und dadurch diese Einheit) möglich gemacht hatte. Nachdem all dies aufgezeigt worden ist, bleibt zu sagen, daß Rousseau sich durchgängig darüber im Klaren war, daß modernes, durch Eigeninteresse verursachtes Leid vermieden werden muß, und daß die von antiken Gesetzgebern geschaffenen politischen Systeme besser als irgendwelche modernen waren. Obwohl es Rousseau nicht immer in den Sinn kam, daß sowohl der ihm verhaßte, rein am Eigeninteresse orientierte Wille, wie auch der Wille, der für die Zustimmung zu einer auf Übereinkunft beruhenden Gesellschaft nötig war, jeweils Teil der gleichen Sprache des modernen Denkens und möglicherweise untrennbar waren, dachte er immer, der reine Wille als solcher könne niemals eine echte politische Gesellschaft erzeugen. Folglich (was immer die Verwirrung über Natürlichkeit, Willen, oder die An- oder Abwesenheit eines von beiden oder beider in irgendeiner politischen

Sprache bedeuten mag) wurde das Problem, die Erfordernisse der Zustimmung (die verpflichtet) und der vollkommenen Sozialisierung (die Menschen „eins" macht) zu versöhnen, für Rousseau das Problem der politischen Theorie schlechthin, vor allem im *Gesellschaftsvertrag*; Menschen müssen irgendwie das politisch Vollkommene auswählen, irgendwie diese vollständige Sozialisierung wollen, die den Widerspruch mit sich selbst verhindert.

Obwohl der Wille die Grundlage der Zustimmung bildet, kann er nicht so belassen werden, wie er in der traditionellen Vertragstheorie dargestellt wird, nämlich als Wille ohne konkretes Objekt. Es stimmt, daß er der Ursprung der Verpflichtung ist, und es stimmt auch, daß der rein am Eigeninteresse orientierte Wille die Ursache all dessen ist, was Rousseau an der modernen Zivilisation haßte. Und nun (im *Gesellschaftsvertrag*) müssen vollkommene politische Formen gewollt werden, was immer Rousseau darüber gesagt haben mag, sie müßten (von einem Gesetzgeber) „gegeben" werden.

Wenn man alle Widersprüche und Unschlüssigkeiten beiseite läßt, gibt es zwei wichtige Elemente in den zwei Ansichten, die Rousseau gleichzeitig vertrat: erstens, daß die Bedeutung der antiken Polis mit ihrer Einheit und ihrer allgemeinen Moral zu tun hatte und nicht mit ihrer Beziehung oder dem Fehlen einer Beziehung zur Vertragstheorie; zweitens, daß individuelle Zustimmung (was immer sie für die „Legitimität" von Sparta bedeuten mag) für Verpflichtung nötig ist, die gebraucht wird, weil der Staat auf Übereinkunft beruht. Es ist unmöglich, jedes Element von Rousseaus Theorie mit dem politischen Prinzip in Übereinstimmung zu bringen, das er aufzustellen versuchte: daß der Wille nicht ausreicht, daß die vollkommene Polis alleine nicht genügt, daß der Wille mit Vollkommenheit vereinigt werden muß, und daß die Vollkommenheit der Maßstab des Gewollten sein muß. Und das ist vielleicht der Ursprung dieser ungewöhnlichen Idee, des *Gemeinwillens*: eine *Verschmelzung* der Allgemeinheit (Einheit, Gemeinschaftlichkeit) der Antike mit dem Willen (Zustimmung, Vertrag) der Moderne. Was Rousseau zweifellos zum größten Utopisten aller wichtigen politischen Theoretiker macht, ist sein Beharren darauf, daß selbst ein vollkommenes politisches System von allen gewollt werden muß, die ihm unterworfen sind. „Sicher gibt es eine allumfassende Gerechtigkeit“, sagte er, „die nur aus der Vernunft fließt; aber damit sie bei uns Geltung hat, muß diese Gerechtigkeit wechselseitig sein“ (CS III 378). „Was gut ist und der Ordnung entspricht, ist es durch die Natur der Dinge und unabhängig von menschlichen Satzungen“, und dennoch sind diese Satzungen erforderlich (CS III 378).

Rousseaus politisches Denken ist ein edler Versuch, die besten Elemente der Vertragstheorie, der individuellen Zustimmung, mit seinen vollkommenen, geeinten antiken Modellen zu vereinigen, die aufgrund ihrer Fundierung auf der Moral des Gemeinwohls keine privaten Willen mit dem Gemeininteresse (das natürlich war) „versöhnen“ mußten und deswegen keinen Bedarf an Zustimmung, keinen Bedarf an Verträgen hatten. Dieser (vielleicht unbewußte und gewiß unsystematische) Versuch, zwei Arten des politischen Denkens zu verschmelzen, das Gemeinwohl *und* den individuellen Willen zu erhalten, ist es, der Rousseaus politischem Denken dieses merkwürdige Gepräge gibt, das manche für widersprüchlich gehalten haben, ein Schwanken zwischen „Individualismus“ und „Kollektivismus“, aber es ging um mehr als nur das. Für Rousseau war das Problem spezifischer und verzwickter: Wie kann jemand nur seinem eigenen freien Willen, dem Ursprung von Verpflichtung, in Gesellschaft gehorchen; wie ist es möglich, diesen Willen von rein privatem Interesse und Selbstsucht zu reinigen, die Ungleichheit erzeugen, Tugend zerstören, und den Menschen in Widerspruch mit sich selbst bringen; wie kann garantiert werden, daß dieser individuelle Wille nur das will, was das Gemeinwohl – vorzugsweise ein Gemeinwohl wie das in der antiken Politik – erfordert? Es geht tatsächlich um das Problem, den Willen beizubehalten, aber mehr als bloßen Willen daraus zu machen, so daß die Gesellschaft ein Gemeinwohl und Gemeininteresse erhalten wird, *als ob sie sich einer Moral des Gemeinwohls erfreute* – einer Moral, die Rousseau manchmal als wirkliche Grundlage der antiken Einheit erkannte.

Von diesem Standpunkt aus betrachtet, werden alle Paradoxa und „Probleme“ in Rousseaus Theorie verständlich: warum der Wille beibehalten werden muß, und warum er „allgemein“ gemacht werden muß; wie allgemeine Gesetze das Gemeinwohl fördern, aber warum nicht das Gesetz, sondern der legislative Wille endgültig ist; warum ein großer Gesetzgeber vollkommene politische Formen nur vorschlagen und sie nicht einfach auferlegen kann. Vor allem wird deutlich, daß dieser Standpunkt hilft, das größte von allen Rousseauschen Paradoxa zu erklären – nämlich das Paradox, das durch den Umstand entsteht, daß es die Motive, die in der ursprünglichen Vertragssituation von den Individuen benötigt werden, um auf Partikularwillen und Eigeninteresse zu verzichten, und einen „allgemeinen“ Willen und das Gemeinwohl anzunehmen, zum Zeitpunkt des Vertragsschlusses gar nicht geben kann, und daß sie nur die *Folge* der Sozialisierung und der allgemeinen Moral sein können, zu deren Erzeugung nur die Gesellschaft in der Lage ist. Hätte entweder ein Ideal sozialer Vollkommenheit (Sparta) oder die Vorstellung einer durch reinen Willen geschaffenen, auf Übereinkunft beruhenden Gesellschaft für Rousseau ausgereicht, ist gewiß, daß er niemals auf einer Kombination von Willen und vollkommener Sozialisierung, auf einem Gemeinwillen beharrt hätte. Wenn Vollkommenheit nur eine formale Frage wäre, wenn der Staat auf einer Moral des Gemeinwohls beruhen würde und Verpflichtung kein Problem wäre, gäbe es überhaupt kein Paradox. Ein großer Gesetzgeber, wie Lykurg oder Moses, könnte die besten Formen schaffen, und Gehorsam wäre nur eine Frage der Übereinstimmung mit einem System, das auf natürliche und vernünftige Weise richtig ist. Aber Rousseau sagte, ein neugeborenes Volk müsse, um gute Gesetze zu wollen, fähig sein, „die gesunden Grundsätze der Politik [zu] schätzen“ (CS III 383), diese können ihnen nicht einfach gegeben werden, sondern müssen gewollt werden.

Warum ist es nötig, „daß der Gemeinsinn, der das Werk der Errichtung sein soll, der Errichtung selbst vorausgehe“ (CS III 383), wenn die Menschen das System nicht irgendwie verstehen und wollen müssen? Es gäbe kein Paradox von Ursache und Wirkung (dem zentralen Problem vernünftiger Politik) bei Rousseau, wenn Menschen nicht gleichzeitig zwei Dinge wollen müßten, und zwar zum einen eine Vollkommenheit, die (in Rousseaus eigenen Worten) eine Transzendierung des reinen Willens voraussetzt, und zum anderen das Erreichen aller Vorteile einer Moral des Gemeinwohls, ohne diese Moral zu haben, die die Verpflichtung zerstören würde. Es bleibt zu zeigen, daß die angestrebte Verschmelzung von individuellem Willen und Moral des Gemeinwohls in der Vorstellung des Gemeinwillens enthalten ist.

6.2

Rousseau beginnt den *Gesellschaftsvertrag* nicht mit einer Konzeption des Gemeinwillens, sondern mit einem ziemlich traditionellen vertragstheoretischen Blick auf den Ursprung der Gesellschaft. Da Menschen natürlicherweise (wenn nicht von Natur) vollkommen unabhängig sind und die Gesellschaft nur durch die Einführung des Eigentums (und durch die Folgen dieser Einführung) nötig geworden ist, schließen sich Menschen durch Vertrag zusammen, um sich selbst und ihr Eigentum zu schützen. In dieser auf Übereinkunft beruhenden Gesellschaft gibt es ein Gebiet von allgemeinem Interesse, „denn wenn der Widerstreit der Einzelinteressen die Gründung von Gesellschaften nötig gemacht hat, so hat der Einklang derselben Interessen sie möglich gemacht" (CS III 368). „Das Gemeinsame nämlich in diesen unterschiedlichen Interessen", fährt Rousseau fort, „bildet das gesellschaftliche Band" (CS III 368). Die Gesellschaft dürfe „nur gemäß diesem Gemeininteresse regiert werden" (CS III 368).

Rousseau verwandte diese rationalistischen, vertragstheoretischen Begriffe nicht sehr lange. Früh genug stellt sich heraus, daß das „Gemeininteresse" der Gesellschaft nicht einfach das ist, was mehrere Privatinteressen gemeinsam haben: Wenn die Gesellschaft vollkommen ist, stellt sie eine vollständige Verwandlung dieser Privatinteressen dar; nur „wenn kein Bürger mehr etwas ist oder vermag außer durch alle anderen", kann man sagen, daß „die Gesetzgebung auf dem höchsten Punkt der ihr möglichen Vollkommenheit angelangt" ist (CS III 382). Mit anderen Worten (wenn man sich vor Augen hält, welche Gesellschaften den höchsten Punkt der Vollkommenheit erlangt hatten), nur wenn die Gesellschaft der höchst geeinten antiken Gesellschaft gleicht, wird „Vollkommenheit" erreicht, nur solange „sich mehrere Menschen vereint als eine einzige Körperschaft betrachten" (CS III 437), kann der Gemeinwille funktionieren.

Diese verwandelte Gesellschaft muß auf der Grundlage des Gemeininteresses (das mehr ist als das traditionelle allgemeine „Interesse") regiert werden; nur allgemeine Gesetze, die Schöpfung eines Gemeinwillens (Souveränität), können das Gemeininteresse beherrschen. Gesetze müssen vollkommen allgemein sein, denn der Gemeinwille, der sie hervorbringt, „verliert seine natürliche Richtigkeit, sobald er auf einen einzelnen und festumrissenen Gegenstand gerichtet ist" (CS III 373). Der Souverän (das Volk in „aktivem" Zustand, wenn es grundlegende Gesetze beschließt) muß natürlich solche Gesetze geben: „Das den Gesetzen unterworfene Volk muß deren Urheber sein; die Bedingungen der Gesellschaft zu regeln kommt nur denen zu, die sich vergesellschaften" (CS III 380). Aber wie entsteht der Gemeinwille, wenn das grundlegende Gesetz die Schöpfung dieses Willens ist? Er kann nicht die Summe der Individualwillen sein, „denn der Einzelwille neigt seiner Natur nach zur Bevorzugung" (CS III 368), und das war eindeutig die Ursache der modernen Katastrophen. Das Gesetz muß von denen gewollt werden, die ihm unterworfen sind, denn der Wille ist der Ursprung der Verpflichtung. Aber bloße Willen können niemals Allgemeinheit hervorbringen, und das Gesetz muß vollkommen allgemein sein, was nur dann geschehen kann, „wenn das ganze Volk über das ganze Volk bestimmt" (CS III 379). Wenn allgemeine Gesetze allein, verfaßt mit Blick auf das Gemeinwohl, ausreichten, gäbe es kein Problem, aber sogar die allgemeinsten Gesetze müssen gewollt werden. Wie kann eine eigennützige Menge „durch sich selbst ein derart großes, derart schwieriges Unternehmen ausführen, wie ein System der Gesetzgebung es ist?" (CS III 380). Wie kann ein echter Gemeinwille, der allgemeine Bedingungen für die Gesellschaft schaffen wird, entstehen?

An dieser Stelle ist Rousseau schwach, in uncharakteristischer Weise schwach. Er ist immer in der Lage, zu sagen, was ein Gemeinwille *ausschließen* muß, aber er vermag nicht zu sagen, was er *ist*. Das sollte nicht überraschen. Denn genau genommen ist die Idee eines Gemeinwillens eine Unmöglichkeit; die Ideen von Allgemeinheit und von Willen schließen sich gegenseitig aus. Läßt man seine Rohheit als psychologisches Konstrukt beiseite, ist der Wille typischerweise ein Konzept von Individualität, von Partikularität, und nur auf metaphorische Weise kann man ihn als „allgemein" bezeichnen.

Kein Akt der philosophischen Vorstellungskraft kann etwas wie einen persönlichen Willen heraufbeschwören. Was man sich vorstellen kann (und was Rousseau auf jeden Fall an der antiken Gesellschaft bewundert hat), ist nicht wirklich ein „allgemeiner" Wille, sondern eine politische Moral des Gemeinwohls, in der

der Individualwille sicherlich nicht unterdrückt wird, sondern einfach nicht in Gegenüberstellung zur Gesellschaft, oder mit Ansprüchen oder Rechten gegenüber der Gesellschaft auftaucht. Was der antiken Politie (vor allem in der Theorie) ihre Einheit gab, war nicht die Konkurrenz mehrerer Willen hinsichtlich zentraler Punkte des Gemeininteresses; es war eher eine moralische Sprache, in der extreme Sozialisierung natürlich war, und in der es kaum eine Vorstellung von „Wille und Künstlichkeit" gab, die diese Einheit bewirkt hat.

Es gibt eine Anzahl verräterischer Passagen, in denen Rousseau bemerkt, daß eher etwas wie eine politische Moral des Gemeinwohls als ein Gemeinwille für die Einheit und Gemeinschaftlichkeit, die er wünscht, nötig ist – zum Beispiel am Ende von Buch II des *Gesellschaftsvertrags*, wo er „die wichtigste [Art] von allen" Gesetzen bespricht, die „ein Volk im Geist seiner Errichtung [erhält] „, nämlich „Sitten", „Gebräuche" und „vor allem [...] Meinung, [...] jenem Teilbereich, mit dem sich der große Gesetzgeber insgeheim beschäftigt, während er sich auf besondere Einzelregelungen zu beschränken scheint" (CS III 394). Rousseau spricht hier natürlich nicht von Zustimmung oder Wille, sondern von einer Art der politischen Erziehung, die das Gemeinwohl befördern wird.

Er deutet auch an anderen Stellen an, daß er wußte, daß Einheit die Folge davon war, eher in Begriffen des Gemeinwohls über politische Beziehungen zu sprechen, als in Begriffen des „gegenseitigen Aufhebens" der Privatwillen, von denen „das Mehr und das Weniger" weggenommen wird, so daß „als Summe der Unterschiede der Gemeinwille" bleibt (CS III 371). Tatsächlich sagt er in der *Abhandlung über die politische Ökonomie*, wenn man die Menschen „beizeiten darin übt, ihre Einzelperson nie anders als gemäß ihren Verhältnissen zum Staatskörper zu betrachten und ihr eigenes Dasein sozusagen nur als einen Teil des seinigen anzusehen, so könnten sie schließlich imstande sein, sich gewissermaßen mit diesem größeren Ganzen als eins zu denken [...]" (ebd., III 259). Wenn Kinder gemäß Staatsgesetzen erzogen werden, die nur das allgemeine Wohl und die gemeinsame Moral befördern, werden sie lernen, „sich gegenseitig wie Brüder zu lieben, nichts anderes zu wollen, als was die Gesellschaft will" (ebd., III 261). Ähnliche Passagen gibt es in den *Betrachtungen über die Regierung Polens* und im

Entwurf einer Verfassung für Korsika, in dem die Idee einer durch politische Erziehung und Gesetzgebung gestärkten Moral des Gemeinwohls mit wenig oder keinem Bezug auf Zustimmung oder Willen vorgetragen wird.

Meistens jedoch, und besonders im *Gesellschaftsvertrag*, redet Rousseau nicht in der Sprache des Gemeinwohls, sondern spricht von einer Spannung zwischen Partikularwillen und Gemeinwillen, und davon, diese Willen zu *versöhnen* (CS III 379f.). Das gesamte Konzept politischer Tugend ist völlig mit dieser Versöhnung der Willen verknüpft, wie Rousseau in der *Abhandlung über die politische Ökonomie* zeigt. Dort sagt er, der „erste und wichtigste Grundsatz der gesetzmäßigen [...] Regierung, d. h. derjenigen, welche das Wohl des Volkes zum Zwecke hat, besteht also darin, wie ich schon gesagt habe, den Gemeinwillen in allem zu befolgen". Dazu müsse man ihn kennen, „und ihn vor allem genau von dem besonderen Willen unterscheiden [...], eine Unterscheidung, die sehr schwer zu fassen ist, und es ist nur der erhabensten Tugend gegeben, die nötige Erleuchtung dazu zu gewähren" (EP, III 247f.). Einige Seiten später heißt es: „Wollt ihr, daß der Gemeinwille verwirklicht werden soll, so macht, daß alle Einzelwillen sich auf ihn beziehen, und da die Tugend nichts anderes ist als diese Übereinstimmung des einzelnen mit dem Gemeinwillen, so laßt [...] die Tugend herrschen" (EP, III 252). Ist es nicht deutlich, daß sich das Argument im Kreis bewegt? Daß die Übereinstimmung des partikularen mit dem allgemeinen Willen Tugend schafft, und daß Tugend nötig ist, um den partikularen Willen mit dem allgemeinen Willen in Übereinstimmung zu bringen? Daß es sich im Kreis bewegt, liegt nicht daran, daß Rousseau keine deutliche Konzeption von Tugend hatte, die antike Politik war seiner Beschreibung nach ein Modell an Tugend (vgl. *Betrachtungen über die Regierung Polens*, Kapitel II und III). Die Kreisförmigkeit wird durch den Versuch veranlaßt, die Tugend *als* Einheit, *als* Gemeinschaftsbezogenheit von der Versöhnung des partikularen mit dem allgemeinen Willen abhängig zu machen, wogegen es sich tatsächlich so verhält (wie Rousseau auf benachbarten Seiten der gleichen Abhandlung erkennt), daß Tugend als Übereinstimmung mit einer Moral des Gemeinwohls das Werk einer hervorragenden Gesetzgebung und politischen Bildung ist. Unschlüssigkeit über die wahre Quelle der antiken Einheit und Gemeinschaftsbezogenheit (Versöhnung der Willen oder Abwesenheit von Willen) ist die Ursache der Kreisförmigkeit in Rousseaus Konzept von Tugend; überdies spiegelt diese Kreisförmigkeit die gleiche Art eines Paradoxes von Ursache und Wirkung wieder, wie das, auf das zum Ende des ersten Teils dieses Aufsatzes Bezug genommen wurde. In beiden Fällen weiß Rousseau ganz genau, was er bewundert: die Tugend der antiken Gesellschaft, und die Vollkommenheit der Gesetze in der antiken Gesellschaft. Nur wenn er in beiden Fällen versucht, die Möglichkeit dieser Attribute mit Begriffen des versöhnten Willens zu beschreiben, versagt er.

Das ist nicht überraschend, denn er erkannte manchmal (wie bemerkt worden ist), daß die Abwesenheit gerade der Vorstellung, die alle seine Probleme verursachte – des Willens als wichtigstem Faktor – die Größe der Antike begründet hatte. Alle Paradoxien, Zirkelschlüsse und Unschlüssigkeiten bei Rousseau sind durch den Versuch einer Verschmelzung von moralisch-politischen Begriffen verursacht, die an grundlegenden Stellen unvereinbar sind.

Ein gutes Beispiel für genau diesen Sachverhalt ist Rousseaus Behandlung von Brutus in der *Geschichte der Sitten*. In diesem Fragment äußert Rousseau, „es wird immer groß und schwierig sein, die teuersten Neigungen der Natur Land und Tugend zu unterwerfen“, und zitiert dann Brutus’ Hinrichtung seiner verräterischen Söhne als ein Beispiel dieser „Unterwerfung“. Dabei erwähnt er nie, daß dies kein Fall der „Unterwerfung“ eines partikularen Willens unter den Gemeinwillen war, sondern (schon eher) ein Fall einer aktiven Moral des Gemeinwohls (verbunden mit den Rechten des römischen *pater familias*). Dennoch nimmt er in anderen, zur gleichen Zeit geschriebenen Werken keinen Bezug auf die Unterwerfung des Willens in der römischen Gesellschaft und spricht nur von Gesetzgebung und politischer Bildung (vgl. EP III 257f.).

Nichtsdestoweniger (und trotz dieser Unschlüssigkeiten) ist es leicht zu sehen, warum eine Verschmelzung der genannten politischen Begriffe versucht wurde. Denn obwohl die vollkommene Vergesellschaftung Rousseaus höchstes Ideal war, waren Zustimmung und Wille als Ursprung der Verpflichtung zu wichtig, um summarisch abgetan zu werden. Deshalb war der

Gemeinwille seiner Unmöglichkeit zum Trotz für ihn eine Notwendigkeit.

„In der Tat", sagte Rousseau, „kann jedes Individuum als Mensch einen Sonderwillen haben, der dem Gemeinwillen, den er als Bürger hat, zuwiderläuft oder sich von diesem unterscheidet" (CS III 363). Das könnte natürlich in einem Staat mit einer durch Gesetzgebung und Bildung verstärkten Moral des Gemeinwohls (dem System, das in der *Politischen Ökonomie* entworfen wurde) nicht der Fall sein. Der aus dem *Gesellschaftsvertrag* zitierte Abschnitt zeigt, daß in diesem Werk, dem am stärksten vertragstheoretisch fundierten seiner Schriften, das einer systematischen politischen Theorie am nächsten kam, weder der bloße Wille noch die Vollkommenheit allein sich durchsetzt. Denn im *Gesellschaftsvertrag* gibt es die Möglichkeit, daß eine Privatperson (ein Begriff, der bereits ein Konzept des modernen Individualismus ist) „die moralische Person, die der Staat darstellt, als Gedankending betrachtet", was ihn „das, was er der gemeinsamen Sache schuldig ist, als eine unnütze Abgabe betrachten lassen" kann (CS III 363). Es scheint klar zu sein, daß es diese Probleme nicht geben könnte, wenn Rousseau nicht (wenn auch unsystematisch) versuchen würde, Wille und vollkommene Vergesellschaftung zu versöhnen: Der neue Staat könnte nicht als „Gedankending" betrachtet werden (denn er würde die Menschen zu einer anderen Auffassung erziehen), man würde seine politische Rolle nicht für eine „unnütze Abgabe" halten (weil man natürlich Teil eines größeren Ganzen wäre); und es gäbe keinen Konflikt zwischen Mensch und Bürger (weil es diese Unterscheidung nicht geben würde). Ist das Paradox, ein Mensch müsse „gezwungen werden, frei zu sein" (CS III 364), wenn sein Partikularwille nicht mit dem Gemeinwillen übereinstimmt, nicht ein Anzeichen dafür, daß Rousseau versuchte, die Vorteile einer Moral des Gemeinwohls (besonders im *Gesellschaftsvertrag)* durch Versöhnung der Willen zu erlangen, und zwar nur, weil der Wille für Verpflichtung notwendig ist?

Schließlich gibt es in Rousseaus systematischstem politischen Werk (dem *Gesellschaftsvertrag*) kein Postulat einer politischen Moral des Gemeinwohls als Quelle der erwünschten Einheit. Eher begegnet man dem beständigen Versuch, Partikularwillen mit dem Gemeinwillen durch die Bemühungen eines „großen

Gesetzgebers“ in Übereinstimmung zu bringen. Was der große Gesetzgeber in seiner Weisheit als gut erkennt, gleicht das Fehlen einer Moral des Gemeinwohls aus. Der Unterschied zwischen dem großen Gesetzgeber der antiken Politik und Rousseaus idealem Gesetzgeber also stimmt genau mit dem Unterschied überein, einer vorausgesetzten Einheit (ohne starken Willen) eine vollkommene Form zu geben (Antike), und Menschen zu veranlassen, vollkommene Formen zu *wollen* (Moderne). In der Periode der Vertragstheorie „bedürfen [Öffentlichkeit und Einzelne] der Führung“. Die Einzelnen „müssen gezwungen werden, ihren Willen der Vernunft anzupassen“, das heißt, sie müssen das wollen, was an sich das vernünftigerweise Beste ist. Die Kombination von individueller Zustimmung und der Führung des Gesetzgebers führt „die Einheit von Urteilskraft und Wille im Gemeinschaftskörper herbei“ (CS III 380). Und das, was vernünftigerweise das Beste ist (um jene innere Spaltung zu vermeiden, die durch eine nur halbe Vergesellschaftung verursacht wird), ist die vollkommen geeinte und gemeinschaftliche Politie der Antike. Der Gesetzgeber, der bewirkt, daß der Wille mit der Vernunft in Übereinstimmung gebracht wird (nicht mit Gewalt, sondern durch Überzeugung und religiöse Kunstgriffe), kompensiert das Fehlen einer Moral des Gemeinwohls, und bewerkstelligt einfach, daß jeder individuelle Wille etwas will, das den Gesetzen gleicht, die aus solch einer Moral *hervorgegangen wären*. Was man bei Rousseau letzten Endes findet, ist nicht ein „Gemeinwille“ (der nicht vorstellbar ist), sondern ein „Wille zum Allgemeinen“, der vorstellbar ist, wenn man sich entsinnt, daß politische Vollkommenheit sowohl wahrhaft allgemeine Gesetze erfordert als auch Zustimmung zu ihnen. Rousseau hat den Willen nicht abgeschafft und konnte den Willen nicht abschaffen – aber er schrieb vor, welche Form er anzunehmen hat, und diese Form kommt von der Allgemeinheit und Einheit der antiken Politie (wie Rousseau sie sah) – aber ohne Moral des Gemeinwohls, die die Verpflichtung zerstört hätte.

Außerdem stammt nicht nur die Form der Gesetze (die Allgemeinheit) von antiken Modellen; die *Bedingungen*, unter denen gute Gesetze (und gute Staaten) möglich sind, sind wenig mehr als Idealisierungen von antiken politischen Verhältnissen. Ein Volk ist nach Rousseau „zur Gesetzgebung geeignet“, wenn es keine alten Gesetze besitzt, wenn es frei von der Bedrohung einer Eroberung ist und seinen Nachbarn widerstehen kann, wenn es klein genug ist, damit „jedes Glied allen bekannt sein kann", wenn es „ohne andere Völker auskommen kann", wenn es „weder reich noch arm ist und sich selbst erhalten kann", und wenn es „die Festigkeit eines alten mit der Gelehrigkeit eines jungen Volkes vereint" (CS III 390). Die meisten dieser Bedingungen für die Möglichkeit einer guten Politie sind deutlich von Rousseaus idealisierter Darstellung antiker Stadtstaaten, vor allem von Sparta, abstrahiert. Nicht nur die Form eines guten politischen Systems also, sondern auch die empirischen Bedingungen, die ein solches System ermöglichen könnten, gehen auf Rousseaus Vorbilder der Vollkommenheit zurück.

Das bisher Gesagte kann folgendermaßen zusammengefaßt werden: 1. ein vollkommener Staat (das heißt, ein vollkommen sozialisierter, geeinter und gemeinschaftlicher Staat) müßte vollkommen allgemeine Gesetze haben (also Gesetze, in denen es nur um Rousseaus Vision eines Gemeinwohls geht); 2. aber die Gesetze, besonders die allgemeinsten Gesetze, müssen von jedem gewollt werden, der ihnen unterworfen ist, um verpflichtend zu sein – und sie müssen verpflichtend gemacht werden, weil die Gesellschaft rein auf Übereinkunft beruht; 3. demnach muß der Wille die Form allgemeiner Gesetze annehmen; 4. aber der Wille neigt zum Partikularen, und das Gesetz muß irgendwie allgemein sein, obwohl es vom Willen geschaffen wird; 5. außerdem müßte die Wirkung zur Ursache werden, damit partikulare Willen die Notwendigkeit allgemeiner Gesetze einsehen; 6. darum ist ein großer Gesetzgeber notwendig, dessen Belehrung das Fehlen einer Moral des Gemeinwohls ausgleicht – der einzigen Moral, die natürlicherweise allgemeine Gesetze hervorbringen würde; 7. aber dieser Gesetzgeber ist eine unwahrscheinlich selten auftretende Erscheinung, und außerdem kann er keine Gesetze schaffen, wie allgemein und gut sie auch sein mögen, weil die Souveränität unveräußerlich ist; 8. demzufolge muß sich der Gesetzgeber der Religion bedienen und sie benutzen, um die Zustimmung der Individuen zum Gemeinwillen zu erlangen; 9. aber dann ist „Zustimmung" etwas weniger als echte Zustimmung, weil ein irrationaler Kunstgriff benutzt wurde; 10. schließlich wird das ganze System durch die Tatsache für den Individualwillen gerettet, daß „es ein Volk [...] stets in der Hand (hat), seine Gesetze zu ändern, selbst die besten" (CS III 394), daß der gesetzgebende Wille größeren Stellenwert als das Gesetz selbst hat; und daß das ganze gesellschaftliche System durch den Willen abgeschafft werden kann, weil es „für den Volkskörper keinerlei verpflichtendes Grundgesetz gibt noch geben kann, welcher Art auch immer, nicht einmal den Gesellschaftsvertrag" (CS III 362).

Die Theorie Rousseaus läßt sich demzufolge auf zwei Elemente reduzieren: die Notwendigkeit eines großen Gesetzgebers, einen „Gemeinwillen" zu schaffen, und die extremen Beschränkungen, die diesem Gesetzgeber durch die Tatsache auferlegt sind, daß dieser Gemeinwille immer noch Wille ist und Wille sein muß, obwohl er (selbstverständlich) allgemein ist. Beide Elemente sind die Folge des Versuches, alle Erfordernisse des Willens mit den Vorteilen vollkommener Vergesellschaftung zu vereinen. Der Gesetzgeber mag allgemeine Gesetze formulieren und vorschlagen, die eine vollkommene Vergesellschaftung bewirken, und durch religiöse Tricks kann er bewerkstelligen, daß sie „gewollt" werden; aber der Souverän kann nicht dauerhaft gebunden werden, nicht einmal durch vollkommene Gesetze, und er kann diese Gesetze ändern und die Gesellschaft sogar auflösen. Daher kann bei Rousseau weder die Vollkommenheit noch der Wille allein die Vorrangstellung beanspruchen. Der Wille aber kann schließlich, wenn auch nur in zerstörerischer Weise, den Sieg davontragen, denn „wer hat das Recht, es [das Volk] daran zu hindern, wenn es ihm gefällt, sich weh zu tun?" (CS III 394).

Wenn Rousseau in dieser Weise analysiert wird, ist damit nicht gemeint, es sei immer sein beständiger Wunsch gewesen, daß partikulare Willen dem zustimmen sollten, was eine antike Moral des Gemeinwohls erfordern würde. Tatsächlich war er sich über verschiedene Gesichtspunkte unschlüssig, hauptsächlich in seiner Behandlung der Zivilreligion, in deren Rahmen er jede tolerante Sekte zuließ, so lange sie nicht exklusive Wahrheit beanspruchte oder sich weigerte, die grundlegenden Artikel der bürgerlichen Religion anzuerkennen (CS IV 8). Vor allen Dingen aber bestand Rousseau darauf, daß jeder sozialisierte Mensch „nur sich selbst gehorchen" sollte, und er glaubte, eine Lösung für dieses Problem gefunden zu haben, indem er die Bedingungen für Gesellschaft (nämlich die Gesetze) vollkommen allgemein und gleichermaßen auf alle anwendbar gemacht hatte, so daß bei Bedingungen, die für alle gleich und von allen gewollt sind, „keiner ein Interesse daran [hat], sie für die anderen beschwerlich zu machen" (CS III 361), und weil die Gesellschaft nicht wünschen kann, durch den Erlaß schlechter Gesetze alle ihre Glieder zu verletzen, „braucht sich die souveräne Macht gegenüber ihren Untertanen nicht zu verbürgen" (CS III 363). Aber dieses System wird wesentlich durch die Tatsache eingeschränkt, daß ein Wille zu allgemeinen Gesetzen nicht mit bloßen Willen, wie sie sind, erreicht werden kann (wiederum das Problem von Ursache und Wirkung), sondern nur durch den Einfluß eines großen Gesetzgebers; durch Rousseaus Behauptung, es gebe keine wirkliche Grenze für das Ausmaß an Übereinkünften, die zwischen dem Souverän und seinen Gliedern möglich sind (CS III 375); durch die Idee, der Souverän sei der einzige Richter darüber, wie viel Macht der Individuen sozialisiert werden muß (CS III 373); und durch die Vorstellung, eine vollkommene Gesellschaft solle in der Tat sehr weitreichend sozialisiert sein.

Dies wird vor allem im zweiten Kapitel des vierten Buches des *Gesellschaftsvertrags* abgeschwächt, in dem vielleicht deutlicher als anderswo bei Rousseau gezeigt wird, daß Zustimmung nicht länger eine Frage des bloßen Willens ist, und daß der Gemeinwille etwas ähnliches wie eine modifizierte Moral des Gemeinwohls ist.

Der beständige Wille aller Glieder des Staates ist der Gemeinwille; er macht sie frei und zu Bürgern. „Wenn man in der Volksversammlung ein Gesetz einbringt, fragt man genaugenommen nicht danach, ob die Bürger die Vorlage annehmen oder ablehnen, sondern ob diese ihrem Gemeinwillen entspricht oder nicht; jeder gibt mit seiner Stimme seine Meinung darüber ab, und aus der Auszählung der Stimmen geht die Kundgebung des Gemeinwillens hervor. Wenn also die meiner Meinung entgegengesetzte siegt, beweist dies nichts anderes, als daß ich mich getäuscht habe und daß das, was ich für den Gemeinwillen hielt, es nicht war" (CS III 440f.).

Die Bedeutung dieser (in der Regel verwirrenden) Passage wird verständlich, wenn man *Gemeinwille* durch *Gemeinwohl* ersetzt. Dann läßt sich erkennen, daß der Gemeinwille beständiger Wille ist, und daß die Bürger nicht gefragt werden, ob sie eine Vorlage annehmen, sondern ob diese mit dem Gemeinwohl übereinstimmt.

Behält man alle diese Einschränkungen im Gedächtnis, ist es klar, daß Rousseaus Theorie von Gesellschaft und Gesetz wirklich – wie er nachdrücklich betonte – einen Versuch darstellt, die Freiheit zu bewahren. Diese Freiheit jedoch wird auf seltsame Weise aufgefaßt: Sie ist „Gehorsam gegen das selbstgegebene Gesetz" (CS III 365) (das selbstverständlich allgemeines Gesetz sein muß). Die Freiheit also steigt sozusagen herab, um das Individuum von jeder privaten Abhängigkeit zu befreien, indem sie es äußerst abhängig von der politischen Gemeinschaft und ihren allgemeinen und in gleicher Weise angewandten Gesetzen macht. Obwohl Freiheit *Gehorsam gegen das selbstgegebene Gesetz* ist, kann richtiges Gesetz nicht ohne Modifizierung des Willens durch einen großen Gesetzgeber geschaffen werden, und deswegen ist schon die Idee der Freiheit, wie andere Elemente der Rousseauschen Theorie, eine Verschmelzung der Vorstellungen von individuellem Willen und höchst geeinter Gesellschaft. Wegen dieser Modifizierungen läßt sich Rousseaus politische Theorie nicht so leicht in den traditionellen Konstitutionalismus oder in Kants Theorie des Gesetzes einordnen, wie manche sich das vorgestellt haben. Denn bei Rousseau ist der gesetzgebende Wille, nicht das Gesetz selbst, vorrangig. Weder kann man Rousseau leicht in die deutsche „romantische" Tradition des frühen 19. Jahrhunderts integrieren, weil er den Gemeinwillen niemals durch die historische Entwicklung nationalen Geistes ersetzt hätte; er war sich darüber im Klaren, daß die Geschichte selbst nichts rechtfertigen kann. Die fehlende Integrierbarkeit in andere Traditionen beweist, daß jene, die Rousseau als einzigartige und isolierte Figur sehen, wahrscheinlich Recht haben. Er war, in seinen eigenen Worten, einer der wenigen „Modernen, die eine antike Seele hatten".

6.3

Das einzige Ziel dieser Untersuchung war es, durch eine Analyse dessen, was Rousseau einerseits über Wille und Vertrag, andererseits über vollkommene politische Systeme dachte, das Konzept des Gemeinwillens zu erklären, und einige der Paradoxien im *Gesellschaftsvertrag* zu erhellen. Das Hauptziel bestand nicht darin, Rousseau als unsystematisch anzugreifen, ihm vorzuwerfen, zwei Arten des politischen Denkens nicht angemessen versöhnt zu haben, oder seine Ideen zu „verbessern", indem man sie folgerichtiger machte. Keine Reihe von begrifflichen Mehrdeutigkeiten kann Rousseaus Stellung als größter politischer Psychologe und wortgewandtester Kritiker der durch Ungleichheit angerichteten psychologischen Zerstörung irgendeinen Abbruch tun. Nichtsdestoweniger liegt auf der Hand, daß es ein unüberwindliches begriffliches Problem in Rousseaus politischem Denken gibt, und das ist folgendes: Voluntaristische Theorien sind in der Regel aus zwei Teilen zusammengesetzt, einer Theorie des Willens als moralischer Instanz und einem theoretischen Standard des Rechts, dem der Wille entsprechen sollte (Willkür wird für gewöhnlich als Standard des Rechts zurückgewiesen). Bei Locke oder bei Kant widerspricht der Standard des Rechts, mit dem der Wille übereinstimmen muß (im ersten Fall das Naturgesetz, das universelle Vernunftrecht im zweiten), dem Voluntarismus nicht (wenn man um das Problem herumkommt, freien Willen und absolute Standards versöhnen zu müssen: für sich allein ein Problem, das einen Leibniz besiegte und Kant dazu brachte, sich auf Hypothesen zu beschränken). Bei Rousseau aber ist der Standard selbst, mit dem der Wille übereinstimmen muß (antike Vollkommenheit, oder ihr Äquivalent), nicht voluntaristisch; und deswegen sind der Wille und der Standard, dem er entsprechen soll, widersprüchlich. Der Standard, der dem Willen sein Ziel setzt, ist gerade die Verneinung des Voluntarismus.

Aus diesem Grund ist Rousseaus politisches System in gewisser Weise paradox. Die Idee des Gemeinwillens, das Paradox von Ursache und Wirkung in der Situation des Vertragsschlusses, der Zirkelschluß beim Konzept der Tugend – sie alle sind auf einen Versuch zurückzuführen, die Vorteile einer auf Willen gegründeten Politik mit einer auf Vernunft und Vollkommenheit basierenden zu verschmelzen. Bei Rousseau muß man die Art der Gesellschaft, in der man lebt, wollen, denn „seinem Willen jegliche Freiheit nehmen heißt seinen Handlungen jegliche Sittlichkeit nehmen" (CS III 356), und dieser Entzug zerstört die Verpflichtung, der man nachkommen muß. Doch der bloße Wille kann nur Partikularität und Ungleichheit, niemals jedoch rationale Vollkommenheit hervorbringen. Die moralischen Attribute des Willens zu erhalten, aber die Partikularität und den Eigennutzen des Willens zu zerstören – das ist das Problem von Rousseaus politischem Denken. Es ist ein Problem, das Rousseaus Schwierigkeit widerspiegelt, freien Willen und rationale Autorität in seinem moralischen und politischen Denken nebeneinander bestehen zu lassen. Für Rousseau ist die Freiheit des Willens so wichtig für die Sittlichkeit der Handlungen wie für jeden traditionellen Voluntaristen; aber er war gerade gegenüber der Fähigkeit, der einzigen Fähigkeit, mittels der man moralisieren könnte, mißtrauisch. Und deswegen betonte er in der *Abhandlung über die politischen Ökonomie*, die „uneingeschränkteste gesetzmäßige Macht ist diejenige, welche bis in das Innerste des Menschen dringt und nicht weniger auf den Willen als auf die Handlungen einwirkt" (III 251). Kann der Wille sowohl moralisch autonom als auch dem rationalisierenden Einfluß einer Autorität unterworfen sein? Das ist der Punkt, den Rousseau nie vollständig geklärt hat. Sogar Émile, der besterzogene von allen Menschen, entscheidet sich, weiterhin die Führung seines Lehrers zu akzeptieren. Um wieviel mehr brauchen demnach gewöhnliche Menschen die Führung eines großen Gesetzgebers, wenn sie anfangen, ein System einzurichten, das ihnen nicht nur helfen und sie verteidigen soll, sondern sie auch versittlichen wird! Das Verhältnis von Wille und Autorität ist eines der schwierigsten und unergründlichsten Probleme bei Rousseau, der Gemeinwille hängt von einer „Einheit von Urteilskraft und Willen im Gemeinschaftskörper ab" (CS III 380), aber dieses Verständnis, für das die Autorität sorgt, schwächt die Idee des Willens als autonomer autorisierender Fähigkeit.

Sieht man die Frage in größerem Zusammenhang, kann man in Rousseaus politischem Denken einen intuitiven Versuch sehen, die beiden größten Traditionen der westlichen politischen Philosophie zu versöhnen, die von „Willen und Künstlichkeit" und jene von „Vernunft und Natur" (Oakeshott). Denn der Gemeinwille ist sicherlich ein rationalisierter Wille. Und doch ist er kein selbst-rationalisierter Wille im Kantschen Sinn, sondern ein Wille, der durch die Maßstäbe und Bedingungen der idealisierten antiken Politie rationalisiert wird.

Über welche Mittel Rousseau auch verfügt haben mag, um eine Verschmelzung zweier großer Arten des politischen Den-

kens vorzunehmen, und wie erfolglos der Versuch geraten sein mag, aus dem Gemeinwillen eine tragfähige Konzeption zu machen, so muß man doch die Größe und Bedeutung seiner Anstrengung anerkennen, wenn man das Ergebnis analysiert und sogar kritisiert. Denn wenn es gelänge, das Beste aus beiden Begriffswelten hervorzuholen, hätte man eine politische Philosophie, die fast alles in sich vereinen würde, was in der Geschichte des westlichen politischen Denkens geschätzt wird.
Übersetzung: Michaela Rehm

Literatur

Barth, H. 1965: Volonté générale et volonté particulière chez J.-J. Rousseau, in: Rousseau et la philosophie politique. Annales de philosophie politique 5, Paris, 44–57.

Green, T. H. 1941: Lectures on the Principles of Political Obligation, London.

Hiley, D. R. 1990: The individual and the general will: Rousseau reconsidered, in: History of Philosophy Quarterly 7, 159–178.

Hoffmann, S. 2010: The Social Contract, or The Mirage of the General Will, in: Rousseau and Freedom, hg. v. C. McDonald u. S. Hoffmann, Cambridge, 113–141.

Jones, W. T. 1987: Rousseau's general will and the problem of consent, in: Journal of the History of Philosophy 25, 105–130.

Kain, Ph. J. 1990: Rousseau, the general will, and individual liberty, in: History of Philosophy Quarterly, 315–334.

Neidleman, J. 2001: Rousseau's General Will: Anachronism, Contradiction, Tragedy, in: Rousseau et les Anciens, hg. v. R. Grant u. P. Stewart, Montréal, 198–211.

Oakeshott, M. 1947: Einleitung zu Thomas Hobbes, Leviathan or the Matter, Forme and Power of a Commonwealth Ecclesiasticall and Civill, Oxford / New York, VII–LXV.

Riley, P. 1982: Will and political legitimacy, Cambridge.

Ripstein, A. 1994: Universal and general wills: Hegel and Rousseau, in: Political Theory 22, 444–467.

Shklar, J. 1969: Men and citizens: A study of Rousseau's social theory, London.

Sparkes, A. W. 1984: Rousseau on the general will, in: Cogito 2, 79–102.

Wood, E. M. 1983: The state and popular sovereignty in french political thought: A genealogy of Rousseau's „general will", in: History of Political Thought 4, 281–316.

Bernard Gagnebin

Die Rolle des Gesetzgebers[1]

(II 7)

Zu Beginn des sechsten Kapitels im zweiten Buch des *Gesellschaftsvertrags* hat Rousseau in bewundernswerter Weise das Problem formuliert, das er lösen wollte:

„Durch den Gesellschaftsvertrag haben wir der politischen Körperschaft Dasein und Leben gegeben; jetzt handelt es sich darum, ihr durch das Gesetz Antrieb und Willen zu verleihen" (CS III 378).

Auf den ersten Blick scheint dies nur für jene zu gelten, die sich zusammenschließen, um die Bedingungen der Gesellschaft zu regeln. „Wie", so gibt Rousseau jedoch zu bedenken, „soll eine verblendete Menge, die oft nicht weiß, was sie will, weil sie nur selten weiß, was ihr zum Guten gereicht, durch sich selbst ein derart großes, derart schwieriges Unternehmen ausführen, wie ein System der Gesetzgebung es ist?" (CS III 380).

Wenn auch „der Gemeinwille immer auf dem rechten Weg ist und auf das öffentliche Wohl abzielt", folgt daraus nach Meinung Rousseaus keineswegs, „daß die Beschlüsse des Volkes immer gleiche Richtigkeit haben" (CS III 371). Das Volk kann über sein wirkliches Interesse getäuscht werden, es kann von üblen Geistern und Schönrednern verführt werden, es kann Opfer von Intrigen aufgrund von Vereinigungen werden, die ihr

1 Der Text ist die übersetzte Fassung von Bernard Gagnebin, *Le rôle du législateur dans les conceptions politiques de Rousseau*, in: Études sur le *Contrat social* de Jean-Jacques Rousseau. Actes des journées d'étude organisées à Dijon, Paris 1964, 277–290.

partikulares Interesse an die Stelle des Staatsinteresses setzen. Der Gemeinwille ist nicht die Summe der Partikularwillen. Er kann sogar von einer Minderheit vertreten werden, wenn diese besser erkannt hat, worin das gemeinsame Interesse besteht. Verfolgt man diesen Gedanken konsequent weiter, dann ließe sich auch vorstellen, daß der Gemeinwille von einer einzigen Person gegen alle anderen verkörpert würde, wenn alle sich irrten und nur ein einziger Bürger verstünde, worin das übergeordnete Wohl der Gemeinschaft besteht.

Also muß man dem Volk seinen Weg weisen, es vor Verführungen bewahren, es dazu bringen, seine dauerhaften und zukünftigen Interessen dem Reiz unmittelbarer, aber fragwürdiger Vorteile vorzuziehen. Mit anderen Worten, das Volk braucht Anführer, und daher rührt die Notwendigkeit eines Gesetzgebers.

Wenn man den *Gesellschaftsvertrag* aufmerksam liest, stellt man fest, daß Rousseau sowohl denjenigen, der „ein Volk errichtet“, der es sozusagen mit fundamentalen Institutionen ausstattet (heute würde man von „Verfassung“ sprechen), „Gesetzgeber“ nennt, als auch den, der einem bereits bestehenden Volk Gesetze gibt.

Aber gibt es einen solchen Menschen überhaupt? „Um die für die Nationen besten Gesellschaftsregeln ausfindig zu machen“, sagt Rousseau in einer später berühmten Passage, „bedürfte es einer höheren Vernunft, die alle Leidenschaften der Menschen sieht und selbst keine hat, die keinerlei Ähnlichkeit mit unserer Natur hat und sie dabei von Grund auf kennt, deren Glück von uns unabhängig ist und die gleichwohl bereit ist, sich um unseres zu kümmern; schließlich einer Vernunft, die sich erst im Lauf der Zeit Ruhm erwirbt, in einem Jahrhundert arbeitet und in einem anderen genießen kann. *Es bedürfte der Götter, um den Menschen Gesetze zu geben*“ (CS III 381).

In Ermangelung von Göttern muß man sich mit überlegenen, genialen Menschen begnügen. Denn die Rolle des Gesetzgebers entspricht der des Erziehers im *Émile*. Beide müssen imstande sein, die *menschliche Natur zu ändern*, *jedes Individuum zu verwandeln*, um aus ihm ein freies und tugendhaftes Wesen zu machen. Es wird darum gehen, den natürlichen Menschen, ein schwaches und unabhängiges Wesen, in einen Bürger umzugestalten, der in einer Gemeinschaft von Bürgern lebt und der nur mit der Unterstützung seiner Mitmenschen handeln kann. Pierre Burgelin hat in seinem Buch über *Jean-Jacques Rousseau et la religion de Genève* (Genf 1961, 56) deutlich gezeigt, daß der Gesetzgeber alles in allem ein „Erzieher der Völker" ist, eine Art göttliches Wesen, dessen Aufgabe darin besteht, den Menschen auf den Weg des Glücks und der Tugend zu führen. Daher bekräftigt Rousseau, daß der Gesetzgeber „ein in jeder Hinsicht außergewöhnlicher Mann im Staat" ist (CS III 382). Zunächst ist er das aufgrund seines Genies, das es ihm erlaubt, über den menschlichen Leidenschaften zu stehen, das allgemeine Interesse gegenüber partikularen Interessen durchzusetzen, den Menschen gewissermaßen in einen Bürger zu verwandeln; aber er ist auch aufgrund seiner Stellung im Staat außergewöhnlich.

Um zu „vermeiden, daß Sondergesichtspunkte die Heiligkeit seines Werkes entstellen" (ebd.), muß der Gesetzgeber laut Rousseau im Grunde außerhalb der Gemeinschaft ausgewählt werden, für die er Gesetze geben soll.

„Als Lykurg seinem Vaterland Gesetze gab", liest man im *Gesellschaftsvertrag*, „legte er als erstes die Königswürde nieder". „Es war bei der Mehrzahl der griechischen Städte Sitte, Fremden die Abfassung ihrer Gesetze anzuvertrauen. Die heutigen Republiken Italiens haben diesen Brauch oft nachgeahmt; die Republik Genf hat es genauso gemacht und ist damit gut gefahren" (ebd.). Hinsichtlich der Republiken Italiens vermute ich, daß Rousseau sich auf den *podestà* bezieht, jenen aufgeklärten Juristen, der von Gemeinde zu Gemeinde zog, um dort die besten Gesetze anzuwenden und sie von seiner Erfahrung profitieren zu lassen. Was den Gesetzgeber von Genf angeht, so widmet ihm Rousseau eine Fußnote, die meines Erachtens schon deswegen von großem Interesse ist, weil er in seinem ganzen Werk nicht mehr als drei Hinweise auf Calvin gibt. Diese Fußnote lautet wie folgt: „Diejenigen, die in Calvin nur einen Theologen sehen, kennen die Weite seines Geistes schlecht. Die Abfassung unserer weisen Verordnungen, an der er großen Anteil hatte, gereicht ihm genauso zur Ehre wie seine [Kirchen-]Verfassung. Welche Umwälzung die Zeit auch immer in unserem Gottesdienst bewirken mag, solange Vaterlands- und Freiheitsliebe unter uns nicht erlöschen, wird das Gedächtnis dieses großen Mannes nie aufhören, dabei gepriesen zu werden" (ebd.).

Noch einmal möchte ich hier die Genauigkeit der Informationen, die Rousseau liefert, hervorheben. Die politischen Edikte von Calvin aus dem Jahr 1543, die der kleinen Republik mehr als zwei Jahrhunderte lang als Verfassung dienten, wurden tatsächlich von Jean Calvin verfaßt, kurz nach seinem Rückruf nach Genf, von wo er 1538 verbannt worden war. Und seine Mitwirkung bei der Verfassung dieser Edikte wurde erst im 20. Jahrhundert endgültig bewiesen.

Die Bewunderung Rousseaus für Calvin, und besonders für den Gesetzgeber Calvin, ist nicht vorgetäuscht. Noch auf dem Höhepunkt seiner Auseinandersetzung mit den Genfer Magistraten, die seine Bücher verdammten, ohne ihm die Möglichkeit einer Rechtfertigung einzuräumen, huldigte Rousseau dem Reformator. In seinen *Lettres écrites de la montagne*, in denen er doch bedauerte, daß Calvin ein Theologe gewesen sei, schreibt Rousseau einmal mehr, der Reformator sei ein „großer Mann" gewesen.

Spitzfindige Geister könnten auf die Idee kommen, Rousseau habe vielleicht gehofft, der Gesetzgeber von Genf zu werden, als er auf sein dortiges Bürgerrecht verzichtete. In den Zusammenkünften, die er im August 1764 in Thonon mit den Vorsitzenden der *parti des représentants* hatte, beschränkte er sich darauf, seinen Freunden beim Verlesen ihrer *projets de réponse aux Conseils* zuzuhören, aber er hüllte sich in Schweigen, was seine Gesprächspartner überrascht und sogar enttäuscht hat. Seinen eigenen Prinzipien zufolge konnte Rousseau nicht daran denken, die Genfer Verfassung zu erneuern. Der Gesetzgeber „darf nicht versuchen, die Verfassung eines bereits politisch geordneten Volkes zu verändern, noch eine schon zerstörte zu erneuern, noch abgenutzte Mittel und Wege wieder aufleben zu lassen [...]", schreibt er in der ersten Version des *Gesellschaftsvertrags*. Und wenn es darum geht, anzugeben, welches Volk zur Gesetzgebung taugt, sagt Rousseau ohne weiteres: „das, welches das wahre Joch der Gesetze noch überhaupt nicht getragen hat" (CS III 390). Es ist also wohl wenig wahrscheinlich, daß er je daran gedacht hat, die Verfassung seiner Geburtsstadt zu erneuern.

Da er in seiner Heimat gescheitert war, kann man sich fragen, ob er nicht eine Entschädigung darin gesucht hat, danach zu streben, der Gesetzgeber der menschlichen Gattung zu sein.

Sollte der *Gesellschaftsvertrag* schließlich nicht das Brevier aller von Freiheit und Unabhängigkeit ergriffenen Völker sein?

Halten wir hier fest, daß der Ruf an einen Fremden, ein Gesetzbuch zu verfassen, in der zeitgenössischen Geschichte mehrmals ergangen ist. Bekanntlich hat der Nationalkonvent überlegt, sich an Immanuel Kant zu wenden, damit er Frankreich die Grundlagen seines Rechtssystems liefere, und Venezuela bat Jeremy Bentham, dem Land eine Verfassung zu geben.

Bevor er die Grundsätze festsetzt, von denen der Gesetzgeber sich leiten lassen muß, um den Menschen Gesetze zu geben, bemüht sich Rousseau, eine wesentliche Schwierigkeit zu lösen. Wie wir gesehen haben, ist der Gesetzgeber nicht nur wegen seiner Fähigkeiten, sondern auch aufgrund seiner Stellung im Staat eine außergewöhnliche Person. Laut Rousseau hat er keine Macht, die Verfassung, die er ausgearbeitet hat, jemandem aufzuzwingen. So genial sie auch sein mag, sein Werk kann nur dann Gesetz werden, wenn es aus freien Stücken von der Gemeinschaft akzeptiert wird. Die Souveränität des Volkes ist ein unverletzlicher Grundsatz: „gemäß dem Grundvertrag [verpflichtet] nur der Gemeinwille die Einzelnen" (CS III 383).

Die Rolle des Gesetzgebers besteht also darin, ein System der Gesetzgebung auszuarbeiten und es dem Volk anzubieten, für das es bestimmt ist. Er selbst könnte es weder durch Gewalt, noch durch Appelle an die Vernunft aufdrängen. Deswegen haben sich die Gesetzgeber aller Zeiten bemüht, sich auf göttliche Autorität zu berufen, um Zustimmung zu den von ihnen verfaßten Gesetzen zu erhalten. Indem sie ihre Entscheidungen den Unsterblichen in den Mund legten oder auf die Erfindung des Naturrechts zurückgriffen, bewirkten sie die Zustimmung der Skeptiker und der Unschlüssigen. „Jeder Mensch kann auf Steintafeln schreiben", sagt Rousseau, „oder ein Orakel kaufen oder eine geheime Verbindung zu irgendeiner Gottheit heucheln oder einen Vogel abrichten, damit er ihm ins Ohr singt, oder andere plumpe Mittel finden, um dem Volk Ehrfurcht einzuflößen" (CS III 384); eine List, die Machiavellis würdig wäre, auf den sich Rousseau ausdrücklich in einer Fußnote bezieht. Im *Diskurs über die erste Dekade von Titus Livius* liest man, „in keinem Volk hat es freilich jemals einen Gesetzgeber gegeben, der nicht auf die Götter zurückgegriffen hätte, weil seine Gesetze sonst nicht akzeptiert worden wären. Genauso machten es Lykurg, Solon und viele andere“ (Buch I, Kap. XI). In Wirklichkeit, würde Rousseau sagen, umgibt sich der Gesetzgeber mit einer Art von religiösem Heiligenschein, weil seine Aufgabe in gewisser Weise übernatürlich ist. Durch sein Genie muß er „die Götter zwingen, seine Weissagungen zu bestätigen“.

Zwischen Machiavelli und Rousseau besteht ein wesentlicher Unterschied. Der Florentiner denkt, daß ein geschickter Gesetzgeber, der „aufrichtig das Gemeinwohl seinem partikularen Interesse vorzieht und sein Heimatland seinen Erben“, das Recht hat, die ganze Macht an sich zu ziehen und sie sein ganzes Leben lang zu behalten, wie es Moses, Romulus, Lykurg oder Solon getan hatten. Im Gegensatz dazu ist Rousseau der Ansicht, daß der Gesetzgeber überhaupt keine Macht im Staat ausüben darf. Seine Rolle beschränkt sich darauf, Institutionen zu ersinnen und sie dann vorzuschlagen.

Was sind dem Gesagten zufolge die Grundsätze, die den Gesetzgeber leiten sollen? Es sind drei an der Zahl.

1. Der Gesetzgeber wird nicht versuchen, dem Volk, dem er eine Verfassung geben soll, die bestmöglichen Gesetze zu geben, sondern die besten Gesetze, die ein bestimmtes Volk ertragen kann. Bevor er sich ans Werk macht, wird er wie der Architekt handeln, der „den Boden beobachtet und untersucht“, auf dem er baut, er wird prüfen, welches der Entwicklungsstand der Gesellschaft ist, an die er sich wendet. Für jedes Volk gibt es eine Epoche, die günstig für die Gesetzgebung ist, somit muß er festsetzen, in welchem Augenblick seiner Geschichte der Gesetzgeber tätig werden soll. „Das eine Volk ist schon bei seinem Entstehen in Zucht zu halten, das andere auch nach zehn Jahrhunderten nicht“ (CS III 386).

Der Gedanke ist originell. Er wird genauso von den Gesetzgebern der Revolution und des Empire wieder aufgegriffen werden, wie von den Verfechtern der sogenannten historischen Schule. In seinem *Discours de présentation du Code civil* (vom 3. Frimaire des Jahres X, also dem 27. November 1801) erklärt Portalis, es gebe entscheidende Epochen, in denen bestimmte Ereignisse das Schicksal der Völker veränderten, und in denen es möglich und sogar wünschenswert werde, tiefgreifende Reformen anzusetzen. Dreizehn Jahre später wird Savigny in seinem Werk *Vom Beruf unserer Zeit zur Gesetzgebung und Staats-*

wissenschaft (Heidelberg 1814) auf Portalis antworten, wo er aufzeigen wird, daß die große Gefahr der Kodifizierung in dem Risiko bestehe, juristische Institutionen in einem unvollkommenen Zustand des Rechts zu fixieren, weil die Gesellschaft ihren endgültigen Entwicklungsstand noch nicht erreicht habe.

„Für Menschen wie für Nationen gibt es eine Zeit der Reife, die man abwarten muß, bevor man sie Gesetzen unterwerfen kann;" sagt Rousseau, „aber die Reife eines Volks ist nicht immer leicht zu erkennen, und wenn man zu früh kommt, ist das Werk fehlgeschlagen" (CS III 386). Rousseau führt das Beispiel Peters des Großen an, dessen Reformen zum Scheitern verurteilt waren, weil Rußland nicht reif dafür war, „gesittet", das heißt, mit Institutionen nach westlichem Vorbild ausgestattet zu werden.

Wie Robert Derathé in seinem Kommentar zum *Gesellschaftsvertrag* sehr richtig gezeigt hat, zielt diese Kritik der Reformen Peters des Großen indirekt auf Voltaire ab, der aus dem Zaren einen außergewöhnlichen Mann machte, einen genialen Reformer, den Gesetzgeber schlechthin, den einzigen, dessen Leben keine Legende sei. Im dritten Teil seiner *Nouveaux Mélanges* (1765) antwortete der Patriarch von Ferney in ironischer Weise auf den Einsiedler von Môtiers, aber seine Kritik verfehlte ihr Ziel, weil er die These seines Gegners nicht verstanden hatte. Rousseau bestritt die Größe des Zaren keineswegs, er warf ihm ganz einfach vor, nicht den Versuch unternommen zu haben, den Nationalcharakter seiner Untertanen zu formen. „Indem er darauf verzichtete, aus seinen Untertanen Europäer zu machen, verzichtete Peter der Große darauf, aus ihnen ein Volk zu machen, und verfehlte somit das Ziel der Institution", schreibt Derathé im Kommentar zum *Gesellschaftsvertrag* (OC III 1467, Fußnote 2).

Rousseau hebt hervor, daß die Mehrzahl der Nationen nur während einer kurzen Zeitspanne in der Lage sei, gute Gesetze zu ertragen. Es sei also illusorisch, ein lasterhaftes Volk disziplinieren zu wollen. Viele von ihnen würden im Alter unverbesserlich. „Wenn die Sitten erst einmal eingeführt sind und die Vorurteile eingewurzelt, ist es ein gefährliches und vergebliches Bemühen, sie abändern zu wollen [...]" (CS III 385).

2. Der Staat muß bestimmte Grenzen respektieren. Er darf „nicht zu groß sein, um gut regiert werden zu können, noch zu

klein, um sich selbst erhalten zu können" (CS III 386; vgl. auch die Überlegungen Machiavellis zur Größe des Staates im *Diskurs über die erste Dekade des Titus Livius* Buch I, Kap. VI). Als guter Schüler von Aristoteles ist Rousseau der Ansicht, der Staat müsse eine gewisse Ausdehnung (er verwendet den Ausdruck „base", Grundlage) haben, um den Erschütterungen standzuhalten, die er sicherlich erfahren wird, aber er müsse sich auch davor hüten, sich übermäßig auszudehnen, weil das gesellschaftliche Band sonst erlahme und die Verwaltung eine drückende Maschinerie werde, langsam und beschwerlich, und das Volk aufhöre, glücklich zu sein. „Man sieht daraus, daß es Gründe gibt, die für eine Vergrößerung, und Gründe, die für eine Verkleinerung sprechen, und es ist nicht die geringste Gabe des Politikers, zwischen beiden das für die Erhaltung des Staates günstigste Verhältnis herauszufinden" (CS III 388).

3. Die Institutionen müssen entsprechend den Verhältnissen variieren, die sich aus einer Reihe von physischen und sozialen Faktoren entwickeln. In diesem Punkt macht sich Rousseau die Thesen Montesquieus im *Geist der Gesetze* zu eigen. Wie Montesquieu denkt er, daß die Gesetze gemäß der Ausbreitung des Territoriums, der Bevölkerungsdichte und der geographischen Lage der Staaten, der Fruchtbarkeit des Bodens, des Einflusses der klimatischen Bedingungen, des Temperaments der Menschen verschiedenartig gestaltet werden müssen. Wenn der Boden unergiebig und unfruchtbar ist, rät er, „verlegt euch auf Gewerbe und Künste" (CS III 392). Wenn man reiche Ebenen und fruchtbare Hügel bewohnt, „widmet eure ganze Aufmerksamkeit der Landwirtschaft, die die Menschen vermehrt, und verbannt die Künste, die nur vollends das Land entvölkern würden" (ebd.). Bewohnt man ausgedehnte und günstige Küstenstriche, „überzieht das Meer mit Schiffen, pflegt Handel und Seefahrt" (ebd.).

Rousseau ist folglich keineswegs der absolute Theoretiker eines bestimmten politischen Systems – wie das oft behauptet wurde –, sondern er ist in dieser Hinsicht genauso relativistisch wie Montesquieu. Rousseau fügt hinzu, „neben den allen gemeinsamen Grundsätzen birgt jedes Volk in sich irgendeinen Grund, der diese auf eine besondere Weise ordnet und seine Gesetzgebung für es alleine geeignet macht" (CS III 393). „Es ist die Übereinstimmung der Gesetze und der Institutionen mit diesen verschiedenen Faktoren, die sie gut oder schlecht macht", sagt Montesquieu (Vom Geist der Gesetze XIX, 4). „Wirklich fest und dauerhaft wird die Verfassung eines Staates,", lautet der Widerhall im *Gesellschaftsvertrag*, „wenn das Passende immer so beachtet wird, daß die natürlichen Beziehungen und die Gesetze über die jeweiligen Punkte stets im Einklang stehen [...]" (CS III 393).

Man sieht, welch hohe Vorstellung sich Rousseau von der Aufgabe des Gesetzgebers machte, eines außergewöhnlichen Wesens, auf halbem Wege zwischen dem Propheten der Bibel und dem Weisen der Antike, berufen, die Völker mit Institutionen auszustatten, die ihnen entsprechen und die sie tugendhaft und glücklich machen können.

Auf die Frage, „Welches Volk ist also zur Gesetzgebung geeignet?", antwortet Rousseau mit einer Reihe von Bedingungen, vor allem mit folgenden: „Dasjenige, das [...] noch nie das wahre Joch der Gesetze getragen hat; das weder tiefeingewurzelte Gebräuche noch Aberglauben kennt", außerdem dasjenige, „das ohne andere Völker auskommen kann und dessen kein anderes Volk bedarf; das weder reich noch arm ist und sich selbst erhalten kann;" und schließlich „dasjenige, das die Festigkeit eines alten mit der Gelehrigkeit eines jungen Volkes vereint" (CS III 390f.).

Was den Erfolg des Gesetzgebers so selten macht, ist nach Rousseau die „Unmöglichkeit, die Einfachheit der Natur und die Bedürfnisse der Gesellschaft vereint zu finden" (ebd.). Rousseau beendet seine lange Untersuchung des Gesetzgebers (die in der endgültigen Fassung des *Gesellschaftsvertrags* drei Kapitel einnimmt) mit jenem Abschnitt, in dem manche eine wahrhafte Prophetie erkennen wollten: „In Europa gibt es noch ein der Gesetzgebung fähiges Land, nämlich die Insel Korsika. Der Mut und die Beharrlichkeit, mit der dieses tapfere Volk seine Freiheit wiederzuerlangen und zu verteidigen wußte, verdienten wohl, daß ein weiser Mann es lehre, sie zu bewahren. Ich habe eine gewisse Vorahnung, daß diese kleine Insel Europa eines Tages in Staunen versetzen wird" (CS III 391).

Sieben Jahre später wurde in Ajaccio tatsächlich der Mann geboren, der Europa nicht nur erstaunte, sondern umstürzte, und der es schließlich mit Institutionen ausstattete, die noch heute das Gerüst mehrerer Nationen bilden. Aber Rousseau, wie viele seiner Zeitgenossen, namentlich Friedrich II., Voltaire, Boswell und William Richardson, dachte an den Mut und das Heldentum des korsischen Volkes, das sich gerade von der Bevormundung der Genueser befreit hatte und sich auf den Weg zur Unabhängigkeit zu machen schien. Rousseaus Appell blieb nicht lange ungehört. Am 31. August 1764 schrieb Mathieu Buttafoco an Rousseau mit der Bitte um einen „Plan eines politischen Systems für Korsika". Indem er Rousseau die wohlwollende Art ins Gedächtnis rief, mit der dieser im *Gesellschaftsvertrag* über seine Nation gesprochen hatte, beschrieb Buttafoco die Besonderheiten der Insel, die zugleich „das wahre Joch der Gesetze noch nicht getragen hat", „keine Invasionen fürchtet, ohne andere Völker auskommen kann, weder reich noch arm ist und sich selbst genügen kann", und die damit die Bedingungen erfüllte, die Rousseau für die Befähigung zur Gesetzgebung festgesetzt hatte. Buttafoco machte sich damit zum Sprachrohr seiner Landsleute, besonders des *général de la nation* Pascal Paoli, um an Rousseau zu appellieren, in dem sie den „tugendhaften Menschen und Bürger, der vom Autor nicht zu trennen" sei, bewunderten.

Welche Verlockung für den Verfasser des *Gesellschaftsvertrags*, auch selbst einmal die Rolle des Gesetzgebers spielen zu dürfen und seine Theorien an der Wirklichkeit messen zu können! Drei Wochen später antwortete Rousseau, der bloße Gedanke, ein Korpus von Institutionen zu entwerfen, erhebe seine Seele und entzücke ihn. Aber der Eifer, fügte er hinzu, „verschafft nicht die Mittel und der Wunsch ist nicht das Vermögen. Ich möchte hier nicht einfältig den Bescheidenen spielen: Ich fühle gut, was ich habe, aber ich fühle noch besser, was mir fehlt." Rousseau nahm an, weder die Jugend, noch die Geistesruhe zu haben, noch die nötigen Kenntnisse über die Nation und das Land und vor allem nicht die Erfahrung mit öffentlichen Angelegenheiten, „die allein mehr über die Kunst der Menschenführung erhellt als alle Reflexionen der Welt".

Buttafoco kam am 3. Oktober auf seinen Auftrag zurück und lud Rousseau nach Korsika ein, um vor Ort über das für dieses Land geeignete Regierungssystem nachdenken zu können. Obwohl er versucht war, seine Tage auf einer Insel zu verbringen, wo er den Verfolgungen zu entkommen dachte, lehnte Rousseau die Einladung wegen der Risiken und Anstrengungen einer so großen Reise ab, die ihn zur Durchquerung von Ländern gezwungen hätte, in denen er um seine Sicherheit hätte fürchten müssen. Um aber den Geist der korsischen Nation kennenzulernen, bat er Buttafoco, ihm genaue und ausführliche Auskünfte über eine Reihe wesentlicher Aspekte der Insel zu verschaffen. Das Memorandum, das er seiner Antwort vom 15. Oktober 1764 hinzufügt, ist von großem Interesse, weil es den Ernst und die Sorgfalt belegt, mit denen Rousseau sich auf seine Aufgabe als Gesetzgeber vorbereitete. Folgende Unterlagen forderte er an:

1. Eine gute Landkarte Korsikas, mit der Einteilung der Bezirke;

2. Eine genaue Beschreibung der Insel, ihrer natürlichen Ressourcen, ihrer Städte, Marktflecken und Pfarrgemeinden, ihrer Bevölkerung, ihrer Gewerbe, ihres Handwerks, ihrer Schiffahrt und ihres Handels;

3. Auskünfte über die verschiedenen gesellschaftlichen Klassen, über die Anzahl und das Ansehen des Klerus, über die privilegierten Körperschaften, über den Adel;

4. Informationen über die Sitten des Volkes, seine Vorlieben, seine Beschäftigungen, seinen Zeitvertreib;

und 5. über die Geschichte der Nation, die Gesetze, die Verordnungen, über alles, was die Verwaltung betrifft, die öffentlichen Einkünfte und sogar die Art der Steuererhebung.

Als er einen Teil dieser Dokumente besaß, begann Rousseau damit, auf zwei kleinen Blöcken von acht mal zehn Zentimetern Größe ein Konzept für seinen *Entwurf einer Verfassung für Korsika* zu entwerfen. Hier kann nicht näher darauf eingegangen werden. Es sollen nur zwei Punkte hervorgehoben werden, die beweisen, daß Rousseau – weit davon entfernt, sich zu widersprechen (wie das wiederholt behauptet wurde) – im Gegenteil peinlich genau die Prinzipien anwendet, die er im *Gesellschaftsvertrag* aufgestellt hat.

„Das erste, wonach wir uns richten müssen", schreibt er (um den Plan einer Regierung zu entwerfen), „ist der Nationalcharakter: Jedes Volk besitzt einen Nationalcharakter oder es sollte ihn besitzen, und fehlte er ihm, so müßte man damit beginnen, ihm einen solchen zu verleihen. Die Inselvölker insbesondere, welche weniger vermischt, weniger mit anderen Völkern vermengt sind, haben für gewöhnlich einen stärker ausgeprägten Nationalcharakter. Die Korsen im besonderen haben einen von Natur aus sehr empfindlichen Nationalcharakter [...]" (*Corse*

III 913). Mit Bezug auf Diodorus, der ihnen Billigkeit, Menschlichkeit und Gutgläubigkeit zuschrieb, beklagt Rousseau die Entwicklung, die die Korsen durchgemacht haben, ihren Hang zu Diebstahl und Mord, aber er glaubt dennoch, daß sie eine große Anzahl ihrer ursprünglichen Tugenden bewahrt haben, vor allem die Einfachheit und die Bindung an die Freiheit.

Nach seiner Untersuchung der Lage der Insel, ihrer Geschichte, ihrer Ressourcen, der Beschaffenheit ihres Bodens und des Charakters ihrer Einwohner, stellt Rousseau fest, daß die beste Methode, die Unabhängigkeit und den Wohlstand der Insel zu sichern, darin besteht, die Bevölkerung zu vermehren und die Landwirtschaft zu fördern. Außerdem gilt es, eine bestimmte Anzahl von Regeln aufzustellen, die zu einer wirklichen Sozialisierung des Landes führen, einhergehend mit einer Vergrößerung des Gemeingutes, der Beschlagnahme der Kirchensteuern und der Einrichtung von Arbeitskommandos für die Ausführung der öffentlichen Arbeiten.

Unsere zweite Bemerkung betrifft den Realitätsgehalt des *Gesellschaftsvertrags*. Für die Verwandlung der korsischen Nation in eine politische Körperschaft stellt sich Rousseau vor, daß das Volk am selben Tag versammelt würde, jeder in seiner Stadt, an seinem Marktflecken oder in seiner Pfarrgemeinde, um auf die Bibel und im Namen des allmächtigen Gottes einen wahrhaftigen Gesellschaftsvertrag zu schwören, durch den er sich mit Leib und Gut und Willenskraft mit der korsischen Nation zusammenschließt, um ihr mit seinen Gütern voll und ganz anzugehören. Außerdem soll das korsische Volk unter Eid schwören, für sein Heimatland zu leben und zu sterben, „alle seine Gesetze zu befolgen und seinen Oberhäuptern und legitimen Magistraten in allem, was mit dem Gesetz übereinstimmt, zu gehorchen", womit er die Hintertür für die Möglichkeit eines Aufstandes im Fall der Tyrannei offenläßt (*Corse*, Fragments, III 943). Wenn man sich die Frage stellt, ob der Gesellschaftsvertrag für Rousseau reine Fiktion sei, oder ob er eine historische Grundlage habe, kann man diesen Text für die Beantwortung offensichtlich nicht außer acht lassen. Der Gesellschaftsvertrag ist zweifellos eine Idealkonstruktion, die aber im Rahmen der reellen Möglichkeiten bleibt.

Das Werk, das Rousseau in Angriff genommen hatte, blieb bekanntlich unvollendet, ebensosehr wegen der Schwierigkeit des Unterfangens, des Mißtrauens und der Skrupel des Autors, seiner langsamen Arbeitsweise (Rousseau veranschlagte ein Jahr, um seine ersten Gedanken in provisorischer Weise darzulegen, und drei Jahre für das Abfassen eines vollständigen Verfassungsplans), wie aufgrund der Nachstellungen, die zunächst in Môtiers, später auf der Petersinsel und in England auf ihn zukommen sollten. Der *Entwurf einer Verfassung für Korsika* wurde Buttafoco niemals mitgeteilt, den schlimme Meinungsverschiedenheiten bald in Opposition zum General der Korsen, Pascal Paoli, brachten, und erst im Jahr 1861 wurde es erstmals von Streckeisen-Moultou, der Eigentümer des Manuskripts geworden war, veröffentlicht.

Im Laufe des Sommers 1770 erklomm Graf Michel Wielhorski, Gesandter der Konföderierten von Bar, die vier Stockwerke in der Rue Platrière, um sich mit Rousseau über die Verfassung Polens und die Art und Weise, sie zu reformieren, zu unterhalten. Man kennt nur wenige Einzelheiten über die Zusammenkünfte der zwei Männer, die geheim blieben. Alles, was man weiß, steht in einem Brief, den Rousseau vier Jahre später an Wielhorski schrieb, um diesen um eine Erklärung für sein Verhalten zu bitten und ihm seinen Verdacht mitzuteilen: „Sie hatten Themen angesprochen, die mich so sehr bewegt haben, und Sie hatten mich mit so viel Vertrauen erfüllt, daß ich, als ich mich auf Ihre Sichtweise eingelassen hatte, meine Entmutigung vergessen habe, meine Erschöpfung, das Gefühl meiner derzeitigen Unfähigkeit, und indem ich all das durch Eifer ersetzte, bot ich Ihnen [...] den Tribut meiner Gedanken über den Gegenstand, der Sie beschäftigte" (Brief vom 20. April 1774, abgeschickt am 1. Juli des gleichen Jahres).

Die von Rousseau geforderte Arbeit war anders als die, um die ihn Buttafoco gebeten hatte. Im Falle Korsikas ging es um die Errichtung eines Volkes, in demjenigen Polens mußte der Gesetzgeber versuchen, die Regierung eines Landes zu reformieren, dessen Institutionen von Lähmung befallen schienen.

Wie er es zuvor für Korsika getan hatte, sammelte Rousseau zunächst die Dokumente, die ihm erlauben sollten, den Charakter der Nation zu erfassen. Er öffnete die *Enzyklopädie* beim Artikel *Polen* und fand, unter der überfließenden Feder des Ritters von Jaucourt, ein einfaches Plagiat der *Geschichte von Jean Sobieski* von Abt Coyer; er studierte die Notizen und die Broschüren, die ihm Wielhorski übergeben hatte; er entrüstete sich bei der Lektüre des Werkes, mit dem der Abt Mably vom selben Wielhorski betraut worden war, über *Regierung und Gesetze Polens*; dafür las er laut Jean Fabre mit einer Art von Verehrung *Die freie Stimme des Bürgers oder Beobachtungen über die Regierung Polens* (1763) des Königs Stanislaus; schließlich unterhielt er sich viel über dieses Land, ebenso sehr mit Rulhière, der gerade eine *Geschichte der polnischen Anarchie* geschrieben hatte (die erst 1807 veröffentlicht wurde), wie mit Wielhorski selbst, der die *Beobachtungen über Polen* verfaßt hatte.

Rousseau hatte seine Arbeit noch nicht fertiggestellt, als infolge unglücklicher Umstände die Konföderierten von Bar von den Großmächten aufgegeben wurden und Polen zu zerfallen begann. Für ihn war das kein Grund, sein Werk zu unterbrechen. Denn im *Gesellschaftsvertrag* hatte er geschrieben: Es „gibt [...] gelegentlich im Bestehen der Staaten Epochen der Gewalt, in denen Revolutionen bei den Völkern dasselbe bewirken wie bestimmte Krisen bei den Individuen, in denen das Grauen vor dem Vergangenen an die Stelle des Vergessens tritt und der Staat, durch Bürgerkriege in Brand gesteckt, sozusagen aus seiner Asche wiederersteht und, den Armen des Todes entrinnend, die Kraft der Jugend wiedergewinnt" (CS III 385). Für Rousseau ist das Wesentliche, daß der nationale Geist bewahrt wird. „Wenn Sie es anstellen, daß aus einem Polen niemals ein Russe werden kann, antworte ich Ihnen", so schreibt er, „daß Rußland Polen nicht unterjochen wird". Laut Jean Fabre wird die Abfassung gegen Juni 1771 beendet, nicht im April 1772, wie es eine Tradition besagt, die auf einer ungenauen Auslegung des Krakauer Manuskripts beruht. Findet man in diesem Text nun „die Utopien eines naiven Philosophen", wie Grimm in seinem *Literarischen Briefwechsel* behauptet? Oder die „gefährlichen Träumereien eines Sophisten im Delirium"? Man stellt im Gegenteil einmal mehr fest, daß Rousseau versucht, die Prinzipien, die er ausgearbeitet hat, auch anzuwenden:

„Wenn man die Nation, für welche man arbeitet, nicht von Grund auf kennt", liest man in seinem Vorwort, „so wird das für sie erstellte Werk, so vortrefflich es auch an sich sein möge, im Hinblick auf seine Anwendung immer mangelhaft sein. Noch mehr wird dies der Fall sein, wenn es sich um eine Nation handelt, deren staatliche und gesellschaftliche Einrichtungen bereits alle bestehen, deren Neigungen, Sitten, Vorurteile und Laster zu tief eingewurzelt sind, als daß sie leicht durch neue Saat verdrängt werden könnten. Eine gute Staatsform für Polen kann nur das Werk von Polen sein oder das eines Mannes, der an Ort und Stelle die polnische Nation und diejenigen, die ihr benachbart sind, gut studiert hätte. Ein Fremder kann schwerlich mehr als allgemeine Ansichten kundtun, die dem Urheber staatlicher Einrichtungen zu Einsichten verhelfen, nicht aber ihn anleiten können" (*Pologne* III 953).

Wieder einmal wird Rousseau von antiken Gesetzgebern inspiriert, vor allem von Moses, Lykurg und Numa (den er ausdrücklich nennt), um die Bande zu suchen, die die Bürger an das Heimatland binden und die sie untereinander verbinden. Im Fall Polens handelte es sich darum, die Bürger zur Tugend zu ermutigen und ihren patriotischen Eifer zu fördern. „Das ist das einzige Bollwerk, das immer zur Verteidigung Polens bereitsteht und das keine Armee zu bezwingen wüßte", schreibt er Pologne (III 960).

Somit müssen die politischen Institutionen für Rousseau nicht nur den Charakter und den Geist der Nationen widerspiegeln, sondern darauf ausgerichtet sein, genau diesen Charakter und diesen Geist allererst zu formen, im Sinne der Freiheitsliebe und der Verehrung der Tugend.

Der *Gesellschaftsvertrag* ist ohne Zweifel das Meisterwerk Rousseaus über die Regierungslehre, aber sein politisches Denken kann nur dann umfassend verstanden werden, wenn man es in seiner Gesamtheit untersucht, vom ersten, von der Akademie von Dijon preisgekrönten *Diskurs* bis hin zu den *Betrachtungen über die Regierung Polens*, einem außergewöhnlichen Zeugnis der Intelligenz und der politischen Weisheit eines Mannes, den seine Gegner unaufhörlich als Sophisten, Utopisten und sogar als Verrückten diffamierten.

Übersetzung: Michaela Rehm

Literatur

Burgelin, P. 1961: Jean-Jacques Rousseau et la religion de Genève, Genf.

Forschner, M. 1977: Rousseau, Freiburg / München.

Goyard-Fabre, S. 1984: Rousseau et les législateurs grecs, in: Diotima 12, 120–130.

Guinle, J. P. 1978: Le législateur de Rousseau et le héros hegelien, in: Revue Philosophique de la France et de l'étranger 168, 305–316.

Masters, R. D. 1968: The political philosophy of Rousseau, Princeton / New York.

Nakagawa, H. 2001: Le législateur chez Rousseau et Diderot, in: Jean-Jacques Rousseau: po-litique et nation, hg. v. R. Pomeau u. a., Paris, 109–116.

Polin, R. 1964: La fonction du législateur chez J.-J. Rousseau, in: J.-J. Rousseau et son oeuvre, Problèmes et recherches, Paris, 231–248.

Quantin, J.-L. 1989: Le mythe du législateur au XVIIIe siècle. État des recherches, in: Grell, Ch. / Michel, Chr. (Hg.), Primitivisme et mythe d'origines, Paris, 153–164.

Wells, B. R. 2001: Rousseau's legislators and the exemplar of Sparta, in: Rousseau et les Anciens, hg. v. R. Grant u. P. Stewart, Montréal, 212–220.

Paul Bastid

Die Theorie der Regierungsformen[1]

(III 1–9)

Die Theorie der Regierung und der Regierungsformen hat sich, ebenso wie die vom Gesellschaftsvertrag, von der sie nur einen Ausschnitt darstellt, bei Rousseau in jener kurzen Zeitspanne entwickelt, die den *Diskurs über die Ungleichheit* vom *Gesellschaftsvertrag* trennt. Die erste dieser beiden Schriften hält sich, was beide Themen betrifft, allerdings nur an die allgemeinen Vorstellungen jener Zeit, die Originalität des Autors kommt in ihr nicht zum Vorschein.

„Ohne heute in die Untersuchungen einzutreten," erklärt Rousseau, „die über die Natur des Grundvertrages jeder Regierung noch anzustellen sind, beschränke ich mich, indem ich der allgemeinen Meinung folge, darauf, hier die Errichtung des Politischen Körpers als einen wahren Vertrag zwischen dem Volk und den Oberhäuptern zu betrachten, die es sich wählt" (Disc. III 184).

Der *Gesellschaftsvertrag* (pactum societatis) wird also mit dem *Unterwerfungsvertrag* (pactum subjectionis) – eine Vorstellung, die Rousseau später ablehnen wird – vereinigt, indem gezeigt wird, daß die Einsetzung einer Regierung nicht aus einem Vertrag hervorgeht. Ebenso werden die verschiedenen Regierungsformen, die die Gesamtheit der Institutionen kennzeichnen, in der klassischen Sichtweise aufgeführt.

1 Der Text ist die übersetzte Fassung von Paul Bastid, *Rousseau et la théorie des formes de gouvernement*, in: Études sur le *Contrat social* de Jean-Jacques Rousseau. Actes des journées d'étude organisées à Dijon, Paris 1964, 315–327.

Monarchie, Aristokratie und Demokratie gehen aus mehr oder weniger großen Unterschieden zwischen den Individuen hervor; sie rechtfertigen die Herrschaft des einzelnen, der wenigen oder der vielen. In diesem Punkt gibt es nichts, worin Rousseau über die traditionellen Unterscheidungen, wie sie beispielsweise von Polybios dargelegt wurden, hinausginge.

Dennoch hat Rousseau eine eigene Art und Weise, die Einrichtung und die Entwicklung dieser Staatsformen zu betrachten. Die einen wie die anderen wirken auf ihn rückständig, da sie alle ursprünglich auf eine Wahl zurückgehen. Dementsprechend schildert er ihren Wandel und ihren fortschreitenden Verfall mit jenem Pessimismus, der den Grundton des *Diskurses* bildet. Schlußpunkt dieser Entwicklung ist der Despotismus, der auf das Recht des Stärkeren und folglich auf einen neuen Naturzustand hinausläuft, der aber im Unterschied zum ersten kein Zustand der Unschuld ist, sondern die „Frucht eines Exzesses an Korruption“ (Disc. III 191).

Aber diese historischen oder eher mythischen Überlegungen entsprechen dem Denken Rousseaus nur einen Augenblick lang. Man wird von ihnen höchstens die Idee einer inneren Logik der Institutionen im Gedächtnis behalten, durch die der Übergang von den einen zu den anderen bewerkstelligt wird, eine Idee, die man in anderer Gestalt im *Gesellschaftsvertrag* wiederfinden wird. Aber dort wird diese Lehre unter einem völlig neuen Aspekt dargestellt.

Die große Originalität des *Gesellschaftsvertrags* besteht in der endgültigen Scheidung von *Staat* (im üblichen Sinn des Wortes) und *Regierung*. Die Bedeutung beider Begriffe hat sich vollkommen gewandelt. Der *Gesellschaftsvertrag* (pactum societatis), der dem Staat zugrunde liegt, hat nichts mehr mit der Wahl eines Oberhauptes zu tun: Er ist der ursprüngliche Akt, durch den „ein Volk zum Volk wird“ (CS III 359) und dessen Grundgedanke sich in der völligen Entäußerung jedes Vertragspartners zum Nutzen der Allgemeinheit zusammenfassen läßt. Deren Souveränität wird durch das Gesetz zum Ausdruck gebracht, das Akt des Gemeinwillens ist. Dieser wird nicht nur deswegen *allgemein* genannt, weil er von allen ausgeht, sondern auch auf Grund seines Inhaltes, der ausschließlich auf das gemeinsame Interesse gerichtet ist und folglich nicht mit einem partikularen Gegenstand verbunden werden kann.

Was die Regierung angeht, die ihrerseits mit partikularen Handlungen befaßt ist, so ist sie nicht mehr als eine vermittelnde Körperschaft, die der wechselseitigen Verständigung zwischen Untertan und Souverän dient, sie ist eine Gewalt im Dienst des Gemeinwillens, beauftragt mit der Ausübung der Gesetze und der Aufrechterhaltung der Freiheit, der bürgerlichen wie der politischen. Die so aufgefaßte Regierung geht übrigens über das hinaus, was man heute unter exekutiver Gewalt versteht; sie umfaßt alle Äußerungen öffentlichen Handelns, die dem Gesetz untergeordnet sind, und folglich selbst die judikative Gewalt.

Der auf diese Weise bestimmte Begriff der Regierung wird im *Gesellschaftsvertrag* nicht mehr auf der Ebene der Tatsachen betrachtet, sondern unter einem ausschließlich abstrakten Blickwinkel und nur unter dem Gesichtspunkt seiner legitimen Form. Daher rühren zunächst die mathematischen Überlegungen, mit deren Hilfe Rousseau im ersten Kapitel des dritten Buches die Regierung charakterisiert als proportionales Mittel zwischen dem Souverän, das heißt dem politischen Körper, der als aktiv angesehen wird, sofern die Gesamtheit der gesetzgebenden Bürgerschaft versammelt ist, und dem Staat, das heißt dem politischen Körper, der als passiv angesehen wird, sofern er die Gesamtheit der dem Gesetz unterworfenen Untertanen bildet. Damit ein ausgewogenes Gleichgewicht hergestellt werden kann, muß zwischen der Macht der Regierung an sich und der Macht der einzelnen, die einerseits an der Äußerung des Gemeinwillens teilhaben und ihm andererseits untergeordnet sind, Gleichheit herrschen.

Keiner der drei Faktoren ließe sich verändern, ohne daß ihr ausgewogenes Verhältnis zerstört würde: wenn der Souverän regieren will, oder wenn der Magistrat, also die Regierung, Gesetze geben will, oder wenn die Untertanen den Gehorsam verweigern, folgt der Ordnung die Unordnung, der aufgelöste politische Körper stürzt in Despotismus oder Anarchie. Und weil es nur ein proportionales Mittel zwischen den jeweiligen Faktoren gibt, ist auch nicht mehr als eine mögliche gute Regierung in einem Staat denkbar.

Ich möchte nicht weiter auf diese Argumentation eingehen, die etwas an meinem Thema vorbeigeht – ich beschränke mich darauf, sie als Ausgangspunkt für meine weiteren Überlegungen ins Gedächtnis zu rufen. Aber Rousseau stellt alsbald fest, daß angesichts der Vielzahl von Ereignissen, die die Verhältnisse in einem Volk verändern können, nicht nur verschiedene Regierungen für verschiedene Völker gut sein können, sondern auch für ein und dasselbe Volk zu verschiedenen Zeiten. Deshalb sieht er die Einteilung der Regierungsformen in einer neuen Perspektive; über ihnen schwebt nunmehr der Souverän. Aber im Grunde verfolgt er das gleiche Ziel wie seine Vorgänger: unter den klassischen Formen die beste herauszufinden. Seine Sichtweise ist wohl weitaus weniger die eines beschreibenden Soziologen als die eines richtenden Moralisten. Bei der Analyse der Regierungsformen verliert er niemals die Frage nach ihrer Legitimität aus den Augen.

Welche Ereignisse können die Beziehungen innerhalb eines Volks verändern? Als Beispiel führt Rousseau demographische Faktoren an, ohne aber andere Gründe auszuschließen. Es geht ihm darum, zu zeigen, daß die Beziehung des Souveräns zum Untertan je nach Größe der Bevölkerung variiert. Wenn es hunderttausend Einwohner gibt, hat jedes Individuum ganz offensichtlich weniger Anteil an der souveränen Macht, als wenn es sich nur um zehntausend Einwohner handelt; dennoch muß jeder Einwohner in beiden Fällen das Gewicht der ganzen Gesetzgebung ertragen. Folglich erfordert die stärker betonte Spanne zwischen Gemeinwillen und Partikularwillen eine größere Zwangsmacht. Mit anderen Worten bedeutet das, daß die Regierung in dem Maß stärker sein muß, wie das Volk zahlreicher ist, um wirkungsvoll zu sein. Andererseits verschafft die Vergrößerung des Staates den Treuhändern der öffentlichen Gewalt mehr Versuchungen und mehr Mittel zum Mißbrauch der Macht. Dementsprechend muß der Souverän über mehr Macht verfügen, um die Regierung in Schranken zu halten. Man muß außerdem andere Elemente als die Einwohnerzahl berücksichtigen und in Betracht ziehen, was Rousseau die *Durchschlagskraft* (*quantité d'action*) nennt, die mit einer Vielzahl von Faktoren zusammenhängt. Unter dem Begriff der *Durchschlagskraft* faßt er in Wirklichkeit (das geht aus dem entsprechenden Satz des ersten Kapitels von Buch III hervor) moralische Größen ins Auge, das heißt also Qualitäten. Er denkt hier an psychologische Faktoren, die jedem Volk eigen sind, wie das mehr oder weniger ausgeprägte Gefühl der Freiheit oder der Pflicht.

Aus all dem folgt, daß es nicht eine einzige und absolute Verfassung für eine Regierung gibt, sondern daß es so viele in ihrem Wesen verschiedene Regierungsformen wie an Größe und Qualität verschiedene politische Körper geben kann. So kommt bei Rousseau wieder ein Relativismus ins Spiel, mit dem er sich Montesquieu anschließt, den er lobend im achten Kapitel des dritten Buches mit der Überschrift „Daß nicht jede Regierungsform für jedes Land geeignet ist“ zitiert. Aber zuvor hat er die drei Typen untersucht, die gemeinhin als Demokratie, Aristokratie und Monarchie bezeichnet werden, unter dem Vorbehalt, sie auf seine persönliche Weise zu definieren, im Dienst seiner Theorie über das Wesen der Regierung.

Man sollte nicht aus den Augen verlieren, daß die Regierung eine vermittelnde Körperschaft ist, die sich aus einer mehr oder weniger großen Anzahl von Gliedern oder Magistraten zusammensetzt. Die Beziehungen dieser Körperschaft, die man in ihrer Eigenschaft als aktive Macht *Fürst* (prince) nennen kann, zu ihren Gliedern sind von gleicher Art wie jene des Souveräns zum Staat. Die gesamte Macht der Regierung, die jene der Gesamtheit ist, verändert sich nicht, aber je mehr sie diese Macht über ihre eigenen Glieder ausübt, desto weniger bleibt ihr, um gegenüber dem ganzen Volk handlungsfähig zu bleiben. Also ist die Regierung um so schwächer, je zahlreicher die Magistrate sind. Umgekehrt verhält es sich aber so, daß der Wille der Körperschaft sich umso mehr dem Gemeinwillen annähert, je zahlreicher der Magistrat ist. In der Person des Magistrats stehen sich nämlich drei verschiedene Willen gegenüber: der Wille des Individuums, der sich auf dessen partikularen Vorteil richtet, der gemeinsame Wille des Magistrats oder der Wille des Körpers, der sich auf den Vorteil des Fürsten richtet, der in Bezug auf die Regierung allgemein ist, aber in Bezug auf die Gesamtheit partikular, und schließlich der Wille des Volkes oder der souveräne Wille, der unter jedem Blickwinkel allgemein ist. In einem vollkommenen System muß dieser letzte immer vorherrschend sein, der erste nichtig, der zweite sehr untergeordnet. Aber infolge der natürlichen Ordnung der Dinge stellt sich mit dem Maß der Konzentration der Regierung ein umgekehrtes Verhältnis ein.

Rousseau hat schließlich im sechsten Kapitel des zweiten Buches jeden Staat *Republik* getauft, der von Gesetzen regiert wird, unter welche Form der Verwaltung er auch fallen mag. Er hat geltend gemacht, daß jede legitime Regierung republikanisch sei. Damit handelt es sich um eine völlig neue Definition, weil die Republik zuvor nur auf der Ebene der Tatsachen charakterisiert worden war: Bei Aristoteles war sie der Staat, in dem eine Menge zum Wohl der Öffentlichkeit regiert; bei Montesquieu die Regierung, bei der das Volk als Ganzes oder nur ein Teil des Volkes die souveräne Macht innehat. Andere Autoren schließlich, wie Bodin, benutzten *Republik* einfach synonym zu *Staat*. Aus der Terminologie Rousseaus folgt, daß jede vom Gemeinwillen geleitete Regierung republikanisch ist. Sogar die Monarchie kann republikanisch sein, ebenso gut wie die Demokratie und die Aristokratie. Aber er hält sich später nicht immer an die Schärfe dieses Vokabulars, und es kommt vor, daß er die republikanische Regierung weniger als Gattung denn als Art betrachtet und daß er sie gelegentlich sogar mit der demokratischen Regierung verwechselt.

Bei seiner Analyse der drei klassischen Formen erklärt Rousseau, es handle sich dann um eine Demokratie, wenn der Souverän die Regierung dem ganzen Volk oder dem Großteil des Volkes übertrage, so daß es jedenfalls mehr Bürger gebe, die an der Magistratur beteiligt sind, als einfache Individuen. Um eine Aristokratie handle es sich, wenn die Regierung in den Händen einer kleinen Anzahl von Personen liege. Eine Monarchie liege vor, wenn sich die Regierung in den Händen eines einzigen Magistrates konzentriere, von dem alle anderen ihre Machtbefugnisse erhalten. Es verhalte sich stets so, daß man unmerklich von einer Form zur nächsten übergehe, indem die Anzahl der Teilhaber mehr oder weniger konzentriert werde. Außerdem gebe es eine Vielzahl von Mischformen, da sich eine Regierung in gewisser Hinsicht in verschiedene Teile unterteilen lasse, die unterschiedlich verwaltet würden. Aus dem, was über die umgekehrte Proportion gesagt wurde, die zwischen der Anzahl der Magistrate und der der Bürger bestehen muß, folgt, daß im allgemeinen die demokratische Regierung kleinen Staaten angemessen ist, die Aristokratie den mittelgroßen und die Monarchie den großen (CS III 3). Aber Rousseau widmet jeder dieser Formen eine eigene Untersuchung.

Auf den ersten Blick scheint die demokratische Regierung am besten zu sein, weil derjenige, der das Gesetz gibt, auch am besten weiß, wie es ausgelegt werden muß. Aber das ist ein falscher Eindruck, weil Gesetzgebung und Vollstreckung des Gesetzes unterschiedlichen Wesens sind. Das System würde zu einer Vermischung von Allgemeinem und Partikularem führen. Es ist nicht gut, daß der Gesetzgeber sich von seiner abstrakten Arbeit abwendet, um besondere Fälle ins Auge zu fassen: Nichts ist bei öffentlichen Angelegenheiten gefährlicher als der Einfluß von Privatinteressen. Mit anderen Worten, der Regierende würde in diesem Fall den Gesetzgeber korrumpieren. Die wahrhafte Demokratie ist ohnehin faktisch unmöglich, weil das Volk nicht dauerhaft versammelt bleiben könnte, um sich um alle Angelegenheiten zu kümmern. Außerdem gibt es keine unbeständigere Regierung, keine, die anfälliger für innere Unruhen wäre, als die demokratische Regierung. Sie könnte nur unter der unrealistischen Annahme funktionieren, daß der Gegensatz von öffentlichem und privatem Interesse aufgehoben wäre, daß infolgedessen der Widerstand der Individuen als solcher aufhörte, und dann würde sie ohnehin nutzlos werden. Ein Volk, das in der Lage wäre, sich selbst zu regieren, müßte nicht regiert werden. Daher rührt die berühmte Schlußfolgerung: „Wenn es ein Volk von Göttern gäbe, würde es sich demokratisch regieren. Eine so vollkommene Regierung paßt für Menschen nicht“ (CS III 406). Was die Handlungsweise der irdischen Städte angeht, fällt Rousseaus Verdammung nicht weniger ausdrücklich aus. In einem Brief an Ivernois vom 31. Januar 1767 schreibt Rousseau, er sei kein Phantast und habe im *Gesellschaftsvertrag* niemals die demokratische Regierung gebilligt.

Diese Verurteilung muß überdies in den Grenzen ihres genauen Wortlauts verstanden werden: Sie ist nur auf den Mechanismus der Exekutive gerichtet. In der Sprache am Ende des 18. Jahrhunderts hat das Wort *Demokratie* bereits eine andere Bedeutung, als noch Rousseau es verstanden hatte. Viel weniger noch entspricht es unserem heutigen Verständnis, demzufolge es ein System bezeichnet, in dem der Bürger direkt an der Gesetzgebung teilnimmt. Es ist klar, daß Rousseau die direkte Gesetzgebung nicht nur gelten ließ, sondern sie als einzig legitime Form ansah, und die zaghaften Versuche, die während der Revolution in diesem Sinn vorgenommen wurden, gehen aus seinem Denken hervor. Wogegen er sich fest entschlossen wandte, war die Teilhabe der Masse am Verwaltungsapparat des Staates.

In der Aristokratie bietet die Unterscheidung von Regierung und Souverän den Vorteil, klar und deutlich zu sein, da die exekutive Autorität nur einer bestimmten Anzahl von Personen anvertraut wird. Die Aristokratie kann entweder natürlich sein, wie in primitiven Gesellschaften, wo die Familienoberhäupter untereinander die öffentlichen Angelegenheiten ausmachen, oder auf Wahl beruhen, oder aber erblich sein. Die erste Art entspricht nur einfachen Völkern, die dritte ist die schlechteste aller Regierungsformen. Die zweite Art ist die beste; sie ist die Aristokratie im eigentlichen Sinn. Rousseau mißt der Wahl also durchaus einen gewissen Wert bei: Für ihn ist sie ein Mittel, durch das Rechtschaffenheit, Aufklärung, Erfahrung und alle anderen Gründe, anderen vorgezogen und von der Öffentlichkeit geachtet zu werden, neue Garanten für eine weise Regentschaft darstellen. Er läßt sich überdies wenig über diese Vorteile aus. Er beschränkt sich auf die Feststellung, es sei natürlich, daß die Weisesten die Menge regieren, und man solle die Aufgabenbereiche nicht unnütz vervielfachen. Andererseits drohen in einer Aristokratie Gefahren: Corpsgeist, mangelnde Mäßigung unter den Regierenden und mangelnder Verzicht unter den Regierten sowie das Fehlen von Gleichheit unter den Bürgern. Nur zu leicht vergißt man dabei auch, daß es wichtigere Kriterien als Reichtum gibt, das Verdienst eines Menschen zu ermessen. Auf jeden Fall ist im fünften Kapitel des dritten Buches nichts Originelles zu finden.

Von größerem Interesse ist die Analyse der Monarchie. Die Definition, von der Rousseau ausgeht, unterscheidet sich kaum von der seiner Vorgänger. Aristoteles hatte den Staat Monarchie genannt, in dem die auf das gemeinsame Interesse gerichtete Befehlsgewalt nur einer einzigen Person zukommt, Montesquieu den Staat, in dem nur ein Einzelner regiert, der das aber auf der Grundlage feststehender Gesetze tut. Dadurch unterscheidet er den monarchischen vom despotischen Staat, in welchem eine Einzelperson ohne Gesetz und ohne Regel alles gemäß ihrer Willkür und ihrer Launen mit sich fortreißt. Rousseau sieht seiner Unterscheidung von Souverän und Regierung getreu in der Monarchie ein Regime, in dem der Fürst keine Körperschaft, sondern ein einziger Mensch ist, der allein das

Recht hat, im Rahmen der Gesetze seine exekutive Macht auszuüben. Unter dieser Bedingung ist auch die Monarchie eine legitime Regierung, eine republikanische Regierung in dem Sinn, den Rousseau im sechsten Kapitel des zweiten Buches dargelegt hat. Hier jedoch (CS III 6) erscheint Rousseaus Terminologie weniger streng, weil er dazu übergehen wird, die monarchische Regierung der republikanischen entgegenzusetzen. Das geschieht allerdings deshalb, weil die monarchische Regierung unvermeidlich dazu neigt, zu verderben und ihre Unterordnung unter die Gesetze zu vergessen. Denn obwohl es keine Regierung gibt, die mehr Stärke und dementsprechend mehr Wirksamkeit böte, gibt es auch keine andere, in der der Partikularwille mehr Macht hätte und die anderen leichter dominierte – alles ist in ihr auf das selbe Ziel gerichtet, aber dieses Ziel ist nicht das des öffentlichen Glücks, und die Macht der Verwaltung wendet sich ohne Unterlaß gegen den Staat. Die Monarchie neigt also mit anderen Worten zum Despotismus, wie ihn bereits Montesquieu definiert hatte.

Rousseau hatte zuvor gesagt, daß die monarchische Regierung im Prinzip großen Staaten zuträglich sei. Wenn es indessen schon schwierig ist, einen großen Staat gut zu regieren, muß es noch viel schwieriger sein, wenn ein einziger Mensch damit betraut ist, und es ist allgemein bekannt, was geschieht, wenn ein König Stellvertreter einsetzt.

Hier wird die Darlegung von einer antimonarchischen Kritik unterbrochen, die sich sicherlich mehr gegen die Auswüchse des Systems als gegen das System selbst richtet, aber diese Auswüchse erscheinen Rousseau unausweichlich. Ein wesentlicher Mangel sorgt dafür, daß die monarchische Regierung immer unterhalb der republikanischen Regierung rangieren wird; was daran liegt, daß in einer republikanischen Regierung nur aufgeklärte und fähige Menschen auf die ersten Plätze gehoben werden, während diejenigen, die in einer Monarchie emporkommen, meistens nur kleine Wirrköpfe, Gauner und Intriganten sind. Das Volk irrt sich weitaus weniger in seiner Auswahl als der Fürst. Man muß hinzufügen, daß die Regierung eines einzelnen, sofern sie auf Wahl beruht, gefährlichen Lösungen in der Frage der Nachfolge ausgesetzt ist. Wenn sie erblich ist, ist das Problem noch schlimmer, weil das Risiko besteht, Kinder, Monster oder Schwachsinnige als Oberhäupter zu bekommen.

Schließlich erscheint die monarchische Regierung also als allen anderen unterlegen.

Was soll man aus dieser ernüchterten Revue folgern? Welche Regierungsform hält Rousseau für die beste? Ist es die Wahlaristokratie, auf die er zuvor eine Art Lobrede gehalten hat? „Wenn man also danach fragt, was absolut gesehen die beste Regierungsform ist", so Rousseau, „stellt man eine so unlösbare wie unbestimmte Frage; oder sie hat, wenn man so will, ebenso viele richtige Lösungen, wie es mögliche Kombinationen gibt in den absoluten und relativen Zuständen der Völker" (CS III 419). Festhalten läßt sich, daß man eine gute Regierung, deren Form den Umständen entsprechend variabel ist (weil die Freiheit nicht unter jedem Klima gedeiht und nicht für jedes Volk erreichbar ist, wie Montesquieu das festgestellt hat), an einem bestimmten Zeichen erkennen kann: dies ist die „Erhaltung und das Gedeihen der Glieder" des Staates (CS III 420). Von anderen Faktoren einmal abgesehen, ist die Regierung, unter der sich die Bürger ohne fremde Mittel, ohne Einbürgerungen, ohne Kolonien vermehren und vervielfachen, unfehlbar die beste. Diejenige, unter der das Volk kleiner wird, ist die schlechteste – eine ganz auf die Bevölkerungszahl fixierte Sichtweise, die im 18. Jahrhundert weit verbreitet war. Aber die Folge dieser Prämissen wäre ein Loblied auf die Institutionen Frankreichs, des bevölkerungsreichsten Landes Europas. Rousseau hat ihnen nun aber, obwohl er sich aus Vorsicht einer offenen Kritik enthalten hat, offensichtlich keine besondere Wertschätzung entgegengebracht.

Im übrigen beschränkte sich Rousseau nicht darauf, die drei klassischen Regierungsformen wiederaufzugreifen. Abgesehen von der Demokratie, der Aristokratie und der Monarchie faßte er in einem kurzen Kapitel (CS III 7) die gemischten Regierungen ins Auge. Seine Vorgänger hatten sich ausführlich mit gemischten Regierungen beschäftigt. Sie verstanden darunter zusammengesetzte Formen, die von anderen bestimmte Elemente übernahmen. Bei Aristoteles war die Republik eine Art Mischung aus Oligarchie und Demokratie. Polybios hatte eine Lobrede auf die Kombination dreier einfacher Regierungen gehalten, der Monarchie, Aristokratie und Demokratie, indem er die Mängel der einen durch die jeweils anderen ausglich, und er hatte diese Mischverfassung in den römischen Institutionen verwirklicht geglaubt. Rousseau spricht nicht von einer ähnlichen Hypothese und äußert sich nicht über deren Vorteile. Er erklärt sogar, daß man auf die unter Politikern stark diskutierte Frage, ob eine gemischte Regierung besser als eine einfache sei, nur die Antwort geben könne, die er bereits zu jeder Form von Regierung gegeben habe, nämlich, daß jede von ihnen in bestimmten Fällen die beste, in anderen die schlechteste sei. Er stellt sich auf den Standpunkt einer einfachen politischen Mechanik. Da er die Regierung immer in Bezug auf ihre relative Macht im Verhältnis zu Souverän und Volk betrachtet, untersucht er die Varianten in der Anzahl der Regierenden und die Schaffung von vermittelnden Magistraten. Das heißt, daß es strenggenommen keine einfache Regierung gibt, weil auch ein einziges Oberhaupt untergebene Magistrate, weil selbst eine Volksregierung ein Oberhaupt haben muß. In der Aufteilung der exekutiven Gewalt gibt es also immer eine Abstufung von einer großen Anzahl zu einer kleinen hin, mit dem Unterschied, daß bald die große Anzahl von der kleinen, bald die kleine von der großen Anzahl abhängt. Die erste Variante wird höchstens in einer monarchischen Regierung verwirklicht, die zweite in einer Volksregierung. Aber der Fall einer gleichmäßigen Aufteilung, in dem die beteiligten Gruppen in gegenseitiger Abhängigkeit stehen, wird von Rousseau nur gestreift. Er nennt die Regierung Englands, verliert hierbei aber tatsächlich seine eigene Regierungsdefinition aus dem Blick, denn die Aufteilung in England beruht vor allem auf der legislativen Gewalt, die Rousseau in seiner Theorie der Regierungen gerade außer acht lassen will, weil sie jede Regierung überragt. Und das ist keineswegs die kleinste Inkonsequenz, die ihm unterläuft.

Die einfache Regierung (im ungefähren Wortsinn verstanden) ist an sich die beste, aus dem einfachen Grunde, weil sie einfach ist. Aber in der Praxis kann es vorkommen, daß die Regierung aufhört, eine proportionale Mitte zwischen Souverän und Staat zu sein, daß sie gegenüber dem Souverän stärker ist als gegenüber dem Volk; und man wird in diesem Fall dazu übergehen, sie zu teilen. Das wird sie gegenüber dem Souverän schwächen, ohne sie gegenüber dem Volk zu schwächen, weil die gesamte Macht, über die sie in Hinblick auf die Untertanen verfügt, immer die gleiche ist. Das gleiche Ergebnis erhält man, wenn man vermittelnde Magistrate einführt, die dazu dienen, ein Gegengewicht zur Regierung zu bilden, ohne an ihr teilzuhaben, wie beispielsweise die römischen Tribune. Man steht dann nicht mehr einer gemischten Regierung, sondern einer gemäßigten Regierung gegenüber. Umgekehrt kann es vorkommen, daß die Regierung zu schlaff ist und man versucht, sie zu verdichten, was in allen Demokratien so gehandhabt wird, wo die Gewalt naturgemäß verwässert wird. Unter diesen Umständen wird die Regierung nur deshalb geteilt, um sie zu stärken. Eine zu große Versammlung kann von Ausschüssen oder Gerichten Gebrauch machen. Folglich geben die gemischten Formen dank ihrer vielfältigen Möglichkeiten, Ausgleich zu schaffen, der Regierung eine durchschnittliche Macht, einfache Regierungen dagegen im Fall einer Monarchie größtmögliche Macht, im Fall einer Demokratie größtmögliche Schwäche.

Durch alle Überlegungen über die politischen Formen hindurch bleibt Rousseaus Hauptaugenmerk darauf gerichtet, die Abhängigkeit der Regierung gegenüber dem Souverän, also ihre Legitimität, abzusichern. Wie der partikulare Wille ohne Unterlaß gegen den Gemeinwillen handelt, so arbeitet die Regierung unaufhörlich gegen die Souveränität. Sie wird von Natur aus zur Usurpation verleitet. Im äußersten Fall folgt daraus die Unterdrückung des Souveräns und der Bruch des Gesellschaftsvertrags. „Das ist das angeborene und unvermeidliche Gebrechen," so Rousseau, „das von der Geburt der politischen Körperschaft an unablässig danach trachtet, sie zu zerstören, wie Alter und Tod den Körper des Menschen" (CS III 421).

Man könnte fast behaupten, für Rousseau sei die Regierung ein Übel, obwohl er das nicht ausdrücklich sagt – ein sicherlich notwendiges und unvermeidliches Übel, aber eben ein Übel. Die ganz gewiß verhängnisvolle Existenz einer Regierung stellt eine Art von Bedrohung auf Zeit dar, von Bedrohung durch das, was man heute persönliche Macht nennen würde. Dieser Gedanke wird nach Rousseau sehr stark die Männer der Revolution bewegen. Saint-Just wird ihn auf lapidare Weise zum Ausdruck bringen, wenn er sagt, ein Volk habe nur einen Feind, und das sei seine Regierung.

Die Theorie der politischen Formen läßt sich also als Suche nach Mitteln, mit denen Machtübergriffe am besten verhindert werden können, zusammenfassen. In dieser Hinsicht besteht der Zwang, sich unaufhörlich um Verbesserung zu bemühen.

Laut Rousseau gibt es zwei Wege, wie eine Regierung entarten kann: nämlich wenn sie sich verkleinert, oder wenn der Staat sich auflöst (CS III 421). „Die Regierung wird verkleinert, wenn sie von einer großen Zahl von Gliedern zu einer kleineren übergeht, z. B. von der Demokratie zur Aristokratie und von der Aristokratie zum Königtum. Diese Neigung ist ihr natürlich" (ebd.). Paradoxerweise behauptet Rousseau, daß die umgekehrte Entwicklung unmöglich ist; zweifellos nimmt er den Fall einer gewaltsamen Revolution davon aus: Eine Regierung ändert nur dann ihre Form, wenn ihre Spannkraft erlahmt ist und sie dadurch geschwächt wird. „Wenn sie aber erschlaffen und sich gleichzeitig ausdehnen würde," fährt er fort, „würde ihre Stärke ganz und gar gleich Null, und sie würde erst recht nicht weiterbestehen" (CS III 422). Auf jeden Fall läßt sich erkennen, daß hier der Gedanke einer Umwandlung der Regierungsformen in jeweils andere wieder auftaucht, ein Problem, das seit Platon und Aristoteles die politische Wissenschaft beschäftigt hat.

Die Auflösung des Staates kann auf zwei Arten erfolgen: „Einmal dann, wenn der Fürst" – das heißt die Regierung – „den Staat nicht mehr nach den Gesetzen regiert und die souveräne Macht an sich reißt", zum anderen dann, „wenn die Glieder der Regierung einzeln die Gewalt an sich reißen, die sie nur gemeinschaftlich ausüben dürfen; das ist kein geringer Bruch der Gesetze und erzeugt eine noch größere Unordnung" (CS III 422f.). In beiden Fällen wird „der Gesellschaftsvertrag gebrochen" und alle einfachen Bürger werden, „da sie rechtmäßig in ihre natürliche Freiheit zurückkehren, gezwungen, aber nicht verpflichtet [...], zu gehorchen" (ebd.). „Wenn der Staat sich auflöst", so Rousseau weiter, „trägt der Mißbrauch der Regierung, welcher Art er auch sei, den allgemeinen Namen *Anarchie*. Wenn man unterscheidet, entartet die Demokratie zur Ochlokratie, die Aristokratie zur Oligarchie [...], das Königtum zur Tyrannis" (ebd.). Tatsächlich beginnt die politische Körperschaft „so gut wie der menschliche Körper von Geburt an zu sterben", sie trägt genauso „die Keime ihrer Zerstörung in sich. Aber die eine wie der andere können eine mehr oder weniger widerstandsfähige Verfassung haben, die geeignet ist, sie kürzer oder länger zu erhalten. Die Verfassung des Menschen ist ein Werk der Natur, die des Staates ein Werk der

Kunst. Es hängt nicht von den Menschen ab, ihr Leben zu verlängern, es hängt aber von ihnen ab, das des Staates so weit zu verlängern wie möglich, indem sie ihm die denkbar beste Verfassung geben" (CS III 424).

Um den Schutz und die Vorherrschaft des Gemeinwillens zu sichern, was wohl nur in kleinen Staaten möglich ist (hier erkennt man die Präferenzen des Genfer Bürgers, vgl. CS III 12 und 15), empfiehlt Rousseau feste und regelmäßig wiederkehrende Versammlungen aller Bürger: „Von dem Augenblick an, da das Volk rechtmäßig versammelt ist, endet jede Rechtsprechung der Regierung, ist die Exekutive ausgesetzt" und tritt vor einer höheren Gewalt zurück (CS III 427). Im sechsten Kapitel des vierten Buches sieht er sogar ein außergewöhnliches Hilfsmittel vor, um Gefahren zu begegnen, gegen die das Gesetz keine Vorsorge getroffen hat. Dieses Hilfsmittel ist die Diktatur, wie sie in Rom praktiziert wurde, also auf einen sehr kurzen Zeitraum begrenzt. Auf den ersten Blick mag dieses Hilfsmittel überraschen, denn wie sollte die Aufhebung der Gesetze zum Wohl des Staates beitragen, das heißt zur Achtung des Gemeinwillens, den die Gesetze ja ausdrücken sollen?

Rousseau versucht das zu erklären, indem er hervorhebt, daß ihre Unbeweglichkeit, die sie daran hindert, sich bestimmten Ereignissen zu beugen, sie in gewissen Fällen schädlich machen und den Untergang des Staates verursachen kann. Daher nützt es nichts, die politischen Institutionen bis zu dem Ausmaß zu stärken, an dem man sich ihrer Wirksamkeit entledigt. Sogar Sparta ließ seine Gesetze ruhen. Zweifellos kann diese zeitweilige Aufhebung der Gesetze nur im Extremfall in Betracht gezogen werden: Das Wohl des Staates muß auf dem Spiel stehen. Aber in diesem Fall schützt man die öffentliche Sicherheit durch einen partikularen Akt, durch den die Sorge um sie dem Würdigsten übergeben wird. Gegebenenfalls wird man sogar so weit gehen, ein Oberhaupt einzusetzen, das alle Gesetze schweigen läßt und einen Moment lang die souveräne Autorität aufhebt. Das ist deshalb möglich, weil in einem solchen Fall der Gemeinwille außer Zweifel steht. Es ist offensichtlich, daß der erste Wille des Volkes derjenige ist, daß der Staat erhalten werde. Folglich gibt es außergewöhnliche Umstände, unter denen das Gesetz machtlos ist. In einem System, das zu seiner Verherrlichung errichtet wurde, ist das eine interessante Lücke, die von einer anhaltenden Besorgnis im Denken des Autors zeugt. Gibt es eine Staatsform ohne Risse? Der Philosoph, dessen Gemütsart pessimistisch bleibt, fühlt sich veranlaßt, dies zu bezweifeln. Im ganzen zeigt sich in den Ausführungen Rousseaus über die verschiedenen Regierungsformen ein sicherlich viel schwächerer Optimismus als es der war, den er bei der Darstellung der unmittelbaren Folgen des Gesellschaftsvertrages an den Tag gelegt hatte, die er auf lyrische Weise rühmt (CS III 364). Er scheint hier manchmal sogar die Schlußfolgerungen des *Diskurses* wieder aufzugreifen, von denen er zwischenzeitlich Abstand genommen hatte. Denn wie er in einem Brief vom 26. Juli 1767 an den Marquis de Mirabeau sagen wird, läßt ihm die Schwierigkeit, eine Regierungsform zu finden, die das Gesetz über den Menschen stellt, keine Ruhe. Die Größe dieses Problems spürt er bereits im *Gesellschaftsvertrag*. Fünf Jahre später wird er es in einer Stunde der Entmutigung für unlösbar erklären und davon sprechen, den Menschen so weit wie möglich über das Gesetz zu stellen, also zu einem vollkommenen Despotismus nach dem Beispiel Hobbes' Zuflucht zu nehmen, den er doch verabscheut. Aber dieser auf Angst beruhende und zweifellos nur kurzzeitige Widerruf seiner ganzen Lehre, der ihn sich auf dem Boden wälzen und darüber klagen läßt, ein Mensch zu sein, fand nicht den gleichen Widerhall wie der *Gesellschaftsvertrag*. Er hat seine Bewunderer keineswegs beeinflußt. Die Männer der Revolution haben aus seinen Unterweisungen nichts als seinen brennenden Wunsch im Gedächtnis behalten, die Macht vor der Majestät des Gesetzes zu erniedrigen.

Übersetzung: Michaela Rehm

Literatur

Chevalier, J.-J. 1964: Le mot et la notion de gouvernement chez Rousseau, in: Études sur le Contrat social, 291–313.

Derathé, Robert, Jean-Jacques Rousseau et la science politique de son temps, Paris 1950.

Jouvenel, B. de 1962: Théorie des formes de gouvernement chez Rousseau, in: Le Contrat social, 343–351.

Karlfriedrich Herb

Verweigerte Moderne. Das Problem der Repräsentation

(III 15–18, IV 1–3)

9.1 Repräsentation in Rousseaus vorkritischer Phase

Rousseaus staatsphilosophische Anfänge verraten nichts von der Radikalität, mit der er sich im *Gesellschaftsvertrag* gegen politische Repräsentation aussprechen sollte. In der *Économie politique* von 1755 sind Repräsentation und Republik durchaus vereinbar. Rousseau hält es sogar für möglich, daß sich die Stellvertretung des Volkswillens dessen unmittelbarem Ausdruck überlegen erweist. Die Einrichtung der Repräsentation verdankt sich nicht allein der praktischen Schwierigkeit, das Volk zur gemeinsamen Gesetzgebung zu versammeln, sondern läßt auf eine größere Rationalität bei der Entscheidungsfindung im Sinne des Gemeinwohls hoffen. Vom Optimismus der Volkssouveränität des *Gesellschaftsvertrags* ist Rousseau noch weit entfernt. „Wie soll man aber, so wird man mich fragen, den Gemeinwillen in den Fällen kennen, in denen er sich nicht ausgesprochen hat? Soll man die Nation bei jedem unvorhergesehenen Ereignis zusammenrufen? Man braucht sie umso weniger zusammenzurufen, wenn es nicht sicher ist, daß ihr Beschluß auch der Ausdruck des Gemeinwillens ist; wenn dieses Mittel in einem großen Volk undurchführbar ist oder wenn es selten notwendig ist, weil die Regierung gut gewillt ist" (III 250f.).

Locke und Diderot stehen für die staatsphilosophischen Grundüberzeugungen des Enzyklopädie-Artikels vorrangig

Pate (vgl. Hubert 1928). Aus dem *Second Treatise of Government* übernimmt Rousseau die Zwecke der Staatsgründung: im Verlangen nach Sicherheit von Freiheit, Leben und Eigentum erkennt auch er die wesentlichen Motive für den Gesellschaftsvertrag. Wie Locke betont er die Eigentumssicherung (vgl. III 248). Daraus rechtfertigt sich die Forderung nach repräsentativer Bürgerbeteiligung. „Die Steuern können legitimer Weise nur durch die Zustimmung des Volkes oder seiner Repräsentanten festgesetzt werden" (III 270), heißt es in enger Anlehnung an Locke (cf. *Second Treatise* § 140). Rousseau kann die Regierung umso leichter von der faktischen Zustimmung des Volkes entbinden, weil er sie unter ein Prinzip stellt, das einen zuverlässigen Maßstab für das Gemeinwohl abgibt: den *Gemeinwillen* (*volonté générale*). Er liefert die *Regel des Gerechten und Ungerechten* (III 245), die Regierung und Bürger gleichermaßen auf das republikanische Gemeinwohl verpflichtet.

Bei dieser ersten Vorstellung des *Gemeinwillens* unterscheidet Rousseau deutlich zwischen tatsächlichem und vernünftigem Volkswillen. Der vernünftige *Gemeinwille* relativiert den faktischen Ausdruck des Volkswillens in den *öffentlichen Abstimmungen* (III 246). Rousseau folgt hier Diderots Enzyklopädie-Artikel *Droit naturel*, auch in der Vorstellung von der Hierarchie der Gemeinwillen: sie sichert dem allgemeinen Willen den Vorrang vor jedem besonderen Willen. Dementsprechend gehen die Rechte des Menschen den Bürgerrechten, diese wiederum den Rechten des Senators voraus (III 246). Eine solche weltbürgerliche Relativierung des staatlichen Gemeinwillens eröffnet die Möglichkeit, die Figur des Bürgers in die kosmopolitische Ordnung des Gattungswillens zu integrieren. Damit ist die Harmonie von bürgerlicher und privater Existenz sichergestellt.

Daß Rousseau eine solche Harmonie nach Diderotschem Muster bereits in der *Économie politique* verdächtig erscheint, macht sein republikanisches Erziehungsprogramm deutlich. Die Republik kann sich nicht mit dem auf seine Privatinteressen fixierten Besitzbürger begnügen und auf das aufgeklärte Handeln der Regierung vertrauen. Sie bedarf der patriotischen Gesinnung ihrer Bürger. Die republikanische Tugend, in der sich die Herrschaft des Gemeinwillens existentiell ausdrückt, hat die Überwindung des bloß Privaten zur Voraussetzung. Hier gewinnt Rousseaus Republikanismus erste Konturen: in der Republik dürfe der Einzelne seine eigene Existenz nur als Teil des politischen Körpers wahrnehmen, müsse den Menschen in sich selbst vollständig zugunsten des Bürgers zurücknehmen (cf. III 259). Es ist offensichtlich, daß diese republikanische Metamorphose mit dem Lockeschen Instrumentarium weder zu bewerkstelligen noch zu rechtfertigen ist. Die verlangte Bürgertugend sprengt das liberale Schema des nach Lockeschem Muster verfaßten Staates.

Es war vorauszusehen, daß Rousseau im *Gesellschaftsvertrag* am Problem des Zusammenhangs von liberalem Staatszweck und republikanischer Tugendforderung nicht vorbeigehen kann. Eine Versöhnung von Mensch und Bürger unter der Herrschaft des vernünftigen Gattungswillens kommt für ihn nicht mehr in Frage. Der staatliche Gemeinwille wird im *Gesellschaftsvertrag* zur unüberschreitbaren Norm des Rechts. Freilich ändert sich auch dessen kriteriologische Handhabung. Während der Gemeinwille in der *Économie politique* bloßes Urteils- und Handlungsprinzip bleibt, wird er im *Gesellschaftsvertrag* zum Bauplan der Republik. Damit verliert auch die Repräsentation ihre Unbedenklichkeit. Eine Regierung, die dem Gemeinwillen am Volk vorbei zur Herrschaft verhilft, hat in der endgültigen Konzeption keinen Platz. Die ausdrückliche Befragung und Zustimmung des Volkes ist nun unerläßlich. Rousseau gibt auch die Unbestimmtheit auf, mit der er sich – möglicherweise aus Gründen der Zensur – zu Fragen der Volkssouveränität äußert. Was die Staatsform der Republik angeht, läßt Rousseau im *Gesellschaftsvertrag* keine Alternative zu. Dieser Wandel kündigt sich am Ende der fünfziger Jahre an. In der Erstfassung des *Gesellschaftsvertrags* erweist sich die Einrichtung der *assemblées par députation* als unverträglich mit dem Prinzip der Volkssouveränität. Als „Grundregel jeder gut eingerichteten und legitim regierten Gesellschaft" gilt vielmehr die unmittelbare Ausübung der Souveränität durch das Volk selbst (III 322, vgl. *Émile* IV 843).

9.2 Republik als Legitimationsform

Zur rigorosen Ablehnung der Repräsentation kommt es in der endgültigen Fassung des *Gesellschaftsvertrags*. „Ich sage deshalb", heißt es gleich zu Beginn des zweiten Buches, „daß die Souveränität, da sie nichts anderes ist als die Ausübung des Gemeinwillens, niemals veräußert werden kann und daß der Souverän, der nichts anderes ist als ein Gesamtwesen (être collectif), nur durch sich selbst repräsentiert werden kann; die Macht kann wohl übertragen werden, nicht aber der Wille" (III 368). Im fünfzehnten Kapitel des dritten Buches *Des Députés ou Représentans* zieht Rousseau die Konsequenz aus seinem staatsrechtlichen Rigorismus. Das Repräsentativsystem wird für die Republik tabu, es führt zur Aufhebung des Gemeinwesens. „Wie dem auch sei, von dem Augenblick an, wo ein Volk sich Repräsentanten gibt, ist es nicht mehr frei; es ist nicht mehr" (III 431). Diese Zuspitzung muß sich aus der Analogie ergeben, die Rousseau von Anfang an zwischen individueller Autonomie und kollektiver Souveränität herstellt. Sowenig der Einzelne bei Vertragsschluß auf seinen Willen verzichten kann, ohne seine *qualité d'homme* zu verlieren, sowenig kann das Volk seinen Willen veräußern, ohne seine *qualité du peuple* einzubüßen und sich als Staatsrechtssubjekt aufzuheben. Damit erteilt Rousseau nicht nur dem Unterwerfungsvertrag eine doppelte Absage, sondern setzt jede Form der Vertretung der Volkssouveränität mit deren Veräußerung gleich. Seine Vorgänger Hobbes und Locke werden zu Autoren politischer Heteronomie degradiert. Rousseau will die Freiheit des Individuums nicht allein im Moment der Staatsgründung, sondern innerhalb der vertraglichen Ordnung selbst zur Geltung bringen. Hier muß die *true liberty* (*Leviathan* XXI) des Bürgers ihren Ort haben. Die politische Autonomie der Bürger diktiert die Grundstruktur allen staatlichen Handelns. Während Hobbes – und später auch Kant – den Grundsatz des *volenti non fit iniuria* bemüht, um die Repräsentationsbeziehung von Souverän und Bürgern als fiktive Identitätsbeziehung zu begreifen, besteht Rousseau auf dem wortwörtlichen Verständnis. Nur wenn die vollständige Wechselseitigkeit von Herrschen und Gehorchen institutionell gewährleistet ist, der Einzelne tatsächlich *sujet* und *citoyen* in einer Person ist, sind die Voraussetzungen für einen freiheitskonformen Zwang des Staates erfüllt.

Mit der realistischen Interpretation des *volenti non fit iniuria* sind die Formen für die politische Inszenierung des Gemeinwillens zwingend vorgegeben. Was Kant lediglich als Strukturmerkmal des *Staates in der Idee* (VI 313) gelten lassen will, die unbedingte Gesetzesautonomie des Volkes, behauptet sich im *Gesellschaftsvertrag* auf allen Ebenen der Konkretisierung des

Staatsideals. Die Forderung nach Realpräsenz des Gemeinwillens läßt bei der Frage nach den Staatsformen keinen Entscheidungsspielraum. Der demokratische Souverän in der Legislative ist das konkurrenzlose Muster der Republik. Die herkömmliche Diskussion der Staatsformen findet nicht mehr statt. Theoretisch relevant ist nur das Folgeproblem: die Gestaltung der Exekutivgewalt. Rousseau sieht die möglichen Formen – Demokratie, Aristokratie, Monarchie, Mischform – in strikter Abhängigkeit von der republikanischen Gesetzesherrschaft. Der Abstand zwischen legislativen und exekutiven Kompetenzen markiert zugleich eine wesentliche Bestimmung der Republik. Er führt zum Differenzmoment von Republik und Despotie. *Republikanisch* kann sich nur derjenige Staat nennen, der die Trennung von Gesetzgebung und Gesetzesanwendung institutionell gewährleistet. Rousseau nimmt die Zuordnung staatlicher Kompetenzen offensichtlich im Anschluß an Locke vor, wobei er insbesondere auf die Unterordnung der Exekutive unter die Legislative dringt. In der Typologie der staatlichen Gewalten stellt die Legislative das Prinzip des allgemeinen *Willens*, die Exekutive das Prinzip der *Macht* dar. Die Legislative kennt, wo sich ihr Handeln in Gesetzen äußert, nur Allgemeines (cf. III 379). Entscheidungen über Einzelfälle liegen außerhalb ihrer Kompetenz. Sie bilden vielmehr das Aktionsfeld der Exekutive. Ihre Unterordnung unter die Legislative ergibt sich aus dem abgeleiteten Charakter ihrer Staatsaufgaben und der Art ihrer Konstitution. Sie verdankt ihre Kompetenzen keinem Vertrag, sondern der widerruflichen Amtsübertragung. Anders als im Falle der Legislative ist Repräsentation auf seiten der Exekutive durchaus möglich, mit Blick auf die Sachlogik exekutiven Handelns sogar notwendig. Die Wahrnehmung der Regierungsgewalt durch das Volk selbst muß hier zumindest problematisch erscheinen. Dies führt schließlich zur ambivalenten Einschätzung des *gouvernement démocratique*, das Rousseau nur in einem *peuple de Dieux* (III 406) für möglich hält. Als rein menschliche Angelegenheit ist eine demokratische Regierung letztlich nicht zu realisieren und unter den Prämissen der Gewaltendifferenzierung nicht zu wünschen. Rousseau empfiehlt eine Art Wahlaristokratie unter der Herrschaft des demokratischen Souveräns (cf. III 369). Was die Degenerationstendenzen von Legislative und Exekutive angeht, zeigt sich ein deutliches Gefälle. Während Rousseau in der

Realpräsenz des Volkswillens über weite Strecken die Gewähr für eine republikkonforme Legislative erkennt, hegt er gegenüber der Exekutive beträchtliche Zweifel. Sie läuft ständig Gefahr, ihre Handlungsgrenzen zu überschreiten und die rechtliche Verfaßheit der Republik zu zerstören (vgl. Roels 1969, 55). Mit dieser Krisenanalyse konkurriert Rousseaus Bereitschaft, der Regierung bei der Verwirklichung der Volkssouveränität eine entscheidende Rolle einzuräumen.

9.3 Volkssouveränität als politische Praxis

In der Republik liegt die Gesetzesinitiative nicht in den Händen der Bürger, sondern auf seiten der Regierung. Es ist ein bloßes Wahlrecht, das die Selbstbestimmung der Bürger gewährleisten soll. Wenn Rousseau ihnen ein *simple droit de voter* (III 438f.) zuspricht, ist dies wörtlich zu nehmen: die politische Freiheit reduziert sich auf bloße Bestätigung der Gesetzgebung. Was demgegenüber als Implikation der politischen Freiheit verstanden werden könnte, nimmt Rousseau ausdrücklich aus dem Katalog der Bürgerrechte heraus: „das Recht, seine Meinung zu äußern, Vorschläge zu machen, einzuteilen und zu diskutieren“ (III 439), ist nicht Sache des Bürgers, sondern bleibt der Regierung vorbehalten. Die Einschränkung des politischen Gehalts der Volkssouveränität und die Aufwertung der Exekutivgewalt gehen Hand in Hand. Überhaupt offenbaren Rousseaus Konkretionen des Republikideals einige unerwartete Wendungen. So paradox es zunächst klingen mag, im republikanischen Gemeinwesen stellt der Prozeß der politischen Willensbildung kein im eigentlichen Sinne *öffentliches* Geschehen dar. Wo die Bürger „das einfache Recht, bei allen Akten der Souveränität abzustimmen“ (ebd.) in Anspruch nehmen und über Gesetzesvorschläge zu befinden haben, soll die vorangehende Urteilsbildung im Privaten, Geheimen, stattfinden; im Idealfall entscheidet der einzelne Bürger, abgeschirmt gegen jegliche gesellschaftlich vermittelte Willens- und Interessensbildung, ohne jeglichen öffentlichen Diskurs über die Gesetze. Er betritt die Agora nicht zur Diskussion und Bildung des gemeinsamen Willens, sondern zu dessen unmittelbarer Proklamation durch Stimmabgabe.

Rousseaus Bürgergemeinde ist alles andere als eine ideale Kommunikationsgemeinschaft. Im Gegenteil, hier gilt der öffentliche Diskurs über Inhalte und Zielsetzung der Rechtspolitik als Verfallssymptom, er gehört zur Pathologie der Republik. Wo öffentlich debattiert und gestritten wird, steht die Evidenz des politisch Richtigen und Gerechten in Frage, ist die selbstläufige Artikulation des Volksvotums im Sinne des Gemeinwillens bedroht. „Wenn die Einzelinteressen sich bemerkbar machen und die kleinen Gesellschaften Einfluß auf die große erlangen, erlahmt das gemeinsame Interesse und findet Widersacher, bei Abstimmungen herrscht keine Einstimmigkeit mehr, und der Gemeinwille ist nicht mehr der Wille aller, es entstehen Widersprüche und Auseinandersetzungen, und der beste Vorschlag geht nicht mehr unbestritten durch" (III 438). Je weniger die Bürger untereinander kommunizieren, je spontaner und selbstbezogener sie ihre Stimme abgeben, desto größer sind die Chancen für ein gerechtes Gesetz. Dies erklärt auch Rousseaus harsche Kritik an den *sociétés partielles*. Sie bedrohen jene Atomisierung des einzelnen Bürgers im Gesetzgebungsakt, die Rousseau – paradox genug – bei gleichzeitiger Transparenz und Homogenität der gesellschaftlichen Beziehungen gesichert wissen will (cf. III 371f.). Das republikanische *bonum commune* ist nicht diskursiv zu erschließen, sondern gilt Rousseau als selbstevident. Um in der Gesetzgebung Form zu gewinnen, bedarf es keiner vorangehenden Meinungsbildung, sondern lediglich des *bon sens* des Bürgers. „Solange sich mehrere Menschen vereint als ein Körper betrachten, haben sie nur einen einzigen Willen, der sich auf die gemeinsame Erhaltung und das allgemeine Wohlergehen richtet. In diesem Zustand sind alle Triebkräfte des Staates gesund und einfach, seine Maximen sind klar und einleuchtend, es gibt keine verwickelten, widersprüchlichen Interessen, das Gemeinwohl ist immer offenbar, und man braucht nur gesunden Menschenverstand, um es wahrzunehmen. Friede, Vereinigung und Gleichheit sind Feinde politischer Subtilitäten" (III 437). „Das Reich der öffentlichen Meinung bringt die ganze Ordnung der Welt durcheinander [...] der Gedanke selbst gerät unter das Joch der öffentlichen Meinung" (IV 55f.).

Diese diskursfeindliche Haltung kündigt sich schon in Rousseaus Schriften aus den fünfziger Jahren an. Sie äußert sich im

Diskurs über die Ungleichheit in verfassungstechnischen Vorschlägen, die sich mit der sonstigen demokratischen Emphase nicht zusammenbringen lassen. Rousseau ist bemüht, die Volkssouveränität auf die bloße Zustimmung der Gesetzesvorlagen zu beschränken; die Initiative zur Gesetzgebung liegt allein in den Händen der Regierung (cf. III 114). Nebenbei wird die Antike mit einem kritischen Kommentar bedacht. Die Konzession der athenischen Verfassung an die Bürger, „nach Gutdünken neue Gesetze vorzuschlagen", habe den Staat in den Ruin geführt. Wie sehr sich Republik und Diskurs schon beim frühen Rousseau widersprechen, verdeutlicht seine Polemik gegenüber der antiken Rhetorik, die er mit Hobbes teilt (cf. *De Cive* X 9). Die Rhetorik wird zur Bedrohung der Republik, zur Ursache für das Auseinanderdriften von vernünftigem und tatsächlichem Gemeinwillen. Athen ist kein Vorbild einer demokratischen Verfassung, sondern Negativbeispiel einer tyrannischen Aristokratie (cf. *Économie politique* III 246). Auch die Gesellschaftskritik des *II. Discours* trägt das ihre zu den Vorbehalten gegenüber einer räsonierenden Öffentlichkeit bei. Die *opinion* ist maßgeblich für den Selbstverlust des Einzelnen in der Gesellschaft verantwortlich. Sie bricht die ursprüngliche Einheit des Menschen mit sich selbst auf und verwandelt ihn in den *homme de l'homme* der Gegenwart.

Im *Gesellschaftsvertrag* selbst muß die *opinion* zwangsläufig einen prekären theoretischen Status erhalten. Weil die Bürger sich selbst Gesetze geben, brauchen sie keinen anderen Ausdruck ihres Willens. Eine wirkliche Konkurrenz von politischem und öffentlichem Willen kann nicht aufkommen. Dennoch kennt auch die Rousseausche Republik die *opinion*: zum einen jenseits des Staatsrechts als Ausdruck der Bürgertugend, zum anderen in Form einer antiken Institution (cf. III 394). Rousseaus Rückgriff auf das Inventar der römischen Republik, auf die *censure*, erfolgt allerdings unter dem Eindruck der Krise der Republik. Nachdem das Vertrauen in die Selbstläufigkeit der Volksherrschaft brüchig geworden ist, sind flankierende Maßnahmen zur Stabilisierung des republikanischen Unternehmens notwendig. Wenn Rousseau mit seiner Legitimationstheorie einem prozeduralen Muster folgt, distanziert er sich bei der Ausformung des Republikideals von diesem prozeduralen Schema. An die Stelle des öffentlichen Dialogs soll das spontane

Votum des monologisierenden Bürgers treten; das prozedurale Begründungsmuster wird auf diese Weise in eine Evidenztheorie überführt. Die empirische Buchstabierung der *volonté générale* stellt die Gesetzgebung weniger als Willensakt denn als epistemologischen Vorgang dar. Nicht was das Volk will, sondern ob das Gesetz mit der *volonté générale* verträglich ist, ist Gegenstand des Beschlusses. „Wenn man in der Volksversammlung ein Gesetz einbringt, fragt man genaugenommen nicht danach, ob die Bürger den Antrag annehmen oder ablehnen, sondern ob dieser dem Gemeinwillen, der der ihre ist, entspricht oder nicht“ (III 440f.).

9.4 Republik als Lebensform

Welche Form Rousseau der Freiheit des Einzelnen in der Republik auch immer politisch gibt, mit seiner Forderung nach Realpräsenz des Gemeinwillens setzt er der Realisierung seines Modells enge Grenzen. „Nachdem ich alles gründlich untersucht habe, sehe ich nicht, daß es dem Souverän zukünftig möglich sein wird, unter uns die Ausübung seiner Rechte aufrecht zu erhalten, wenn das Gemeinwesen nicht sehr klein ist“ (III 431). Nur in einem solchen Gemeinwesen läßt sich die geforderte existentielle Gemeinschaft der Bürger unter dem Gesetz der Republik verwirklichen. Rousseau ist überzeugt, daß die Zwecke des Rechts auf Dauer nur durch die Umwandlung der vertraglichen Rechtsgemeinschaft in eine substantielle Lebensgemeinschaft zu sichern sind. Die ursprüngliche Beschränkung des Staates auf eine Garantie konfliktfreier gesellschaftlicher Existenz, wie sie im *problême fondamental* formuliert ist, wird dadurch aufgehoben. Die Bürger begegnen sich nicht als Subjekte freier äußerer Willkür. Ihr Schicksal ist über die Republik brüderlich miteinander verknüpft (cf. III 968). Die *fraternité* gehört für Rousseau selbstverständlich zum Repertoire des Republikanismus. Zugleich verlieren die *res privatae* des Einzelnen ihre Gleichgültigkeit für das Gemeinwesen. Nachdem die Republik um ihres Gelingens willen das Innenleben des Bürgers zur eigenen Zuständigkeit erklärt, läßt sich eine klare Trennung zwischen Öffentlichem und Privatem nicht mehr aufrechterhalten. Die Sache der Republik kennt keine Adiaphora.

Schon früh zählt Rousseau die „süße Gewohnheit, sich zu sehen und zu kennen“ (III 112), zu den Charakteristika der Republik. Was er im *Gesellschaftsvertrag* als Eigentümlichkeit der demokratischen Regierung nennt, gilt für den republikanischen Staat im allgemeinen. „Wie viele schwer zu vereinbarende Dinge setzt diese Regierung nicht übrigens voraus? – Erstens einen sehr kleinen Staat, in dem das Volk einfach zu versammeln ist und jeder Bürger alle anderen leicht kennen kann“ (III 405). Die Möglichkeit des Kennenlernens wird allerdings schnell zum Anspruch. Rousseau will den Bürgern verwehren, was Madame de Staël und Constant zur fundamentalen Forderung modernen Bürgerseins erklären, die *obscurité*, die den Einzelnen in seiner Privatheit den Blicken der Mitbürger und des Staates entzieht. Rousseau wirbt für die Republik als offenes Haus. So empfiehlt er den polnischen Bürgern: „Es handelt sich darum, [...] sie rechtzeitig an Ordnung, an Gleichheit, an Brüderlichkeit, an Wettbewerb, an das Leben unter den Augen ihrer Mitbürger (à vivre sous les yeux de leurs concitoyens), an das Streben nach öffentlicher Anerkennung zu gewöhnen“ (III 968).

Wenn Rousseau vollständige Transparenz zum Ideal des *oikos* macht (vgl. Starobinski 1971), so läßt sich der entsprechende Imperativ auf das öffentliche Leben der Republik übertragen. „Wer liebt, sich zu verstecken, hat früher oder später Grund, sich zu verstecken. Eine einzige moralische Vorschrift kann an die Stelle aller anderen treten; es ist folgende: Tue und sage nichts, von dem Du nicht willst, daß alle Welt es sehe und höre; und was mich angeht, ich habe stets jenen Römer für den am meisten zu schätzenden Menschen gehalten, der wollte, daß sein Haus so gebaut wurde, daß man alles sehen konnte, was er tat“ (*Nouvelle Héloïse* II 424). Mit diesem republikanischen Imperativ muß der Anspruch des Bürgers auf eine blickdichte Privatsphäre als Bedrohung für das Gemeinwesen gewertet werden. Es ist allerdings bezeichnend, daß Rousseau gesellschaftliche Transparenz nur unter Bedingungen des Idealstaates fordert. Sobald er von der normativen in die diagnostische Perspektive wechselt, teilt er Constants Bedenken und wird zum Kritiker gesellschaftlicher Transparenz. Wo die Übereinstimmung des Individuums mit sich selbst nur außerhalb des Gemeinwesens verwirklicht werden kann, wird die Durchsichtigkeit zur Bedrohung individueller Autonomie: sie verhindert den Rückzug, der dem Einzelnen zu sich selbst verhelfen könnte. So heißt es im *Émile* mit Blick auf „unsere großen Städte“: „Die Gesellschaft ist dort so allgemein und mischt sich in alles ein, daß es für ein zurückgezogenes Leben keine Zuflucht mehr gibt und man in seinem Haus wie in der Öffentlichkeit lebt“ (IV 739).

Indem Rousseau das Schicksal der Republik an die Tugend der Bürger bindet, muß auch das Gewaltmonopol des Staates in einem anderen Licht erscheinen. Gilt Zwang von den vertragstheoretischen Voraussetzungen her zunächst als Wesensmerkmal von Recht und Staat überhaupt, wird er im *Gesellschaftsvertrag* zunehmend zur Verfallserscheinung. Wo sich Staatlichkeit durch Zwang definiert, befindet sich das Gemeinwesen bereits im Prozeß der Auflösung. Bürgertugend und staatliche Repression bilden in dieser Hinsicht Kontrapunkte. Um den Verlust an spontaner Bürgertugend auszugleichen, muß der Staat mit der Verschärfung des Zwangs reagieren. „Je weniger sich die Einzelwillen auf den Gemeinwillen beziehen, das heißt, die Sitten auf die Gesetze, um so mehr muß die beschränkende Gewalt (force réprimante) zunehmen“ (III 397). Der Ausbau des Staatsapparates, der damit notwendig wird, widerspricht den Prämissen Rousseaus: Einer realen Entgegensetzung von Bürgergesellschaft und Staat hat er sich mit dem Verbot politischer Repräsentation schon im Ansatz entzogen.

9.5 Republikanismus als Kritik der Moderne

Rousseau wendet der Moderne nicht nur als Theoretiker des Staatsrechts den Rücken zu, indem er Repräsentation verbietet und räsonnierende Öffentlichkeit verhindern will. Auch als Gesellschaftstheoretiker erteilt er dem Selbstverständnis der Modernen eine deutliche Absage. Die Abneigung gegen den Fortschritt von Wissenschaft, Technik und die Segnungen der *société commercante* gehört von Anfang an zum Repertoire republikanischer Gesellschaftskritik. „Wir haben Physiker, Geometer, Chemiker, Astronomen, Poeten, Herren, Maler; wir haben keine Bürger (citoyens) mehr“, heißt es im *Diskurs über die Wissenschaften und Künste* (1750) in Vorwegnahme des Späteren. Der *Gesellschaftsvertrag* will deshalb neben Repräsentation auch die

Arbeitsteilung und das *système des finances* aus der Republik verbannen. Wie Sieyès und Constant, die späteren Verfechter des verhaßten *Gouvernement représentatif*, versteht Rousseau die Repräsentation als eine Art der Arbeitsteilung und diese wiederum als eine Art der Repräsentation. Doch gelten ihm beide *inventions modernes* als Gefahren des Gemeinwesens: wo ihre Einrichtung gefestigt ist, sind die Republikanismuschancen vereitelt. Die *douceur du commerce* widerspricht der Härte des republikanischen Gesetzes: der Fortschritt der Marktgesellschaft ist nur um den Preis der Republik zu haben. Aus der Perspektive der Republik lassen sich Handel und Markt weder rechts- noch gesellschaftstheoretisch, geschweige denn naturgeschichtlich entschuldigen. Die Verbannung von *représentation* und *commerce* aus der Republik erfolgt in einem Atemzug. „Die Idee der Repräsentation ist modern. Wir haben sie aus dem Feudalsystem, dieser ungerechten und widersinnigen Regierung, in der die menschliche Art herabgewürdigt und wo das Wort Mensch entehrt wird. In den alten Republiken und selbst in den Monarchien hatte das Volk niemals Repräsentanten; man kannte das Wort gar nicht [...] Ihr, moderne Völker, ihr habt keine Sklaven, aber ihr seid Sklaven, ihr bezahlt deren Freiheit mit der euren" (III 430f.). „Plackerei in Handel und Künsten, gieriges Gewinnstreben, Schlaffheit und Bequemlichkeitsliebe verwandeln die persönlichen Dienste in Geld [...] Gebt Silber, und bald werdet ihr in Fesseln liegen. Das Wort *Finanzen* ist ein Sklavenwort; im Gemeinwesen ist es unbekannt" (III 428f.).

Angesichts des rückwärtsgewandten Charakters des *Gesellschaftsvertrags* mußte sich Rousseau die Erinnerung an die Antike mehrfach aufdrängen (vgl. Leduc-Fayette 1974). Bereits im *Diskurs über die Wissenschaften und Künste* dient ihm die Figur des antiken Bürgers für seine Gesellschaftskritik, und selbst der *Zweite Diskurs* kommt bei aller Verschiedenheit der kritischen Absichten positiv auf die Antike zu sprechen. Die römische Republik gilt dort als *modèle de tous les peuples libres* (III 113). Im *Gesellschaftsvertrag* wird sie von Rousseau wiederholt als Zeuge in eigener Sache aufgerufen. Hier liefert sie – zumindest zu einem bestimmten Augenblick – den geschichtlichen Beweis für die Möglichkeit der Republik. Der Blick zurück soll den Zweifel an einer republikanischen Zukunft zerstreuen: *De l'existant au possible*! „Betrachten wir aufgrund dessen, was geschehen ist, das, was geschehen kann; ich will nicht von den griechischen Republiken der Antike reden, aber die römische Republik war, scheint mir, ein großer Staat und die Stadt Rom eine große Stadt [...] Welche unvorstellbare Schwierigkeit, das riesige Volk aus der Hauptstadt und ihrer Umgebung häufig zu versammeln. Dabei verging kaum eine Woche, in der das Volk von Rom nicht versammelt wurde, und sogar mehrmals [...] diese eine unumstößliche Tatsache ist die Antwort auf alle Schwierigkeiten. Der Schluß vom Wirklichen auf das Mögliche erscheint mir gut" (III 425f.).

Der alte Verdacht, daß sich die Republik als Hirngespinst erweisen könnte, scheint unbegründet. „Das Volk versammelt, wird man sagen! Welches Hirngespinst! Heute ist es ein Hirngespinst, aber vor zweitausend Jahren war es keines. Hat sich die Natur geändert?" (III 425). Rousseau überläßt die Antwort an dieser Stelle seinen Lesern. Trotz aller Unentschiedenheit, die der *Gesellschaftsvertrag* vor allem in seinem vertragstheoretischen Anfang aufweist, werden sie zu einer positiven Antwort gelangen. Denn was die Antike zum doppelsinnigen Vorbild der modernen Republik werden läßt, ist nicht allein die institutionelle Gestalt des antiken Staates, der die Forderung nach voller Souveränität des Volkes einlöst. Es ist vor allem die Befindlichkeit des antiken Bürgers, die ihn für Rousseau zum Archetypus des Republikaners werden läßt. Die Erinnerung an den Bürger Spartas und Roms hält das Bewußtsein von den Möglichkeiten des Republikanismus wach. „Man ehrt und belehrt also die Menschheit, wenn man diese wertvollen Dokumente sammelt, die uns lehren, was die Menschen sein können, wenn sie uns zeigen, was sie gewesen sind", schreibt Rousseau in einem Fragment zur Geschichte Spartas (III 544). Bei näherem Hinsehen zeigt sich, daß die Rückbesinnung nur vordergründig dazu dient, die Zuversicht in die Zukunft der Republik zu stärken. Tatsächlich führt sie zu einer Kritik der bürgerlichen Moderne, die weder für die Gegenwart noch für die Zukunft versöhnliche Aussichten eröffnet. Am Beispiel des antiken Bürgers wird der zeitgenössische Bürger als *bourgeois* entlarvt, der an den Ansprüchen republikanischen Bürgerseins scheitert (vgl. Manent 1987). Gegen die Selbstgewißheit der Protagonisten der *commercial society* formuliert der *Gesellschaftsvertrag* damit ein tiefes Unbehagen an der Philosophie des *self-interest* und stellt dem zeitgenössischen Mangel an *Vaterlandsliebe* das Bild antiker Bürgertugend gegenüber (cf. III 429).

Rousseaus Modernitätskritik aus der Perspektive des *citoyen* ist sich der Vergeblichkeit ihrer Sehnsüchte durchaus bewußt. Eine Rückkehr in das *l'âge d'or* der antiken Polis kann der *Gesellschaftsvertrag* ebensowenig empfehlen wie der *Zweite Diskurs* die Rückwandlung des *bourgeois* in den *homme naturel*. Ungeachtet ihrer konkurrierenden Inhalte liefern beide Ideale nur die Folie zur Kritik der zeitgenössischen Gesellschaft. Sie enthalten keine Konstruktionsregeln für die Umwandlung der bestehenden Verhältnisse oder die Einrichtung der Republik. Zu einem handlungsleitenden Imperativ, den Rousseaus Nachfolger aus dem Werk herauslesen wollen, führt die theoretische Rückwendung in keinem der beiden Fälle. Um aus dem *Gesellschaftsvertrag* ein politisches Programm zu machen, müßte er gegen das Selbstverständnis seines Verfassers interpretiert werden. Versuche, bestehende Staaten nach dem Modell Spartas und des *Gesellschaftsvertrags* umzugestalten, hätten in Rousseau, spätestens mit der geschichtsphilosophischen Einordnung des Staatsrechts, einen entschiedenen Kritiker gefunden. Was den Vorbildcharakter der Antike über die Distanz von antikem *citoyen* und zeitgenössischem *bourgeois* hinaus im *Gesellschaftsvertrag* fragwürdig erscheinen läßt, sind die Voraussetzungen, die Rousseau in der Antike für die Ausübung der politischen Freiheit namhaft macht. Die volle Verwirklichung des antiken Bürgerideals ist für ihn letztlich nur unter der Voraussetzung der Sklaverei möglich. Sie fußt damit auf Bedingungen, denen Rousseau als Staatsrechtler schon zu Beginn des *Gesellschaftsvertrags* jede Legitimität abspricht. „Behauptet sich die Freiheit etwa nur mit Hilfe der Knechtschaft? Mag sein. Die beiden Extreme berühren sich. Alles, was nicht Natur ist, hat seine Nachteile, und die bürgerliche Gesellschaft mehr als alles andere. Es gibt derart ungünstige Lagen, in denen man seine Freiheit nur auf Kosten der Freiheit anderer bewahren und der Bürger nur dadurch frei sein kann, daß sich der Sklave in äußerster Sklaverei befindet. In dieser Lage war Sparta [...] Mit all dem meine ich weder, daß man Sklaven haben müsse, noch daß das Recht zur Sklaverei gerechtfertigt sei, da ich das Gegenteil bewiesen habe. Ich nenne nur die Gründe, aus denen die modernen Völker, die sich für frei halten, Repräsentanten haben und warum die alten Völker keine hatten. Wie dem auch sei, von dem Augenblick an, wo ein Volk sich Repräsentanten gibt, ist es nicht mehr frei; es ist nicht mehr" (III 431).

Für die eigene Republik will sich Rousseau die antike Trennung von Bürgersein und Arbeit nicht mehr zu eigen machen. Doch ist auch seine – zwiespältige – Einschätzung der Arbeit entschieden vormodern. Unter den Prämissen des *Zweiten Diskurses* wertet Rousseau die Notwendigkeit der werktätigen Reproduktion des menschlichen Lebens weitgehend negativ. Sie stellt ein Verfallsmoment in der Vergesellschaftung dar. Arbeit und Sklaverei gehen in der Gattungsgeschichte Hand in Hand. Bildet nicht der *homme naturel*, sondern der *citoyen* den Ausgangspunkt, ändert sich das Bild. Arbeit wird zur positiven Bestimmung des Bürgerseins unter der Bedingung, daß mit ihr die Unmittelbarkeit der republikanischen Lebensverhältnisse erhalten bleibt. Entlastung des Einzelnen von notwendigen Arbeitsvorgängen will Rousseau im Namen des Bürgers ebenso verbieten wie die Entlastung durch die Repräsentation. „In allem, was von menschlicher Kunstfertigkeit abhängt, muß man sorgfältig jede Maschine und jede Erfindung verbannen, die die Arbeit verkürzt, die Handarbeit ersparen und dieselbe Wirkung mit weniger Mühe haben kann" (*Fragments Politiques* III 525). Solange die Arbeit ihre mühsame, unmittelbar lebensdienliche Gestalt behält, ist sie unverdächtig. Wo sie allerdings beginnt, den Einzelnen von seiner politischen Existenz zu entfernen, wo sie in Verbindung mit den *représentations* des Geldes im *système des finances* zur Anhäufung von Werten führt, wird sie mit den Zwecken der Republik unverträglich. Deren Ende ist dann bereits absehbar. „Sobald der Dienst am Staat aufhört, die hauptsächlichste Angelegenheit der Bürger zu sein, und diese es vorziehen, mit der Geldbörse statt mit ihrer Person zu dienen, ist der Staat seinem Ruin schon nahe" (III 428). Dieses Mißtrauen gegenüber Markt und Handel läßt Rousseau im *système rustique* die geeignete Basis der Republik erkennen. So gilt ihm Korsika als positives Beispiel eines modernitätsresistenten Staates, der den typischen Verfallstendenzen der zeitgenössischen Gesellschaft widersteht.

Indem Rousseau Repräsentation und Markt vom Standpunkt der Republik aus ablehnt, verleiht er seiner politischen Philosophie einen utopischen wie erinnernd resignativen Zug. Daß die antike Polis, die in Rousseaus Begrifflichkeit des modernen Vertragsrechts wiederkehrt, nicht mehr zu verwirklichen ist, gehört zu den Gewißheiten des *Gesellschaftsvertrags*. Gegen die Rehabilitierung der Antike sprechen die Tatsachen und das eigene Staatsrecht. Dennoch bleibt sie das kritische Prinzip, mit dem das Schicksal der Moderne vermessen wird. So heißt es im *Gesellschaftsvertrag* an die Adresse der zeitgenössischen Völker: „Ihr, moderne Völker, ihr habt keine Sklaven, aber ihr seid Sklaven; ihr bezahlt deren Freiheit mit der euren. Ihr könnt euch dieses Vorzugs gerne rühmen; ich finde darin mehr Feigheit als Menschlichkeit“ (III 431). In den *Lettres de la montagne* erinnert Rousseau an diesen Befund und verbindet ihn mit einer ausdrücklichen Ermahnung an die Genfer Bürger. Wenn er ihnen die Vergeblichkeit des Unternehmens bescheinigt, sich nochmals als Bürger der antiken Republik zu begreifen, muß dies weitaus mehr für die moderne bürgerliche Gesellschaft gelten. Diese hat mit der Herrschaft des *esprit de commerce* und des Prinzips der Arbeitsteilung jegliche Empfänglichkeit für die Prinzipien des Rousseauschen Staatsrechts verloren. „Die alten Völker können für die modernen kein Modell mehr abgeben, sie sind ihnen in jeder Hinsicht zu fremd geworden. Vor allem aber ihr Genfer bleibt an eurem Platz und jagt nicht nach den erhabenen Gegenständen, die man euch vorhält, damit ihr den Abgrund überseht, den man vor euren Füßen gräbt. Ihr seid weder Römer noch Spartaner, ja nicht einmal mehr Athener. Laßt alle diese großen Namen, die euch nicht kleiden, ihr seid Kaufleute, Handwerker, Bürger (bourgeois), die immer mit ihrem Privatinteresse, ihrer Arbeit, ihrem Handel, ihrem Gewinn beschäftigt sind; Leute, für die die Freiheit selbst nur ein Mittel ist, ohne Hindernisse erwerben und in Sicherheit besitzen zu können“ (III 881).

Wenn die nachfolgenden Generationen den Autor des *Gesellschaftsvertrags* meist in polemischer Absicht zu den modernen Gewährsmännern der *liberté des anciens* rechnen, so ist doch für Rousseau selbst die *Querelle des anciens et des modernes* längst entschieden. In ihr haben die Modernen den Sieg davongetragen, einen äußerst zweifelhaften allerdings, der zu Selbstgewißheit keinerlei Anlaß gibt. Dies macht die Bemerkung deutlich, die Rousseau der Mahnung an die Genfer Bürger unmittelbar folgen läßt. Die Entlastung vom Politischen, die mit der Konzentration des modernen Bürgers auf seine private Existenz einhergeht, wird von Rousseau negativ bewertet. Sie kommt dem Ende der Freiheit gleich. Dagegen werden Sieyès und Constant in der Entlastung des modernen Bürgers durch Repräsentation einen Zuwachs der Freiheiten erkennen. Ihr Plädoyer für die Moderne verleiht der Freiheit allerdings einen anderen Inhalt: sie besteht in bürgerlicher Unabhängigkeit, entspricht dem Typus negativer Freiheit, während Rousseau an seinem Begriff positiver Freiheit festhält. Er fällt mit der Idee politischer Teilhabe zusammen. Diese Differenz macht verständlich, weshalb die Repräsentation den einen als authentischer Ausdruck individueller Freiheit erscheint und dem anderem als das Ende der Freiheit (vgl. Herb 1999). Für Rousseau jedenfalls ist es, wie die Adresse an die Genfer Bürger zeigt, unmöglich, dem institutionellen Ausdruck der Moderne einen positiven Inhalt zu verleihen. „Die Situation verlangt für euch besondere Maximen. Da ihr nicht müßig seid wie die alten Völker, so könnt ihr euch nicht wie sie unaufhörlich mit der Regierung beschäftigen, aber eben deshalb, weil ihr nicht beständig darüber wachen könnt, muß sie so eingerichtet sein, daß ihr sehr leicht ihr Vorgehen erkennen und die Mißbräuche abstellen könnt. Jede öffentliche Sorge, die euer Interesse erfordert, muß euch umso mehr erleichtert werden, weil es euch Mühe und Überwindung kostet, eure Aufmerksamkeit darauf zu richten. Denn zu wollen, sich vollständig davon zu entlasten, heißt aufhören wollen, frei zu sein“ (III 881).

Man erkennt leicht, daß das entschiedene Plädoyer, das Rousseau – kaum bemerkt von Freund und Feind – *gegen* die Imitation der Antike hält, das Schicksal seines eigenen Modells betrifft. Die Warnung an die Genfer Bürger haben seine vermeintlichen Schüler während der Revolution geflissentlich überhört. Auch wenn sie sich ausdrücklich auf den *Gesellschaftsvertrag* berufen und in ihm das Programm ihrer Revolution zu erkennen glauben, hätten sie in Rousseau keinen Fürsprecher für ihre politischen Ziele, geschweige denn für die Mittel zu ihrer Realisation gefunden. Er hätte den Versuch der Umwandlung der französischen Gesellschaft nach antiken Muster ebenso abgelehnt wie die abrupte Gründung seiner eigenen Republik. Wo Rousseau eine positive Veränderung des Bestehenden überhaupt für möglich hält, hat sie jedenfalls einer anderen Logik als der des *Gesellschaftsvertrags* zu folgen. Eine solche Politik ist nicht im Widerspruch, sondern nur im Einvernehmen mit dem Bestehenden denkbar.

Nimmt man Rousseaus kategorisches Nein zur Repräsentation ernst, so ist eine Fortschreibung des Gemeinwillens im Sinne des Kantischen Staatsrechts ausgeschlossen. Kants *Ideal des Staatsrechts* kann sich bei aller buchstäblichen Treue zu Rousseau nur im Widerspruch zu dessen Bürgerbund bestimmen. Eine Rechtsphilosophie des *als ob*, die Rousseaus Autonomiegedanken kritisch reformieren will, ist unter den Prämissen des *Gesellschaftsvertrags* ausgeschlossen. Auf eine kriteriologische Lesart der *volonté générale*, wie sie in der *Économie politique* vorliegt, versteht sich Rousseau jetzt nicht mehr: alle rechtliche Praxis, die die geforderte Unmittelbarkeit der Herrschaftsbeziehungen nicht erfüllt, gilt nun als rechtliche Heteronomie. Indem Rousseau auf dieser Unmittelbarkeit beharrt, erteilt er der legitimationsstiftenden Fiktion des modernen Rechtsstaats eine strikte Absage und blockiert zugleich jede institutionelle Ausarbeitung der Rechtsidee: voll Vertrauen in den prozeduralen Automatismus nicht-repräsentativer Herrschaft sieht er keine Notwendigkeit einer externen Begrenzung des souveränen Willens. Versuche einer naturrechtlichen Limitierung lehnt er ebenso ab wie die institutionelle Einhegung der Volkssouveränität. Das Problem einer solchen Begrenzung stellt sich nicht innerhalb der Idealstaatskonstruktion des *Gesellschaftsvertrags*: es wird erst dort zur theoretischen Herausforderung, wo Rousseau gezwungen ist, die Repräsentation als unumgängliches Faktum anzuerkennen: im Verfassungsentwurf für Polen.

9.6 Erzwungene Repräsentation: Der Fall Polen

Die *Considérations sur le Gouvernement de Pologne* führen Rousseau zu einer moderateren Stellungnahme zur Repräsentation. Sie wird nun, wenn auch ohne jede Begeisterung, in den Dienst des Gemeinwillens gestellt. Es zeigt sich, daß dies jedoch nicht zu einer grundsätzlichen Revision des Standpunktes des *Gesellschaftsvertrags* führt. Im Gegenteil, die Verfassungsvorschläge für Polen zeugen von dem paradoxen Versuch, dem modernen Staat die Logik der direkten Demokratie anzuverwandeln. Konfrontiert mit den Sachzwängen eines Staates, der keine direkte Demokratie zuläßt, gesteht er den Polen eine parlamentarische Vertretung des Volkswillens zu. Wer darin allerdings ein Bekenntnis zum *gouvernement représentatif* erkennen will (vgl. Wright 1994), sieht sich getäuscht. Rousseau bricht keineswegs mit der Logik des *Gesellschaftsvertrags*. Die *Considérations* sind vielmehr, wie Rousseau eigens vermerkt (cf. III 981), als Anwendungsfall des Staatsrechts zu verstehen: Sie verweigern sich damit – wie der *Gesellschaftsvertrag* selbst – der politischen Moderne. Es ist offensichtlich, daß Rousseau in der *Polenschrift* seine grundsätzlichen Bedenken gegenüber der Repräsentation aufrechterhält. Bereits der äußere Grund für die Repräsentation wird negativ verrechnet: die modernen Flächenstaaten sind durch ihre Größe um eine wesentliche Chance zur Republikanisierung beraubt. „Größe der Nationen! Ausdehnung der Staaten! Erste und hauptsächliche Ursache für das Unglück des Menschengeschlechts und für das unermeßliche Unheil, das die gesitteten Völker untergräbt und zerstört [...] Gott allein kann die Welt regieren, und übermenschliche Fähigkeiten wären erforderlich, um große Nationen zu regieren“ (III 970f.). Wo die *députation* unumgänglich ist, bietet sie nur einen prekären Ersatz für die Selbstherrschaft des Volkes. Als Institution birgt sie eine ständige Gefahr für das Gemeinwesen. „Eine der größten Unannehmlichkeiten der großen Staaten, diejenige, welche es von allen am schwierigsten macht, die Freiheit zu erhalten, besteht darin, das die gesetzgebende Gewalt dort nicht selbst in Erscheinung treten und nur durch Deputation handeln kann. Dies hat sein Schlechtes und sein Gutes; aber das Schlechte überwiegt“ (III 978f.).

Rousseau erinnert an die Grundproblematik der Repräsentation, die im *Gesellschaftsvertrag* zur strikten Ablehnung führt: die Aufhebung der Identität von Herrschern und Beherrschten, die ihm im Idealstaatsmodell als gerechtigkeitskonstitutive Grundbedingung gilt. Wie im *Gesellschaftsvertrag* sieht er zwischen dem Willen des Volkes und der Repräsentanten einen ursprünglichen Konflikt. Der Volkswille ist nicht korrumpierbar, aber leicht zu täuschen, während die Repräsentanten schwer zu täuschen, aber leicht zu korrumpieren sind (III 978f.). Die Gefahr der *corruption* hängt wie ein Damoklesschwert über der Repräsentativverfassung. Um diesem *mal terrible* (III 979) zu begegnen, schlägt Rousseau periodische Wahlen vor, die zu einem häufigen Wechsel der Zusammensetzung des Parlaments führen und der mehrfachen Wiederwahl von Abgeordneten Vorschub leisten sollen. Rousseau nutzt die Gelegenheit zu einem seiner vielen Seitenhiebe auf die englische Verfassung: „Ich kann mich in diesem Punkt nur wundern über die Nachlässigkeit, Sorglosigkeit, ja, ich wage es zu sagen, die Dummheit der englischen Nation, die, nachdem sie ihre Abgeordneten mit der höchsten Gewalt ausgerüstet hat, keine Begrenzung (frein) vorsieht, um den Gebrauch zu regeln, den diese Abgeordneten für die Dauer ihres Auftrags in sieben vollen Jahren von dieser Gewalt machen können" (III 979). Rousseaus Anglophobie – von Kant weitgehend geteilt – durchzieht seine politischen Schriften wie ein roter Faden. England ist für ihn das Synonym für alles, was er als politischer Philosoph an der Moderne verachtet. „Ich habe England und die Engländer nie geliebt" (I 582), bekennt er freimütig.

Ein imperatives Mandat soll den Repräsentanten in eine strikte Rechenschaftsbeziehung zu seinen Wählern einbinden und seinen Amtsgebrauch einer minutiösen Reglementierung unterwerfen. Damit findet das Transparenzgebot des *Gesellschaftsvertrags* Anwendung auf die Repräsentationsbeziehung: Der Abgeordnete handelt unter dem wachen Auge der Bürger, deren Einverständnis über den Fortbestand seines Amtes entscheidet (vgl. III 980). Für Rousseau dient das imperative Mandat keineswegs der Repräsentation ständischer Interessen, es verpflichtet ausschließlich gegenüber der Nation. Auch hierin ist der Bürger des *Gesellschaftsvertrags* Vorbild: Wie dieser soll der polnische Abgeordnete den Interessenstandpunkt des vernünftigen Allgemeinen einnehmen. Nur so ist zu erwarten, daß die Gesetze, von einem partikularen politischen Körper verabschiedet, gleichsam die Qualität des Allgemeinen haben, also authentischer Ausdruck des Volkswillens sind (cf. III 980).

Bemerkenswert ist, daß der Versuch, die Staatsrechtsprinzipien auf die polnischen Verhältnisse anzuwenden, erstmals zur Problematik der *Begrenzung* der Staatsgewalt führt, die der Liberalismus als vordringliche theoretische Aufgabe erkennt. Im *Gesellschaftsvertrag* zielt Rousseaus Interesse in die entgegengesetzte Richtung. Wo die Identität von Herrschern und Beherrschten auch institutionell gegeben ist, geht es um die möglichst vollständige Entgrenzung des staatlichen Gemeinwillens. Im Vertrauen auf den Selbstbegrenzungsmechanismus des Gemeinwillens lehnt Rousseau die traditionellen Grenzziehungen durch Naturrecht, Grundgesetze und Gewaltenteilung ab. Die Notwendigkeit einer Begrenzung stellt sich erst mit der Übertragung der Souveränität, also für das *gouvernement représentatif*. Wo die gesetzgebende Gewalt nicht selbst in Erscheinung treten und nur durch Deputation handeln kann, erweist sich die Begrenzung nun als *absolut notwendig* (cf. III 978). Rousseau hat keine modernen Formen institutioneller Garantie im Sinne, sondern sieht im imperativen Mandat ein solches *frein* (III 980). Es soll die Risiken der Repräsentation eindämmen. Es ist keineswegs zufällig, daß die Jakobiner Rousseau in diesem Punkt die Treue beweisen. Auch für sie ist das Gelingen der Republik letztlich in der Moralität ihrer Protagonisten verbürgt: auch sie wollen die Mandatare des Volkswillens dem Gebot vollkommener Transparenz unterwerfen. Ein so energischer Verfechter der Repräsentation wie Sieyès sieht das imperative Mandat der Konzeption der direkten Demokratie verpflichtet und fügt es in die Frühgeschichte des modernen Verfassungsstaates ein. Für Sieyès gehört Rousseau auf die Seite der Alten.

Wenn sich Rousseau mit dem imperativen Mandat weiterhin der Logik des *Gesellschaftsvertrags* verschreibt, distanziert er sich davon jedoch für einen Moment. Kommt es zu einem Dissens zwischen Volks- und Repräsentantenwillen, erhält letzterer unter souveränitätstheoretischen Gesichtspunkten das letzte Wort: Die Gesetzgebung des polnischen Reichstages bedarf weder einer Bestätigung durch den Willen des Volkes noch ist dieses zum Widerstand gegen Entscheidungen der Abgeordnetenversammlung berechtigt (ebd.). Man mag in diesem Zugeständnis ein Zeichen für Rousseaus politischen Realitätssinn erkennen (vgl. Derathé 279), einen Sieg des politischen Kalküls über den Prinzipienstandpunkt; sicher ist, daß die Logik des *Gesellschaftsvertrags* damit durchbrochen wird. Sie verlangte das Referendum des Volkes als unerläßliche Legitimationsbedingung. Nur für einen Moment und gegen seine erklärten theoretischen Absichten nähert sich Rousseau in der Polen-Schrift dem Legitimationskonzept des modernen, auf Repräsentation gestützten Republikanismus: der Wille der Repräsentanten, geläutert durch die Zwänge des imperativen Mandats, gilt nun als *l'expression réelle des volontés de la nation* (ebd.) Auf dieser demokratischen Zumutung, der fiktiven Identität von Volks- und Repräsentantenwillen, beruht die Gehorsamspflicht der vertretenen

Bürger und das Herrschaftsrecht ihrer Repräsentanten. Von der kurzlebigen Zwangsehe, die Rousseau zwischen Gemeinwillen und Repräsentation stiftet, führt noch ein weiter Weg bis zum Programm des modernen Republikanismus, der die Repräsentation zum Wesen der politischen Moderne erklärt. Diesen Weg hat Rousseau in seiner Verfassung für Polen aus den bekannten Gründen nicht nehmen wollen. Die *Considérations sur le Gouvernement de Pologne* bestätigen somit den Verdacht, den bereits der *Gesellschaftsvertrag* geweckt hat: das *Ideal des Staatsrechts* war am Ende zu schön, um wahr zu sein.

Literatur

Bouchilloux, H. (2002): L'origine du mal selon Rousseau: la perversité de la représentation?, in: Les Cahiers philosophiques de Strasbourg 13, 225–246.

Constant, B. 1980: De la liberté chez les Modernes. Écrits politiques, hg. v. M. Gauchet, Paris.

de Freitas, J. 1997: Política e festa popular em Rousseau: a recusa de representação, São Paulo.

Derathé, R. 1950: Jean-Jacques Rousseau et la science politique de son temps, Paris.

Herb, K. 1999: Bürgerliche Freiheit. Politische Philosophie von Hobbes bis Constant, Freiburg / München.

Hubert, R. 1928: Rousseau et l'Éncyclopédie, Paris.

Leduc-Fayette, D. 1974: J.-J. Rousseau et le mythe de l'antiquité, Paris.

Manent, P. 1987: Histoire intellectuelle du libéralisme. Dix leçons. Paris.

Roels, J. 1969; Le concept de représentation politique au dix-huitième siècle français, Louvain / Paris.

Sieyès, E. 1985: Écrits politiques, hg. v. R. Zapperi, Paris.

Starobinski, J. 1971: La transparence et l'obstacle, Paris.

Talmon, J. L. 1961: Die Ursprünge der totalitären Demokratie, Köln.

Wright, J. K. 1994: Les sources républicaines de la Déclaration des droits de l'homme et du citoyen, in: Furet, F. / Ozouf, M., Le siècle de l'avènement républicain, Paris, 127–164.

Jean Cousin

Rousseau als Interpret der römischen Institutionen[1]

(IV 4–7)

Angesichts der langen Liste von Arbeiten, die dem *Gesellschaftsvertrag* gewidmet sind, ist man doppelt überrascht: einerseits, wenn man die hohe Anzahl an Publikationen sieht, die dessen jüngere Quellen behandeln, aber seine entfernteren Inspirationen schweigend übergehen; andererseits, wenn man feststellt, daß Rousseaus Interpretation der römischen Institutionen, deren Kritik fast ein Viertel des Werkes ausmacht, kaum zum Gegenstand einer Untersuchung gemacht wurde. Zweifellos ist Rousseau teilweise für diesen methodischen Irrweg verantwortlich, zumal er selbst erklärt, es gehe nicht darum, zu wissen „was war, sondern was sein muß", und zu verstehen gibt, seine Haltung sei nicht die eines Historikers. Unter diesen Umständen stellt sich aber die Frage, warum er so ausführlich auf das Beispiel Roms eingeht, wenn dieses Beispiel für seine Beweisführung gar nicht nötig sein sollte. Meiner Ansicht nach ist es ein schwerwiegender Fehler, den langen „römischen" Kapiteln keine Aufmerksamkeit zu widmen, denn es ist offenkundig, daß das Bild Roms eine große Anziehungskraft auf Rousseaus Geist ausübte, wie das bei allen der Fall war, die sich mit Institutionen und Gesetzen beschäftigten: Rom ist in den Texten der Juristen, der Rechtsgelehrten und der Politiker des Mittelalters, der Renaissance und der Moderne überall gegenwärtig: Rousseau

1 Der Text ist die übersetzte Fassung von Jean Cousin, *Jean-Jacques Rousseau interprète des institutions romaines dans le* Contrat social, in: Études sur le *Contrat social* de Jean-Jacques Rousseau. Actes des journées d'étude organisées à Dijon, Paris 1964, 10–34.

konnte der Fata Morgana der Stadt nicht entweichen, die im Bereich der bürgerlichen Ordnung dem Abendland ihre Strukturen vermacht hat.

Also Rousseau und Rom. Wir werden uns hier zunächst nicht die Frage stellen, welches Interesse daran besteht, zu wissen, aus welchen Quellen er seine Informationen und Orientierungen geschöpft hat. Worauf es ankommt, ist, daß er Eindrücke und Gedanken über diese Stadt angenommen und sie zu seinen eigenen gemacht hat, bis zu dem Punkt, daß er darüber wie über feststehende Tatsachen dachte: Es empfiehlt sich, zu sehen, was er darüber weiß, was er darüber sagt und darüber denkt.

Rousseau zufolge gibt es „keine wirklich gesicherten Zeugnisse aus den ersten Zeiten Roms; es besteht sogar hohe Wahrscheinlichkeit, daß die Mehrzahl der Dinge, die darüber verbreitet werden, Legenden sind" (CS III 444). Ohne auf das Risiko zu achten, noch weitere hinzuzufügen, behauptet er sogleich, die Wörter „Rom" und „Numa" stammten aus dem Griechischen, das erste bedeute „Stärke", das zweite „Gesetz". Daraus folgert er, es gebe eine Art von Harmonie, beinahe einen schöpferischen Determinismus in der Verbindung dieser Namen mit der Geschichte der Stadt. Unglücklicherweise begeht er zwei offenkundige Fehler: „Rom" hat keinerlei Zusammenhang mit dem griechischen Wort „rome", „Numa" keinen Bezug zum griechischen „nomos". Aber diese etymologischen Beziehungen, die eines Nominalisten würdig wären, wurden Bestandteile des Bildes, das er sich vom traditionellen Rom machte, dem Rom der Soldaten und der Juristen, der Eroberer und Gesetzgeber, dem Rom der Tugend. „Neben den allen gemeinsamen Grundsätzen birgt jedes Volk in sich irgendeinen Grund, der diese auf eine besondere Weise ordnet und seine Gesetzgebung für es alleine geeignet macht. So haben damals die Hebräer und neuerlich die Araber als oberstes Ziel die Religion gehabt, die Athener die Literatur, Karthago und Tiryns den Handel, Rhodos die Seemacht, Sparta den Krieg und Rom die Tugend" (CS III 392). Unbestreitbar kommt das Wort „Tugend" häufig in lateinischen Texten vor; es ist eine der Triebfedern in der Argumentation der Redner, eines der Meditationsobjekte der Moralisten, und Titus Livius hat unter anderen versucht, die *virtus* zur höchsten Eigenschaft des Römers zu machen, wie es ihrerseits die Neo-Stoiker der Renaissance taten, dann Montaigne, Corneille, und später die Schriftsteller des 18. Jahrhunderts, unter denen Montesquieu den prominentesten Platz einnimmt.

Doch wohlverstanden: Wenn es unbestreitbar ist, daß die Römer unter Tugend die *moralische* Tugend verstanden, so haben sie dem Wort doch auch eine Bedeutung gegeben, die Montesquieu aufgenommen hat und die bereits Aristoteles gesehen hatte (*Politik* III, 2): „Was ich die *Tugend* in der Republik nenne," so Montesquieu, „ist die Liebe zum Vaterland, das heißt die Liebe zur Gleichheit. Es ist weder eine moralische noch eine christliche Tugend, es ist die *politische* Tugend", und weiter: „Der rechtschaffene Mann [...] ist der Mann, der die Gesetze seines Landes liebt und sich von dieser Liebe in seinem Handeln leiten läßt." (Montesquieu, *Vom Geist der Gesetze*, Vorerinnerung). Folglich kann die *virtus* je nach dem Aspekt, unter dem sie betrachtet wird, die Aktualisierung oder besser die vollendete Form der Eigenschaften des *vir* sein, des Privatmannes oder des Mannes des öffentlichen Lebens. Stärke, Gesetz, Tugend, das sind die Begriffe, die von Anfang an im Denken Rousseaus die Identität Roms kennzeichnen; sie sind diejenigen, die sein Urteil zu bestimmen scheinen, sie sind vielleicht diejenigen, die im Hintergrund seines politischen Bewußtseins die grundlegenden Prinzipien seines „Vertrags" bilden.

Aus dieser Perspektive heraus hat man das Königtum, die Republik und das Kaiserreich, die Tyrannei, die Demokratie und die Monarchie voneinander abgesetzt und die Antike beurteilt. Es ist dieser Blickwinkel, aus dem Rousseau auch die Untersuchung der politischen Institutionen der kaiserlichen Epoche in Rom in Angriff nimmt und von primitiven Versammlungen spricht, von *Curien*, *Decurien*, *Centurien*, um zwischen diesen Wörtern und den Wirklichkeiten, die sie kennzeichnen, einen Bedeutungszusammenhang herzustellen. Nun ist die Bedeutung des Wortes *Curie* unklar und die Etymologen tappen im Dunkeln, aber sie nehmen nicht an, daß die Begriffe *Decurie* und *Decurion* mit *Curie* zusammenhängen: *Decurie* schließt sich tatsächlich an *decem* an, wie *Centurie* an *centum*. Infolgedessen ist Rousseaus Argument nicht stichhaltig.

Wir werden Jean-Jacques in seiner Vereinfachung der Tribus, der Curien und Centurien auf rein militärische Einteilungen nicht länger folgen. Es ist heutzutage anerkannt, daß der

Begriff *Tribus* gegen seinen Anschein keinen Bezug zur Zahl Drei hat und die Etymologen behaupten – ohne darüber hinaus zu gehen –, dieser anscheinende Bezug sei nichts als bloße Vermutung. Wenn es tatsächlich richtig ist, zu glauben, daß diese primitive Stadt den Umständen entsprechend eine militärische Organisation hatte, um sich zu verteidigen oder anzugreifen, so beruht unser Wissen über dieses heroische Zeitalter doch nur auf späteren Berichten, vor allem denen von Titus Livius und Dionysios von Halikarnassos, die die Geschichte vereinfacht und geordnet haben, und in einer entfernten Vergangenheit das verwarfen, was aus einer für sie jüngeren Epoche stammte. Die ursprünglichen Tribus waren weder topographisch noch ethnisch und noch weniger nach dem *census* geordnet. Sie waren funktionell und aus religiösen und militärischen Gruppen zusammengesetzt, die einen wie die anderen unserer modernen Terminologie zufolge „aristokratisch" gegenüber einer Art von Drittem Stand der Bauern, der halb seßhaft, halb nomadisch, Viehzucht für den unmittelbaren Gebrauch betrieb. Die etruskischen Lucumonen, die dem ersten Tarquinier nachfolgten und diese Dreiteilung umwarfen, um ihr eine topographische Struktur zu geben, konnten die Bezeichnungen *Ramnes*, *Tities*, *Luceres* nicht verschwinden lassen, so daß der revolutionäre Versuch von Tarquinius I. mißglückte, und der konservative Versuch des Servius gelang. Wenn er gelang, so lag das daran, daß er die Klasse der Priester und die der *equites* bestehen ließ, an die man unmöglich rühren durfte, indem er die erste aufrechterhielt, die zweite vergrößerte und im Gegenzug jenen „Dritten Stand" in Klassen nach dem *census* einteilte, die den beiden anderen untergeordnet waren. Der Schaden, den Tarquinius dieser theokratischen Struktur zufügte, war für ihn fatal. Servius respektierte die *primores civitatis*, er beließ ihre Bezeichnungen, schuf aber zwölf neue Centurien und halbierte die drei alten (Titus Livius I, 43, 9: „sub iisdem quibus inauguratae erant nominibus"). Und er gründete seine Reform auf den *census*.

Rousseau schien in diesen Reformen nur den Wunsch oder den Instinkt zu sehen, „sich im voraus eine der Hauptstadt der Welt zukommende Ordnung zu geben" (CS III 444f.), aber der *census* hatte in der Tat nicht nur einen militärischen Zweck. Worin besteht nun also dieser *census*? Dionysios von Halicarnassos erklärt es folgendermaßen: Bei der Landbevölkerung müssen alle Bewohner desselben *pagus* einzeln ein bestimmtes Geldstück darbringen – besser gesagt, ein *symbolon*, denn der Anachronismus des Dionysios ist offenkundig –, das je nachdem, ob es sich um erwachsene Männer und Frauen oder um Unmündige handelt, variiert. Bei der Stadtbevölkerung verhält es sich so, daß jedesmal, wenn jemand geboren wird, in die Kategorie der *iuvenes* eintritt, oder stirbt, dieses *symbolon* in den Schatz der Juno Lucina, der Juventas oder den der Venus Libitina eingezahlt wird. So wird sich der erste *census* vollzogen haben, als alle Römer einmal das erklärt hatten, was wir heute ihren Zivilstand und ihre Güter nennen würden. Zählung der Individuen und Zählung der Vermögen tragen somit zunehmend zum Offenlegen einer Eigenschaft bei, der *dignitas*, dem „Verdienst", denn dieser *census* entspricht einer Art Zuordnung, Beförderung oder Degradierung in der Körperschaft der Einwohner; von diesem ursprünglichen *census* werden sich die Organisatoren und Verwender des klassischen *census* haben inspirieren lassen.

Rousseau folgt zweifellos der traditionellen Lehre, wenn er die Aufteilung der städtischen und ländlichen Tribus darlegt. Man wird ihm keinen allzu großen Vorwurf daraus machen können, aber er liefert Kommentare dazu, die ausschließlich von seinen persönlichen Ansichten geleitet sind: Zu behaupten, die Unterscheidung von städtischen und ländlichen Tribus sei der Grund, daß die römischen Sitten dem moralischen Verfall standgehalten hätten, läuft auf seine bereits bekannte These hinaus, der zufolge die Sitten auf dem Land rein sind, weil sie der Natur nahe sind, die Sitten in der Stadt dagegen sind unrein, weil sie durch die Zivilisation verdorben sind. Zu schreiben, der „weise Stifter", Servius, habe „Künste, Handwerk, Ränkespiel, Reichtum und Sklaverei in die Stadt verbannt" (CS III 446), bedeutet, Künste und Handwerk auf die leichte Schulter zu nehmen, sie wie eine Art Verurteilte des gemeinen Rechts zu behandeln. Es bedeutet, abstrakt die Behauptung aufzustellen, die Landbewohner hätten keine Ahnung vom Handwerk, von Intrigen und Streitereien, und absichtlich das irdische Schicksal der Großgrundbesitzer zu ignorieren, die Organisation der Bauernhöfe und *villae*, und vor allem die ländliche Versklavung, deren ökonomische und gesellschaftliche Bedeutung für das Schicksal Roms beträchtlich ist.

Diese Vereinfachung verfälscht die Untersuchung, indem sie die ökonomischen Verwicklungen außer acht läßt. Danach steht es Rousseau frei, die Gemeinplätze der belehrenden Rhetorik heraufzubeschwören: „das einfache und arbeitsame Leben des Landmannes", das Dorf, die „Pflanzschule für jene widerstandsfähigen und tapferen Männer", die die Römer verteidigten (CS III 446); es steht ihm frei, den in eine ländliche Tribus eingetragenen Appius Claudius den in städtische Tribus eingetragenen Freigelassenen gegenüberzustellen und durch eine gleichmachende Abstraktion Züge zu verallgemeinern, die nur für bestimmte Individuen charakteristisch sind. Bekanntlich handelt es sich um Beispiele, die von Varro, Titus Livius und Plinius entlehnt sind und bis zum Überdruß in der Argumentation der epidiktischen Diskurse wiederholt werden, aber sie sind auch eher eine Art von Slogans als historische Beweise von universellem Wert, deren Echo quer durch die westliche, kämpferische politische Literatur des 18. Jahrhunderts hindurch vernehmbar ist.

Was die Mechanismen der Versammlungen angeht, beschränkt sich Rousseau in der Tradition des Livius ebenfalls auf allgemeine Äußerungen, manchmal jedoch führt er Einzelheiten an, deren Kommentierung seiner These nichts Neues hinzufügt: Wie läßt sich behaupten, die Einrichtung des patrizischen Patronats und der Klientel sei ein „politisch-humanes Meisterwerk" gewesen und „Rom allein wurde die Ehre zuteil, der Welt dieses schöne Beispiel zu geben, aus dem ihm nie Mißbrauch erwuchs und das dennoch keine Nachfolge fand" (CS III 450)?

Man errät mühelos, was hinter diesen beschönigenden Bejahungen steckt, nämlich der Traum einer väterlichen und paternalistischen Gesellschaft, organisiert wie jene, die in der *Neuen Heloïse* beschrieben wird und die rund um das Schloß des guten Herrn von Wolmar lebt. Aber verhält es sich in der römischen Wirklichkeit genauso? Auch ohne auf das *patrocinium* der Mächtigen einzugehen, für das der berühmte Diskurs des Libanios zur Zeit der konstantinischen Dynastie den Ton angibt – wie kann man die strengen Verpflichtungen der Klienten des 5. Jahrhunderts vor Christus und der nachfolgenden Jahrhunderte vergessen? Zweifellos beruhen die Beziehungen zwischen *clientes* und *patroni* auf der Grundlage einer moralischen Beziehung von gegenseitiger *fides*, aber die Klienten waren nur halb-freie Individuen, sei es, daß sie Fremde waren, die in der Hoffnung auf eine Verbesserung ihrer wirtschaftlichen Lage nach Rom gekommen waren, sei es, daß sie Bewohner eines eroberten Territoriums waren, Freigelassene, oder uneheliche Söhne von freien Frauen, und sie waren gezwungen, sich dem Schicksal zu beugen, das ihnen die Gesetze und die Sitten, die über die Klassen herrschten, auferlegten. Anfangs konnten die Klienten kein Testament abschließen, ohne zuvor das kuriale Stimmrecht zu haben, oder vor der Einrichtung des Testaments durch *mancipatio*. Die *adrogatio* war für sie unerreichbar, wie auch der Zugang zu Eigentum mit vollem Rechtstitel, solange dieser Grundbesitz der *gens* gehörte; sie besaßen nicht die Freiheit, wegen Erbangelegenheiten oder strafbaren Handlungen gegen ihren Patron gerichtlich vorzugehen; wenn sie eine Erbschaft antreten konnten, ging das nur unter eingeschränkten Bedingungen, nur *ab intestat*, auf Grund des Verwandtschaftsrechts, und sie waren außerdem zu zahlreichen Dienstleistungen verpflichtet, wie z. B. ihrem Patron im Fall von Eheschließung, Geldstrafe oder Lösegeldzahlung finanzielle Unterstützung zu liefern.

Ist das die Situation, die gerade im fortgeschrittenen und als neuerungssüchtig geltenden 18. Jahrhundert, das der soziologischen Wiederherstellung Lukretias manchmal sogar feindlich gesinnt war, als idealer Zustand erscheinen kann, der Tränen der Rührung fließen läßt? Und kann man, wie Rousseau, sagen, daß niemals Mißbrauch daraus erwachsen ist, ohne die lange Abfolge von sozialen Unruhen und Gewalttätigkeiten, die in der Geschichte den Aufstieg der Plebs zur Macht und die Entwicklung ihrer Emanzipation markiert haben, bewußt ignorieren zu wollen? Ich höre immer noch den vom Stoizismus genährten, heftigen, späten Protest Senecas gegen die Härte der imperialen Sitten gegenüber diesen Menschen.

Dennoch sind das laut Rousseau die Beziehungen zwischen den Individuen in ihrer römischen Gesellschaft; das sind die Verpflichtungen, die sie verbinden; das ist unserer Auffassung nach der Fehler der Sichtweise, aus der er sie betrachtet. Wie sieht es aus, wenn er sich veranlaßt fühlt, von gesellschaftlichen und politischen Gruppen zu sprechen?

Wir lassen hier die detaillierte Untersuchung der drei Regierungsformen beiseite, die er nach dem Beispiel der antiken und modernen Theoretiker im *Gesellschaftsvertrag* vorstellt, namentlich jene Darlegungen über Monarchie, Aristokratie und Demokratie, in denen sich als Reminiszenz seiner Lektüre, der Lektüre von Rechtsgelehrten und Staatsmännern, vielleicht auch seines Gesprächsstoffes aus der Genfer Jugendzeit, das Echo der Theorien von Platon, Aristoteles, Polybius und Cicero, und das der Thesen der Cicero-Nachfolger, von Grotius, Pufendorf, Burlamaqui, Barbeyrac, Althusius, Hobbes, Locke, Jurieu und anderen wiederfindet. Auch hier fiele es leicht, jene Gärung des Geistes nachzuweisen, durch die sich Rousseau manchmal allzu rasch über die Strenge der historischen Tatsachen hinwegsetzt.

Zu allererst gilt das, nach den privaten Beziehungen zwischen Patronen und Klienten, für seine Untersuchung der öffentlichen Lage der Sklaven. Die Sklaverei läßt Rousseau keine Ruhe: Der berühmteste Satz im *Gesellschaftsvertrag* ist vielleicht jener, mit dem das erste Kapitel des ersten Buches beginnt: „Der Mensch ist frei geboren, und überall liegt er in Ketten" (CS III 351). Er ist ausführlich kommentiert worden, so daß hier nicht näher auf diese Äußerung eingegangen werden muß, die die Überlegungen der Verfechter des Naturrechts fortführt. Aber es geht an dieser Stelle nicht an, einen anderen Satz des selben Buches zu übergehen: „Jeder in der Sklaverei Geborene wird für die Sklaverei geboren, nichts ist sicherer" (CS III 353). Eine pessimistische Feststellung, in der der Autor über die Fortschrittsfeindlichkeit stöhnt, die die zweite Natur des versklavten und unterworfenen Menschen schafft, wenn nicht gar resignierte Feststellung unter den Bedingungen seines Erbes und seiner Geburt. Vielleicht handelt es sich auch um eine Art Widerhall einer Idee Ciceros und um die Kundgebung eines freisinnigen Geistes: „servitus est [...] oboedientia fracti animi et abiecti et arbitrio carentis suo" (Paradoxa Stoicorum, 35), an die sich zeitgenössische Proteste gegen die Sklaverei anschließen, von denen der Montesquieus einer der eindringlichsten ist. Und dennoch hat die römische Geschichte gezeigt, daß die Sklaven in der Lage waren, zu revoltieren, und daß die Sklaverei nicht aus Feigheit ewig Bestand hatte.

Dieser Freiheitssinn, der bei Rousseau so lebendig ist, bringt ihn dazu, von einer Entfremdung dieses kostbaren Gutes zu sprechen und von der Weise, in der Menschen in den Krieg verwickelt werden können, der „wirklich" und nicht „persönlich" ist; ein Befreiungs-, Verteidigungs- oder Eroberungskrieg. Das nimmt er zum Anlaß für die Behauptung, daß die Römer „von allen Nationen der Welt am meisten vom Kriegsrecht verstanden und es am genauesten beachtet haben", und daß sie „ihre Gesetze am wenigsten häufig übertreten" haben (CS III 357 Anm.). Die Thesen von Hobbes, Locke, Pufendorf und die Positionen Rousseaus zur Frage des Krieges sind bekannt. Wie verhält es sich mit den Römern? Man horcht bereits bei dieser allgemein gehaltenen Bemerkung auf, die Römer haben *von allen Nationen der Welt am meisten vom Kriegsrecht verstanden und es am genauesten beachtet*, weil es eine vollständige Studie der Geschichte aller Kriege aller Zeiten bedürfte, um ein so entschiedenes Urteil zu fällen. Man denkt natürlich an das *ius fetiale*, das so streng erscheint, und an Ciceros Definition von *iustum bellum* (Cicero, *De republica* III, 35: „nullum bellum iustum habetur, nisi denuntiatium, nisi indictum, nisi repetitis rebus"); man erinnert sich mit Rousseau an die Haltung Catos, der seinem Sohn auferlegt, erneut den Eid zu schwören, um als Freiwilliger in einer Armee zu kämpfen, die nicht die seine war. Aber man kann in dieser Hinsicht nicht umhin, die Einmaligkeit der Geste Catos festzustellen. „Ich weiß, daß man mir die Belagerung von Clusium und andere Vorfälle entgegenhalten kann, aber ich beziehe mich auf Gesetze, auf Übliches", sagt Rousseau (CS III 357 Anm.). Darin liegt gerade der Irrtum. Ist es die Existenz des Gesetzes über Mord, das Morde verhindert, und das erlaubt, zu behaupten, ein Volk respektiere das Recht auf Leben? Es genügt, die Fragmente der Historiker zu lesen, die Karthago günstig gesonnen waren, um sich der Meinungsverschiedenheiten zwischen ihnen und Titus Livius über die Fakten, von denen sie berichten, bewußt zu werden und sich darüber klar zu werden, daß dort, wo der Latiner Rom recht gibt und die Tugend des Senats verkündet, die anderen seine Falschheit anklagen. Wenn die Gründe des Zweiten Punischen Krieges rechtlich und moralisch klar waren und die Verletzung Roms durch die Puniker indiskutabel war, warum haben die modernen und zeitgenössischen Historiker dann so viele Untersuchungen darauf verwendet, sie herauszufinden, sie zu „erklären", und Rechenschaft darüber abzulegen – etwa für oder gegen Rom?

Hier mischt sich in die allgemeine These Rousseaus, die nacheinander die persönlichen und die wirklichen Bedingungen untersucht, die Definition des Gesellschaftsvertrags, der die Hauptsache des Buches ist: er bemerkt, die öffentliche Person, „die aus dem Zusammenschluß aller zustande kommt, trug früher den Namen Polis, heute trägt sie den der Republik", und „der Titel eines *cives*" sei niemals „dem Untertanen irgendeines Fürsten gegeben worden [...], nicht einmal in der Antike den Makedonen" (CS III 361f.). Historisch betrachtet, ist diese Behauptung fraglich: Wenn Cicero, der in diesem Punkt der Theoretiker der Latiner ist, seine ideale „Stadt" heraufbeschwört, gründet er sie auf drei Grundsätze: *concordia ordinum*, *consensus omnium bonorum* und *auctoritas senatus*. Es ist leicht zu erkennen, daß diese Definition im Fall der *concordia* jene ausschließt, die nicht zu den beiden Ordnungen gehören, daß der *consensus omnium bonorum* jene beiseite läßt, die nicht über Besitz verfügen, und daß die *auctoritas senatus* allen von einer Gruppe auferlegt wird, und zwar mittels einer Wahl, an der ein großer Teil der Bevölkerung nicht teilnehmen kann. Wenn es Rousseau andererseits erscheint, als sei der Begriff *cives* niemals „dem Untertanen irgendeines Fürsten gegeben worden", liegt das an erster Stelle daran, daß Rousseau den Texten, in denen davon die Rede ist, keine Beachtung schenkt, an zweiter Stelle daran, daß dieser Begriff selten in dieser Bedeutung im Lateinischen vorkommt und es sich infolgedessen um eine philologische Gepflogenheit, nicht um eine politische Stellungnahme handelt, drittens, und nicht zuletzt, liegt das daran, daß er das Problem der doppelten Bürgerschaft und der Verleihung des Stadtrechts verkennt, das gerade die Grundlage des von Cicero geführten Balbus-Prozesses bildet, der Edikte von Kyrene, der Inschrift von Rhosos und der Verwicklungen, die das Edikt von Caracalla nach sich gezogen hat.

Dieser Sinn für die Autorität und die Unterwerfung unter ihre Ansprüche, die vom Gesellschaftsvertrag abgeleitet werden, führen Rousseau dazu, vom Recht über Leben und Tod zu sprechen, das Beccaria ein paar Jahre später behandeln wird. „Während der römischen Republik", so Rousseau, „machten weder der Senat noch die Consuln jemals den Versuch, zu begnadigen: selbst das Volk tat dies nicht, wenngleich es manchmal sein eigenes Urteil widerrief" (CS III 377). Das versteht sich von selbst, wenn man den Zwangsapparat unter der Republik in Betracht zieht, aber die Römer hatten gerade zu diesem Zweck Gegenmaßnahmen wie die *provocatio* und die Fürsprache der Tribune oder das *auxilium* der *maior potestas* erfunden. Die Begriffe *venia*, *impunitas*, *clementia*, *misericordia* beziehen sich nicht auf gerichtliche Urteile; das Begnadigungsrecht, im modernen Wortsinn, konnte nur eingeschränkt vom *pater familias* angewandt werden, in dem Bereich, der ihn betraf: Es kam tatsächlich einem Verzicht auf Strafe gleich, und war ein Akt der Vergebung.

In Rom – und bei Rousseau – muß das öffentliche Interesse das mit sich bringen: „Jede gesetzmäßige Regierung ist republikanisch", und er nennt jeden Staat „Republik", der durch Gesetze regiert wird, „gleichgültig, unter welcher Regierungsform dies geschieht: weil nur hier das öffentliche Interesse herrscht" (CS III 379f.). Hier kommt die *utilitas publica* der Latiner wieder zum Vorschein, die Cicero weder von der *honestas*, noch von der *dignitas* trennen wollte. Es ist diese Sorge um das, was von gemeinsamem Interesse ist, die laut Rousseau Unterpfand des Gemeinwohls und der Freiheit durch die Rolle ist, die sie bei der Ausarbeitung des Gesetzes spielt, das ihm zufolge die Handlungen der Decemvirn verurteilt, auf die wir später zurückkommen werden.

Nachdem er diese Grundlagen erörtert hat, vertieft Rousseau seine Untersuchung und überprüft nach und nach die Begriffe „Souverän" und „Regierung" sowie die Definitionen von Monarchie, Aristokratie und Demokratie. Auf halbem Weg geht er auf die Geschichte Roms ein; er zitiert lateinische Texte, zieht vor allem Tacitus heran, und stützt sich mehrfach auf die Autorität Machiavellis, der bekanntlich einen seiner *Discorsi* Titus Livius gewidmet hat. Gegenüber dem Prinzip der Monarchie an sich zeigt er keine Feindseligkeit, aber sehr wohl gegenüber der Monarchie der Tyrannen, und noch ausgeprägter gegenüber der Erbfolge: „die Vertreibung der Tarquinier war in Wirklichkeit die Geburtsstunde der Republik" (CS III 421; man muß jedoch anmerken, daß es keine dynastische Erbfolge gab); die „größten von der Geschichte gefeierten Könige wurden nicht zum Herrschen erzogen" (CS III 411; was historisch fragwürdig ist, noch bestreitbarer ist die Wahl eines Zitats von Tacitus zur Stützung dieses Arguments, da es sich um einen Satz aus den *Historiae* handelt, wo Tacitus den alten Galba zu Wort kommen läßt und sich dabei an Piso anlehnt). Auch wenn Rousseau hier in der Tat noch keine Schlußfolgerungen gezogen hat, bemerkt man doch bereits eine Ausrichtung auf eine „demokratische" Form, zumindest dem Anschein nach, wenn man unter Demokratie eine Herrschaft versteht, die die Teilhabe des „Volkes" am politischen Leben beinhaltet, die Beschränkung der Macht von Senat und Patriziat, den Zugang der übrigen Bevölkerung zum Gemeinwesen, kurz, die Abfassung eines Vertrags, dessen Einzelheiten und Klauseln nun näher bestimmt werden sollen.

Ich werde mich, was den Vertrag zwischen dem Souverän und der Macht im Bereich Roms angeht, nur der Frage widmen, ob es mit dem Prinzip der Demokratie vereinbar ist, „dem Rang seine exemplarische Rolle" zu nehmen und sie „dem Los zuzuteilen" (CS III 451), wenn es um die Wahl der praerogativen Centurien geht, deren Beispiel die anderen folgten? Wir berühren damit das Hauptproblem des Plebiszits, von dem man im 18. Jahrhundert viel zu erwarten scheint und vor dem die Parteiausschüsse und die politischen Ämter im Namen der Demokratie, der Wahlfreiheit, der Unabhängigkeit der Person und der großen umnebelten Floskeln in den modernen Zeiten so viel Angst haben. Im Jahr 1762 konnte Rousseau sich keine Form von Republik vorstellen, die mit einer aus unserer Zeit vergleichbar wäre; er scheint auch Recht zu haben, wenn er dem Los einen höheren Stellenwert als dem Rang einräumt, wie das in Venedig üblich war, und daran erinnert, daß das die theoretische Prozedur der römischen Republik war. Aber vielleicht hätte ihn eine aufmerksamere Untersuchung der Geschichte dazu gebracht, anders darüber zu denken: Die von Gaius Gracchus begonnene und von Mamilius im Jahr 109 vollendete Reform, mit der das Los eingeführt wurde, wurde durch Sulla 88 zunichte gemacht. Sie hatte zum Ziel gehabt, dem sentimentalen Egalitarismus der Massen zu schmeicheln, hatte aber die Aristokraten nicht beunruhigt, weil jene die Macht der Beredsamkeit und die Bestechlichkeit der Wähler kannten, weil sie die Stimmen der Praerogative zu lenken und mit der abergläubischen Folgsamkeit der Römer zu spielen wußten, die diese dazu führte, trotz ihres Freiheitsdrangs und ihrer Rechte eher der Stimme zu folgen, die die Gottheit eingibt, und die über das

Los und das Schicksal entscheidet, als zu kämpfen. Das Beispiel ist nicht überzeugend, es ist sogar gegen Rousseau gerichtet. Er gesteht im übrigen durchaus ein, daß die Reinheit dieser Stimmen durch Unterschlagungen und Tricks getrübt wurde. Demnach muß man ohne Umschweife zugeben, daß er nur von einer idealisierten Stadt spricht, in der die Menschen Engel sind. Dennoch gibt es in seinen Augen Hilfsmittel: der Mangel an Ausgewogenheit zwischen den konstitutiven Teilen des Staates und die Änderungen, mit denen die Menschen die Institutionen verfälschen, können dadurch abgewendet werden, daß man ein besonderes Amt errichtet, „das eine Verbindung oder Mittelglied bildet entweder zwischen Fürst und Volk oder zwischen Fürst und Souverän" (CS III 454). Rousseau gibt dieser Körperschaft den Namen *Tribunat* und widmet sich somit dem römischen Tribunat. Bei der Beschreibung dieses Organismus bemerkt er, dieser habe in Rom dazu gedient, den Souverän vor der Regierung zu schützen und die Patrizier, die das Volk verachteten, seien dadurch gezwungen worden, „sich einem einfachen Beamten des Volkes zu beugen, der weder das Recht zu Auspizien noch richterliche Macht hatte". Rom sei trotzdem untergegangen, „die übermäßige Macht, die die Tribune nach und nach an sich gerissen hatten, diente schließlich mittels der für die Freiheit geschaffenen Gesetze den Kaisern zur Schutzwehr, die damit die Freiheit zerstörten" (CS III 454). Rousseau zufolge wurde das Tribunat „durch Vervielfachung seiner Glieder schwächer. Als die Tribune des römischen Volkes, zuerst zwei und dann fünf an der Zahl, diese Zahl verdoppeln wollten, ließ der Senat sie gewähren in der Sicherheit, die einen durch die anderen im Zaum zu halten – was nicht ausblieb" (ebd.).

Diese Definition des Tribunats, seiner Modalitäten und seiner Entwicklung, die als Grundlage der Argumentation dient, überrascht. Wenn es auch stimmt, daß die Tribune ursprünglich zwei an der Zahl waren und diese Zahl in der Folge auf fünf erweitert wurde, versäumt Rousseau zu bemerken – vielleicht war es ihm entgangen – daß die drei zusätzlichen Tribune durch Ergänzungswahl ausgewählt wurden, was nicht unumschränkt demokratisch ist, wenn man die offene Wahl als Muster für die Rekrutierung in einer Volksherrschaft nimmt. Dieser Irrtum wäre vielleicht nicht so schwerwiegend, als daß er sein Urteil verfälschte. Aber es gibt noch gravierendere Fehler: Laut Rousseau hatte der Tribun, wie wir gesehen haben, weder „das Recht zu Auspizien noch richterliche Macht“. Der Tribun hatte nicht die *auspicia populi Romani*, was klar ist, weil er nur die Plebs, nicht den *populus* vertrat, aber er hatte die *auspicia oblativa*, und er mußte bei den Versammlungen der Plebs die Auspizien bestätigen und die Zusammenkunft unterbrechen, wenn ein ungünstiges Zeichen auftrat. Da das, was in der politischen Realität zählt, nicht die Institution ist, sondern der Mensch, der sich ihrer bedient, kann man sich denken (und weiß es auch), was für einen Gebrauch manche Tribune davon gemacht haben. Der Behauptung, der Tribun habe keine richterliche Macht, liegt ein Irrtum über bestimmte Begriffe zugrunde: Zweifellos hatte der Tribun keine *potestas legitima*, aber er hatte eine *potestas sacrosancta*, abgesehen vom Recht, mit der Plebs zu agieren, konnte er die Akte eines Magistrats untersagen, die nicht richterlich sind, und den Zwang und die Justiz, die es sind. Da er die Verteidigung der Plebs zur Aufgabe hatte, verfügte er infolgedessen auch über das Recht, einen Übertreter zum Gehorsam zu zwingen. Gegebenenfalls hatte er auch das Recht, ihn festzunehmen und durch Pfändung, Ordnungsstrafe und sogar durch Züchtigung seiner Person zu bestrafen. Wenn der Rückgriff auf Verbot und auf Vertagung auf dem Umweg über die Auspizien auch die Unabhängigkeit der Plebs einschränkte, deren Repräsentant der Tribun doch ist, und wenn der Tribun im Gegensatz zu den obersten Magistraten eine Art „Gegen-Magistrat“ ist, so spielt er doch, was immer Rousseau dazu sagen mag, eine richterliche Rolle unter den gegebenen Bedingungen, die mangels einer schriftlichen Niederlegung im Gesetzestext genauso variabel sind wie die Umstände, unter denen sich die Tatsachen ereignen und die Personen sich bewegen.

Was den Senat angeht, der in Rousseaus Augen den Ausfluß der Ideenströme und der Interessenvereinigungen verkörpern konnte, die den Ansichten des Volkes oder der Plebs entgegengesetzt waren, zeigt die Geschichte, daß die Aristokratie sich des Vetos des Tribuns Octavius bediente, um den Versuch des Tiberius Gracchus zu zerschlagen, des Wuchers und der Machenschaften von Rubrius und Livius Drusus, um den Einfluß des Gaius Gracchus und des Fulvius Flacchus zu zerstören, der Obstruktion von Minucius Rufus, um sie zum Verzicht zu treiben, schließlich der „vorbereiteten" Plebiszite durch Thorius und seine Nacheiferer, um die besonderen Mittel, die man zur Behebung der Agrarkrise einsetzte, den Großgrundbesitzern zukommen zu lassen. Hinzuzufügen ist, daß sich Sulla damit begnügt hat, aus den Reihen seiner Soldaten Tausende neuer Bürger hervorgehen zu lassen, zehntausend Sklaven die Freiheit zu geben und Wähler aus ihnen zu machen, um selbst anstelle der Tribune der *Beschützer der Plebs* zu werden, welche nur noch die Vertreter seines Willens, die Instrumente seiner Politik und die Helfer seiner Diktatur waren, sowohl in Hinblick auf die Aristokratie, die Angst hatte, als auch auf das Volk, das resigniert hatte.

Rousseau hat zweifellos die Gefahren bemerkt, die dem römischen Tribunat innewohnten, als er anregte, diese gefährliche Körperschaft nicht auf Dauer einzurichten. An dieser Stelle bleibt er jedoch vage – er schlägt nur vor, die „Zeiträume zu bestimmen, während derer sie aufgehoben bleibt" (CS III 455). Um welche Zeiträume handelt es sich? Wie lange dauern sie? In welchem Abstand kehren sie wieder? Das würde man gerne wissen, ebenso wie die Gründe, die für eine neue Wahl von kurzzeitigen Tribunen gegeben sein müßten.

Der Gedanke ist jedenfalls ganz bestimmt nicht neu. Man findet ihn beispielsweise bei Machiavelli, was vermutlich keine Garantie für seine demokratische Unbedenklichkeit ist; und diese Quelle schürt eher unsere Skepsis, als sie zu beschwichtigen. Denn Rousseau hatte zu Beginn einen Irrtum begangen, der alle übrigen erklären dürfte: Er spricht tatsächlich vom „Tribun des Volkes", obwohl diese Personen in Wirklichkeit „Tribune der Plebs" hießen. In Rom ist die Plebs nicht der *populus Romanus*, sie ist eine soziale Klasse, die durch ökonomische Besonderheiten, religiöse Ideen und einen bestimmten soziologischen *habitus* bestimmt wird. Die römische Plebs läßt sich nicht dem *Souverän* Rousseaus gegenüberstellen; sie bildet einen durch ihren Standort wie durch ihre Güter nur unzureichend abgegrenzten Teil von ihm; sie ist unbeständig, bald in ihrem Zugang zu Vermögen und den daraus hervorgehenden Rechten, bald in ihrem Absturz in die Misere und den damit verbundenen Klagen. Was ist in den Prinzipien Rousseaus aus der antiken Plebs geworden? Was ist davon in seine politischen Überlegungen eingeflossen? Der *Gesellschaftsvertrag* gibt darauf keine Antwort.

In der Abstraktion seiner außerzeitlichen Überlegungen und der Ungewißheit über die Konturen, die eine Magistratur umreißen könnten, für die die konkrete Geschichte Roms ein bewegendes Beispiel bildet, aus geglückten und mißglückten Bündnissen, verblassender Erinnerung und Verleugnungen zusammengesetzt, von der unsere Verfassung des Jahres VIII nicht das Geringste widerspiegelt, wurde Rousseau das Opfer einer Fata Morgana, welche die Rhetorik des Titus Livius heraufbeschworen hatte. Sein blutloses Tribunat könnte in einer gemischten Regierung nicht das Gleichgewicht aufrechterhalten, wie er das in Buch 3 des *Gesellschaftsvertrags* beschreibt. So, wie er es skizziert, ist es für jene Wesen gemacht, die im Himmel der Utopie zwischen den Wolken schweben.

Kommen wir mit der Diktatur wieder auf den Boden zurück? Rousseau scheint an dieser Stelle zu bemerken, daß er die Bürger seiner idealen Republik in ein Netz unbeweglicher Gesetze verstrickt, und daß sein *Gesellschaftsvertrag* nichts anderes als die fortgesetzte Bildung von einzelnen Verträgen sein kann, die in einem übergeordneten Vertrag aufgehen. Er führt hier den Begriff der Zeit wieder ein, der in seinen Ansichten über das Tribunat nicht vorkommt. Die Diktatur erscheint ihm als Mittel und Weg, um die notwendigen Folgen des Mechanismus der bestehenden Institutionen zu unterbrechen. Der Diktator, so sagt er, „kann alles machen mit Ausnahme von Gesetzen" (CS III 456). Aber genau darin liegt das Problem, denn der Diktator ist nichts ohne das Gesetz, und das Gesetz muß ohne Rückgriff auf einen Diktator ausgeübt werden können. Wiederum läßt sich Rousseau von Beispielen aus der römischen Geschichte inspirieren und erinnert daran, daß der Senat im Fall einer Gefahr „den Consuln durch eine feste Formel die Sorge für das Wohl der Republik übertrug", und daß „einer der beiden Consuln einen Diktator ernannte, ein Vorgehen, für das Alba Rom das Beispiel gegeben hatte" (CS III 456).

Es scheint, als gebe es hier eine Verwechslung – zumindest, was die Wörter angeht, aber ich bin nicht sicher, ob sie wirklich nur verbal ist – zwischen der Empfehlung an die Konsuln *ne quod res publica detrimentum capiat*, um die öffentliche Ordnung gemäß dem Verfahren des *senatus consultum ultimum* aufrecht zu erhalten, und der Ernennung von außerordentlichen Magistraten, die für eine begrenzte Aufgabe bestellt wurden. Dagegen ist es zutreffend, daß der Diktator als Ausnahmefall erscheint; noch heute wird darüber diskutiert, ob die Diktatur nicht von Anfang an ein wesentlicher Bestandteil der Republik gewesen ist. Wenn es auch im allgemeinen so war, daß der Diktator von den Konsuln ernannt wurde, muß man doch darauf hinweisen, daß Quintus Fabius Maximus ohne ihr Zutun nominiert wurde, und das spricht dagegen. Bringt man die Namen Sullas und Caesars ins Spiel, wie Rousseau das tut, kommt man vom eigentlichen Problem ab, weil es sich in diesen Fällen um nicht verfassungsgemäße Diktaturen gehandelt hat und die Einzelheiten ihrer Machtergreifung jene waren, die zu einer Monarchie führen sollten.

Rousseau wirft schließlich den Fall Ciceros in der Catilina-Affäre auf: Wenn er ins Exil verdammt worden war, lag das daran, daß er die Gesetze Roms gebrochen hatte. „Wie glanzvoll seine Rückberufung auch war," kommentiert Rousseau, „sie war sicherlich eine Gnade" (CS III 458). Die Lösung in diesem Konflikt wäre laut Rousseau gewesen, einen Diktator zu ernennen. Bis zu welchem Grad ist Cicero also aus der Legalität herausgetreten? In der Perspektive, aus der wir die Sache betrachten, kann man dieses Problem nicht umgehen.

Der Senat hatte Catilina, Manlius und ihre Soldaten zu *hostes publici* erklärt; er hatte den Konsul C. Antonius dazu bestimmt, den gegen jene ausgerufenen Krieg anzuführen; fünfzehn Tage später, Ende November 63, bekam Cicero als Consul die Sorge übertragen, über den Frieden der Stadt zu wachen. Er kannte den Plan der Catiliner, Rom in Brand zu stecken, das sie in ihrem verbrecherischen Vorhaben in zwölf Sektoren aufgeteilt hatten. Aber er wollte abwarten, bis die Verschwörer mit der Umsetzung ihres Plans beginnen würden, was ihm das Recht gegeben hätte, die Strenge des obersten *senatus consultum* anzuwenden. Als nach Durchsuchungen Beweise für die Verschwörung gebracht wurden, zögerte er immer noch, zumal Caesar sich auf eine Art *habeas corpus* avant la lettre der römischen Bürger berief und Titus Claudius einen Aufschub nahelegte.

In seiner *Vierten Catilinarischen Rede* zeigt sich Cicero unsicher, er schlägt vor, der Senat solle Richter der Schuldigen bleiben, er selbst wolle nur die Aufgabe behalten, den gemeinsamen Schuldspruch auszuführen. Es war Cato, nicht Cicero, der den Spruch des Senats über die Verurteilung und die Erdrosselung der Gefangenen, die in der Nacht des 3. Dezembers stattfand, annahm. Dieses Recht war implizit im obersten *senatus consultum* enthalten. Hätte er sich dagegen gestellt und wäre untätig geblieben, hätte er seine Amtspflicht verletzt, indem er sich fügte, verletzte er die zu Friedenszeiten geltenden Prinzipien. Aber es gab Grund zur Eile. Wäre dieses *senatus consultum* nicht als strikte Anwendung der *lex Plautia* bewilligt worden, die sich auf die *seditio* erstreckt, und mit der der Tatbestand der Majestätsbeleidigung verfolgt wird, hätte er die Strafaktion legitimiert. Außerdem, um jede Zweideutigkeit aufzuheben, gab es das *senatus consultum*, dessen Inhalt Sallust, der ganz gewiß kein Freund Ciceros war, in Worten wiedergibt, die keinen Zweifel lassen: *senatus decrevit darent operam consules, ne quid res publica detrimenti caperet, et senatus iudicaverat eos* [die fünf verhafteten Verschwörer] *contra rem publicam fecisse.*

Hätte ein Diktator die Regeln umgehen können, die die Macht der Konsuln in einer Affäre wie der des Catilina begrenzt hat? Man darf das bezweifeln, denn ich finde keinen Text, mit dem man eine solche Meinung auf der Strenge des Rechts begründen könnte. Der Rückgriff auf das oberste *senatus consultum* erlaubte es, die Schwierigkeit zu lösen und dem römischen Volk die Ernennung eines Typus von Magistrat zu ersparen, dessen Titel nicht mit seinen grundlegenden Zielen und seiner Furcht vor dem *regnum* übereinstimmten: Als Sulla – übrigens unter anderen Bedingungen – Diktator wurde, waren 147 Jahre vergangen, in denen Rom keinen Diktator gehabt hatte, und der selbe Cicero versäumt es nicht, in *In Verrem* (II, III, 35, 81), in *De legibus* (III, 2) und *De finibus* (III, 22) sich gegen diese außerordentliche Gewalt zu erheben, mit der er gar die Tyrannei des Tarquinius Superbus vergleichen will.

Was soll man also über Rousseaus Meinung und jene Abschweifung über Cicero denken? Der Konflikt zwischen dem Respekt vor dem Gesetz und dem Ausnahmezustand ist ein endloser Konflikt: Es ist vielleicht nicht der Notstand, für den die bestehenden Gesetze keine Abhilfe schaffen können. Aber da die Gesetze nicht existieren ohne die Menschen, die sie anwenden, machen der Parteienausgleich und die Unausgewogenheit der Kräfte das Gesetz oft unwirksam, weil die Menschen es nicht wirken lassen. Banal ausgedrückt ist das politische Problem ein soziales, das soziale ein moralisches Problem. In Wirklichkeit war Cicero nicht ins Exil verdammt worden, es war nur die Furcht, die ihn dazu zwang. Seine Rückkehr war keine Gnade, weil es keine Gnade ohne Verurteilung geben kann. Rousseau vermengt hier Recht und Politik, Unparteilichkeit und Leidenschaft; man wird das Beispiel Ciceros weder für noch gegen die Diktatur heranziehen können. Aber die Vorstellung von der Autorität des Gesetzes läßt Rousseau keine Ruhe, und er wendet sich einem anderen Problem zu, dem der Richtigkeit und Reinheit der politischen Moral.

Das führt ihn zu einer Untersuchung der Censur: „Wie sich der Gemeinwille in den Gesetzen erklärt, so erklärt sich das öffentliche Urteil im Censoramt“. Der Censor ist „Verkünder“ der öffentlichen Meinung, er kann „für die Bewahrung, nie aber für die Hebung der Sitten“ nützlich sein (CS III 458f.). Da „die öffentliche Meinung keinerlei Zwang unterworfen ist“, darf es laut Rousseau „auch keine Spur davon in der für ihre Vertretung eingesetzten Behörde geben“ (CS III 459). In diesen Grundzügen beschreibt Rousseau die Censur. Man kann nicht umhin, in dieser Interpretation zwei widersprüchliche Tendenzen zu erkennen: Respekt vor dem Individualismus und dem freien Gewissen, weil ihm zufolge eine Meinung nicht erzwungen werden kann und darf, und demgegenüber eine Sorge um Übereinstimmung mit der öffentlichen Meinung, weil ja der Censor nur ihr Verkünder, nicht ihr Führer sein darf. Das sind Probleme, die der Autor bereits im *Diskurs über die Ungleichheit* und im *Brief an d'Alembert* behandelt hatte und die ihn auch persönlich betrafen. Auf der historischen Ebene bezieht sich Rousseau auf Sparta, auf die Ephoren, auf Rom und seine Censoren, um ihr Verhalten zu rühmen.

Der Censor befragte jeden Bürger über seine Sitten, aber Rousseau übersieht scheinbar, daß es dem Censor frei stand, jede beliebige Frage zu stellen, was Varro (VI, 71) dazu veranlaßte, das *censorium iudicium adaequum* dem *praetorium ius ad legem* gegenüberzustellen. Außerdem wurden nur Männer verhört. Die „Irrtümer“ der Frauen waren Sache des *iudex*. Somit entging ein ganzer Teil der Bevölkerung, dem in einigen Ländern immer noch kein Wahlrecht zugestanden wird, der Kontrolle der Censoren. Hebt man schließlich aus der Geschichte Beispiele von Schreiben der Censoren hervor, die Wirkung zeigten, so lassen sich die verfolgten Fälle einer begrenzten Anzahl von Oberbegriffen zuordnen: Militärstrafrecht über die Pflichten der Soldaten, Mißbrauch des *imperium*, Mißachtung der *signa*, unberechtigter Aufschub von übertragenen Befugnissen, widerrechtliche Inbesitznahme von Insignien, respektloses Betragen gegenüber den Magistraten, Meineide, Diebstähle und private Vergehen. Bestraft wurde auch, wer sich in der Öffentlichkeit als Darsteller oder Impresario der Gladiatoren zur Schau stellte, wer seine Altäre vernachlässigte, seine Grabstätten und die Sorge um seine Nächsten. Schließlich wurde ein Übermaß an Strenge gegenüber den Sklaven „notiert“, unpassende Eheschließungen, Mißbrauch der Scheidung, Verschwendung des Erbes sowie ungezügelter Luxus. Unter diesen Bedingungen kann man all dies unter die allgemeine Regel der Bewahrung der bürgerlichen Ehre des Römers zusammenfassen oder anders gesagt, der Abwehr der Schande, welche von dem *probrum* des Individuums herrührt. Aber ob es sich um die Schande der Censoren der Republik handelt oder um die der Praetoren, diese *notatio* konnte nur in widersprüchlicher Form durchgeführt werden, vor zwei Censoren, und wenn sie einmal entschieden war, galt sie nur für die Dauer des laufenden Jahrfünfts.

Die Geschichte zeigt, daß die Censoren angesichts dieser großen Freiheit in der Auswahl ihrer Fragen, außerhalb ihrer Funktion als Stimmzähler der Strafregister bei der Einschreibung in die Listen der Wähler, nicht auf die Hebung der Sitten Einfluß nehmen konnten. Was man aber nicht übersehen darf und von Rousseau dennoch vernachlässigt wird, ist der Umstand, daß sie tatsächlich auf indirektem Weg eine entscheidende Rolle spielten. Sie waren durch ihre „Notizen“ und durch ihr Recht, die Wähler einer Tribus zu versetzen, eng mit dem politischen Leben verwoben, sie griffen nicht in die Dynamik der Moral ein, sondern in das Spiel der Parteien, und sie standen nicht über diesen, in jenen wolkenlosen Gefilden der Philosophie, die Lukrez so teuer waren.

An diesem Wendepunkt im Text des *Gesellschaftsvertrags* befindet man sich nicht mehr im Bereich der Tatsachen; noch nie wurde ein Individuum durch die Furcht, seine Rechte als Wähler zu verlieren, davon abgehalten, ein Vergehen oder Verbrechen zu begehen. Zweifellos schließt sich Rousseau hier (vielleicht ohne es zu wissen) an wohlbekannte Platonische

Thesen an, denen zufolge die schlechten Sitten aus falschen Urteilen entstehen. Diesen Thesen gemäß bringen auch die Gesetze, indem sie das Urteil der Nationen über die Wirklichkeiten des privaten und des öffentlichen Lebens festlegen, einen Zustand des Gemeinsinnes hervor, der in der Meinung besteht, nach der sich das Verhalten der Bürger richtet.

Ihm zufolge gibt es dennoch eine Beziehung zwischen Censor, Gesetz und Meinung: Man kennt alle Hindernisse, auf die die Ausübung einer moralischen Zensur in modernen Zeiten unweigerlich stoßen muß, alle Gegenströme, die eine im Stimmrecht oder im passiven Wahlrecht aufgebrachte *censur* hervorbringen würde. Der Genfer Rousseau mußte in seiner Heimatrepublik vielleicht keine derartigen Hindernisse befürchten. Aber er nimmt sich hier viel zu viele Freiheiten mit den Problemen der Natur des sozialen Gewissens heraus, des Menschen als sozial Handelndem, des Menschen als Erfinder des Sozialen, des Menschen, der die Gesellschaft verändert, wenn er Macht besitzt, und der der Entwicklung seiner Umgebung durch die Intensität der Vorstellungen, die er hat und die er sich von seiner zeitgenössischen Gesellschaft macht, überlegen ist. Aus dem Denken des Censors ein Epiphänomen zu machen, ohne zu versuchen, eine Definition für das Phänomen selbst und die gesellschaftliche Wirklichkeit, auf die dieses Denken angewandt wird, zu finden, bedeutet, sich in einer so undeutlichen Allgemeinheit zu verlieren, daß der Mensch, um den es geht, nur noch eine Abstraktion ist.

Könnte man sagen, daß Rousseau diese Schwierigkeiten spürte, und daß er seine Auffassung genauer darlegen wollte, indem er seinem Text ein Kapitel über die Zivilreligion anfügte? Sehr wahrscheinlich hat er begriffen, daß die sozialen Bande, die den *Gesellschaftsvertrag* begründen, so, wie er sie definiert oder zu definieren versuchte, zu schwach waren: Der angeborene Sinn einer moralischen Verpflichtung, den er dem Menschen zuschreibt und der dank des gesellschaftlichen Lebens aus dem Unterbewußtsein hervortritt, benötigt laut Rousseau eine Religion, um sich zu entwickeln, sich zu stärken, gar um erhaben zu werden.

Die Untersuchung jenes Kapitels gehört nicht zu unserem Thema, da wir uns entschieden haben, uns auf das antike Rom zu beschränken. Die Haltung Rousseaus scheint dort in insoweit anti-katholisch zu sein, als er die geistliche Autorität des Papstes verwirft, der mittels der Gläubigen in staatliche Angelegenheiten eingreift. Sie wirkt auch anti-materialistisch, insofern er die Atheisten seiner Republik offenbar ächtet. Die von ihm gepriesene Zivilreligion besteht im Gegenzug in einem Bestand an gemeinsamen Überzeugungen und läßt die Existenz einer intelligenten, wohltätigen, vorhersehenden Gottheit gelten. An dieser Stelle gibt er sich als Deist zu erkennen, aber in einer vollkommen anderen Tonart als sein empfindsamer *savoyardischer Vikar*. Er bereitet den Kult des höchsten Wesens vor, jenes großen Wesens, an das er in verschiedenen Abschnitten seines Werkes flammende Appelle richtet.

Auf der geschichtlichen Ebene aber enthält dieses Kapitel recht beunruhigende Aussagen. Selbst wenn man zugesteht, daß es in Rom keine Religionskriege im modernen Wortsinn gegeben hat – darf man die Vielzahl an Verboten vergessen, die den Einfluß ausländischer Kulte hemmen sollten, Verbote, die von Zerstörungen von Kulträumen begleitet waren, von Verbannungen und später von Verfolgungen? Und ich denke dabei noch nicht einmal an die Christen des Imperiums, deren Märtyrer bekannt sind, sondern an all jene, die vor wie auch nach Augustus als der nationalen Religion und demzufolge der politischen Einheit schädlich galten. In diesem letzten Kapitel tritt Leidenschaft zutage, und diese Leidenschaft beeinträchtigt die Sorgfalt des Historikers. Rousseau läßt sich sogar zu verwirrenden Bemerkungen hinreißen, wenn er zu schreiben wagt, wenn „einer, nachdem er öffentlich eben diese Dogmen anerkannt hat, sich so verhält, als ob er nicht an sie glaube, soll er mit dem Tod bestraft werden“ (CS III 468). Bedeutet das nicht, daß offenbar ohne Umschweife die Leugnung des eigenen Gewissens ermuntert wird, ebenso wie der Fassaden-Opportunismus der schwachen Seelen, die – um in Frieden mit der Macht leben zu können – ihre Handlungen mit den Regeln in Einklang bringen, aber nicht ihre Handlungen mit ihren Gedanken, oder ihre Gedanken durch die Komödie ihrer Handlungen verkleiden? Damit schließt man sich der bürgerlichen Auffassung von Religion wieder an, die sich (nicht nur) bei den Menschen des 18. Jahrhunderts so manches Mal zeigte: Sie machten die äußere Befolgung von Regeln im Privatleben zu einer Art prunkvollem Wandschirm, der nach außen hin zur Schau gestellt wurde, im öffentlichen Leben zu einer Waffe, um die gesellschaftliche Ordnung aufrechtzuerhalten, die ihrem irdischen Glück dienlich ist. Unsere Verwunderung wächst, wenn wir im gleichen Kapitel lesen, unter den heidnischen Kaisern seien die christlichen Soldaten tapfer gewesen: „ich glaube es: es war ein Wettstreit mit den heidnischen Truppen um die Ehre. Seit die Kaiser christlich geworden waren, fand dieser Wettstreit nicht mehr statt, und nachdem das Kreuz den Adler vertrieben hatte, verschwand alles, was Roms Stärke ausmachte" (CS III 467). Diese unerwartete Erklärung stimmt keineswegs mit den Tatsachen überein. Die Konflikte zwischen Heiden und Christen haben dazu beigetragen, das Imperium und die Autorität des Staates zu zersetzen, aber der Staat hätte sich auch ohne die Kämpfe zwischen Heiden und Christen aufgelöst, wie es allen großen Reichen der Antike widerfahren ist, die weder das Kreuz noch den Adler verehrt hatten.

Mit dem Übergang vom heidnischen zum christlichen Rom sind wir offenbar am Ende unserer Reise durch den *Gesellschaftsvertrag* angelangt, auf der Suche nach Rom selbst und durch sie nach bestimmten Ausgangspunkten und Absichten dieses politischen Werkes. Zu behaupten, es mache wenig aus, daß dieses Bild von Rom ungenau oder unvollständig ist, wäre geistige Unredlichkeit. Wenn wir hier und da aufgezeigt haben, was an Rousseaus Information und Interpretation falsch ist, liegt das an erster Stelle daran, daß es die Wahrheit zu respektieren gilt, es liegt auch und besonders daran, daß bestimmte Überlegungen im *Gesellschaftsvertrag*, die vom Beispiel Roms inspiriert wurden, falsch sind, weil sich das Rom-Bild selbst geändert hat. Das beruht nicht nur auf Irrtümern, sondern auch auf Auslassungen und Stillschweigen. Es ist seltsam, daß man im Gespräch über den *Gesellschaftsvertrag* nur den theoretischen Aspekt der Institutionen betrachtet hat, und daß man keinen Ton über die ökonomischen Probleme verloren hat, die so schwer auf dem politischen Leben Roms lasteten, über die Ritter, die eine so große Rolle spielten, und vor allem über die tatsächliche Beweglichkeit der Institutionen in diesem Rom, aus dem man zu Unrecht einen unbeweglichen Block macht. Der *Gesellschaftsvertrag* Rousseaus entsteht außerhalb von Zeit und Dauer, und wenn er vorgibt, sich auf historische Beispiele zu stützen, scheint er manchmal jeglichen Kontakt mit dem Volk verloren zu haben, dessen Schicksal er lenken und das er zur Glückseligkeit führen will.

Übersetzung: Michaela Rehm

Literatur

Andrivet, P. 1976: Jean-Jacques Rousseau: quelques aspects de son discours politique sur l'antiquité romaine, in: Studies on Voltaire and the Eighteenth Century 151, 131–148.

Casini, P. 1979: L'antichità et la ricerca della patria ideale, in: Rousseau secondo Jean-Jacques, 87–95.

Leduc-Fayette, D. 1974: J.-J. Rousseau et le mythe de l'antiquité, Paris.

Mostefai, O. 2001: Rêves d'un citoyen: mythe et mémoire de l'Antiquité chez Rousseau, in: Rousseau et les Anciens, hg. v. R. Grant u. P. Stewart, Montréal, 221–229.

Shklar, J. 1969: Men and citizens: A study of Rousseau's social theory, London.

Touchefeu, Y. 2007: L'antiquité et le christianisme dans la pensée de Jean-Jacques Rousseau, Oxford.

Michaela Rehm

„Ein rein bürgerliches Glaubensbekenntnis“: Zivilreligion als Vollendung des Politischen?

(IV 8)

Am Ende des *Gesellschaftsvertrags* findet sich ein Kapitel, das auf den ersten Blick wenig mit den vorhergehenden zu verbinden scheint. Überschrieben ist es mit dem Titel *Von der bürgerlichen Religion* (im folgenden: Zivilreligion); es endet so abrupt, wie es beginnt, und keine Überleitung bereitet den Leser darauf vor, was ihn hier erwarten wird. Aus der Geschichte der Werkedition erfährt man, daß das Kapitel nicht in Rousseaus ursprünglichem Plan vorgesehen war, sondern erst nach der Fertigstellung des ersten Entwurfs hinzugefügt wurde.[1]

Was hat Rousseau dazu bewogen, seinen *Grundsätzen des Staatsrechts* zum Schluß den Entwurf einer Zivilreligion anzufügen? Schließlich überrascht eine solche Thematik in einem Werk, das der vertragsrechtlichen Legitimierung politischer Herrschaft gewidmet ist. Rousseau aber genügt es offenbar nicht, das Gemeinwesen durch die Herstellung einer Ordnung zu begründen, die über die Einhaltung der Gesetze wacht und ihren Bruch sanktioniert. Damit die Bürger zum Gehorsam gegenüber den Gesetzen anzuhalten, ist es seiner Auffassung nach nicht getan: „Die uneingeschränkteste gesetzmäßige Macht ist diejenige, welche bis in das Innerste des Menschen dringt [...];

1 Vgl. die Einführung von Vaughan zu den von ihm herausgegebenen *Political Writings*, Band 1, S. 87: „It was an afterthought [...]. The rough version of it, which however was considerably altered before publication, is to be found scribbled on blank pages of the Geneva Manuscript; and from the haste with which it is written, we can see that Rousseau was working under the spur of a first, fevered inspiration.“

wenn ihr wollt, daß man den Gesetzen gehorche, so macht, daß man sie liebe", erläutert Rousseau die Notwendigkeit, den Gesetzen eine mehr als rechtliche Kraft zu verleihen (EP III 251). Das rationale Konstrukt des Vertrages benötigt also eine Ergänzung in Form einer affektiven Bindung, die dafür sorgt, daß das Bewußtsein von der „sainteté du contract" in den Bürgern wachgehalten wird (CS III 363). Möglichkeit und Gestalt einer solchen Ergänzung scheint Rousseau im Kapitel über die Zivilreligion zu diskutieren.

Dabei stellen sich zwei Fragen: Zum einen muß erörtert werden, warum der *Gesellschaftsvertrag* überhaupt eine Theorie der Zivilreligion enthält und was ihr systematischer Ort im Gesamtzusammenhang des Werkes ist. Zum anderen gilt es, die Form zu untersuchen, die diese Zivilreligion annimmt. Der Anfang soll hier mit der zweiten Frage gemacht werden, denn wenn deutlich wird, was genau Rousseau unter Zivilreligion versteht und wie er sie von historischen Vorbildern absetzt, mag ihre Funktion für seine politische Theorie klarer erkennbar werden.

11.1 Das Ausgangsproblem: Der Konflikt zwischen Politik und Religion

Am Anfang seiner Überlegungen steht die Wahrnehmung eines Konfliktes: des Konfliktes zwischen Kirche und Staat, zwischen dem religiösen und dem politischen Bereich. Rousseau erinnert daran, daß das Verhältnis dieser beiden Sphären keineswegs von jeher spannungsträchtig war. Es verhalte sich nicht zwangsläufig so, daß es zu Schwierigkeiten unter ihnen kommen muß. Problematisch ist Rousseau zufolge nicht die Religion an sich, die generell als Störfaktor des politischen Lebens anzusehen wäre, sondern eine ganz besondere, historisch wirksame Form von Religion: das Christentum. Somit wäre es angemessener, im Fall Rousseaus von einem Konflikt zwischen *christlicher* Religion und Staat zu sprechen.

Um nachzuweisen, daß allererst das Christentum für jene Spaltung in einen religiösen und einen politischen Bereich verantwortlich ist, setzt Rousseau bei einem historischen Abriß an. Er untersucht also *erstens* den historischen Prozeß, der überhaupt dazu geführt hat, daß das Verhältnis der beiden Bereiche konfliktträchtig ist.

„Anfangs", so beginnt Rousseau sein Kapitel über die Zivilreligion, „hatten die Menschen keine anderen Könige als die Götter und keine andere Regierung als die theokratische" (CS III 460). Das weltliche Oberhaupt war also zugleich das religiöse; die Treue zur politischen Gemeinschaft, in der man lebte, bedeutete zugleich die Treue zu einer Religion, deren Repräsentant – oder gar Gott – der Vorsteher des Gemeinwesens war. Demnach stand an der „Spitze jeder politischen Körperschaft" ein Gott, woraus „folgte, daß es so viele Götter gab wie Völker". Mit dieser Vielzahl von Göttern, deren Wirkungskreis jeweils an den Grenzen des Territoriums endete, das ihre Anhänger gerade besiedelten, ergab sich ein Polytheismus „und daraus die theologische und die weltliche Intoleranz, die ihrer Natur nach dasselbe sind". Im Fall der vorchristlichen Religionen waren theologische und weltliche Intoleranz tatsächlich gar nicht voneinander zu trennen. Wurde das Gemeinwesen angegriffen, galt es stets, gleichzeitig die lokale Gottheit zu verteidigen. Eine Beleidigung der Gottheit konnte nicht einfach als Verletzung religiöser Gefühle abgetan werden, sondern bedeutete eine umfassende Verletzung all dessen, was der Gemeinschaft im wahrsten Sinn des Wortes heilig war – ihrer Organisationsform, ihres Anführers, ihrer Gesetze und ihrer kollektiven Symbole. Dennoch gab es Rousseau zufolge in der Welt des polytheistischen Heidentums keine Religionskriege. Das liegt nicht daran, daß in dieser Epoche keine Kriege vorstellbar wären, deren Auslöser religiös motiviert sein könnten: Die Schändung eines Heiligtums beispielsweise ließe sich durchaus als passabler Grund für einen Krieg denken. Innerhalb der Argumentation Rousseaus kann man dennoch nicht davon sprechen, es handle sich in solchen Fällen um Religionskriege: „Der politische Krieg war auch religiös [...]", lautet sein Urteil, was bedeutet, daß zwischen politischen und religiösen Kriegsgründen hier gar nicht unterschieden werden kann. Politik und Religion waren so eng miteinander verwoben, daß nicht daran zu denken war, einen dieser Bereiche isoliert zu betrachten. Dementsprechend war kein Krieg nach Art der Kreuzzüge möglich, für welche es (zumindest theoretisch) keinen politischen Grund gab, sondern die bei vorgeblichem Desinteresse für die politische Verfaßtheit des erstürmten Landes zum Ziel hatten, die „falsche" Religion des jeweiligen Volkes auszumerzen und es mit der „richtigen" zu beglücken. Absicht war somit nicht die politische Unterwerfung, sondern die ideelle Missionierung; eine Strategie, die Rousseau zufolge im Heidentum nicht möglich war: „Da also jede Religion einzig und allein mit den Gesetzen des Staates verbunden war, in dem sie galt, gab es keine andere Art, ein Volk zu bekehren, als es zu unterwerfen, und keine anderen Missionare als die Eroberer [...]" (CS III 461). Zu einer gewissen Vereinheitlichung kam es durch das Imperium Romanum, weil Sieger und Besiegte sich wechselseitig in Sachen Religion beeinflußten und es irgendwann im ganzen Reich eine Art Grundstock gleicher Götter gab, so daß man in der Folge von *der Religion* des Heidentums sprechen konnte, wo zuvor nur eine Vielzahl unterschiedlicher Kulte erkennbar war.

An diese Stelle seiner Studie der Geschichte des Heidentums setzt Rousseau einen Einschnitt, das Christentum betritt die Szene: „In diese Verhältnisse hinein kam Jesus, um ein geistiges Reich auf Erden zu errichten; dies hatte durch die Trennung des theologischen Systems vom politischen zur Folge, daß der Staat aufhörte, einer zu sein, und verursachte die inneren Spaltungen, die nie aufgehört haben, Unruhe unter den christlichen Völkern zu stiften" (CS III 462).

Das Heidentum hatte den Menschen ermöglicht, in vollkommenem Einklang mit dem Gemeinwesen, dem sie angehörten, zu leben. Durch die Identität von Politik und Religion kam kein Zweifel auf, welche Regel man befolgen, welchem Anführer man gehorchen sollte – dem heidnischen Menschen war in der Tat alles eins. Mit dem Christentum begegnete man plötzlich einem zuvor unbekannten Phänomen: Es gab nun Individuen, die Diener zweier Herren waren, einerseits ihrem politischen Oberhaupt unterstanden, sich aber andererseits darauf beriefen, einem Gott Gehorsam zu schulden, der sich nicht nur für Wohl und Wehe einer exklusiven Gemeinschaft interessierte, sondern gleich für den ganzen Erdkreis zuständig war. Damit waren Loyalitätskonflikte vorprogrammiert: Gott stand jetzt nicht mehr im Dienst eines bestimmten Volkes und sanktionierte automatisch dessen Taten. Es konnte nunmehr durchaus passieren, daß das Wohl von Volk und Nation Handlungen verlangte, die dem universellen Gesetz des christlichen Gottes widersprachen, und denen ein Mensch, der zugleich Glied dieses Staates und Christ war, unmöglich nachkommen konnte, ohne die Gebote seiner Religion zu verletzen. Vor die Wahl gestellt, dem politischen Machthaber oder seinem Gott Folge zu leisten, mochte sich der Christ auf ein Bibelwort berufen, das nach wie vor Zündstoff in der Bestimmung des Verhältnisses von Kirche und Staat bietet: „Man muß Gott mehr gehorchen als den Menschen“ (*Apostelgeschichte* 5, 29). Deswegen, so Rousseau, betrachteten die Heiden die Christen mit ihrer „Vorstellung eines Königreichs von einer anderen Welt [...] immer als echte Aufständische, die, bei heuchlerischer Unterwürfigkeit, nur auf den Augenblick warteten, sich unabhängig und zu Herren zu machen und sich geschickt der souveränen Gewalt zu bemächtigen, die sie in ihrer Schwäche anzuerkennen vorgaben“ (CS III 462).

Der Konflikt verschärfte sich, als die Christen im Laufe des Siegeszugs des Christentums aus ihrer Rolle als verfolgte potentielle Revolutionäre heraustraten und sich ein „sichtbares Oberhaupt“ zulegten. Der Papst widmete sich keineswegs nur religiösen Fragen, sondern beanspruchte auch im Bereich des Politischen Autorität. Somit kam es zu der paradoxen Situation, daß sich der katholische Christ als Bürger „zweier Vaterländer“ wiederfindet, nach Rousseaus Interpretation als Bürger des jeweiligen Landes, das er bewohnt, und als Bürger des souveränen Vatikanstaates. Ein Kleriker, so sieht es Rousseau, übt damit nicht nur religiösen Einfluß, sondern auch konkrete politische Macht auf die Glieder der Kirche aus. Er beschreibt diese Lage so, daß man „nie endgültig sicher“ sein konnte, „ob man dem Herrn oder dem Priester zum Gehorsam verpflichtet war“ (ebd., vgl. auch Hobbes, *Leviathan* XXIX).

11.2 Die Typologie von Religionen

Nachdem er die historische Entwicklung des Konfliktes untersucht hat, unternimmt es Rousseau nun *zweitens*, die Lösungsversuche, die bisher für das Problem des Verhältnisses von Politik und Religion entwickelt wurden, zu behandeln. Die verschiedenen historischen Gestalten ordnet er unter drei phänomenologische Typen von Religion ein: Er unterscheidet die

Religion des Menschen oder *Universalreligion*, die *Religion des Bürgers* und schließlich die *Priesterreligion*. Letztere läuft sozusagen außerhalb der Konkurrenz, ihr kann Rousseau ganz und gar nichts Positives abgewinnen. Bestes Beispiel für diesen Typus ist das „römische Christentum", das, wie bereits angesprochen wurde, „die Menschen dadurch, daß [es] ihnen zwei Gesetzgebungen, zwei Häupter und zwei Vaterländer gibt, widersprüchlichen Pflichten unterwirft und sie daran hindert, gleichzeitig fromm und Staatsbürger sein zu können" (CS III 464). Die *Priesterreligion* bringt die Menschen „mit sich selbst in Widerspruch", und alles, „was die soziale Einheit zerstört, taugt nichts".

Die beiden anderen Typen von Religion setzt Rousseau mit der Gesellschaft in Verbindung: Die Gesellschaft als allgemeine bezieht er auf die *Religion des Menschen*, als besondere auf die *Religion des Bürgers*.

Die *Religion des Bürgers* entspricht der Art von Theokratie, die Rousseau in seinen einführenden Worten über die heidnische Religion erläutert hatte. Auf die *besondere Gesellschaft* bezogen ist sie deshalb, weil sie auf den Wirkungskreis einer bestimmten politischen Gemeinschaft begrenzt ist. Durch die Identifizierung von Politik und Religion vereinigt sie „den göttlichen Kult mit der Liebe zu den Gesetzen" und lehrt die Bürger, „daß dem Staat dienen zugleich dessen Schutzgott dienen heißt". Sie erzeugt nicht jenen *Widerspruch mit sich selbst* und findet deshalb Rousseaus Anerkennung. Er muß zugleich jedoch einräumen, daß sie schwerwiegende Nachteile aufweist. Solange sie dem Gemeinwesen nützlich ist, wird nicht nach Wahrheit gefragt, sie ist auf „Irrtum und Lüge gegründet" und verlangt keine Überzeugung, sondern tötet „den echten Gottesdienst in einem leeren Zeremoniell". Rousseau kritisiert aber vor allem ihre Beschränkung auf einen klar umrissenen Raum. Außerhalb dieses Raumes lebt der Feind, der infolge der Identität von Politik und Religion nicht nur eine Bedrohung des Staates, sondern auch seiner Gottheit darstellt. Eine solche Auffassung bewirkt, daß ein Volk „nach Mord und Totschlag dürstet und eine heiligmäßige Tat zu begehen glaubt, wenn es jeden tötet, der seine Götter nicht anerkennt". Diese Intoleranz ist nicht nur für die benachbarten Völker unersprießlich, sondern schadet letztlich dem betreffenden Volk selbst – befindet es sich doch in einem „natürlichen Kriegszustand mit allen anderen“.

Die *Religion des Menschen* betrifft die *Gesellschaft als allgemeine*, weil sie nicht an den Grenzen eines bestimmten Territoriums haltmacht. Das Objekt ethischen Verhaltens, der „Nächste“, dem gegenüber man zu wohlwollendem Verhalten verpflichtet ist, ist nicht wie in der *Religion des Bürgers* ausschließlich der Angehörige des selben Gemeinwesens: „Durch diese heilige, erhabene und wahre Religion erkennen sich die Menschen – Kinder des nämlichen Gottes – alle als Brüder“ (CS III 465). Rousseau identifiziert diesen Typus mit der Religion des Evangeliums, beeilt sich aber hinzuzufügen, daß diese vom heutigen Christentum „ganz und gar verschieden“ sei. Er sieht sie „beschränkt auf den rein inneren Kult des obersten Gottes und die ewigen Pflichten der Moral“ und ordnet ihr das „göttliche Naturrecht“ zu.

Rousseau hält die *Religion des Menschen* den anderen Typen gegenüber offensichtlich für moralisch überlegen. Dennoch findet sie nicht seine uneingeschränkte Zustimmung. Ihr Mangel besteht darin, daß sie es nicht vermag, eine Verbindung zum politischen Gemeinwesen herzustellen, mehr noch, daß sie die Bürger sogar davon entfernt. Sie ist nicht in der Lage und hat auch gar nicht die Absicht, den Individuen die Sorge um ihren Staat nahezubringen. Der politische Machthaber kann sich nicht auf sie berufen, um Einheit und Zusammenhalt herzustellen oder zu stärken. Damit steht sie „dem gesellschaftlichen Geist entgegen“.

Überhaupt kann Rousseau nicht finden, daß ein „wahrhaft christliches Volk die vollkommenste Gesellschaft bilden würde“. Weil „das Vaterland des Christen [...] nicht von dieser Welt“ ist, „beschwert es ihn wenig, ob hienieden alles gut oder schlecht läuft“. Das christliche Volk wäre zwar gesetzestreu und pflichtbewußt, aber ohne rechte Begeisterung für die öffentlichen Angelegenheiten. Das wenig schmeichelhafte Bild, das Rousseau von einem solchen Gemeinwesen entwirft, zeigt eine fatalistische Gemeinschaft gutmütiger Tölpel, die so lange funktioniert, wie die braven Christen unter sich sind – aber „ein einziger Ehrgeizling, ein einziger Heuchler [...], ein Catilina zum Beispiel oder ein Cromwell, [...] wird sicherlich leichtes Spiel mit seinen frommen Mitbürgern haben“ (CS III 466). Eine „christliche Republik“ ist daher für Rousseau ein Widerspruch in sich, weil das Christentum in seinen Augen „nichts als Knechtschaft und Abhängigkeit“ predigt.

Seiner Darstellung der verschiedenen Typen von Religion schließt sich also jeweils unmittelbar eine Überprüfung ihrer Brauchbarkeit für den im *Gesellschaftsvertrag* entworfenen Staat an. Das Ergebnis fällt in allen drei Fällen negativ aus: Die *Religion des Bürgers* hat den großen Vorzug, die Menschen zu leidenschaftlichen Patrioten zu machen, krankt aber an ihrer Intoleranz; die *Religion des Menschen* ist zwar „heilig, erhaben und wahr“, aber „da sie mit der politischen Körperschaft keinerlei Verbindung hat, [läßt sie] den Gesetzen nur die Kraft, die sie aus sich selbst ziehen, ohne ihnen irgendeine andere hinzuzufügen; auf diese Weise bleibt eines der großen Bindeglieder der jeweiligen Gesellschaft ohne Wirkung“ (CS III 465). Mit ihr ist demnach in der Tat kein Staat zu machen. Daß die *Priesterreligion* für Rousseau indiskutabel ist, steht außer Frage.

11.3 Die Voraussetzungen einer Zivilreligion

Welchen Kriterien müßte nach diesem ernüchternden Ergebnis eine Zivilreligion genügen? Es soll zunächst versucht werden, die Anforderungen zu benennen, die Rousseau an eine seinem *Gesellschaftsvertrag* angemessene Religion stellt, um später die Frage nach deren Funktion klären zu können.

Anders als im Fall der *Priesterreligion*, die er für „so offensichtlich schlecht“ hält, „daß es Zeit vergeuden hieße, es auch noch aufzeigen zu wollen“, ist sein Urteil gespalten, was die *Religion des Menschen* und die *Religion des Bürgers* angeht. Bei beiden kann er sowohl Vor- als auch Nachteile erkennen, und es scheint, als könnten jeweils die Vorteile der einen die Nachteile der jeweils anderen ausgleichen. Um das zu bewerkstelligen, extrahiert Rousseau die positiven Elemente der *Religion des Bürgers* und der *Religion des Menschen* und verschmilzt sie zu einem Kompromiß.[2] Denn einerseits sollen diejenigen Elemente der *Religion des Bürgers*, die dem Erhalt des Staates dienen, bewahrt werden, anderer-

2 Vgl. die erste Fassung des Kapitels über die Zivilreligion im *Genfer Manuskript*: „Ainsi l’on réunira les avantages de la religion de l’homme et de celle du citoyen“ (CSMS III 342).

seits darf das nicht auf Kosten der Wahrheit gehen, welche von diesem auf „Irrtum und Lüge“ beruhenden Typus nicht gewürdigt wird. Es ist deutlich bemerkbar, daß Rousseau als Bewunderer der antiken Politien eigentlich große Sympathien für die *Religion des Bürgers* nach heidnischem Vorbild hegt. Ihre großen Vorzüge liegen darin, den Menschen nicht durch eine Opposition von Religion und Politik in *Widerspruch mit sich selbst* zu bringen und eine einzigartige Bindung an die politische Körperschaft und ihre Gesetze herzustellen. Rousseau möchte sie dennoch nicht wieder aufleben lassen, was zunächst vermutlich daran liegt, daß er sie wegen der Unumkehrbarkeit des geschichtlichen Prozesses für erledigt hält: Nach fast 1800 Jahren Christentum kann nicht an eine heidnische Tradition angeknüpft werden, deren theologische Unterlegenheit ihrem politischen Nutzen zum Trotz auch für ihn unbestritten ist. Was noch schwerer wiegt, ist die Tatsache, daß die *Religion des Bürgers* „die Menschen täuscht, sie leichtgläubig und abergläubisch macht“ und die Intoleranz fördert. Diese Nachteile aber sind zu schwerwiegend, als daß der Aufklärer Rousseau sie in Kauf nehmen könnte.

Die Defizite der *Religion des Bürgers*, ihre Exklusivität, ihre Vernachlässigung von Fragen nach Wahrheit und ihre Intoleranz, können durch die positiven Aspekte der *Religion des Menschen* kompensiert werden. Sie ist nicht auf eine besondere, deutlich abgegrenzte Gesellschaft ausgerichtet, sondern auf die allgemeine menschliche Gesellschaft, in der alle einander als Brüder begegnen. Damit besitzt sie universelle Gültigkeit, und da man alle Menschen als „Kinder des nämlichen Gottes“ ansieht, wird die Toleranz gefördert. Im Gegensatz zum von Rousseau kritisierten Aberglauben der *Religion des Bürgers* handelt es sich bei ihr um den „wahren Gottesglauben“.

Anhand der Untersuchung auf Vor- und Nachteile, der Rousseau die *Religion des Bürgers* und die *Religion des Menschen* unterzogen hat, lassen sich die Kriterien erkennen, denen eine Religion nach seiner Vorstellung genügen muß: Sie darf erstens den Menschen nicht *mit sich selbst in Widerspruch bringen*, wie das bei der *Priesterreligion* der Fall ist. Zweitens muß sie in der Lage sein, als *Bindeglied der Gesellschaft* zu wirken und die *Herzen der Bürger an den Staat zu heften*, also als Verstärker der Bindung an den Staat zu fungieren. Drittens darf sie nicht in Widerspruch mit der Wahrheit stehen, auch wenn die als falsch beurteilten Vorstellungen dem Staat von Nutzen wären; und sie muß viertens der Herstellung und Wahrung der Toleranz verpflichtet sein.

11.4 Der Kompromiß aus Religion des Menschen und Religion des Bürgers

Wie sieht nun die Zivilreligion aus, die Rousseau nach diesen Maßstäben entwirft? Es fällt auf, daß er sich offenbar nicht sonderlich für die metaphysischen Aspekte der von ihm untersuchten Religionstypen interessierte. Seine Forderung, eine Religion müsse *wahr* sein, bleibt reichlich vage – wie er Wahrheit definiert, verrät er nicht. Eine inhaltliche Bestimmung dessen, was eine *Wahrheit* vertretende Religion ausmachen soll, wird erst recht nicht vorgenommen. Für eine Religion konstitutive Fragen wie die nach Erlösung, nach einem Leben nach dem Tod, nach Kommunikation zwischen Mensch und Gott und dergleichen mehr scheint er zu ignorieren. Es ist keineswegs ein Versehen, daß er den metaphysischen Elementen von Religion keine Beachtung schenkt, sondern geschieht mit Bedacht. Der Grund liegt im Geltungsrahmen des von ihm entworfenen Staates: „Das Recht, das der Gesellschaftsvertrag dem Souverän über die Untertanen gibt, geht, wie ich ausgeführt habe, nicht über die Grenzen des öffentlichen Nutzens hinaus. Die Untertanen sind dem Souverän über ihre Ansichten nur insoweit Rechenschaft schuldig, als diese für das Gemeinwesen erheblich sind" (CS III 467f.).

Welche Ansichten nun also ein Bürger über metaphysische Fragen vertritt, ist für den Staat ohne Belang. Denn „in der anderen Welt besitzt er keinerlei Befugnis", weswegen er sich nicht anmaßen darf, den Menschen vorschreiben zu wollen, was diese zur Erlangung ihres Heils zu tun und zu glauben haben. Dieser Bereich bleibt der Gewissensentscheidung des jeweiligen Individuums überlassen.[3] Mit der Auffassung, Glaube

3 Bereits 1756 vertritt Rousseau diese Meinung in einem Brief an Voltaire: „Mais je suis indigné comme vous que la foi de chacun ne soit pas dans la plus parfaite liberté et que l'homme ose controler l'intérieur des consciences où il ne saurait pénétrer, comme s'il dépendait de nous de croire, ou de ne pas croire, dans des matières où la démonstration n'a point lieu, et qu'on put jamais asservir la raison à l'autorité" (Brief vom 18. August 1756, in: Rousseau, Political Writings, Band 2, Oxford 1962, S. 163).

könne ohnehin nicht erzwungen werden und es sei unmöglich, jemandem zu befehlen, bestimmte Überzeugungen zu hegen, stimmt Rousseau mit Locke, der dies in seinem *Letter on Toleration* erläutert hat, überein.[4] Die Einmischung in das Gewissen der Bürger ist somit für Rousseau ein Unding. Die Zurückhaltung, die Rousseau seinem Souverän in Sachen Metaphysik auferlegt, bedeutet aber keineswegs, daß er der Ansicht wäre, der Staat müsse strikt von der Religion getrennt werden: „Nun ist es ja für den Staat sehr wohl wichtig, daß jeder Bürger eine Religion hat, die ihn seine Pflichten lieben heißt; aber die Dogmen dieser Religion interessieren den Staat und seine Glieder nur insoweit, als sie sich auf die Moral beziehen und auf die Pflichten, die derjenige, der sie (die Religion) bekennt, gegenüber den anderen zu erfüllen gehalten ist" (CS III 468). Die von Rousseau propagierte Zivilreligion ist also rein innerweltlich definiert, sie bietet keine das Diesseits transzendierende Heilslehre und schreibt den Bürgern keine Glaubensinhalte vor, die über ethische Verhaltensnormen hinausgehen.

„Es gibt daher ein rein bürgerliches Glaubensbekenntnis, dessen Artikel festzusetzen dem Souverän zukommt, nicht regelrecht als Dogmen einer Religion, sondern als Gesinnung des Miteinander, ohne die es unmöglich ist, ein guter Bürger und ein treuer Untertan zu sein" (CS III 468). Diese Dogmen umreißen eine deistische, am Wohl des Staates ausgerichtete Religion: „Die Existenz der allmächtigen, allwissenden, wohltätigen, vorhersehenden und sorgenden Gottheit, das zukünftige Leben, das Glück der Gerechten und die Bestrafung der Bösen sowie die Heiligkeit des Gesellschaftsvertrags und der Gesetze – das sind die positiven Dogmen. Was die negativen Dogmen anbelangt, so beschränke ich sie auf ein einziges: die Intoleranz [...]" (CS III 468). Wie verhält es sich nun mit der Bestimmung dieser Religion als Werkzeug im Dienst des Staates?

4 Vgl. John Locke, *A Letter on Toleration*, hrsg. v. J. W. Gough, Oxford 1956, S. 129: „the care of souls is not committed to the civil magistrate, any more than to other men. [...] For no one man can, if he would, conform his faith to the dictates of another. All the life and power of true religion consist in the inward and full persuasion of the mind; and faith is not faith without believing."

11.5 Religion als Instrument der Manipulation? Religion des Gesetzgebers versus Zivilreligion

Einer gängigen Auffassung zufolge bilden die Ausführungen über die Zivilreligion einen Anschluß an das Kapitel über den Gesetzgeber (CS II 7), in dem bereits von der Rolle der Religion die Rede ist. Denn das sogenannte *Genfer Manuskript* (die erste Fassung des *Gesellschaftsvertrags*) enthält auf der Rückseite des Kapitels über den Gesetzgeber eine erste Version des Kapitels über die Zivilreligion, allerdings noch ohne Titel.[5] Derathé folgert daraus, die Ausführungen zur Zivilreligion seien die natürliche Ergänzung zu jenen über den Gesetzgeber, weil das Ende des Kapitels über den Gesetzgeber das Problem des Verhältnisses von Politik und Religion aufwerfe, für das das Kapitel über die Zivilreligion die Lösung biete. Verhält es sich tatsächlich so, daß der Teil über die Zivilreligion der Erweiterung jenes früheren Kapitels dient? Untersucht man, wie Rousseau jeweils die Religion in beiden Kapiteln beschreibt, drängt sich ein anderes Urteil auf.

Das Problem, das sich dem Gesetzgeber stellt, ist es, die Menschen von den Gesetzen zu überzeugen, die er ihnen vorlegt. Er selbst hat keine Gesetzgebungsbefugnis; er kann seine Gesetze dem Volk nicht einfach auferlegen, sondern muß sich damit begnügen, sie ihm vorzustellen und anzuempfehlen. Die Entscheidung über Annahme oder Ablehnung obliegt allein dem Volk, „weil gemäß dem Grundvertrag nur der Gemeinwille die Einzelnen verpflichtet" (CS III 383). Das Volk muß die Gesetze also wollen, die Frage ist nun aber, wie ein „Individuum, das keinen anderen Plan der Herrschaft schätzt als den auf seine Sonderinteressen bezogenen", dazu gebracht werden kann, sich für vernünftige Gesetze zu entscheiden. Rousseau stellt sich hier das Problem von Ursache und Wirkung, denn der Gemeinsinn, der in den Individuen bereits vorhanden sein müßte, um dem Gemeinwohl dienliche Gesetze überhaupt wollen zu können, ist eigentlich erst die Folge solcher Gesetze (CS III 383). Für den „gewöhnlichen Menschen" ist *ante leges* nicht einzusehen, weshalb er im Namen des Gemeinwohls persönliche

5 Vgl. die Anmerkungen von Robert Derathé zum *Gesellschaftsvertrag*, III 1498.

Vorteile opfern sollte. Somit muß der Gesetzgeber sich etwas einfallen lassen, um all jene, die vernünftigen Argumenten nicht zugänglich sind, für sein Werk zu gewinnen. Die Gesetze mit Gewalt durchzusetzen, kommt nicht in Frage, weil „das den Gesetzen unterworfene Volk [...] deren Urheber sein" muß, um durch sie verpflichtet zu werden (CS III 380). „Das ist es", so Rousseau, „was die Väter der Nationen zu jeder Zeit zwang, ihre Zuflucht zum Himmel als Mittler zu nehmen und mit ihrer Weisheit die Götter zu schmücken". Der Gesetzgeber muß glaubhaft machen, von höherem Ort autorisiert zu sein, er muß seine Entscheidungen „den Unsterblichen in den Mund [legen], um durch göttlichen Machtspruch diejenigen mitzureißen, die menschliche Klugheit nicht zu bewegen vermöchte" (CS III 383f.). Rousseau beruft sich dabei auf Machiavellis Feststellung, noch nie sei ein Gesetzgeber ohne derartigen Kunstgriff zum Ziel gelangt.[6]

Die Religion, derer sich der Gesetzgeber bedient, ist also rein instrumentell gedacht. Sie dient der Politik „beim Ursprung der Nationen [...] als Werkzeug" (CS III 384). Im Gegensatz zur Zivilreligion ist sie überweltlich definiert, dem Gesetzgeber geht es schließlich nicht darum, moralisches Verhalten zu propagieren. Sein Ziel besteht darin, das Volk zur Annahme der von ihm entworfenen Gesetze zu bewegen – ist das bewältigt, hat sich der Gesetzgeber selbst abgeschafft. Eine „Gesinnung des Miteinander" zu fördern, liegt nicht im Aufgabenbereich des Gesetzgebers. Zudem ist es für seine Zwecke völlig unerheblich, ob seine Religion „wahr" ist. Er kann sich der Götter bedienen, die in dem betreffenden Volk bereits verehrt werden, oder eine neue, auf die Verhältnisse zugeschnittene Religion erschaffen. Die Hauptsache ist, daß er sich darauf berufen kann, durch eine höhere Gewalt legitimiert zu sein. Ob es sich dabei um reine Erfindung handelt oder nicht, ist gleichgültig, solange diese Religion ihm bei der Durchsetzung seines Zieles nutzt. Nach der Annahme der Gesetze wird diese Art instrumenteller Religion hinfällig, sie verschwindet, so wie sich der Gesetzgeber mit erfüllter Mission überflüssig macht. Wenn Derathé meint, Zivil-

6 Rousseau zitiert in *CS* II, 7, S. 384 aus Niccolò Machiavellis *Discorsi sopra la prima deca di Tito Livio* I, 11 (Machiavelli, *Opere*, hrsg. v. Mario Bonfantini, Mailand o. J., S. 123f.).

religion und Religion des Gesetzgebers hätten zum Ziel, die Autorität der Gesetze durch Religion zu verstärken, trifft dies das Problem nicht ganz. Die Religion, derer sich der Gesetzgeber bedient, hat allein die Aufgabe, die Bürger zur Annahme der Gesetze zu bewegen. Es geht also darum, die Autorität des Gesetzgebers zu stärken. Jene, die dafür sorgen soll, daß die bereits angenommenen Gesetze von den Bürgern hochgehalten werden, muß einen anderen Zuschnitt haben. Sie soll nicht nur für einen begrenzten Zeitraum gelten, um von der Heiligkeit des Gesetzgebers zu überzeugen, sondern den Bürger dauerhaft an den Staat und dessen Gesetze binden. Religion des Gesetzgebers und Zivilreligion gleichen sich somit nur in ihrem instrumentellen Charakter, beide stehen sie im Dienst der Politik. Im Falle der Religion des Gesetzgebers aber ist die Instrumentalität ausschließlich Mittel zum Zweck der Vergesellschaftung.

Dagegen darf eine Religion, die in dem mit Gesetzen ausgestatteten Gemeinwesen eine Rolle spielen kann, kein Werkzeug der Manipulation sein. Wenn es gegenüber einer unwissenden und unsittlichen Menge noch anging, sie zu täuschen, um sie durch den scheinbar überweltlich legitimierten Gesetzgeber zum Eintritt in den Gesellschaftsvertrag zu bewegen, kann doch gegenüber der „sittlichen Gesamtkörperschaft" kein derartiges Mittel mehr angewendet werden.

Das souveräne, sittliche Volk darf keinem fremden Willen unterworfen werden. Das gilt auch für den Bereich der Religion, weshalb undenkbar ist, daß der Gesetzgeber dem Volk eine Religion vorschreibt. Die Dogmen der Zivilreligion werden denn auch nicht vom Gesetzgeber entworfen: „[E]s gibt daher ein rein bürgerliches Glaubensbekenntnis, dessen Artikel festzusetzen dem Souverän zukommt" (CS III 468). Der Souverän, nicht ein Dritter wie der Gesetzgeber, dessen Amt „keinen Eingang in [die] Verfassung" findet (CS III 382), bestimmt also selbst darüber, wie die Religion aussehen soll, der die Bürger angehören.

Diese können, wie bereits gesagt, nicht dazu verpflichtet werden, bestimmte Überzeugungen anzunehmen, die die metaphysischen Aspekte einer Religion betreffen. Rousseau erklärt ausdrücklich, daß es nicht Sache des Staates sei, darüber zu urteilen, „welches das Los der Untertanen in einem künftigen Leben sei" (CS III 468). Abgesehen vom Bekenntnis zu einem vagen Deismus verlangt die Zivilreligion „nur" die Befolgung von rein innerweltlich definierten Dogmen, und Rousseau ist offenbar der Ansicht, daß dies kaum jemanden in ernsthafte Gewissenskonflikte mit seinen privaten religiösen Überzeugungen bringen dürfte. Der Staat kann niemanden zum Glauben an sie zwingen, aber „er kann jeden aus dem Staat verbannen, der [die Dogmen der Zivilreligion] nicht glaubt; er kann ihn nicht als Gottlosen verbannen, sondern als einen, der sich dem Miteinander widersetzt und unfähig ist, die Gesetze und die Gerechtigkeit ernstlich zu lieben und sein Leben im Notfall der Pflicht zu opfern" (ebd.). Das gilt wohl in erster Linie für Atheisten, die nach Meinung Lockes und auch Rousseaus nicht verpflichtet werden können – weil ihnen nichts heilig ist, gibt es nichts, worauf sie bei Eiden, Verträgen u. ä. schwören könnten.[7] Dabei ist nicht maßgeblich, daß sie nicht glauben, sondern daß ihnen aufgrund ihres fehlenden Glaubens die Fähigkeit zur Einhaltung gesellschaftlicher Abmachungen abgesprochen wird. Abgesehen von den Atheisten können jene in Rousseaus Staat nicht geduldet werden, die nach seiner Auffassung intoleranten Religionen anhängen, weil bürgerliche und religiöse Intoleranz für ihn eins sind: „Es ist unmöglich, mit Menschen in Frieden zu leben, die man für unselig hält; sie lieben hieße, Gott, der sie straft, hassen; man muß sie unbedingt bekehren oder sie bedrängen. Überall, wo die religiöse Intoleranz zugelassen wird, kann es nicht ausbleiben, daß sie irgendeine bürgerliche Auswirkung hat". Damit ist klar, daß die Katholiken, an deren Adresse diese Ausführungen zweifellos gerichtet sind, keine Bürger des Rousseauschen Staates sein können (CS III 469).

Sieht man von den ausgegrenzten Atheisten und Katholiken einmal ab, scheint Rousseau zu glauben, die Dogmen der als „Gesinnung des Miteinander" definierten Zivilreligion könnten keinen Menschen guten Willens *in Widerspruch mit sich selbst* bringen. Er sieht sie wohl als eine Art Grundkonsens, über den es keinen wirklichen Zweifel geben kann. Ob er damit recht

7 Vgl. John Locke, *A letter concerning toleration*, S. 158: „Lastly, those are not at all to be tolerated who deny the being of a God. Promises, covenants, and oaths, which are the bonds of human society, can have no hold upon an atheist. The taking away of God, though but even in thought, dissolves all; besides also, those that by their atheism undermine and destroy all religion, can have no pretence of religion whereupon to challenge the privilege of a toleration."

hat, ist eine andere Frage. Entscheidend ist hier Rousseaus erkennbare Bemühung, eine Zivilreligion zu entwerfen, der die Bürger als Glieder des Souveräns zustimmen können. Diese Religion kann gewollt werden, und ob die Individuen ihre Dogmen beherzigen, kann anders als bei Religionen, die auch überweltliche Dogmen beinhalten, überprüft werden. Ob jemand wirklich an die Auferstehung der Toten oder ähnliche Inhalte überweltlicher Religionen glaubt, läßt sich nicht mit Sicherheit sagen. Er mag es zwar behaupten, aber es kann sich auch um bloßes Lippenbekenntnis handeln. Dementsprechend ergibt es keinen Sinn, zu derlei Bekenntnissen aufzufordern, weil dieser Glaube nicht Sache des Willens ist. Die innerweltliche Zivilreligion aber beschränkt sich darauf, die Bürger zu einem Verhalten aufzufordern, das dem Staat nützlich ist und das sie *wollen* können. Nur einer in dieser Weise definierten Zivilreligion können Rousseaus autonome Bürger, die nur durch den Gemeinwillen verpflichtet werden (CS III 383), angehören. Wie die Religion des Gesetzgebers dient die Zivilreligion als Instrument der Politik; ihr instrumenteller Charakter ist jedoch von den Bürgern gewollt, um den Zweck der Stabilisierung der Bindung an das Gemeinwesen zu erfüllen.

Warum aber die Religion in diesem Gemeinwesen überhaupt eine Rolle spielen soll, ist mit dem Versuch, ihre Gestalt zu skizzieren, noch ungeklärt. Weshalb also enthält der *Gesellschaftsvertrag* eine Theorie der Zivilreligion?

11.6 Die Überwindung der Kluft zwischen Mensch und Bürger unter der Bedingung der Toleranz

Für Hobbes stand fest, daß für die Individuen gar nichts anderes in Frage kommt, als den Naturzustand zu verlassen (vgl. *Leviathan* XIII und XVII). Die Güterabwägung, ob es dauerhaft mehr Vorteile bringt, die natürliche Freiheit und Unabhängigkeit zu behalten und das erhöhte Risiko einzugehen, an Leben und Gütern Schaden zu nehmen, oder aber Freiheit und Unabhängigkeit zugunsten von Frieden und Sicherheit aufzugeben, fällt in Hobbes' Entwurf eindeutig aus: Der Selbsterhaltung wird der Vorzug gegeben, weil die Risiken des Naturzustandes das Leben „einsam, armselig, ekelhaft, tierisch und kurz" machen *(Leviathan* XIII 96). Unter diesen Bedingungen, glaubt Hobbes, werden die Individuen sich bereitwillig der regulierenden Macht eines Dritten unterwerfen. Den Individuen im von Rousseau beschriebenen Naturzustand sind die Vorteile eines Ausgangs aus dem Naturzustand offenbar nicht ohne weiteres klar.

Rousseau unterstellt, „daß die Menschen jenen Punkt erreicht haben, an dem die Hindernisse, die ihrem Fortbestand im Naturzustand schaden, in ihrem Widerstand den Sieg davontragen über die Kräfte, die jedes Individuum einsetzen kann, um sich in diesem Zustand zu halten. Dann kann dieser ursprüngliche Zustand nicht weiterbestehen, und das Menschengeschlecht würde zugrunde gehen, wenn es die Art seines Daseins nicht änderte" (CS III 360). Trotz der Ähnlichkeit mit dem Hobbesschen Theorem scheint die Lage im Naturzustand, wie Rousseau ihn sieht, nicht so desolat zu sein, daß die Individuen tatsächlich einsähen, ein Ende dieses Zustands müsse herbeigeführt werden. Immerhin muß sich der Gesetzgeber allerhand einfallen lassen, um sie zum Eintritt in den Gesellschaftsvertrag zu bewegen. Dementsprechend geht es in der Vertragskonzeption Rousseaus nicht in erster Linie um einen Ausgleich konkurrierender Interessen, die nicht länger anders als durch eine Zwangsmacht kontrolliert werden können. Das Nutzenkalkül, das die Hobbesschen Individuen zur Einsicht in die Vorteile eines Ausgangs aus dem Naturzustand bringt, spielt bei Rousseau eine untergeordnete Rolle gegenüber dem Ziel, die Menschen „unter die oberste Richtschnur des Gemeinwillens" zu stellen (CS III 361). Diese Unterordnung unter den Gemeinwillen aber liegt nicht unbedingt im Interesse egoistischer Individuen.

Man könnte nun annehmen, die Zivilreligion setze genau an dieser Stelle an, um die Individuen zu persönlichem Verzicht zu bewegen, wo auf der Hand liegt, daß ihr Privatinteresse mit den Erfordernissen des Gemeinwohls konfligiert. Das würde bedeuten, daß Rousseau eine Kluft zwischen Mensch und Bürger sähe, die es durch eine entsprechende bürgerliche Moral – die einer Zivilreligion – zu überwinden gälte. Rousseau jedoch behauptet, der „Übergang vom Naturzustand zum bürgerlichen Stand [erzeuge] im Menschen eine sehr bemerkenswerte Veränderung, weil dadurch in seinem Verhalten die Gerechtigkeit an die Stelle des Instinkts tritt und seinen Handlungen die Sittlichkeit verliehen wird, die ihnen zuvor mangelte" (CS III 364). Diese Versittlichung bewirkt, daß der Mensch, „der bislang nur sich selbst im Auge hatte," gezwungen wird, „nach anderen Grundsätzen zu handeln und seine Vernunft zu befragen, bevor er seinen Neigungen Gehör schenkt" (ebd.). Eine Wahrnehmung von gemeinschaftlichem Nutzen auf der einen Seite, von persönlichem auf der anderen, die den Menschen dazu brächte, abzuwägen und im besten Fall seine eigenen Interessen zurückzustellen, dürfte nach einer so tiefgreifenden Veränderung eigentlich nicht mehr möglich sein.

Trotzdem scheint Rousseau der Stabilität und Verläßlichkeit dieser Versittlichung zu mißtrauen. Die Individuen sind eben nicht ein für alle Mal von ihren partikularen Interessen und Leidenschaften befreit; Rousseau sieht zahlreiche Schutzmaßnahmen vor, um einen Verfall der öffentlichen Ordnung zu verhindern. So wenig aber, wie das Gemeinwesen allein auf einem Rechtskonstrukt beruht, bedient er sich zur Abwehr zersetzender Einflüsse ausschließlich rechtlich-institutioneller Maßnahmen. Wie dem vertraglichen Zusammenschluß die Versittlichung hinzugefügt wird, die das Individuum nicht nur rechtlich, sondern auch affektiv an das Gemeinwesen bindet, dient die Zivilreligion dazu, diese affektive Bindung zu schützen und beständig zu erneuern.[8]

Aufgrund der besonderen Verfaßtheit des Rousseauschen Gemeinwesens wäre es wohl auch gar nicht möglich, die Bürger nur vertraglich zur Befolgung der Gesetze zu bringen und ihnen für den Fall eines Gesetzbruchs mit Strafe zu drohen. Eine solche Konstruktion ist für einen Staat vom Zuschnitt des *Leviathan* denkbar, der von den Bürgern fordert, ihre Abmachungen einzuhalten, ihnen aber abgesehen von der Gesetzestreue nicht das abverlangt, was man mittlerweile mit dem Begriff „Engagement" umschreibt. „In einem wirklich freien Staat tun die Bürger alles eigenhändig und nichts mit Geld"; der Dienst am Staat muß „die hauptsächlichste Angelegenheit der Bürger" sein, lauten dagegen die Ansprüche Rousseaus (CS III 428f.).

8 Vgl. Rousseaus Brief an Usteri vom 18. Juli 1763: „Il n'y a que les vices des hommes qui rendent ces établissements [les sociétés politiques et civiles] nécessaires, et il n'y a que les passions humaines qui les conservent" (Rousseau, Political Writings, hrsg. v. C. E. Vaughan, Band 2, Oxford 1962, S. 167).

Obwohl er einsieht, daß eine vollkommene Übereinstimmung nicht realisierbar ist, möchte er zumindest eine größtmögliche Deckung von privaten und öffentlichen Angelegenheiten erreichen, was bedeutet, daß sich der Bürger in hohem Maß mit dem Staat identifizieren können muß. Schließlich muß man sich darüber im klaren sein, daß es sehr zeitaufwendig ist, Bürger des Rousseauschen Staates zu sein. Im von Hobbes' konstruierten Gemeinwesen geht das Individuum seinen privaten Belangen nach und bemüht sich, nicht mit dem Gesetz in Konflikt zu kommen. Man zahlt seine Steuern und bleibt ansonsten weitgehend unbehelligt von staatlichen Ansprüchen. Rousseau aber erwartet, daß jeder „zu den Versammlungen eilt"; als positives Beispiel nennt er die Griechen, bei denen „das Volk alle seine Obliegenheiten selbst" erledigt habe und das „ununterbrochen auf dem Marktplatz versammelt" gewesen sei (CS III 429f.). Es liegt auf der Hand, daß ein solcher Einsatz für die öffentliche Sache im Grunde nicht allein rechtlich einklagbar ist, sondern auch ein hohes Maß an innerer Überzeugung und Verbundenheit voraussetzt. Die geforderte Opferbereitschaft erstreckt sich bis zur Hingabe des eigenen Lebens: „wenn der Fürst [dem Bürger] gesagt hat: Es ist dem Staat dienlich, daß du stirbst, muß er sterben; denn einzig unter dieser Bedingung hat er bisher in Sicherheit gelebt, und sein Leben ist nicht mehr nur eine Gabe der Natur, sondern ein bedingtes Geschenk des Staates" (CS III 376). „Seine Pflichten lieben" aber lehrt den Bürger die Zivilreligion. Im Fall des Rechts über Leben und Tod, das der Souverän beansprucht, dient sie wohl nicht dazu, den Bürger, der sein Leben opfert, davon zu überzeugen, daß diese Tat im Jenseits von Gott belohnt werde.[9] Eine solche unbedingte Iden-

9 Im *Genfer Manuskript* stellt Rousseau fest: „Dans tout etat qui peut exiger de ses membres le sacrifice de leur vie celui qui ne croit point de vie à venir est nécessairement un lâche ou un fou; mais on ne sait que trop à quel point l'espoir de la vie à venir peut engager un fanatique à mépriser celle-ci. Otez ces visions à ce fanatique et donnez-lui ce même espoir pour prix de la vertu vous en ferez un vrai citoyen" (CSMS III 336). Die Opferbereitschaft, die eine Identifizierung von staatlichem und persönlichem Heil mit sich brächte, liegt also nicht unbedingt in Rousseaus Interesse. Zu groß ist die Gefahr des Fanatismus bei der an dieser Stelle sogenannten *religion nationale*. Rousseau schlägt daher vor, „il vaut donc mieux attacher les citoyens à l'état par des liens moins forts et plus doux et n'avoir ni heros ni fanatiques" (ebd., S. 338), was durch eine Verbindung der *religion nationale* mit der *religion de l'humanité* möglich sei.

tifizierung des staatlichen Heils mit dem religiösen wäre streng genommen nur in der *Religion des Bürgers* möglich. Die Zivilreligion aber, in die die Forderung nach Liebe zur ganzen Menschheit aus der *Religion des Menschen* eingeflossen ist, kann beispielsweise nicht geltend machen, daß der Tod in einer Schlacht Gott wohlgefällig ist. Schließlich ist der Argumentation Rousseaus zufolge der Kriegsgegner „Kind des nämlichen Gottes", und der Kampf mit ihm dürfte demnach nicht als heiligmäßige Tat anzusehen sein, wie das in der *Religion des Bürgers* der Fall war. Abgesehen davon behauptet Rousseau, es sei nicht Sache des Staates, „welches das Los der Untertanen in einem künftigen Leben sei" (CS III 468), die Zivilreligion läßt sich demnach also nicht dazu benutzen, jemanden mit der Aussicht auf Belohnung im Jenseits in den Tod zu schicken. Eines der Dogmen der Zivilreligion bezieht sich zwar auf das „zukünftige Leben", das ist vermutlich aber eher so zu verstehen, daß die Bürger generell zu einem Glauben an die Existenz eines Lebens nach dem Tod angehalten werden, wie sie allgemein die Existenz eines nicht näher bestimmten Gottes annehmen sollen.[10]

Rousseau scheint also davon auszugehen, daß die „Gesinnung des Miteinander", die die Zivilreligion ausmacht, auch ohne Rückgriff auf überweltliche Glaubensinhalte dazu in der Lage ist, eine Bindung an das Gemeinwesen zu erzeugen, die eine solche Stärke besitzt, daß die Bürger im äußersten Fall auch

10 Daß jemand in den Tod geschickt werden kann, beruht auf vertraglicher Verpflichtung und braucht nicht durch das Versprechen jenseitigen Heils legitimiert zu werden: „Der Gesellschaftsvertrag hat die Erhaltung der Vertragschließenden zum Zweck. Wer den Zweck will, will auch die Mittel, und diese Mittel sind mit einigen Gefahren, selbst mit einigen Verlusten untrennbar verbunden. Wer sein Leben auf Kosten der anderen erhalten will, muß es auch für sie hingeben, wenn es nötig ist" (CS III 376). Hält er sich an den Vertrag und gibt gegebenenfalls sein Leben, tut der Bürger nichts als seine Pflicht. Die Zivilreligion hat dann ihren Zweck erfüllt – nämlich dem Bürger die nötige Liebe zu dieser Pflicht einzuflößen, nicht, ihn durch den Anreiz überweltlicher Belohnung zum Opfer des Lebens zu bewegen. Von staatlicher Seite kann keine Aussage über sein Schicksal nach dem Tod gemacht werden, weswegen der Dank, der dem Bürger in Aussicht gestellt werden kann, nicht die Erlösung ist, sondern die Ehrung seiner Bürgertugend (vgl. die Formulierung des *prix de la vertu* in CSMS III 336). Allerdings wird jemand, der an die Existenz Gottes und eines Lebens nach dem Tod glaubt, eher bereit sein, sich an die entsprechende Abmachung zu halten – man erinnere sich an Lockes und Rousseaus Aussage, der Atheist könne nicht verpflichtet werden.

nicht davor zurückschrecken, ihr eigenes Leben dem Staat zu opfern.

Diese enge Bindung läßt sich nur durch eine Identifizierung von Mensch und Bürger, von privatem und öffentlichem Bereich, von Gesellschaft und Gemeinschaft herstellen, die von Rousseau offensichtlich angestrebt wird. Denn die wichtigste Anforderung Rousseaus an eine Religion lautet, wie oben besprochen, daß sie den Menschen nicht *mit sich selbst in Widerspruch bringen* darf. Gelingt es Rousseau tatsächlich, durch das Instrument der Zivilreligion solche Konflikte zu verhindern?

Eine völlige Freiheit von Widersprüchen wäre nur bei einer wirklichen Deckung von Mensch und Bürger gegeben. Das Individuum müßte die Gesamtheit seiner Überzeugungen in der Zivilreligion wiederfinden, um als Mensch und Bürger völlig in ihr aufzugehen. Diese vollständige Deckungsgleichheit läßt sich nicht mehr verwirklichen – dies würde bedeuten, auf das Konzept der heidnischen *Religion des Bürgers* zurückzugreifen und all jene, die nicht damit übereinstimmen können, auszuschließen. Rousseau aber hat diesen Typus von Religion wegen seiner Intoleranz verworfen, zudem ist der weltanschauliche Pluralismus auch für ihn eine unumstößliche Tatsache. Dennoch versucht er, wenn schon nicht eine vollständige, dann doch eine möglichst weitgehende Identifizierung von Mensch und Bürger unter dem Anspruch der Toleranz herzustellen.

Wenn er den Geltungsrahmen des Staates absteckt, genügt er diesem Anspruch auf den ersten Blick durchaus, sagt er doch ausdrücklich, daß der Staat „in der anderen Welt keinerlei Befugnis" besitzt und daß das Individuum über Fragen der Moral hinaus „Anschauungen hegen [mag], wie es ihm gefällt, ohne daß dem Souverän eine Kenntnis davon zustünde". Die Zugeständnisse, die Rousseau an die aus der *Religion des Menschen* übernommene Forderung nach Toleranz macht, lassen demnach einen vom Staat nicht einsehbaren Freiraum offen. Das bedeutet, daß die Zivilreligion nicht die Konfession der Bürger des Rousseauschen Gemeinwesens ist und dieses Gemeinwesen keinen Konfessionsstaat darstellt. Es ist also durchaus möglich, etwa Protestant *und* Anhänger der Zivilreligion zugleich zu sein, denn Rousseau geht nicht davon aus, daß das problematisch sein könnte.

Damit verkennt er, daß diese von ihm mit Bedacht so großzügig umrissene Zivilreligion, in deren Dogmen sich seiner Ansicht nach jeder wohlmeinende Bürger wiederfinden kann, sehr wohl über das Potential verfügt, den Menschen *in Widerspruch mit sich selbst* zu bringen. Auch Angehörige einer Religion, die in seinen Augen als tolerant einzustufen ist, können Vorstellungen über die metaphysischen Aspekte ihrer Religion hegen, die mit den Dogmen der Zivilreligion nicht vereinbar sind. Rousseau übersieht, daß sich der metaphysische und der ethische Bereich einer Religion nicht so leicht trennen lassen, wie er das anzunehmen scheint. Schließlich ist gut denkbar, daß beispielsweise ein Individuum aufgrund der überweltlichen Dogmatik seiner persönlichen Religion den emotional aufgeladenen Dienst an einem Staat, der eine religiöse Bindung des Bürgers an das Gemeinwesen einfordert, als Götzendienst empfindet. Er müßte sich zwischen seinem Glauben und seiner Verpflichtung gegenüber dem Staat entscheiden. Was aber geschieht, wenn jemand einen solchen inneren Widerspruch empfindet? Kann er Bürger dieses Staates bleiben? Rousseaus Kriterium dafür, über welche Ansichten die Untertanen dem Souverän Rechenschaft schulden, lautet, „insoweit [...], als diese für das Gemeinwesen erheblich sind". Das dürfte im Fall eines Zweifels, der das Verhältnis des Individuums zum Staat solchermaßen in Frage stellt, gegeben sein. Es bedeutet möglicherweise sogar, daß die *ultima ratio* des Souveräns Anwendung findet: „Wenn einer, nachdem er öffentlich ebendiese Dogmen [der Zivilreligion] anerkannt hat, sich so verhält, als ob er sie nicht glaube, soll er mit dem Tode bestraft werden; er hat das größte aller Verbrechen begangen, er hat vor den Gesetzen gelogen" (CS III 468).

Der Bürger, der in sich einen Widerspruch nach Art des Genannten wahrnimmt, ist also offensichtlich besser beraten, wenn er diesen Umstand für sich behält. Das aber heißt, daß er faktisch gezwungen wird, gegen seine Überzeugung zu handeln und zumindest ein Lippenbekenntnis zu Staat und Zivilreligion zu leisten. Damit wäre man jedoch wieder bei einem „leeren Zeremoniell" angelangt, das Rousseau an der *Religion des Bürgers* abgelehnt hatte. Es wird ohnehin nicht deutlich, ob Rousseau irgendeine Art von Bekenntnis, Eid oder Schwur vorsieht, um die Zivilreligion in den Bürgern lebendig zu halten. Interessanterweise schreibt er noch in seinem ersten Entwurf des Kapitels über die Zivilreligion, das Bekenntnis zu ihr müsse jährlich durch einen feierlichen Kult erneuert werden, um in den Herzen der

Bürger die Vaterlandsliebe neu aufleben zu lassen (CSMS III 342). Ein solcher *culte public* wird in der letzten Fassung des *Gesellschaftsvertrags* nicht mehr erwähnt, über die Gründe für diese Auslassung läßt sich nur spekulieren. Möglicherweise wollte Rousseau bei seiner Überarbeitung des Kapitels die Zivilreligion mehr an der *Religion des Menschen*, weniger an der des Bürgers ausrichten, um dem Anspruch der Toleranz Genüge zu leisten und niemanden durch diese Art von Kult in Gewissensnöte zu bringen. Dennoch schließt sein Konzept einer Zivilreligion nicht aus, daß Menschen *in Widerspruch mit sich selbst* gebracht werden, unter Umständen dazu gezwungen sind, ihren inneren Konflikt zu verbergen, oder aber, wenn sie ihn öffentlich machen, hinzunehmen, daß der Staat in diesem Fall kein Pardon kennt.

11.7 Schluß: Zivilreligion als Vollendung des Politischen?

Der Versuch, *Religion des Bürgers* und *Religion des Menschen* zu einer Zivilreligion zu verschmelzen, die gleichzeitig eine starke Bindung an den Staat schafft *und* Toleranz verbürgt, ist in dieser Form gescheitert. Die „Gesinnung des Miteinanders" bedeutet Patriotismus; das „rein bürgerliche Glaubensbekenntnis" ist ein Bekenntnis zu einem bestimmten Staat. Der geforderten affektiven Bindung aber ist für ihn nicht mit der Demonstration einer Art „Verfassungspatriotismus" Genüge getan, sie verlangt die Hingabe des ganzen Menschen bis hin zum Opfer des eigenen Lebens. Eine Religion, die imstande sein muß, eine so leidenschaftliche Liebe zum Staat herzustellen, kann schwerlich *tolerant* genannt werden, zumal sie kaum ohne klare Unterscheidung von innen und außen auskommen dürfte. Selbst wenn die Bürger dazu angehalten werden, der *wahren Religion* zufolge alle Menschen als Brüder anzuerkennen, wird es nicht ausbleiben, daß einige faktisch als Fremde, in letzter Konsequenz als Feinde angesehen werden.[11] Was die inneren Angelegenheiten betrifft, liegt auf der

11 Vgl. Rousseaus Brief an Usteri vom 30. April 1763: „L'esprit patriotique est un esprit exclusif qui nous fait regarder comme étranger et presque comme ennemi tout autre que nos concitoyens" (Political Writings, hrsg. v. C. E. Vaughan, Bd. 2, Oxford 1962, S. 166).

Hand, daß es sich dieser auf die Hingabe der Individuen angewiesene Staat nicht leisten kann, Bürger zu tolerieren, die ihn in irgendeiner Weise in Frage stellen. Weil sich das Bürgerrecht in diesem Gemeinwesen nicht vom Bekenntnis zur Zivilreligion trennen läßt, bleibt denjenigen Individuen, deren Überzeugungen in irgendeiner Weise mit den Dogmen oder auch der bloßen Existenz einer Zivilreligion konfligieren – mögen sie Anhänger einer überweltlichen Religion oder Atheisten sein – nichts anderes übrig, als ihre Zweifel zu verbergen, wenn ihnen daran gelegen ist, Bürger dieses Staates zu bleiben. „Das Toleranzgebot erstreckt sich somit auf Abweichungen vom Bekenntnis der Zivilreligion ausdrücklich nicht, und erst recht nicht könnte Religionsfreiheit als subjektives, einklagbares Bürgerrecht in Beziehung auf sie formuliert und erklärt werden", kommentiert Hermann Lübbe (1986, 197) das Konzept Rousseaus. Dessen Zivilreligion, so Lübbe, habe demnach eine „voraufgeklärte Verfassung", während die „religionspolitisch vollendete Aufklärung" eine „Abkopplung der Bürgerrechte von Bekenntnispflichten" beinhalte. Möglicherweise ist es ein zu hartes Urteil, angesichts Rousseaus Entwurf einer Zivilreligion von *Voraufklärung* zu sprechen. Trotz aller berechtigter Kritik muß man Rousseau die ernsthafte Suche nach einer Möglichkeit zugute halten, eine die bloßen Rechtsbeziehungen überschreitende Bindung der Bürger an das Gemeinwesen und das mit ihm verbundene Wohl zu schaffen. Seine Lösung war nicht die einer Staatsreligion, die von den Bürgern auch das Bekenntnis von das Diesseits transzendierenden Glaubenssätzen abverlangte, oder eine Theokratie nach Art der *Religion des Bürgers*. Rousseau bekräftigt ausdrücklich, daß es heute „eine ausschließliche Staatsreligion nicht mehr gibt und geben kann" (CS III 469); er versucht nicht, vor dem Faktum des religiösen Pluralismus die Augen zu verschließen oder es gar rückgängig zu machen. Ausgangspunkt seiner Überlegungen ist die von Locke rezipierte Meinung, daß es nichts nütze, den Bürgern ein bestimmtes Bekenntnis abzuverlangen, weil der Staat die innere Überzeugung nicht bewirken kann. Dementsprechend läßt er hier einen Freiraum, in dem der Staat nichts zu sagen hat und das Individuum seinem persönlichen Glauben anhängen darf, was in der Regel von denen übersehen wird, die Rousseau in die Tradition des Totalitarismus einordnen. Mit der inhaltlichen Beschränkung der Zivilreligion auf ethische Normen einer

„Gesinnung des Miteinanders" und die Existenz eines inhaltlich nicht näher bestimmten Gottes glaubte er offenbar, einen minimalen Grundkonsens für die politische Gemeinschaft gefunden zu haben, der niemanden *in Widerspruch mit sich selbst* bringen würde. Abgesehen von Atheisten und Angehörigen intoleranter Religionen sollten sich Menschen unterschiedlicher Weltanschauungen in seinem Entwurf einer säkularisierten bürgerlichen Moral wiederfinden können. Mit diesem Versuch eines Toleranz verbürgenden Wertekonsenses ist Rousseau, mag er ihm gelungen sein oder nicht, bestimmt noch meilenweit von der genannten „religionspolitisch vollendeten Aufklärung" entfernt,[13] dürfte aber doch zumindest unter jene einzureihen sein, die am Anfang der Entwicklung stehen, die zu diesem Ergebnis geführt hat.

Rousseau befand sich allem Anschein nach in dem Zwiespalt, einerseits mit dem Anspruch religiöser Toleranz ein Zugeständnis an den neuzeitlichen Subjektivismus machen zu wollen, andererseits aber das Ganze über den Teil, das Gemeinwesen über den einzelnen Bürger zu stellen. Letztlich ist ihm der Erhalt der politischen Einheit wichtiger als die Gewissensfreiheit des einzelnen, weswegen Meinungen, welche die Identität und Integrität des Gemeinwesens gefährden könnten, seiner Auffassung nach nicht geduldet werden dürfen. Diese Intoleranz ist nicht primär religiös motiviert, sondern politisch: „Alles, was die soziale Einheit zerstört, taugt nichts" (CS III 464).

An diesem Zwiespalt wird einmal mehr das Problem Rousseaus deutlich, den modernen rechtstheoretischen Gedanken der Begründung des Staates durch Autonomie des Subjekts und vertragliche Bindung zu vertreten und zugleich den antiken Stadtstaaten mit ihren Polisreligionen die größte Bewunderung entgegenzubringen. Er erkennt, daß diese Stadtstaaten den für ihn unschlagbaren Vorteil hatten, das Glück des Individuums so eng mit dem der politischen Gemeinschaft zu verschmelzen und eine so enge affektive Bindung der Subjekte an den Staat herzu-

13 Insofern trifft das Urteil, das Julius Ebbinghaus in seiner Einleitung zum Toleranzbrief über John Locke fällt, auch auf Rousseau zu: „Daher kann man der Philosophie, ihrer Geschichte und dem Frieden auf Erden (der communauté mondiale) keinen schlechteren Dienst erweisen, als wenn man Locke als den großen Wegbereiter der Toleranz preist. Er ist es der Absicht nach – aber nicht der Tat nach" (John Locke, Ein Brief über Toleranz, hrsg. v. Julius Ebbinghaus, Hamburg 1957, S. LXIV).

stellen, daß innerer Zusammenhalt und Festigkeit gegenüber Bedrohung von außen gewährleistet waren. Der rein rechtlichen, voluntaristischen Verpflichtung scheint er zu mißtrauen, auch wenn er für die Legitimität dieser Verpflichtung keine weitere, in irgendeiner Weise affektive Bindung voraussetzt. Er glaubt jedoch offensichtlich, daß diese gefühlsmäßige Bindung der rechtlichen zumindest folgen muß, damit das Gemeinwesen Bestand haben kann.

Eine solche „Gesinnung des Miteinander" läßt sich nun aber nicht mehr mit einer *Religion des Bürgers* erzeugen, auch nicht damit, daß den Bürgern eine Staatsreligion auferlegt wird. Die Autonomie des Subjekts darf nicht einer Religion geopfert werden, selbst wenn ihr Nutzen für die Einheit des Staates unbestritten wäre. Die Religion *soll* Werkzeug im Dienst der Politik sein, so viel steht fest. Aber diese Instrumentalität wird von den Bürgern selbst gewollt, in deren Interesse es liegen muß, daß der Zweck der politischen Vereinigung erfüllt wird: „Die Erhaltung und das Gedeihen ihrer Glieder" (CS III 420). Die Zivilreligion, die die soziale Einheit garantieren, die Kraft der Gesetze stärken, die Liebe zur Pflicht lehren und eine „Gesinnung des Miteinander" schaffen soll, wird mit politischen Mitteln ins Werk gesetzt, indem der Souverän ihre Dogmen festlegt. Durch den Aspekt ihrer Herstellung wird die Autonomie der Individuen verbürgt. Es entsteht ein „rein bürgerliches Glaubensbekenntnis", das der vertraglichen Verpflichtung eine affektive Bindung (nicht Verpflichtung!) hinzufügt. Doch nicht nur in der Ergänzung der rechtlichen Fundierung des Staates wird das Politische vollendet: durch die künstliche, politische Konstruktion der Zivilreligion *bedient es sich legitimatorisch selbst.* Das Politische lebt hier nicht *von Voraussetzungen, die es selbst nicht garantieren kann,* sondern schafft sie sich selbst.[14]

14 Siehe Lübbe 1986, S. 207, und Böckenförde 1976, S. 60.

Literatur

Asal, S. 2007: Der politische Tod Gottes. Von Rousseaus Konzept der Zivilreligion zur Ent-stehung der Politischen Theologie, Dresden.

Böckenförde, E.-W. 1976: „Die Entstehung des Staates als Vorgang der Säkularisation“, in: ders., Staat, Gesellschaft, Freiheit. Studien zur Staatstheorie und zum Verfassungsrecht, Frankfurt/M., 42–64.

Boss, R. J. 1971: Rousseau's civil religion and the meaning of belief: an answer to Bayle's paradox, in: Studies on Voltaire and the eighteenth century, ed. Th. Besterman Vol. LXXXIV, Genf.

Burgelin, P. 1962: Jean-Jacques Rousseau et la religion de Genève, Genf.

Cottier, G. M. M. 1977: Les fondements de l'indifférence en philosophie de la religion, in: Revue Thomiste 77, 393–426.

Derathé, R. 1948: Jean-Jacques Rousseau et le christianisme, in: Revue de Métaphysique et de Morale 53, 379–414.

Erdmann, K.D. 1935: Das Verhältnis von Staat und Religion nach der Staatsphilosophie Rousseaus, Berlin (Historische Studien; 271).

Glum, Fr. 1956: Jean-Jacques Rousseau, Religion und Staat: Grundlegung einer demokratischen Staatslehre, Stuttgart.

Gouhier, H. 1964: La religion du vicaire savoyard dans la cité du „Contrat social“, in: Études sur le Contrat social de Jean-Jacques Rousseau, Paris, 263–275.

Grimsley, R. 1968, Rousseau and the religious quest, Oxford.

Hildebrandt, M. 1996: Politische Kultur und Zivilreligion, Würzburg (Epistemata, Reihe Philosophie; 202)

Khodoss, Fl. 1980: Du contrat social de Jean-Jacques Rousseau. Commentaire, Paris.

Kleger, H. / Müller, A. 1985: Bürgerreligion und politische Verpflichtung, in: Archiv für Begriffsgeschichte Bd. XXIX, 47–98 .

Lanjuinais, Jean D. 1825, Examen du huitième chapitre du Contrat social de Jean-Jacques Rousseau, intitulé de la religion civile, Paris.

Lübbe, H. 1986: Staat und Zivilreligion. Ein Aspekt politischer Legitimität, in: Kleger, H. / Müller, A. (Hg.), Religion des Bürgers. Zivilreligion in Amerika und Europa, München, 195–220.

Maier, H. 1973: Revolution und Kirche. Zur Frühgeschichte der christlichen Demokratie, München.

Masson, P.-M. 1970: La religion de Jean-Jacques Rousseau, Genf (Nachdruck d. Ausgabe Paris 1916).

Münkler, H. (Hg.) 1996: Bürgerreligion und Bürgertugend: Debatten über die vorpolitischen Grundlagen politischer Ordnung, Baden-Baden.

Ravier, A. 1978: Le dieu de Rousseau et le christianisme, in: Archives de Philosophie 41, 353–434.

Rehm, M. 2006: Bürgerliches Glaubensbekenntnis. Moral und Religion in Rousseaus politi-scher Philosophie, München.

Rosenblatt, H. 1997: Rousseau and Geneva: From the „First Discourse“ to the „Social contract“, New York.

Rouner, L. S. (Hg.) 1986: Civil religion and political theology, Notre Dame, Ind.

Smith, E. A. (Hg.) 1971: The religion of the republic, Philadelphia.

Waterlot, G. 2004: Rousseau. Religion et politique, Paris.

Zurbuchen, S. 1991: Naturrecht und natürliche Religion: Zur Geschichte des Toleranzproblems von Samuel Pufendorf bis Jean-Jacques Rousseau, Würzburg.

Olaf Asbach

Staatsrecht und Völkerrecht bei Jean-Jacques Rousseau

Zur Frage der völkerrechtlichen Vollendung des *Contrat social*

Rousseau hat nie einen Zweifel daran gelassen, daß die im *Contrat social* vorgelegte Begründung legitimer politischer Herrschaft nicht abgeschlossen ist und als Teil eines weit umfangreicheren, dann jedoch aufgegebenen Buches geplant war (CS III 349).[1] Damit verwies er auf seinen Plan, eine umfassende Untersuchung über die *Institutions politiques* zu verfassen, in der über die Begründung der Prinzipien des Staatsrechts hinaus ein gleiches für das Völkerrecht und die internationalen Beziehungen geleistet werden sollte, die es gleichfalls erst noch zu entwickeln gelte (CS III 431, Anm.). Ein solches, der Grundlegung der ‚Prinzipien des Staatsrechts' im *Contrat social* analoges Werk über die ‚Prinzipien des Völkerrechts' ist jedoch nie erschienen.

Nimmt man angesichts dieser Ausgangslage diejenigen Bemerkungen, Fragmente und Gelegenheitsschriften in den Blick, in denen sich Rousseau mit Problemen des Völkerrechts und der internationalen Beziehungen befaßt, steht man vor einer doppelten Aufgabe. Zunächst einmal fragt sich, ob sich überhaupt von einer systematischen Notwendigkeit sprechen läßt, von der Beschäftigung mit dem Staatsrecht zum Völkerrecht fortzuschreiten. Oder hat Rousseau seinen Plan verworfen, weil er eingesehen hat, daß der *Contrat social* „tatsächlich ein in sich geschlossenes Ganzes" ist und keine „Klärung der externen Relationen" erfor-

1 Übersetzung der fremdsprachigen Zitate durch den Verf. – Ausführlicher zum Folgenden Asbach 2002, v.a. Kap. IV.2-IV.4. Eine kritische Edition der kleinen Schriften zum Völker- und Kriegsrecht liegt jetzt vor: Rousseau 2008.

dert (Brandt 1984, 109)? Inwieweit ist die spezifische Konstruktionsweise dieses legitimen Gemeinwesens selbst dafür verantwortlich, daß die rechtliche Regelung der Beziehungen zwischen staatsrechtlich verfaßten Völkern scheitert? Darüber hinaus stellt sich die Frage nach dem Status und der Bedeutung der heterogenen Texte, in denen Rousseau sich zum Völkerrecht, zu den Beziehungen zwischen Staaten oder zum Wesen des Krieges äußert und diese mit den Grundlagen seiner eigenen politischen, staatsrechtlichen und geschichtsphilosophischen Problemstellungen verknüpft. Welche Zielsetzungen verfolgt er mit ihnen? In welchem Argumentationszusammenhang sind sie jeweils angesiedelt? Zu welchen Resultaten kommt er in den jeweiligen Kontexten? – Erst die Unterscheidung der Dimensionen, Fragestellungen und Argumente seiner Beschäftigung mit den Prinzipien der Verhältnisse in und zwischen Staaten kann zeigen, warum Rousseau seinen Plan eines Werkes über die *Staats- und Völkerrecht* integrierenden *Institutions politiques* nur zur Hälfte abgeschlossen hat.

12.1 Bedarf es einer völkerrechtlichen Ergänzung des Contrat social?

Fragt man, inwiefern es aufgrund der Prinzipien von Rousseaus politischer Philosophie notwendig ist, sich mit der Struktur der zwischenstaatlichen Beziehungen zu befassen, so lassen sich zumindest zwei Dimensionen unterscheiden: die eine ergibt sich unmittelbar aus der im *Contrat social* entwickelten Konzeption, während die andere aus Rousseaus Bestimmung der Natur des Staates entspringt, ganz gleich, wie er jeweils politisch-institutionell verfaßt ist.

Ein zentrales demokratietheoretisches Resultat des *Contrat social* ist die These, daß die Verwirklichung legitimer Herrschaft von der spezifischen Größe des Staates abhängt und letztlich nur in kleinen Staaten dauerhaft realisiert werden kann (vgl. Fetscher 1960, 175ff.). Zwar muß der Staat groß genug sein, um den Bürgern eine sichere und autarke Lebensgrundlage verschaffen zu können, doch seine allzu große Ausdehnung würde sich auf das Herzstück des *Contrat social* auswirken, auf die staatsrechtliche Konstruktion, die die Übereinstimmung des Willens der Individuen mit der *volonté générale* garantieren soll. Die Gesetze nämlich, durch die der Souverän seinem Willen Ausdruck verleiht und handelt, können nach Rousseau nur dann als authentische Akte des Gemeinwillens angesehen werden, wenn sich das Volk versammeln und sie selbst beschließen kann (CS III 425). Hat der Staat erst einmal einen solchen Umfang angenommen, daß sich der Gemeinwille nur noch in Form seiner Repräsentation durch Abgeordnete äußern kann, ist für Rousseau die Gestalt legitimer politischer Herrschaft bereits zerstört (CS III 429f.). Wenn die Gewährleistung der Selbsterhaltung der Republik gegenüber *inneren* Zerstörungstendenzen folglich nur durch äußerste territoriale Beschränkung möglich ist, wird die Problematik der Selbsterhaltung gleichsam auf die *äußeren* Beziehungen transponiert. Wie nämlich ist zu gewährleisten, daß solche Kleinstaaten ihre Souveränität bewahren und nicht sofort wieder durch die Intervention fremder Mächte unterworfen und zerstört werden? Rousseau ist realistisch genug zu sehen, daß Kleinstaaten, die gemäß den Prinzipien des *Contrat social* organisiert sind, der Übermacht aggressiver Großmächte hilflos ausgeliefert wären. Nach der Begründung des Staatsrechts im *Contrat social* ist folglich zu zeigen, wie man die äußere Macht eines großen Volkes mit der inneren Ordnung kleiner Staaten verbinden kann (CS III 431). Die Behandlung der Struktur und Organisation der internationalen Beziehungen ist somit konstitutiv für Bildung und Erhaltung kleiner Republiken, und die Antwort auf die Frage nach den Prinzipien eines legitimen politischen Gemeinwesens bleibt offenbar solange unvollständig, wie sie nicht über die *internen* Konstitutions- und Erhaltungsbedingungen hinaus auch das *System der internationalen Beziehungen* umfaßt. So formuliert Rousseau am Ende des *Contrat social* – wie dann auch in der Skizze der geplanten *Institutions politiques* im *Émile* (IV 848) – als weitergehende Aufgabe:

„Nachdem die wahren Prinzipien des Staatsrechts [droit politique] aufgestellt sind und versucht wurde, den Staat auf seiner Grundlage zu errichten, bliebe noch übrig, ihn durch seine auswärtigen Beziehungen zu stützen; dies würde das Völkerrecht umfassen, den Handel, das Kriegsrecht und die Eroberungen, das öffentliche Recht [droit public], die Bündnisse, Verhandlungen, Verträge usw.“ (CS III 470).

Das Problem verschärft sich durch Rousseaus grundsätzliche Überlegung zum Zusammenhang zwischen dem ‚Wesen' politischer Körperschaften überhaupt – „l'essence du corps politique" (*Guerre* III 603) – einerseits und den sich hieraus ergebenden Beziehungen zwischen ihnen andererseits. Um dem Krieg und seinen Ursachen auf die Spur zu kommen, geht er hinter die historisch zufälligen Umstände von Konflikten zurück und fragt nach den zugrundeliegenden Verhältnissen, die sie notwendig immer wieder erzeugen.

Im *Discours sur l'inégalité* hat Rousseau in geschichtsphilosophisch- anthropologischer Perspektive eine Lehre vom natürlichen Zustand zwischen den Menschen entworfen, die er inhaltlich und methodisch Hobbes' „horrible sistème" und dessen „absurde doctrine" (*Guerre* III 610) entgegenstellt. Für Rousseau sind die Individuen im ursprünglichen Naturzustand selbstgenügsame, weitgehend isoliert lebende Wesen, so daß hier ein solcher Kriegszustand, von dem Hobbes ausgehe, noch gar nicht existieren könne (CS III 356f.). Erst die Zerstörung jener ursprünglichen Harmonie und der durch Arbeitsteilung, Konkurrenzkampf, Privateigentum und Ungleichheit gezeichnete wachsende gesellschaftliche Zusammenhang erzeuge den „entsetzlichsten Kriegszustand", den „fortwährenden Konflikt, der nur auf Kämpfe und Morden hinauslief" (Disc. III 176). Nun erst besteht die Notwendigkeit, politische Körperschaften zu gründen, in denen die natürliche Freiheit aufgehoben und das Handeln der Individuen durch allgemeine Gesetze geregelt wird. Während der als Krieg aller gegen alle charakterisierte Naturzustand bei Hobbes der *hypothetische Ausgangspunkt* der Begründung der Notwendigkeit staatlicher Herrschaft war, ist er bei Rousseau der *Endpunkt* eines langen *historischen* Prozesses, nicht das Resultat der natürlichen Gleichheit, sondern umgekehrt das der Institutionalisierung der Ungleichheit (Carter 1987, 71). Wahrhaft universell wird der Kriegszustand jedoch erst vermittels der Bildung dieser nach innen ‚friedensstiftenden' Staaten, wie Rousseau in seiner „histoire hypothétique" (Disc. III 127) der stufenweisen Herausbildung der politischen Gemeinwesen zeigt. Es ist erst die Pluralität politischer Entitäten, die mit jener Unvermeidlichkeit einen Kriegszustand erzeugt, den Hobbes als natürlichen zwischen Individuen angenommen habe, denn ungeachtet ihrer inneren Verfaßtheit sind die Staaten im Verhältnis zueinander partikulare, individuelle Willen (CS III 363), zwischen denen keinerlei positiv-rechtliche Beziehungen bestehen (EP III 245).

Die Notwendigkeit, mit der dieser Naturzustand zwischen Staaten ein Zustand des Krieges ist, entspringt den angedeuteten Bestimmungen der Individualität des *corps politique* einerseits, der Pluralität solcher Körperschaften andererseits. Anders als die Individuen haben die Staatspersonen keine natürlichen Schranken hinsichtlich ihrer Bedürfnisse und Leidenschaften, die es ihnen ermöglichen würden, prinzipiell selbstgenügsam und friedlich nebeneinander zu leben (*Guerre* III 604). Als „künstliche Körperschaft" hat der Staat „kein bestimmtes Maß" und keine Größe, die er nicht jederzeit ändern könnte (Guerre III 605), und dies führt zu einer Dynamik, die den Naturzustand zu einem Zustand des Krieges werden läßt. Obwohl Rousseau in geschichtsphilosophischer und anthropologischer Hinsicht Hobbes' Naturzustandskonzeption verwirft, übernimmt er dessen Logik der naturrechtlichen Argumentation für die Ebene der zwischenstaatlichen Beziehungen, da sich die Staaten in einem Zustand befinden, in dem Streitfragen und wechselseitige Ansprüche durch keine allgemeine Instanz verbindlich zu bestimmen oder zu entscheiden sind (vgl. Hobbes 1647, 81ff.). Sie erfreuen sich ihrer natürlichen Freiheit, und ihr partikularer Wille folgt einzig dem Naturgesetz (EP III 245), das auf dem Selbsterhaltungsstreben basiert und mit dem Recht des Stärkeren ineins fällt. Solange keine dritte Instanz die wechselseitigen Schranken und Ansprüche wirksam bestimmen kann, ist der Kriegszustand dauerhaft und durch den bloßen Willen zum Frieden und zur Beschränkung auf das, was jeder zu einem gegebenen Zeitpunkt das Seine nennt, nicht zu beenden. Der relationale Charakter des Staats als künstlicher Körperschaft führt dazu, daß er sich beständig mit anderen vergleichen und sein Handeln im Hinblick auf deren Größe, Stärke und – vermutete – Absichten auszurichten versuchen muß (*Guerre* III 605). Diese permanente Konkurrenz jedoch und die Gefahr, Angriffen anderer unvorbereitet ausgesetzt zu sein, zwingen dazu, ständig für einen Krieg vorbereitet zu sein oder ihn gar gegebenenfalls präventiv zu führen, so daß „der Krieg unvermeidlich wäre, selbst wenn ein jeder gerecht sein wollte" (*Extrait* III 569).

Der Übergang in den staatlichen Zustand führt somit bei Rousseau zu einem paradoxen Resultat. Vollzogen wird er von den Individuen, um den Gefahren des Naturzustands zu entkommen, um unter allgemeinen Gesetzen zu leben und Sicherheit für Leben, Freiheit und Eigentum zu erlangen. Doch nachdem sie diesen Schritt getan haben, finden sie sich in der dadurch geschaffenen Welt von Staaten all jenen Greueln ausgesetzt, denen sie zu entgehen hofften (*Guerre* III 603/610). Die Folge des Eintritts in den gesellschaftlichen Zustand ist, daß sich die Individuen nun in einem „gemischten Zustand [état mixte]" befinden, insofern sie zur gleichen Zeit sowohl im bürgerlichen Zustand als auch im Naturzustand leben: auf diese Weise bleiben sie „den Übeln beider Zustände ausgesetzt, ohne ihre Vorteile zu besitzen" (*Émile* IV 848), und befinden sich in einer schlechteren Lage, als wenn sie den natürlichen Zustand niemals gegen den bürgerlichen eingetauscht und ihre natürliche Freiheit behalten hätten (vgl. Disc. III 178f.). Die Möglichkeit des Krieges wird durch die Bildung politischer Gemeinschaften nicht aufgehoben, sondern allererst erzeugt. Im Unterschied zu Grotius oder Hobbes ist für Rousseau der Begriff des Krieges auf Verhältnisse zwischen Individuen gar nicht anwendbar. Zwar mag es zwischen den Individuen im natürlichen Zustand vereinzelt Kämpfe und Gewaltsamkeiten gegeben haben, doch war die Struktur der Beziehungen zwischen ihnen nicht beständig genug, um von ‚Krieg' sprechen zu können. Sind sie aber erst einmal Teil eines *corps politique*, verhindern Staatsgewalt und Rechtsordnung, daß die Individuen noch zu Subjekten der Kriegsführung werden können. Für Rousseau kann von Krieg allein im Hinblick auf die Beziehungen zwischen Staaten gesprochen werden, und hier spielen die einzelnen Bürger nur eine Rolle, insofern sie einander als Repräsentanten der jeweiligen Staaten begegnen.

„Der Krieg ist also keine Beziehung von Mensch zu Mensch, sondern eine Beziehung von Staat zu Staat, in der die einzelnen nur durch Zufall Feinde sind, nicht als Menschen und nicht einmal als Bürger, sondern als Soldaten, nicht als Mitglieder des Vaterlandes, sondern als seine Verteidiger" (CS III 357; vgl. *Guerre* III 604).

Der *état mixte*, den die Generierung der Welt von Staaten zur Überwindung des individuellen Naturzustands erzeugt hat, ein Zustand, der für die Freiheit und die Selbsterhaltung der Individuen bedrohlicher ist als derjenige, den er abgelöst hat, konterkariert folglich Rousseaus Versuch, die Grundlagen politischer Institutionen und Prinzipien aufzuzeigen, die die bürgerliche Freiheit und ein tugendhaftes Leben ermöglichen. Sowohl aus der Perspektive der Sicherung der gemäß den Prinzipien des *Contrat social* gebildeten Kleinstaaten als auch generell aufgrund der Folgen der Bildung politischer Körperschaften ergibt sich mithin die Notwendigkeit der Klärung der Frage, ob und wie der nun erst zum Krieg aller gegen alle gewordene Naturzustand zu bändigen und dauerhaft aufzuheben ist.

In Rousseaus Werk finden sich jedoch mehrere Anläufe zur Lösung dieses Problems des internationalen Naturzustands. Analytisch lassen sich unterschiedliche deskriptive und normative Konzeptionen unterscheiden, die er auf ihre Tragfähigkeit, Wünsch- und Machbarkeit hin befragt, wobei sich die Bedeutung, die Rousseau ihnen zuspricht, im Laufe seiner Entwicklung ebenso verändert wie die Perspektive, unter der er jeweils die Ursachen, Dynamik, Tendenzen und Schranken des internationalen Naturzustands betrachtet. Im folgenden sollen die wesentlichen Argumentationslinien skizziert werden, die er entworfen hat, um das Problem des Naturzustands zwischen Staaten und seiner Folgen für die Einrichtung einer guten Gesellschaft zu lösen.

12.2 Die Regulierung des internationalen Kriegszustands als Werk von Natur, Geschichte und Politik?

Trotz seiner tiefgreifenden Zivilisationskritik und seines geschichtsphilosophischen Pessimismus scheint Rousseau zuweilen zu hoffen, es könne sich der gesetzlose Zustand zwischen Staaten aufgrund der Entwicklungslogik sei es der Geschichte, sei es des faktischen politischen Handelns der Akteure unter den gegebenen Bedingungen sozusagen von selbst entschärfen und in konfliktfreie Bahnen des Zusammenlebens münden. In Erwägung zieht Rousseau solche Überlegungen v. a. zu Beginn des Auszugs, den er in der Mitte der fünfziger Jahre aus dem *Projet pour rendre la paix perpétuelle en Europe* hergestellt hat, mit dem der Abbé de Saint-Pierre 1713/1717 die Voraussetzungen einer dauerhaften europäischen Friedensordnung aufzeigen wollte. Im Unterschied zur Diskussion der institutionellen Formen der Aufhebung des Kriegszustands zwischen Staaten, bei der Rousseau sich in diesem Text eng an die Vorlage Saint-Pierres anschließt, verkündet er in den einleitenden Überlegungen „unter dem Mantel des Abbé de Saint-Pierre" seine eigenen Einsichten (Conf. I 408). In ihnen weist er auf die realen Vergesellschaftungsprozesse hin, auf historische, kulturelle, politische, ökonomische und rechtliche Konvergenzen und Verbindungen, die die Völker Europas zu einer Art von System zusammengeschlossen haben (*Extrait* III 565). Sind solche Verbindungen geeignet, die Hoffnung zu nähren, es könnte der Kriegszustand zwischen Staaten nach und nach gemäßigt werden, oder führen sie gar zum Absterben des Naturzustands zwischen Staaten? Fast scheint es so, schreibt Rousseau doch, daß „alle Mächte Europas untereinander eine Art System bilden, das sie durch dieselbe Religion einigt, durch dasselbe Völkerrecht, durch die Sitten, durch Wissenschaften und Literatur, den Handel und durch eine Art von Gleichgewicht, das das notwendige Resultat alles dessen ist" (*Extrait* III 565). Zur historischen Erklärung für die Einheit Europas führt er die gemeinsamen Ursprünge im einstigen Römischen Reich an, das Fortwirken des hier bestehenden gesellschaftlichen und politisch-rechtlichen Bandes sowie das Wirken des Christentums, wodurch die Basis für „eine engere Gesellschaft der Nationen Europas" (*Extrait* III 567) gelegt worden sei. Eine zweite Dimension erkennt er in der aktuellen Struktur der Beziehungen zwischen den Völkern Europas, insofern sie auf dem Weg scheinen, zu einer übergreifenden gesellschaftlichen Einheit zusammenzuwachsen. Die technischen Entwicklungen, der durch Handel und Reisen geförderte Transfer von Gütern und Wissen und der wissenschaftlich-künstlerische Austausch formen einen soziokulturellen Zusammenhang Europas als „eine wirkliche Gesellschaft, der Religion, Sitten, Bräuche und sogar Gesetze eigen sind, von denen sich keines der Völker, aus denen sie zusammengesetzt ist, entfernen kann, ohne alsbald Unruhen zu verursachen" (*Extrait* III 567). Drittens schließlich verweist Rousseau auf das politisch-diplomatisch austarierte Gleichgewicht der europäischen Mächte: „dieses vielgepriesene Gleichgewicht" sei jedoch kein bewußt eingerichtetes System, sondern gleichsam naturwüchsig entstanden und sich nach autonomen Gesetzmäßigkeiten selbst erhaltend (*Extrait* III 570). Jeder Versuch von Staaten, allein oder im Bündnis mit anderen die Hegemonie zu gewinnen, muß demzufolge Gegenreaktionen hervorrufen und ist zum Scheitern verurteilt. Zudem werde dieses ‚natürliche Gleichgewicht' durch zwei Elemente zusätzlich gefestigt, einerseits durch „das Spiel der Verhandlungen, die fast immer zu gegenseitigem Ausgleich führen", andererseits sei jenes ‚Monstrum' (Pufendorf) des Heiligen Römischen Reiches deutscher Nation, wie es seit dem Westfälischen Frieden konstituiert war, „die wahre Stütze des Systems Europas" (*Extrait* III 572).[2]

Trotz alledem kann nach Rousseau keineswegs davon ausgegangen werden, daß auf dieser Grundlage der Naturzustand zwischen Staaten dauerhaft aufgehoben werden könnte. Wie im vorstaatlichen Zustand die Vergesellschaftung der Individuen, verursacht die Zunahme der politischen, kulturellen und ökonomischen Verflechtung der Staaten wachsende Ungleichheit und Konflikthaftigkeit. Je enger das Netz der wechselseitigen Bindungen, Interessen, Ansprüche, Rechte und Beziehungen zwischen ihnen wird, desto fragiler wird es: „die Ideen des Handels und des Geldes" führen nicht zur Verlagerung der Energien vom Krieg auf den friedlichen ökonomischen Konkurrenzkampf, sondern zur Verschärfung der Konflikte, so daß es dabei bleibt, „daß der Zustand der Mächte Europas wahrhaft ein Kriegszustand ist" (*Extrait* III 572 u. 568). Daran ändert auch jenes vermeintlich so festgefügte System des Gleichgewichts nichts. Es ist vielmehr ein derart ausbalanciertes Ge-

2 Rousseau spielt hier zum einen auf das im Westfälischen Frieden geschaffene System an, durch das die europäischen Mächte in eine Art von Friedensordnung eingebunden schienen, zum anderen auf die 1648 festgelegte Verfassungsstruktur des Alten Reichs, die im Inneren die Interessen und die Existenz der beträchtlichen Anzahl von Territorialmächten reguliert und sichert, nach außen dafür sorgt, daß dem Reich die Mittel und der Wille zur Eroberung genommen wird, dabei selbst aber gegen alle Eroberungsgelüste fremder Mächte gefeit bleibt. Dies veranlaßt Rousseau zu der emphatischen Erklärung, „das öffentliche Recht [*Droit public*], das die Deutschen mit soviel Sorgfalt studieren, [sei] noch bedeutender, als sie vermeinen, und es ist nicht nur das öffentliche Recht Deutschlands [*Droit public Germanique*], sondern in gewisser Hinsicht das des ganzen Europa" (*Extrait*, 572; zur Bedeutung und Vorbildlichkeit der Struktur des Alten Reichs vgl. Asbach 1998, 214ff., v. Aretin 1986, 55ff.).

flecht von Interessen, Rechten und Kräfteverhältnissen, „daß die geringste Bewegung der einen unfehlbar die anderen anstoßen muß“ (*Extrait* III 568), zum Zusammenbruch und gewaltsamen Austarieren einer neuen Balance führt.[3] Auch die politischen und diplomatischen Aktivitäten, so Rousseau, stabilisieren das Gleichgewicht der Mächte nicht, sondern perpetuieren Konflikte und Kriegstendenzen, da nicht die Friedenserhaltung, sondern die Aufrechterhaltung einer spezifischen Mächtebalance ihr Ziel ist, was das Vorbereiten und Führen von Kriegen als legitimes Mittel der Politik einschließt. Für Rousseau bedeutet die ‚Unerschütterlichkeit‘ des Gleichgewichtssystems keineswegs Stabilität und tendenzielle Aufhebung des Kriegszustands zwischen den europäischen Staaten, sondern ganz im Gegenteil seine faktische Institutionalisierung, es ist eine Form, sich im universalen Zustand des Krieges zu bewegen, ohne seine Spielregeln ändern zu wollen.

Offenbar erweist es sich für Rousseau als „großer Fehler zu hoffen, daß sich dieser gewaltsame Zustand jemals durch den bloßen Lauf der Dinge ändern könnte“ (*Extrait* III 569f.). Folglich bedarf es zur Regulierung der internationalen Beziehungen alternativer Einrichtungen, durch die die Rechte der Akteure und ihre Verletzung bestimmt und geahndet werden können. Ist also eine *rechtliche* Regelung und Befriedung der internationalen Ordnung denkbar, und welche Ansätze hierzu erkennt Rousseau bereits unter den gegebenen Verhältnissen?

Schon 1758 spricht Rousseau von einer geplanten Abhandlung über die „Prinzipien des Kriegsrechts“ (CG III 300), in der er aus seiner Definition des Krieges als Verhältnis zwischen Staaten rechtliche Grundsätze ableiten will, die für die staatlichen Akteure hinsichtlich ihres Verhaltens vor, während und nach Kriegen verbindlich sind. Ist der *Zweck* von Kriegen allein die „Zerstörung des feindlichen Staats“, so verleiht er „keinerlei Recht, das nicht zu seinem Zweck notwendig ist“ (CS III 357/358). Daraus lassen sich im Hinblick auf das *Recht im Kriege* rechtliche Schranken erlaubter Kriegsführung ableiten, die zu einer gewissen „Humanisierung und Bändigung des Krieges“ (v. Raumer 1953, 150) zu führen und Integrität von

3 So bereits der Abbé de Saint-Pierre (1713, I. 37 u. ö.) und dann auch Kant (1793, 312).

Leben, Freiheit und Eigentum der Staatsbürger zu sichern scheinen. Insofern nur der gegnerische Staat der Feind eines Staates ist und das Ziel des Krieges im Sieg besteht, deckt das Kriegsrecht lediglich den Kampf gegen die Kombattanten, die den gegnerischen Staat aktiv verteidigen, und auch sie dürfen nur solange ‚rechtmäßig' getötet werden, wie sie die Waffen nicht niedergelegt haben (CS III 357). Findet der Krieg nur „zwischen moralischen Wesen" statt (*Guerre* III 608), sind Unterwerfung und Tod der konkreten Individuen nicht Zweck, sondern ‚nur' Mittel zum Zweck des Sieges über den Staat (Fragm. III 613) und nur solange gerechtfertigt, bis dieser kapituliert hat.

Insgesamt freilich können die wenigen Bemerkungen, die sich in Rousseaus Werk zum Kriegsrecht finden, kaum zufriedenstellen. Was etwa geschieht, wenn tatsächlich legitime Staaten im Sinne des *Contrat social* geschaffen sein sollten? Greift dann noch Rousseaus Unterscheidung zwischen Staat und Bürgern, auf der doch die ‚Humanisierung' des Krieges basiert? Wenn die Gesamtheit der Bürger der Souverän ist und die patriotische Identifikation der Bürger mit dem Staat dazu führt, daß faktisch jeder einzelne per definitionem zum Kombattanten wird (Fragm. III 614), droht die Abgrenzung von ‚unantastbaren' Bürgern und Verteidigern des Vaterlands, deren Tötung ‚rechtens' ist, ins Leere zu laufen. Und wie verhält sich das natürliche Recht der Staaten, alles tun zu dürfen, was sie zu ihrer Selbsterhaltung für erforderlich erachten – einschließlich des Rechts, alle anderen Staaten ‚präventiv' zu schwächen oder gar zu vernichten –, zu jenem Recht auf Freiheit von Fremdbestimmung und Versklavung, das Rousseaus Kriegsrecht den Individuen und Völkern zuspricht? Widerspricht nicht eine solche ‚rechtliche Einschränkung' jenem natürlichen Recht der Staaten im Naturzustand? Vor allem aber steht das Kriegs(völker)recht im Hinblick auf die entscheidende Frage nach der Möglichkeit der Verrechtlichung und Pazifizierung der Beziehungen zwischen Staaten vor einem doppelten Problem. Zum einen läßt es den Kriegszustand selbst völlig unangetastet und bewegt sich streng innerhalb des von ihm vorgegebenen Rahmens. Zum anderen ist damit noch nichts über die positive Geltung und die Möglichkeit ausgesagt, daß seine Gebote mehr sind als moralische Appelle, deren Auslegung jeweils ins Belieben eines jeden gestellt ist. Es ist diese Problematik, die über das von Rousseau skizzierte Kriegsrecht hinaus seine völkerrechtlichen Überlegungen insgesamt betrifft.

Im Schlußabschnitt des *Contrat social* und im *Émile* zählt Rousseau auf, welche Bereiche der Beziehungen zwischen den Staaten durch das Völkerrecht geregelt werden. Er subsumiert hier unter dem Titel des *droit des gens* 1.) die Regelungen des internationalen Handels, 2.) das soeben umrissene Recht des Krieges und auf Eroberungen sowie 3.) das *droit public*, in dem es um die internationalen Bündnisse, Verträge, Verhandlungen etc. geht (CS III 470; *Émile* IV 848; vgl. Derathé 1950, 395f.). Wie begründet Rousseau dieses Völkerrecht, welchen Status und welche Geltungsbedingungen schreibt er ihm zu?

Für Rousseau ist das Völkerrecht ein Recht, von dem nur in den Beziehungen zwischen zu politischen Körperschaften zusammengeschlossenen Völkern gesprochen werden kann; es besteht nicht von Natur aus. Da der natürliche Zustand der Menschen der einer isolierten Existenz ist, kann für ihn, so polemisiert er gegen die zeitgenössischen Aufklärer, die Idee einer rechtsbegründenden „société générale" aller Menschen allein den „sistèmes des Philosophes" entspringen (CSMS III 284). Aus der Form der natürlichen (Nicht-)Beziehung aufeinander ergeben sich keine rechtlichen Beziehungen, sondern es wirkt nur „das natürliche Mitleid" (Disc. III 178), und die rechtlichen Regeln kompensieren lediglich seinen durch die Vergesellschaftung bewirkten Verlust.

Mit der Begründung, die er für das Völkerrecht liefert, begibt sich Rousseau in ein eigentümliches Spannungsverhältnis zur vorangegangenen natur- und völkerrechtlichen Tradition. Für Autoren wie Hobbes und Pufendorf stand fest, daß von einem vom Naturrecht unterschiedenen Völkerrecht nicht wirklich gesprochen werden kann, da die zwischen den Staaten bestehenden völkerrechtlichen Regelungen die naturrechtliche Freiheit der Akteure nicht aufheben (vgl. Hobbes 1651, 269; Pufendorf 1732, 213). Rousseaus Stellung zu dieser Frage ist anhand seiner verstreuten Bemerkungen nicht leicht zu bestimmen. Denn einerseits will er die Prinzipien des Staats- und Völkerrechts nicht historisch-empirisch, sondern auf die Vernunft selbst gründen und ‚aus der Natur der Sache' ableiten (CS III 358). Insofern sind sie universalistisch und stimmen „mit den zu allen Zeiten anerkannten Regeln und mit der ständigen Praxis aller zivilisierten Völker" überein (CS III 357). Andererseits finden sich angesichts der Vehemenz von Rousseaus Polemik gegen Grotius überraschende Übereinstimmungen zwischen beiden im Hinblick auf die Bestimmungen eines Völkerrechts, das sich in Quelle und Geltung vom Naturrecht unterscheidet und ihm gerade entgegengesetzt wird. Insofern nämlich nach der Gründung politischer Körperschaften das Naturrecht nicht mehr zwischen Individuen, sondern zwischen Staaten wirksam sei, werde dieses „Gesetz der Natur [...], unter dem Namen des Völkerrechts, [...] durch einige stillschweigende Konventionen gemildert, um den Handel zu ermöglichen" (Disc. III 178). In diesem Sinne ist das Völkerrecht gerade *nicht* mit dem Naturrecht identisch, sondern durch menschliche Setzung erzeugt, um dessen zerstörerische Auswirkungen abzuschwächen. 1760 schreibt Rousseau an Malesherbes zum ‚positiven Völkerrecht', daß es als Produkt des von den jeweiligen Interessen geleiteten Handelns der Völkerrechtssubjekte historisch und räumlich variiert, insofern „das wahre Völkerrecht [...] nicht in den Büchern, sondern zwischen den Menschen entsteht" (CG V 247).[4]

Während Grotius jedoch die Verträge und Bräuche, aus denen das positive Völkerrecht erwächst, so weit auszuweiten suchte, daß sie einen rechtlichen Zusammenhang erzeugen, durch den der Naturzustand zwischen den Staaten reguliert und eingehegt werden kann, ist dies für Rousseau aus systematischen wie historischen Gründen ausgeschlossen. Denn solange die einzelnen Staaten in letzter Instanz souverän darüber entscheiden können, ob sie den eingegangenen völkerrechtlichen Verpflichtungen Folge leisten oder sie als nichtig betrachten, ist auch für Rousseau – und hier folgt er Hobbes und Pufendorf wieder – die Rede von einem vom Naturrecht unterschiedenen Völkerrecht sinnlos. Bleibt seine Befolgung eine Frage reinen Nutzenkalküls, ist es „gewiß, daß diese Gesetze mangels Sanktionen noch blassere Schimären sind als das Naturgesetz"; es bleibt dabei, daß in den Verhältnissen zwischen

4 Die oben angesprochenen Hinweise Rousseaus auf die politisch-rechtliche Verfaßtheit Europas wirken wie empirische Bestätigungen der Existenz eines solchen „même droit des gens" oder europäischen „droit public" (*Extrait* III 565, 572).

den Staaten „der eitle Name der Gerechtigkeit überall nur als Schutzschild der Gewalt dient“ (*Guerre* III 610). Der Konstruktionsfehler, aufgrund dessen europäisches Völkerrecht und ‚Droit public‘ für Rousseau letzten Endes Schimären bleiben, liegt darin, daß der internationale Naturzustand nicht durch einen für alle verbindlichen objektiv-rechtlichen Zustand aufgehoben worden ist, sondern daß die rein subjektive Rechtsbestimmung und -durchsetzung unangetastet bleibt, insofern die institutionellen Voraussetzungen rechtlicher Verhältnisse fehlen:

„[D]as öffentliche Recht Europas, das niemals übereinstimmend eingerichtet oder gebilligt worden ist, keine allgemeinen Prinzipien besitzt und sich unablässig nach Zeit und Ort wandelt, ist voll von widersprüchlichen Regeln, die sich nur durch das Recht des Stärkeren ausgleichen lassen“ (*Extrait* III 568f.).

Rousseau deutet hier ex negativo die Bedingungen an, wie rechtliche Verhältnisse zur Vermeidung gewaltsamer Konfliktlösungen zu schaffen und zu gestalten wären. Denn wenn sich die Verhältnisse nicht „durch den bloßen Lauf der Dinge“ (*Extrait* III 569f.) bessern können, müssen der Gewalt durch ein Recht Schranken gesetzt werden, das durch die Menschen selbst erst zu stiften und einzurichten ist. Und wenn sich die Versuche, auf der Grundlage und unter Beibehaltung souveräner staatlicher Akteure zu rechtlichen Übereinkünften zu gelangen, als unmöglich erweisen, dann ist nach den Voraussetzungen zu fragen, derer es zur Aufhebung des Naturzustands zwischen Staaten bedarf. Erst vor diesem Hintergrund offenbart sich die ganze Reichweite von Rousseaus Bestimmung des Verhältnisses von Gewalt und Gesetz: „Die Vollkommenheit der gesellschaftlichen Ordnung besteht tatsächlich im Zusammenwirken von Gewalt [force] und Gesetz; doch dafür ist es nötig, daß das Gesetz die Gewalt leitet“ (*Guerre* III 610) – eine Aufgabe, die in den Beziehungen *innerhalb* und *zwischen* den Staaten in äußerst ungleichem Maße realisiert ist. Reproduziert der Schritt zur Aufhebung des Kriegszustands zwischen den Individuen auf internationaler Ebene eben jenen Zustand, in dem die Gewalt immer noch über das Gesetz triumphiert, so verlangt die Vollendung des Ziels der Unterordnung der Gewalt unter das Recht einen zweiten Schritt der Stiftung verbindlicher Rechtsverhältnisse, nämlich der zwischen den *corps politiques*.

12.3 Vom ‚Contrat social' zum ‚Contrat international' ?

Rousseaus Beschäftigung mit Saint-Pierres Projekt einer institutionell garantierten Friedensordnung zwischen Staaten resultiert aus den *internen* Voraussetzungen seiner politischen Philosophie selbst, sofern das „große Problem der Politik" darin besteht, „das Gesetz über den Menschen" zu stellen (CG XVII 157). Deshalb kann er sich mit der Bildung legitimer Staaten nicht zufriedengeben: Zwar stiften sie nach innen Rechtsverhältnisse, doch zugleich erzeugen sie eine Sphäre rechtlich nicht geregelter Verhältnisse zwischen den *corps politiques*, deren notwendig eintretende Streitigkeiten nur mit dem Recht des Stärkeren, d. h. durch Gewalt, entschieden werden können. Es ist diese Frage nach der Vollendung der Etablierung von Rechtsverhältnissen, die Rousseau in der Auseinandersetzung mit Saint-Pierres Friedensprojekt durchspielt. Rousseau reflektiert hier gleichsam die Konsequenzen seiner Analyse des Naturzustands zwischen Staaten, insofern sich dieser wie „jede Gesellschaft ohne Gesetze oder ohne Oberhäupter" (*Extrait* III 568) in rechtslogischer Perspektive als Kriegszustand entpuppt. Die Analyse der defizitären Struktur des Naturzustands führt zu den Mitteln, sie zu beheben, denn „sobald eine Gesellschaft entstanden ist, bedarf es notwendig einer zwingenden Gewalt, die die Bewegungen der Mitglieder leitet und aufeinander abstimmt, damit die gemeinsamen Interessen und wechselseitigen Verpflichtungen eine Festigkeit erlangen, die sie aus sich heraus nicht haben können" (*Extrait* III 569). Die Vollendung des Ausgangs aus dem gewaltsamen Zustand natürlicher Vergesellschaftung und die Aufhebung des in ihm wirkenden Antagonismus der Handlungsstruktur erfordert die durch menschliches Tun – durch „le secours de l'art" (*Extrait* III 570) – bewirkte Herstellung rechtlich gesicherter Verhältnisse, die den Rückgriff auf Gewalt zur (vermeintlichen) Konfliktlösung ausschließen und damit die Herrschaft des Rechts des Stärkeren beenden. Die Existenz solcher objektiv-rechtlicher Verhältnisse freilich setzt bei Staaten wie bei Individuen institutionelle Strukturen voraus, so daß Rousseau in expliziter Anknüpfung an die Gestalt des Gesellschaftsvertrags formulieren kann:

„Wenn es ein Mittel gibt, diese gefährlichen Widersprüche aufzuheben, so kann dies nur in einer konföderativen Regierungsform geschehen, die die Völker durch ähnliche Bande einigt wie die, durch die die Individuen vereinigt sind, und sie allesamt gleichermaßen der Autorität der Gesetze unterwirft" (*Extrait* III 564).

Soll also der Kriegszustand zwischen Staaten dauerhaft beendet werden, bedarf es offenbar tatsächlich eines „*Contrat international*" (Windenberger 1899, 49), auf daß sich „die freie und freiwillige Gesellschaft, die alle Staaten Europas eint, dadurch, daß sie die Macht und die Festigkeit einer wahrhaften politischen Körperschaft annimmt, in eine wirkliche Konföderation verwandeln kann" (*Extrait* III 574). Die Staaten müssen einen Bund *[Union]* eingehen, in dem „sich alle Mitglieder in einer solchen wechselseitigen Abhängigkeit befinden, daß niemand allein in der Lage ist, allen anderen zu widerstehen, und daß die partikularen Zusammenschlüsse, die dem großen schaden könnten, auf hinreichende Hindernisse stoßen, um ihre Verwirklichung zu verhindern: ohne dies wäre die Konföderation vergeblich und jeder wäre trotz seiner scheinbaren Unterwerfung in Wirklichkeit unabhängig" (*Extrait* III 573). Diesen Bund nennt Rousseau „eine feste und dauerhafte Konföderation" (ebd.), die freilich als *föderativer* Zusammenschluß zu verstehen ist, denn die Möglichkeit, objektive Entscheidungen über die jeweiligen Rechte und Pflichten der Staaten zu treffen und durchzusetzen, erfordert die Unterordnung der Mitglieder des Bundes unter den Willen der Gesamtheit, so daß ihre Handlungsfreiheit wirkungsvoll beschränkt und geregelt werden kann. Die Vereinigung der Staaten erzeugt einen neuen *corps politique* mit einem eigenen Willen und den erforderlichen legislativen und exekutiven Kompetenzen:

„[D]iese Konföderation muß so umfassend sein, daß sich ihr keine bedeutende Macht widersetzt; sie muß einen obersten Gerichtshof besitzen, der die Gesetze und die Regelungen erläßt, die für alle Mitglieder verpflichtend sind; sie muß über eine Zwangsgewalt verfügen, mit der sie jeden Staat nötigen kann, sich den gemeinsamen Beschlüssen, sei es zum Handeln oder zum Nichthandeln, zu unterwerfen; schließlich muß sie fest und dauerhaft sein, um zu verhindern, daß sich seine Glieder nach Belieben von ihm trennen, sobald sie glauben, ihr besonderes Interesse laufe dem allgemeinen Interesse zuwider" (*Extrait* III 574).

Bei der konkreten Ausgestaltung des Bundes folgt Rousseau weitgehend Saint-Pierres Vorgaben zur Herstellung eines „dauerhaften Bundes Europas" (1713, I 59). Im Zentrum stehen fünf grundlegende Artikel, die er in Anlehnung an Saint-Pierres Kurzfassung des Friedensplans (1729, 21ff.) formuliert. Konstitutiv ist demnach die Übereinkunft der Souveräne, „ein dauerhaftes und unwiderrufliches Bündnis" einzugehen und eine gemeinsame zentrale Instanz ins Leben zu rufen, die das Herzstück und das leitende Organ der neu gegründeten Körperschaft bildet (*Extrait* III 575). Obwohl die Mitgliedsstaaten auf diesem *Congrès permanent* durch weisungsgebundene Gesandte repräsentiert werden und der Vorsitz zwischen ihnen wechseln soll, bleibt dadurch die Souveränität der einzelnen Mitglieder nicht unangetastet. Denn wie beim Gesellschaftsvertrag die Bürger zwar Teil der gesetzgebenden Körperschaft und somit des Souveräns, als einzelne Individuen aber dem Willen des Staates vollständig unterworfen sind, so ist auch die zentrale Institution des Staatenbundes der Ort, an dem die *volonté générale* bestimmt und durchgesetzt wird und „alle Streitfälle der vertragsschließenden Parteien durch Schiedsspruch oder Urteil geregelt und beendet werden" (*Extrait* III 575). Dies schließt die Ausstattung des *Corps Européen* mit den notwendigen Mitteln (legitimer!) physischer Gewaltanwendung ein, so daß die selbstgegebenen Regeln der wechselseitigen Rechte und Pflichten notfalls mit Zwang zur Geltung zu bringen sind (*Extrait* III 576). Erst auf der Grundlage einer solchen institutionellen Struktur ist es für Rousseau möglich, dem konflikthaften Vergesellschaftungszusammenhang des internationalen Staatensystems eine verbindliche rechtliche Form zu geben. Der Bund stiftet einen Rechtszusammenhang, durch den die objektive Bestimmung von Recht und Unrecht konkreter Handlungen und Ansprüche möglich wird. Nur unter dieser Voraussetzung kann der defizitäre Zustand Europas überwunden und von einem *Recht* zwischen Staaten, von einem *Droit public de l'Europe* gesprochen werden.

Der föderative Zusammenschluß der Staaten zu einem neuen *corps politique* erscheint also als konsequente Folgerung aus Rousseaus Analyse der Logik des internationalen Systems.

Dennoch verwirft er schließlich diese Struktur eines institutionalisierten „Systems einer dauerhaften Gesellschaft Europas" (Saint-Pierre 1713, I 35). Die Gründe hierfür liegen einerseits in seiner Einschätzung der politischen Situation, der Triebkräfte und Tendenzen der historischen Entwicklungen, andererseits in den normativen Konzeptionen, die er als Antwort auf seine Zivilisationskritik entwirft.

Zeitgleich mit dem Auszug verfaßte Rousseau ein kritisches, erst posthum erschienenes *Jugement sur le projet de paix perpétuelle*, das mit einer entschiedenen Verteidigung der „moralischen Wahrheit" und „allgemeinen und besonderen Nützlichkeit dieses Projekts" beginnt, das wohlbegründet und keine „leere Spekulation" sei (Jugem. III 591). Wie er schon im *Extrait* diejenigen, die aufgrund ihrer Vorurteile Saint-Pierres überzeugende Argumente gar nicht mehr wahrnehmen, dafür bedauert, daß sie diesen ihren Starrsinn für Weisheit halten (*Extrait* III 563), so kritisiert er auch hier die Gegner, die „über Vernunftgründe nicht nach der Vernunft, sondern nur nach dem faktisch Geschehenden urteilen und gegen den Plan nichts einzuwenden haben, als daß er nicht durchgeführt worden ist" (Jugem. III 592). Der kontingente Umstand, daß Vorhaben nicht realisiert werden, erlaubt demnach noch kein Urteil über ihre ‚vérité morale' (vgl. *Écrits sur l'abbé de Saint-Pierre* III 655f.). Diese Kritik verfehlter Kritikstrategien verweist auf den methodischen Status der Einwände, die Rousseau selbst gegen Saint-Pierres Projekt vorbringt und die dazu führen, daß er es nicht nur als unrealistisch, sondern auch als gefährlich verwirft. Denn wenn er auf die Illusionen hinweist, die Saint-Pierre hinsichtlich der Bedingungen und Möglichkeiten der Realisierung des Bundes der Staaten Europas hegte, so macht er auf eine Dimension des Nachdenkens über die Bedingungen von Krieg und Frieden aufmerksam, die bei seinem Vorgänger noch am Rande geblieben war, auf den Zusammenhang nämlich zwischen der internen Organisation der Staaten und der Struktur ihrer Beziehungen zueinander.

Trotz seiner scharfen Kritik am feudalabsolutistischen System insbesondere Frankreichs (vgl. Asbach 1996, 142ff., 151f.) hatte Saint-Pierre sein Friedensprojekt noch auf die Überzeugung gegründet, daß die herrschenden Fürsten bei angemessener Einsicht in ihre Interessen willens und in der Lage sein würden, den

Staatenbund einzurichten. Diese Konzeption geht nach Rousseau freilich von einer völligen Verkennung des Wesens politischer Herrschaft aus, wie sie die Wirklichkeit der europäischen Staatenwelt präge. Schon im zweiten *Discours* hatte er darauf hingewiesen, daß sich die Entstehung staatlicher Herrschaft nicht als Zusammenschluß freier und gleicher Subjekte zum gemeinsamen Nutzen vollzogen hat, sondern die Institutionalisierung und Sicherung der Ungleichheit bezweckte, wie sie sich im Gefolge der Entstehung des Privateigentums ausgebildet hatte, so daß das Ziel der Gesetze und der staatlichen Einrichtungen in der Perpetuierung gesellschaftlicher Macht- und Eigentumsverhältnisse liegt (Disc. III 176–178). Wenn das ganze Streben der Monarchen und ihrer Stellvertreter „sich einzig auf zwei Gegenstände bezieht: ihre Herrschaft nach außen auszudehnen und nach innen zu verabsolutieren" (Jugem. III 592), dann muß die Hoffnung auf Frieden eine vergebliche Illusion sein. Der von Rousseau konstatierte notwendige Zusammenhang zwischen Despotie und Krieg wird dadurch verschärft, daß sie sich wechselseitig befördern (Jugem. III 593). Wie die despotische Herrschaft im Inneren die expansive Kriegspolitik nach außen erst ermöglicht, so dient die Permanenz des Krieges dazu, die Repression und Ausplünderung der Staatsbürger im Inneren zu rechtfertigen (vgl. EP III 268). Diese Politik ist Ausdruck des Wesens dieser Form politischer Herrschaft und nicht durch Aufklärung über die materiellen Vorteile zu ändern, die sich für die Herrschenden aus der Änderung ihrer Politik ergeben würden. Die Rationalität, der das System des Despotismus folgt, ist nach Rousseau eben nicht jene Rationalität, die Saint-Pierre unterstellt, wenn er den Souveränen die Kosten ihrer bisherigen Politik vorrechnet: Deren leitende *raison d'état* ist vielmehr gerade die der Eroberung und Machtsteigerung, und der Verzicht auf diese Ziele ist für die herrschenden Fürsten so undenkbar wie die Vorstellung, ihr Handeln durch verpflichtende Instanzen auf seine Rechtmäßigkeit hin überprüfen und so ihre Willkürfreiheit einschränken zu lassen (vgl. Jugem. III 593f.).

Darüber hinaus ist die Verwirklichung des von Saint-Pierre vorgeschlagenen Bundes aufgrund der gegebenen Verhältnisse innerhalb der europäischen Staaten für Rousseau auch gar nicht wünschenswert. Durch die wechselseitigen Bestandsgarantien der Mitglieder würde dieser Bund die Autorität der Fürsten

„gegen jede Rebellion ihrer Untertanen" und die Niederschlagung und Unterdrückung aller „Revolten rebellierender Untertanen" dauerhaft sichern (*Extrait* III 583/588). Diese Konsequenz des Friedensprojektes, mit der Saint-Pierre es für die Adressaten seiner Vorschläge in ein besonders vorteilhaftes Licht rücken wollte (vgl. 1713, I. 41f., 290ff. u. ö.), kann Rousseau jedoch nicht billigen, würde sie doch das „système absurde" der feudalabsolutistischen Herrschaft verewigen (CS III 357). Nicht zu wünschen ist ein allgemeine Rechtsverhältnisse stiftender Bund für ihn aber noch aus einem anderen Grund. Denn ist aufgrund der spezifischen Interessensstruktur der herrschenden Kreise innerhalb der europäischen Staaten eine *freiwillige* Übereinstimmung prinzipiell ausgeschlossen, so könnte er nur auf gewaltsamem Wege, d. h. *gegen den Willen* der Fürsten durchgesetzt werden. Dann aber geht es nicht mehr darum, „zu überzeugen, sondern zu zwingen, und es heißt nicht Bücher schreiben, sondern Truppen ausheben" (Jugem. III 595). Eine solche Form der Schaffung der institutionellen Voraussetzungen eines ewigen Friedens „durch gewaltsame und für die Menschheit fürchterliche Mittel" (Jugem. III 600) ist für Rousseau mehr als problematisch. Denn erstrebe man den Frieden durch gewaltsame „révolutions", d. h. durch einen Krieg, „der der letzte sein sollte", so kann die Einrichtung der „Ligue Européenne" schrecklichere Folgen zeitigen als der zu überwindende Zustand: „Sie würde vielleicht auf einen Schlag mehr Unheil anrichten, als sie auf Jahrhunderte verhüten könnte" (Jugem. III 599f.). Auch würde ein gewaltsam geschaffener Zusammenschluß keinerlei Garantie dafür bieten, daß er auch tatsächlich die Interessen, die Sicherheit und die Freiheit der Mitgliedsstaaten sicherstellt. Die Herrschaft eines Eroberers kann keinen Friedenszustand herstellen, da nach Rousseau aus Gewalt kein Recht und keine legitime Herrschaft entstehen kann (CS III 355): Der Kriegszustand würde lediglich in eine neue Gestalt überführt.

Rousseaus Analyse der Verhältnisse innerhalb der überwiegenden Mehrzahl der Staaten seiner Zeit führt also im Hinblick auf die internationale Friedenssicherung zu einem ernüchternden Urteil: Ist die Herstellung der institutionellen Voraussetzungen einer Verrechtlichung der internationalen Beziehungen völlig unrealistisch und auch nicht zu wünschen, weil sie

Despotie und Kriegszustand nur verschärfen und perpetuieren würde, muß dieser Ansatz zur Aufhebung des Naturzustands zwischen Staaten insgesamt fallengelassen werden. Die Friedenstheorie muß einen Perspektivenwechsel vollziehen und sich den Verhältnissen *innerhalb* der Staaten zuwenden. Nur wenn es gelingt, den Zusammenhang von Despotie und Krieg zu durchbrechen, kann mit den *inneren* Ursachen auch die Dynamik internationaler Konflikte entfallen. Deshalb wendet sich Rousseau in der Folge vornehmlich der Begründung legitimer Herrschaft zu, und in diesem Zusammenhang wird das Problem der Herstellung einer internationalen Friedensordnung zu einem Folgeproblem zurückgestuft.

12.4 Die Konföderation kleiner Staaten und die Aporien des Staats- und Völkerrechts bei Rousseau

Wenn nunmehr die Frage der Institutionalisierung der innerstaatlichen *Freiheit* ins Zentrum der Suche nach den Bedingungen für die Herstellung eines ewigen Friedens zwischen Staaten tritt (vgl. Gerhardt 1995, 30) und es gilt, „den Frieden in der Freiheit" zu suchen (*Corse* III 904), dann hat der Durchgang durch Rousseaus Überlegungen hinsichtlich einer dauerhaften Pazifizierung und Verrechtlichung der internationalen Beziehungen zu eben jener Frage nach der Organisation der Außenbeziehungen legitimer politischer Gemeinwesen im Sinne des *Contrat social* zurückgeführt, von der wir bei unseren Überlegungen ausgegangen waren, freilich mit einer entscheidenden Akzentverschiebung: War die fehlende völkerrechtliche Ergänzung des *Contrat social* zunächst das zu lösende Problem, so erscheint nun die Konstruktion des *Contrat social* als Lösung für das Problem der defizienten Beziehungen zwischen den Staaten.

Für die kleinen Republiken schließt Rousseau das Aufgehen in einer übergeordneten, mit exekutiven und legislativen Funktionen ausgestatteten Föderation ebenso aus wie für die despotischen Staaten, doch aus ganz anderen Gründen. Ist für diese die absolute Willkürfreiheit Teil ihrer Machtentfaltung, so ist die

Sicherung der autonomen Institutionen, Strukturen und Verfahren für die kleinen Republiken Bedingung für die Realisierung der inneren Freiheit. Dies gilt auch in Anbetracht der Frage nach den Bedingungen ihres Überlebens in einer Umwelt, die aus großen, an militärischer Stärke weit überlegenen und strukturell aggressiven Staaten besteht (CS III 431; *Émile* IV 848). Selbst in dieser Situation extremer Ungleichheit verbieten sich für Rousseau Versuche, die Existenz der isolierten Inseln republikanischer Freiheit dadurch zu sichern, daß sie mit großen Staaten Bündnisse eingehen, auch wenn diese nur die Erhaltung der Freiheit und die Absicherung gegen äußere Aggression zum Ziel haben. Denn auch in diesen Bündnissen wirkt nach Rousseau die natürliche ‚Zentrifugalkraft' fort, durch die die Stärkeren unvermeidlich ihre Hegemonie über die Schwächeren ausbauen, so daß in solchen Bündniskonstellationen „die Schwachen Gefahr laufen, alsbald verschlungen zu werden" (CS III 388). Die Erhaltung der Freiheit erfordert letztlich den Verzicht auf internationale Verträge und Bündnisse, ja auf jegliche Form internationaler Politik überhaupt (*Corse* III 903), was auch die Integration der Kleinstaaten in einen übergreifenden *corps politique* ausschließt, der ausschließlich aus legitimen Gemeinwesen besteht. Denn zwar zielen sie allesamt in ihrer Binnenstruktur auf die Realisierung der Freiheit der Gesellschaftsmitglieder und ihrer autonomen Gesetzgebung ab und teilen das Interesse an friedlicher *Ko*-Existenz und Schutz gegen äußere Einmischung, doch diese Gemeinsamkeiten begründen nicht die Möglichkeit eines föderativen Zusammenschlusses. Zwar können die kleinen Republiken Verträge eingehen und Übereinkünfte treffen, doch dürfen sie ihre Souveränität niemals teilweise oder ganz auf andere Instanzen übertragen, ohne gegen den Gesellschaftsvertrag, der ihnen zugrundeliegt, zu verstoßen (CS III 363). Verzichtet nämlich ein Volk auf die Freiheit, seinen Willen selbst zu bestimmen, und unterwirft es sich unwiderruflich der Willkür eines fremden Willens, dann ist der grundlegende Gesellschaftsvertrag verletzt und der auf ihm beruhende Staat zerstört: „Wenn das Volk also einfach zu gehorchen verspricht, löst es sich durch diesen Akt auf, es verliert seine Eigenschaft als Volk; in dem Moment, in dem es einen Herrn gibt, gibt es keinen Souverän mehr, und von da an ist die politische Körperschaft zerstört" (CS III 369). Eine Föderation kleiner Republiken wäre also, sofern sie, um wirksam zu sein, legislative und exekutive Kompetenzen an sich ziehen müßte, illegitim, da die politisch-staatsrechtlichen Strukturen von Freiheit und autonomer Selbstbestimmung um ihrer Erhaltung willen geopfert würden. Ein Aufgehen legitimer Gemeinwesen in einem neuen *corps politique* würde die ihn bildenden Mitglieder vernichten und auf den Ruinen der politischen Einheiten errichtet, zu deren Schutz er gegründet worden war.

Dieser Verzicht auf die Konzeption einer internationalen Rechtsgemeinschaft und ihrer institutionellen Realisierungsbedingungen führt Rousseaus Theorie internationaler Beziehungen jedoch in eine Aporie. Denn einerseits gilt auch für Kleinstaaten, daß die Aufhebung des Naturzustands eine Verrechtlichung der zwischenstaatlichen Verhältnisse voraussetzt; andererseits jedoch verbietet seine Konzeption nationaler Selbstbestimmung den Republiken, den hierzu notwendigen Souveränitätsverzicht zu leisten. Wie ist so noch die notwendige äußere Absicherung der legitimen Gemeinwesen zu erreichen? Rousseau versucht, die konfliktgenerierenden Ursachen abzumildern, indem er die Autonomie und Autarkie der legitimen Kleinstaaten in den Vordergrund rückt. Je isolierter sie existieren, desto größer ihre Chance, den aus internationalem Verkehr, Kommunikation und Handel entspringenden Konkurrenzkämpfen, Konflikten und Kriegen zu entgehen. Zugleich fördere diese Autarkie die Fähigkeit, sich gegen äußere Aggressoren zu behaupten. Also sei „eine gesunde und starke Verfassung [...] als erstes anzustreben, und man muß [...] sich auf die Stärke verlassen, die aus einer guten Regierung [gouvernement] erwächst" (CS III 388). Entscheidend ist dabei der Grad der Unmittelbarkeit, in dem die Bürger an den allgemeinen Angelegenheiten teilhaben und das Funktionieren der staatlichen Einrichtungen als Teil ihres eigenen Wollens und Strebens ansehen. Um die Sicherheit und die Erhaltung der kleinen Republiken zu gewährleisten, muß deshalb nach Rousseau, der den Kosmopolitismus der Aufklärung scharf kritisiert hatte (vgl. EP III 254f.; CSMS III 287; *Émile* IV 249), den kleinen Völkern die Liebe zum Vaterland nähergebracht werden, die die wahren Bürgertugenden hervorbringe. Rousseau entwirft mit der Konzeption des *Contrat social* nachgerade eine strikt national ausgerichtete Strategie, was ihm den Vorwurf eingetragen hat, ein „Apostel [...] des modernen Nationalismus" (Hinsley 1963, 55) zu sein. Seine Strategie patriotischer Identifikation der Bürger mit dem Gemeinwesen ist jedoch wesentlich nach innen gerichtet, und die Vaterlandsliebe ist mit „der Liebe [...] zu den Gesetzen und zur Freiheit" (*Pologne* III 966) identisch. Die Ausrichtung der kleinen Republiken auf die Verwirklichung von Freiheit und republikanischer Tugend im Inneren und der Verzicht auf ökonomisches Konkurrenzdenken und Entfaltung eines Handelsgeistes auf internationaler Ebene führen in Verbindung mit der Abschaffung institutionalisierter militärischer Apparate gleichsam zur strukturellen Verhinderung expansionistisch ausgerichteter Kriegspolitik. Somit kennen die legitimen Gemeinwesen nicht nur keine Dynamik von Tyrannei und Krieg, sondern sie sind wegen ihrer Geschlossenheit selbst schon ein wirksamer Schutzwall gegen mögliche Aggressionen auswärtiger Mächte. Denkt man diese Konzeption zu Ende, so bestünde die Lösung von Rousseaus Problem einer völkerrechtlichen Absicherung der kleinen Republiken in der Utopie einer Welt, die „sich nur noch aus einer sehr großen Anzahl autarker, bedürfnisarmer, bäuerlich-demokratischer Kleinstaaten zusammensetzte" (Fischbach 1990, 77). Hätte er dieser Lesart zufolge die Konsequenzen aus den im *Contrat social* entfalteten internen und externen Realisierungsbedingungen legitimer Gemeinwesen gezogen, so hätte er eine Aufsplitterung der bestehenden Staatenwelt in eine Vielzahl kleiner und kleinster politischer Körperschaften anvisieren müssen (Hinsley 1963, 55), die in vollkommener politischer und ökonomischer Autarkie und Isolation nebeneinander her existierten (vgl. anschaulich Hoffmann 1965, 78f.). Dadurch würde der ursprünglich friedliche Naturzustand zwischen den Individuen auf der Ebene der Mannigfaltigkeit autarker Republiken reproduziert. Der Frieden wird durch die absolute Abschließung gegeneinander gestiftet, eine Stiftung, die das genaue Gegenteil des Gründungsaktes eines politisch-rechtlichen Zusammenhangs bedeutet, da sie auf der vollständigen „Vermeidung von Politik" beruht (Hoffmann 1965, 80).

Mögliche Konföderationen, zwischenstaatliche Bündnisse und Verträge, die die Republiken außenpolitisch absichern und die anvisierte Konstruktion der *Institutions politiques* vollenden sollten (CS III 431, 470), müßten gemäß den Verwirklichungsbedingungen legitimer Gemeinwesen außerordentlich engen Grenzen und Funktionszuweisungen unterliegen. Im *Émile* hatte Rousseau gefragt, „wie man eine gute föderative Vereinigung [association fédérative] errichten kann, was sie dauerhaft macht und bis zu welchem Punkt man das Recht der Konföderation ausdehnen kann, ohne jenem der Souveränität zu schaden" (*Émile* IV 848). Nach dem oben Gesagten wird man füglich bezweifeln dürfen, ob die von Rousseau niemals explizit gegebene Antwort auf diese Frage noch erlaubt haben würde, im strikten Sinn von einer anzustrebenden (Kon-)Föderation und ‚ihrem Recht' zu sprechen. Die Wendung des Friedensgedankens zum Primat der Herstellung republikanischer Verhältnisse und zur Überwindung des kriegstreiberischen Despotismus im Inneren der Staaten bedeutet für die Idee der Föderation einen bezeichnenden Funktionswandel: Werden Föderationen mit dem Ziel abgeschlossen, die freiheitliche Struktur kleiner Republiken mit der äußeren Macht großer Monarchien zu verbinden, wie Rousseau (III 431, 1010) in Anlehnung an Montesquieu (1975, I 265) schreibt, kann es sich nur um jederzeit aufkündbare Zweckbündnisse handeln. Sie sind pragmatische Formen temporärer Zusammenarbeit republikanischer Regierungen, und Grad, Inhalte und Dauer dieser Zusammenarbeit bleiben der Entscheidung der einzelnen Staaten überlassen, die somit durch die Bündnisinstanzen in ihren souveränen Rechten in keinster Weise beschnitten werden. Als prosaischer „Bund kleiner Staaten, die ein gemeinsames Verteidigungsproblem miteinander teilen" (Carter 1987, 186), verbindet sich mit dem Föderationsgedanken nicht mehr die Emphase der Bildung eines neuen *corps politique* und des krönenden Abschlusses des rechtsphilosophischen Systems, der das definitive Ende des rechtlosen Naturzustands markieren würde, sondern dieses Mittel – die Strukturen, Institutionen und Kompetenzen eines Bündnisses – darf den Zweck – die Erhaltung der souveränen Republiken – nicht negieren, kein Eigenleben unabhängig vom Willen der Mitgliedsstaaten entfalten und schon gar kein Recht sui generis setzen und ihnen gegenüber durchsetzen können.

Mißt man ihn an den von ihm selbst gesetzten Standards, so liefert Rousseau mit der Hervorhebung der pazifizierenden, da die Entstehungsgründe von Kriegen verringernden Autarkie kleiner Gemeinwesen ebensowenig eine tragfähige Lösung für das Problem einer internationalen Friedensordnung wie mit seinen Andeutungen zu einer losen Konföderation kleiner Staaten. Daß er im *Contrat social* und im *Émile* auf föderative Bündnisse und völkerrechtliche Abmachungen zur Sicherung der kleinen Republiken setzt, während er in den späteren, auf konkrete Staaten wie Polen oder Korsika bezogenen Texten die Autarkie und nachdrücklich den Verzicht nicht nur auf ökonomische, sondern auch auf politisch-diplomatische Beziehungen empfiehlt, ohne daß er eine dieser Optionen wirklich ausführen und als systematischen Schlußstein seiner Theorie der *Institutions politiques* entfalten würde, deutet darauf hin, daß er vor dem Problem, den Naturzustand zwischen Staaten durch die Herstellung allgemeiner Rechtsverhältnisse zu beenden, resigniert hat. Die Konföderation kleiner Staaten teilt mit ihrer Auflage, die Souveränität der Mitgliedsstaaten unangetastet zu lassen und keine Institutionen zu schaffen, deren Urteil sie sich zu unterwerfen hätten, die von Rousseau beschriebenen Strukturdefizite aller bisherigen Formen völkerrechtlicher Bündnisse und Verträge: Sie heben den Naturzustand nicht auf, da jeder Akteur des internationalen Systems weiterhin Richter in eigener Sache bleibt. Ebenso bietet die Option auf Autarkie und völlige Selbstbezogenheit der kleinen Republiken keinen Ausweg aus den Konfliktstrukturen des internationalen Systems: selbst wenn die ganze Welt aus solchen Kleinstaaten bestünde, bliebe es bei einer Pluralität von *corps artificielles*, die der Logik der Beziehung partikularer Willen aufeinander unterliegen und notwendig miteinander in Konflikt geraten.

Somit ist die Wendung Rousseaus zur inneren Reform und zum Primat der Herstellung innerstaatlicher Freiheit vor derjenigen äußeren Friedens keine Lösung für die Widersprüche des internationalen Systems. Der Aufweis der Bedingungen von prinzipiell selbstgenügsamen und rein defensiv ausgerichteten Kleinstaaten enthebt nicht von der Verpflichtung, sich mit den konflikterzeugenden Strukturen zu befassen, die sich aus jenem fortbestehenden System autonomer Staaten ergeben. Im Gegenteil, die Dringlichkeit verstärkt sich noch aufgrund der destruktiven Rückwirkungen, die aus dieser Struktur der internationalen Beziehungen für die Verhältnisse innerhalb der legitimen Gemeinwesen resultieren, insofern „Verwirrungen und Hindernisse [...] weniger aus ihrer Verfassung als aus ihren Außenbeziehungen erwachsen" (*Extrait* III 564). Denn solange nur die Individuen und nicht auch die Staaten den Naturzustand verlassen hätten, erzeuge die fortdauernde „teilweise und unvollständige Vereinigung [...] die Tyrannei und den Krieg" (*Émile* III 848). Die aus der internationalen Lage herrührende Unsicherheit der kleinen Republiken befördert die Gefahr, daß sie von innen heraus despotische Strukturen entwickeln und das Ziel der Verwirklichung von Freiheit und Gleichheit der Bürger aus dem Blick gerät, daß sich die Exekutive und ein militärischer Apparat verselbständigen, durch den die Machtpositionen neuer gesellschaftlicher Eliten abgesichert und verewigt werden.

Rousseaus Werk bietet folglich ein komplexes und widersprüchliches Bild der internationalen Ordnung, ihrer Defekte und möglichen Heilmittel. Die Bildung republikanischer Staaten ist eine notwendige, doch keine hinreichende Voraussetzung ihrer Befriedung; für sich genommen ist sie bestenfalls eine „Flucht aus dem internationalen Dschungel, den er so brilliant beschrieben hat, keine Lösung" (Hoffmann 1965, 55). Daß Rousseau zu keiner abschließenden Antwort auf die Frage nach dem Ausweg aus diesem ‚international jungle' kommt, liegt an der Widersprüchlichkeit der unterschiedlichen von ihm thematisierten Ursachenkomplexe für die Konflikthaftigkeit der internationalen Beziehungen und der jeweils erforderlichen Gegenmaßnahmen. Folgt man Waltz' analytischer Unterscheidung zwischen unterschiedlichen Weisen, sich „Bilder [images] der internationalen Beziehungen", der Ursachen ihrer Konflikte und ihrer Aufhebung zu machen, so antwortet Rousseau mit dem *Contrat social* auf das „second image", d. h. auf „die Vorstellung, daß Mißstände in den Staaten Kriege zwischen ihnen verursachen", so daß die innere „Reform der Staaten [...] als *conditio sine qua non* des Weltfriedens" anzusehen ist (Waltz 1959, 83f.). Gleichzeitig ist er sich jedoch bewußt, daß, da „eine große Zahl souveräner Staaten besteht, kein System erzwingbaren Rechts zwischen ihnen existiert, jeder Staat seine Klagen und Ambitionen gemäß den Diktaten seiner eigenen Vernunft oder Wünsche beurteilt", unter diesen Umständen „Konflikte, die manchmal zu Kriegen führen, zwangsläufig auftreten müssen" (ebd., 159). Die Auflösung dieser Konfliktstruktur des internationalen Systems – das ‚third image' – jedoch würde wiederum die Konzeption des *Contrat social* – die Lösung des Problems des ‚second image' – zerstören.

Für Rousseau gibt es offenbar keine prinzipielle Auflösung und Überwindung des Naturzustandes zwischen den Staaten, weder durch die Einrichtung autarker Republiken noch durch den föderativen Zusammenschluß der souveränen Staaten; und letzten Endes gibt es für ihn auch keinerlei Aussicht, ihm jemals wirklich entrinnen zu können (vgl. Carter 1987, 210; Goyard-Fabre 1994, 171). Eine dauerhafte Friedensordnung ist nicht durch die Etablierung internationaler Institutionen zu erlangen, die in Analogie zum Gesellschaftsvertrag die einzige Möglichkeit wären, zur Setzung, Bestimmung und Durchsetzung von objektiv-allgemeinen Rechtsverhältnissen zwischen Staaten zu kommen. Die republikanische Organisation der Staaten und die zu ihrer Absicherung eingegangenen Bündnisse ändern prinzipiell nichts am Zustand objektiver Rechtlosigkeit im zwischenstaatlichen Verhältnis. Und ebensowenig, wie es nach Rousseau die Perspektive auf eine politisch-institutionelle, sei es auf völkerrechtlicher oder auf staatsrechtlicher Ebene anzugehende Aufhebung des internationalen Naturzustands geben kann, bietet für ihn – anders als später für Kant – das Vertrauen auf den geschichtlichen Fortschritt einen möglichen Ausweg aus der völkerrechtlichen Aporie des gleichzeitigen Ge- und Verbots eines *exeundum* für die Staaten. Obwohl der ‚ewige Friede' eine moralische Aufgabe ist und bleibt, ist er für Rousseau politisch, d. h. durch bewußtes, rationales Handeln und die Stiftung entsprechender Institutionen, nicht zu erreichen und auch geschichtsphilosophisch nicht zu erhoffen.

Literatur

von Aretin, K. O. 1986: Das Reich. Friedensgarantie und europäisches Gleichgewicht 1648–1806, Stuttgart.

Asbach, O. 1996: Politik und Frieden beim Abbé de Saint-Pierre. Erinnerung an einen vergessenen Klassiker der politischen Philosophie, in: Politisches Denken. Jahrbuch, 133–163.

– 1998: Internationaler Naturzustand und Ewiger Friede. Rousseaus und Kants Begründung einer rechtlichen Ordnung zwischen Staaten, in: D. Hüning, B. Tuschling (Hrsg.), Recht, Staat und Völkerrecht bei Kant. Marburger Tagung zu Kants Metaphysischen Anfangsgründen der Rechtslehre, Berlin, 201–230.

– 2002: Die Zähmung der Leviathane: Die Idee einer Rechtsordnung zwischen Staa-ten bei Abbé de Saint-Pierre und Jean-Jacques Rousseau, Berlin.

Brandt, R. 1984: Die Interpretation philosophischer Werke, Stuttgart-Bad Cannstatt.
Carter, Ch. J. 1987: Rousseau and the Problem of War, New York / London.
Derathé, R. 1959: Jean-Jacques Rousseau et la science politique de son temps, Paris.
Fetscher, I. 1960: Rousseaus politische Philosophie, Neuwied u. Berlin.
Fischbach, C. R. 1990: Krieg und Frieden in der französischen Aufklärung, Münster / New York.
Gerhardt, V. 1995: Immanuel Kants Entwurf ‚Zum ewigen Frieden'. Eine Theorie der Politik, Darmstadt.
Goldschmidt, V. 1983: Anthropologie et politique. Les principes du Système de Rousseau, Paris.
Goyard-Fabre, S. 1994: La Construction de la paix ou Le travail de Sisyphe, Paris.
Grotius, H. 1950: Drei Bücher vom Recht des Krieges und des Friedens, Ed. Schätzel, Tübingen.
Herb, K. 1989: Rousseaus Theorie legitimer Herrschaft, Würzburg.
Hinsley, F. H. 1963: Power and the Pursuit of Peace. Theory and Practice in the History of Relations Between States, Cambridge.
Hoffmann, S. 1965: Rousseau on War and Peace, in: ders.: The State of War. Essays on the Theory and Practice of International Politics, New York / Washington / London, 54–87.
Lassudrie-Duchêne, G. 1906: Jean-Jacques Rousseau et le Droit des Gens, Paris.
Montesquieu, Ch.-L. de Secondat 1975: De l'Esprit des Lois, hg. v. V. Goldschmidt, 2 Bde., Paris.
Perkins, M. L. 1959: The Moral and Political Philosophy of the Abbé de Saint-Pierre, Genève / Paris.
Pufendorf, S. 1732: Le Droit de la Nature et des Gens, Trad. Jean Barbeyrac, 2 Bde., Basel.
Ramel, F. / Joubert, J. 2001: Rousseau et les relations internationales, Paris.
Raumer, K. v. 1953: Ewiger Friede. Friedensrufe und Friedenspläne seit der Renaissance, Freiburg u.a.
Saint-Pierre, Ch.-I. Castel, Abbé de 1713/1717: Projet pour rendre la paix perpétuelle en Europe, 3 vol., Utrecht.
– 1729: Abrégé du projet de paix perpétuelle, Rotterdam.
Stelling-Michaud, S. 1964: [Einleitung] Écrits sur l'abbé de Saint-Pierre, in: Rousseau, OC III, CXX–XLV.
Vaughan, C. E. 1915: The Political Writings of Jean-Jacques Rousseau, 2 Bde., Reprint: Oxford 1962.
Waltz, K. N. 1959: Man, the State and War. A Theoretical Analysis, New York / London.
Windenberger J.-L. 1899: La république confédérative des petits états. Essai sur le système de politique étrangère de J.-J. Rousseau, Paris.
Witschel, L. 2009: Von der Utopie zur Wirklichkeit. Die Europaidee des Abbé de Saint-Pierre und ihre Rezeption durch Jean-Jacques Rousseau, Marburg.

Reinhard Brandt

Der *Contrat social* bei Kant

Die beiden berühmtesten und wichtigsten Wirkungsorte des *Contrat social* sind Paris und Königsberg, dort in der Praxis einer politischen Revolution nach 1789, hier in der Theorie einer „Revolution der Denkart". „Rousseau hat mich zurechtgebracht" ist die Losung des Philosophen, dessen einziges Bild in seinem Arbeitszimmer das Porträt Rousseaus war. Rousseaus *Contrat social*, das ist die Botschaft der Freiheit des Menschen. „Freiheit" war ein Begriff, der auch in der Schulphilosophie seine Akzessionsnummer hatte, aber erst durch Rousseau wurde dieser Begriff für Kant zur Brücke von der Schul- zur Weltphilosophie, er diente der axiomatischen Grundlegung der praktischen Philosophie, die auf der Freiheit in der Ethik und der Freiheit und Gleichheit in der Rechtsphilosophie fußen sollte, und er konnte den Sinn menschlichen Handelns klären: „Die Geschichte der *Natur* fängt also vom Guten an, denn sie ist das *Werk Gottes*, die Geschichte der *Freiheit* vom Bösen, denn sie ist *Menschenwerk*" (VIII 115).[1] Gott ist gerechtfertigt, die Unmündigkeit des Menschen und das moralisch Böse der Menschheitsgeschichte ist selbstverschuldet, ist unser Werk und kann durch uns behoben werden; die Aufhebung der Unmündigkeit und der Unfreiheit wird zum Impuls der neuen, von Rousseau inspirierten Königsberger Philosophie. Durch Rousseau wird Kant zum Aufklärer.

1 Kant wird hier und im folgenden mit Band-, Seiten- und meist auch Zeilenangabe zitiert nach der Akademie-Ausgabe (Kant 1900ff.).

Die intensive Auseinandersetzung Kants mit den Gedanken Rousseaus beginnt nach dem Erscheinen des *Contrat social*, des *Emile* und der *Nouvelle Héloïse* um das Jahr 1762. Das Studium Rousseaus und die erneute Beschäftigung mit David Humes *Vermischten Schriften* von 1754–1756 setzt die Abwendung von der deutschen Schulmetaphysik zur kritischen Philosophie in der Mitte der sechziger Jahre in Gang; der Weg führt von den *Träumen eines Geistersehers* (1766) zur *Kritik der reinen Vernunft* von 1781.

Ob Kant die Schriften Rousseaus auf französisch oder in deutscher Übersetzung[2] las, ist bis heute nicht geklärt. Rousseaus Darlegungen sind spektakulär und bedienen sich rhetorischer Mittel, die Kant zur Bewunderung ihres literarischen Glanzes führten – bezog er sich hierbei auf die französische oder die deutsche Fassung? Die akademisch relevante Rousseau-Lektüre vollzieht sich, so weit wir erschließen können, in derselben Weise wie die Lektüre anderer Philosophen: Kant modelliert den fremden Gedanken unter Beibehaltung einiger Merkmale sogleich in die eigenen neuen oder schon fixierten Ideen um. Er erkundigt sich nie danach, wie eine Überlegung wirklich verlief (so verfuhren, um nur zwei Beispiele zu nennen, Gassendi und Leibniz), sondern erschließt, wie sie nach seinen Ideen verlaufen mußte, auch ohne daß die Autoren es selbst merkten. Daher das auffällige Desinteresse an Werken, die dem genauen Verständnis eines Autors hätten dienen können. Kant holt im erhaltenen Briefwechsel keine Informationen über Bücher ein; er hat David Humes *Treatise of Human Nature*, obwohl Johann Georg Hamann das Buch besaß, nach dem zur Verfügung stehenden Material nie zur Kenntnis genommen, weder in Teilen noch im ganzen. Es ist entsprechend unangebracht, mit exakten Stellenvergleichen der Autoren zu operieren; entscheidend ist die Feststellung gleicher oder differierender Richtungen, sei es bei expliziten Rückbezügen Kants auf Teile des Rousseauschen Werks oder auch im Vergleich von

2 Der *Contrat social* erschien 1763 in Marburg in zwei Übersetzungen: *Gedanken von dem gesellschaftlichen Leben der Menschen, oder Staatsrecht*, und: *Der gesellschaftliche Vertrag, oder die Grundregeln des allgemeinen Staatsrechts. Übersetzt mit Anmerkungen von C(hristoph) F(riedrich) Geiger*. Zu den Erscheinungsdaten der Erstausgaben der *Nouvelle Heloïse*, des *Émile* und des *Contrat social* und der ersten Ankunft in Königsberg vgl. Marie Rischmüller in: Kant 1991, 150.

Lehrstücken, in denen sich charakteristische Identitäten und Unterschiede feststellen lassen.

Im folgenden soll erörtert werden: 1. Die geschichtsphilosophische Verortung des *Contrat social*, bei der auch andere Schriften Rousseaus einbezogen werden. Die Kantische Vorstellung der geschichtsdialektischen Abfolge dieser Schriften kann sich auf bestimmte Äußerungen Rousseaus stützen, sie stellt sie jedoch in einen nur Kant eigentümlichen Zusammenhang. 2. Die Begründung von Pflichten, besonders der Pflicht, die je eigene Freiheit zu erhalten. Rousseau übernimmt hierbei ein deistisches Theorem John Lockes, kann es jedoch nicht mehr wirklich rekonstruieren. Kant dagegen entwirft eine neue (zunächst) theologiefreie Begründung des Sollens überhaupt und damit auch der Freiheitserhaltung. 3. Die Idee des Natur- und Zivilzustandes. Hier gibt es eine Hinwendung Kants zu Positionen, die später dem Liberalismus zugerechnet werden. Rousseau dagegen hat kein Prinzip der Äußerlichkeit des Rechts im Gegensatz zur Sittlichkeit. 4. Der Erwerb des Eigentums. Rousseau schwankt zwischen Locke und Grotius; Kant entwirft in seiner Spätphase eine neue, anti-Lockesche Begründung. 5. Die Gewaltenteilung. Rousseau destruiert die judikative Gewalt, die Locke und Montesquieu als eigenständige Komponente konzipiert hatten, und hebt damit die liberale Idee der bürgerlichen Freiheit wieder auf. Kant setzt sie erneut in ihre Rechte. Rousseau und Kant ergänzen den allgemeinen Willen um eine spezifische epistemische Komponente, wobei Rousseau an die überkommenen Sitten und Meinungen denkt, Kant dagegen die später so genannte Vierte Gewalt einer sich aufklärenden Öffentlichkeit annimmt.

13.1 Die geschichtsphilosophische Verortung des *Contrat social*

Zum Verhältnis von Naturzustand und Gesellschaft bei Rousseau entwickelt Kant im „Mutmaßlichen Anfang der Menschengeschichte“ (1786) folgende Lesart: Die beiden Diskurse von 1750 und 1755 zeigten ganz richtig den Widerstreit zwischen der bestehenden Kultur und der „Natur des menschlichen Geschlechts, als einer *physischen* Gattung" (VIII 116,11). Im *Gesellschaftsvertrag*, im *Émile* „und anderen Schriften" (VIII 116,13–14) werde dann gezeigt, wie die Kultur fortschreiten müsse, um den Widerstreit von Natur und Kultur zu lösen. Es wird als Zielpunkt dieser zweiten Gruppe von Schriften angesehen, daß „vollkommene Kunst [sc. Kultur, R.B.] wieder Natur wird" (VIII 117,4–118, 1) – aus dem Widerstreit wird die Versöhnung erzeugt. Im Bürger also des *Gesellschaftsvertrags* realisiert sich die dialektische Einheit von Kultur oder Kunst und Natur, der Mensch findet seine natürliche Bestimmung unter den artifiziellen Bedingungen, die Rousseau für die Vergesellschaftung vorsieht. Kant modifiziert diese Lesart in der *Anthropologie in pragmatischer Hinsicht* von 1798 (eine Vorarbeit der Fassung von 1798 findet sich in der Refl.1521, XV 889,19–890,7: „Rousseaus drey paradoxe Sätze"); er entwickelt dort folgendes komplizierte Arrangement: Rousseaus „drei Schriften von dem Schaden, den 1. der Ausgang aus der Natur in die *Cultur* unserer Gattung durch Schwächung unserer Kraft, 2. die *Civilisirung* durch Ungleichheit und wechselseitige Unterdrückung, 3. die vermeinte *Moralisirung* durch naturwidrige Erziehung und Mißbildung der Denkungsart angerichtet hat: – diese drei Schriften, sage ich, welche den Naturzustand gleich als einen Stand der *Unschuld* vorstellig machten [...], sollten nur seinem *Socialcontract*, seinem *Emile* und seinem *Savoyardischen Vicar* zum Leitfaden dienen, aus dem Irrsal der Übel sich herauszufinden, [...]" (VII 326,24–33). Drei Schriften (z.24 und 28) Rousseaus, deren Titel nicht genannt wird, sollen den drei letztgenannten Schriften bzw. Schriftteilen „zum Leitfaden" (z.31–32) dienen. Das erste nicht genannte Werk wird vermutlich der *1. Discours* sein, das zweite ist sicher der *2. Discours*, beim dritten wird man an *Julie ou la nouvelle Héloïse* denken. – Auch in dieser Fassung von 1798 sucht Rousseau nach Kant einen Ausweg aus dem Übel der Gegenwart nicht in dem ihm von Voltaire unterstellten „Retours à la nature", in einer einfachen Rückkehr also zum weder guten noch bösen Naturzustand, sondern in einer dritten Position, die die beiden vorhergehenden versöhnt. Der optimistische Schluß von 1786, gemäß dem die Diremtion von Natur und Kultur überwunden werden kann, fehlt 1798 jedoch prononciert – die angeborene oder zugezogene Verdorbenheit der Menschen kann getadelt und gebändigt, aber niemals vertilgt werden (VII 327,6–11). Die Differenz der natürlichen und der sittlichen Bestimmung ist grundsätzlich und unaufhebbar – Rousseaus *Contrat social* bleibt – in modifizierter Form – eine Leitidee der geschichtlichen Reformen, erreichen läßt sich die Versöhnung von Natur und Sittlichkeit jedoch nie.

Die Anregung nun zu diesem geschichtsdialektischen Schema, nach dem Rousseau (in beiden Varianten) die drei obligatorischen Stadien aufeinander habe folgen lassen, kommt zuerst aus dem *2. Discours*, in dem Rousseau auf die Darstellung der verfehlten Gesellschaftsbildung die grobe Skizze der „Nature du Pacte fondamental de tout Gouvernement" (III 184) folgen läßt. Also der Dreischritt: Ursprünglicher Naturzustand – Verfehlte Weise der Gesellschaftsbildung – Projekt einer guten Gesellschaft. Auch im *Emile* legt Rousseau Kants Interpretation von 1786 nahe: „[...] man würde in der Republik alle Vorteile des Naturzustandes mit denen des Zustandes der bürgerlichen Gesellschaft verbinden, man würde zur Freiheit, die den Menschen von moralischen Vergehen freihält, die Moralität fügen, die ihn zur Tugend erhebt" (IV 311). Und im (Kant notwendig unbekannten) „Genfer Manuskript" des *Contrat social* war von der Rückkehr der vollendeten Kultur bzw. Kunst zur Natur die Rede: „[...] laßt uns uns anstrengen, aus dem Übel selbst das Mittel zu gewinnen, das zur Heilung führt. Laßt uns durch neue Weisen der Vergesellschaftung, wenn es geht, den Mangel der allgemeinen Menschengesellschaft korrigieren [...]. Zeigen wir dem Gegner, daß die vollendete Kunst die Schäden beseitigt, die die erst begonnene Kunst der Natur zufügte" (III 288). Kant ist mit seiner geschichtsphilosophischen Verortung des *Contrat social* also nicht so originell, wie er zuweilen dargestellt wird (vgl. Baczko 1974, 150 mit Literatur). Unabhängig von der Differenz der beiden Geschichtsmuster, in die Kant 1786 und 1798 Rousseaus einschlägige Hauptwerke zu bringen versucht, kann man also von einer gewissen Affinität des verwendeten Schemas mit Rousseauschen Gedanken sprechen. Kant unternimmt die Anordnung der Schriften und damit die zugrunde liegende Geschichtsdialektik nicht auf eigene Faust, sondern folgt den Anregungen Rousseaus.

Mit der geschichtsphilosophischen Verortung des *Contrat social* ergibt sich nun zugleich eine wesentliche Unterscheidung zwischen den beiden Hauptwerken auf dem Gebiet der politischen oder Rechtsphilosophie, dem *Contrat social* und der Kantischen „Rechtslehre" innerhalb der *Metaphysik der Sitten* (von 1797). Rousseau bezieht den *Contrat social* tatsächlich auf einen sei es realen, sei es imaginierten Gesellschaftsprozeß; er sieht die Neue Gesellschaft als eine Form menschlichen Zusammenlebens, in der die zerstörerischen Konflikte der naturwüchsigen bisherigen Vergesellschaftung (nach Kant 1798: die Schwächung, die Unterdrückung und die moralische Mißbildung der Menschen durch die Menschen) gebannt sind. Im *Contrat social* wird eine Gesellschaft konzipiert, die den Menschen allererst zum Menschen macht und mit seinem Bürgerdasein identifiziert, so daß die unheilvolle Selbstentfremdung nicht eintritt. Kant dagegen trennt Geschichtsphilosophie und systematische Rechtstheorie voneinander. Der Staat der *Metaphysik der Sitten* eliminiert keine menschlichen Konflikte und Abhängigkeiten, sondern zeigt die *formale* Rechtsstruktur auf, innerhalb derer inhaltliche Konflikte und geschichtlich gewachsene Verhältnisse auszutragen und zu korrigieren sind. Die bestehenden Staaten stehen unter dem Vernunftzwang, sich gemäß den rechtlichen Imperativen zu reformieren; ihr Zustand wird innerhalb der Domäne der Rechtsphilosophie nicht mit den sozialpsychologischen Kategorien erfaßt, deren sich Kant (wie Rousseau) in der Geschichtsphilosophie bedient. Hiermit ist schon eine wesentliche Differenz markiert, die im weiteren näher erläutert werden soll: Der *Contrat social* entwirft eine Gemeinschaft des vermeintlich guten und gerechten Lebens; er kennt keine Form-Inhalt-Spaltung, die die Rechts- und die Lebensdimension voneinander trennt. Kants Privat- und öffentliches Recht dagegen ist die geometrisch-formale reine Rechtskonstruktion als solche. Der Lebensbegriff spielt erst eine Rolle beim Testamentsrecht und der Todesstrafe; die Inhalte des Wollens werden rechtlich eingehegt, aber nicht als solche bestimmt und integriert. Die Rechtsphilosophie entwirft keine gute Polis oder Gesellschaft, sondern zeigt jedem einzelnen Staat, nach welcher formalen Idee er sich reformieren muß, im Prinzip in jedem Augenblick der Geschichtszeit. Während Rousseau die Staatsgesellschaft als eine sittliche Gemeinschaft faßt, in der und durch die der Mensch ein physisch und moralisch gutes Leben realisieren kann, dringt Kant auf die pure Äußerlichkeit der

Rechtsbeziehungen und verweist die Fragen der Ethik oder Sittlichkeit entweder in das Innere des Menschen (in der „Tugendlehre“ der *Metaphysik der Sitten*) oder aber in das kosmopolitische ethische Gemeinwesen der Kirche (in der *Religion innerhalb der Grenzen der bloßen Vernunft*). Dadurch ist das rechtliche Gemeinwesen bei Kant von den Problemen eines Tugendstaats oder einer Zivilreligion von vornherein entlastet.

13.2 Die Begründung der Pflichten

„Auf seine Freiheit verzichten heißt, auf seine Eigenschaft, Mensch zu sein, zu verzichten, auf die Rechte der Menschheit, sogar auf seine Pflichten“ (III 356; I 4, 6: „Renoncer à sa liberté c'est renoncer à sa qualité d'homme, aux droits de l'humanité, même à ses devoirs“). Oder: „[...] aber da nun die Kraft und die Freiheit eines jeden Menschen die ersten Instrumente seiner Selbsterhaltung sind, wie kann er sie der Gesellschaft überlassen, ohne sich zu schaden und ohne die Pflichten, die er sich selber schuldet, zu vernachlässigen?“ (III 360; I 6, 3: „[...] mais la force et la liberté de chaque homme étant les premiers instrumens de sa conservation, comment les engagera-t-il sans se nuire, et sans négliger les soins qu il se doit?“). Aber worin ist genau die Pflicht, von der hier jeweils gesprochen wird, fundiert? Rousseau ist kein akademischer Autor, der die Begründungsrituale der Philosophie und Wissenschaft kennt und genauer zeigt, worauf der argumentative (und nicht suggestiv-rhetorische) Zwang seiner Thesen beruht. Um zu sehen, worin die Pflicht, von der er spricht, begründet sein könnte, ist es günstig, sich kurz seiner Quelle, John Lockes „Zweitem Traktat von der Regierung“ (1690), zuzuwenden. John Locke konnte die Pflicht, die eigene Freiheit zu erhalten, problemlos unter der Prämisse des Deismus begründen: Wir sind das Werk eines Gottes und sind nicht befugt, zu zerstören, was uns nicht gehört, vor allem nicht unsere eigene Person; also sind wir zum Erhalt auch derjenigen Mittel verpflichtet, durch die wir einzig der primären Pflicht der Geschöpfeserhaltung genügen können (Kap. IV). Die bürgerliche und politische Freiheit sind unverzichtbare Mittel, unserer Pflicht zu genügen; wir sind also zum Erwerb und Erhalt der bürgerlichen und politischen Freiheit verpflichtet. Wer in einer

Despotie lebt, verletzt seine Pflicht, weil er seine Freiheit verloren hat. Rousseau dagegen verzichtet diskussionslos auf eine *deistische* Pflichtbegründung – bei ihm ist der Mensch Herr seiner selbst und erkennt sich nicht als den Untergebenen eines Schöpfergottes, der den gütigen Willen und die Macht hat, ihn zur Selbsterhaltung zu verpflichten. Der Lockesche Gott wird hier ersetzt durch das Passepartout- und Kulissenwort „Natur". Aber wie kann die „Natur" uns verpflichten? Thomas Hobbes hatte im *Leviathan* gelehrt, daß es von Natur überhaupt keine Rechtspflichten gibt, sondern unsere Natur uns allenfalls gewisse kluge Verhaltensregeln nahelegt. Die Verpflichtung hat in der durch die menschliche Sprache möglichen vertraglichen Deklaration ihren Grund; und der Leviathan kann die vertragliche Zustimmung zur Rechts- und Freiheitsaufgabe notfalls mit Gewalt in Erinnerung rufen und erzwingen. Rousseau nun zeigt einerseits keine Neigung, dem Hobbesschen Nominalismus zu folgen; mit ihm könnte er auch nicht die Erhaltung der eigenen Freiheit als – gerade anti-hobbessche – Pflicht begründen. Er selbst hat sich jedoch andererseits den erwünschten und formulierten Rekurs auf eine normativ zu wertende Natur versperrt: Eben das soll emphatisch *nicht* möglich sein, denn die beiden ersten der insgesamt vier prinzipiell möglichen Weisen der Begründung einer Rechtsgesellschaft[3] suchen nach seiner Kritik *fälschlicherweise* ihre Legitimation aus der Natur der patriarchalischen Familie einerseits und andererseits aus der physisch-natürlichen Überlegenheit, der bloßen „force" (III 352–355; I 2 und 3 des *Contrat social*). Niemand ist jedoch seinen natürlichen Eltern über das Alter des Mündigwerdens hinaus verpflichet, und keine physische Überlegenheit gründet ein moralisches Sollen, denn Fakten führen nicht zu Normen. Ergo (jetzt gegen Rousseau): Das Faktum, daß ich natürlicherweise am Leben hänge, kann nicht die Grundlage einer Norm sein, dieses Leben und damit die vermeintlich einzigen Mittel seiner Erhaltung zu bewahren. „Ein

3 Rousseau unterteilt die Formen möglicher staatlicher Herrschaft in die beiden Möglichkeiten „Natur" und „Konvention", diese wiederum in die beiden Möglichkeiten der natürlich gewachsenen oder durch natürliche Überlegenheit erworbenen Herrschaft (I 2 und 3 des *Contrat social*) oder, auf der Konventionsseite, des Unterwerfungsvertrages (I 4) oder des egalitären Freiheitsvertrages; die ersten drei Möglichkeiten scheitern aus internen Gründen; damit bleibt nur die vierte, deren reale Durchführbarkeit die Schrift ab I 5 zeigt.

solcher Verzicht ist unvereinbar mit der Natur des Menschen" (III 356; I 4, 6: „Une telle renonciation est incompatible avec la nature de l'homme") – nehmen wir Rousseau beim Wort: Wenn sie tatsächlich unverträglich mit der faktischen Natur des Menschen ist (wie z. B. der Verzicht auf Nahrung), wird sie schlicht dem Menschen nicht möglich sein. Aber es ist möglich und vielfach bezeugt, sich das Leben zu nehmen, sich z. B. aufzuopfern oder auch umgekehrt auf seine sittliche Qualität zu verzichten, wenn dies z. B. das einzige Mittel ist, das Leben zu erhalten. Warum also *soll* ich nicht, wenn es mir nützlich scheint und ich es tatsächlich kann, auf meine Freiheit verzichten? Rousseaus so eingängige Deklamationen zeigen, daß er sich diese Frage nicht genau gestellt hat und Schutz hinter einem überanstrengten Naturbegriff sucht. Man könnte allenfalls als Antwort aus seinem Text gewinnen: Jede Unterwerfung eines Menschen unter einen anderen impliziert ein nicht nur physisches, sondern auch moralisches Verhältnis beider Seiten. Dies letztere ist jedoch nur möglich, wenn *beiden* freien Vertragspartnern die Freiheit gewahrt bleibt. Aber warum eigentlich, würde Thomas Hobbes aus Malmesbury fragen, soll die moralische Freiheit erhalten bleiben, wenn sich die Bürger zu einem bestimmten Zeitpunkt, in dem sie noch frei sind, verpflichten, den späteren administrativen Anweisungen des Staats bedingungslos bis zum Grenzpunkt der physischen Selbstaufgabe zu folgen? Wer sich seiner freiwilligen, vernunftgemäßen Freiheitsaufgabe als identische Person nicht zu erinnern vermag oder sie für widersprüchlich hält, mag dies immer tun – jeder Zivilgehorsam muß notfalls *gegen* den Bürger mit Strafandrohung durchgesetzt werden. Das sagt einem die Vernunft.

Das Resümee: Rousseau gibt zwei Begründungen der Freiheitserhaltungspflicht. Einmal soll sie aus der Natur des Menschen folgen, zum andern stecke sie analytisch in der Konstruktion legitimer Herrschaft. Gegen das erstere kann man leicht Rousseau selbst anführen, der als moderner Autor sagt, daß Fakten, auch Fakten der Natur, kein moralisches Sollen erzeugen. Gegen das zweite steht die Argumentation Thomas Hobbes', der die Gewaltherrschaft eines Friedensfürsten, der die Bürger zu schützen vermag, als das hinstellt, was die Bürger beim ideierten Vertragsabschluß in Kauf nahmen. Rousseau bleibt bei einem rhetorisch übertünchten Hin und Her.

Kant verfügt über begriffliche Ressourcen, die ihn davor bewahren, sich bei der Normbegründung in den Wirren zwischen einem (Lockeschen) deistischen und einem profanen (Rousseauschen) Naturbegriff einerseits und andererseits der scheinbaren Paradoxie, daß staatlicher Zwang und bürgerliche Unfreiheit legitim sein kann, zu verfangen. Seine kritische Theorie konzipiert die praktische Vernunft als eine nur formale Autonomie, und damit ist die Möglichkeit gewonnen, als höchstes Gesetz die Gesetzhaftigkeit als solche anzunehmen, durch die als eine „regula ad directionem voluntatis" die Maximen von Handlungen (und damit diese selbst in sittlicher Hinsicht) beurteilt und in der Ethik mittels des Gefühls der Achtung, im Recht notfalls nur durch Strafandrohung generiert werden. Die Strafe ist möglich, weil der autonome Bürger als Gesetzgeber nicht identisch ist mit der (Erscheinungs-)Person, die sich, wenn sie straffällig wird, gegen das selbstgegebene Gesetz wendet. Aus der Schultradition übernimmt Kant den Begriff der Form, der in der von Locke bestimmten englischen und französischen Philosophie gänzlich obsolet war. Wir wiesen schon oben auf diesen Begriff als den wesentlichen Differenzpunkt zwischen Rousseau und Kant hin.

Die Begründung und Verwendung dieses Begriffs in der Erkenntnistheorie, Ästhetik und Moralphilosophie ist von einer derartigen systematischen Komplexität, daß sie hier, wiewohl fundamental für die Metamorphose Rousseauscher Gedanken in der Kantischen Philosophie, nicht nachgezeichnet werden kann. Im Formbegriff, wie ihn Kant faßt, liegt die Grundlage der kopernikanischen subjektiven Wende: Da uns die Form der Dinge nicht affizieren kann, liegt sie im Subjekt selbst; das Subjekt bestimmt die formale, d. h. jetzt, die räumliche, zeitliche und begriffliche Struktur der Dinge qua Erscheinungen. Dasselbe gilt für die praktische Vernunft; wir bestimmen die Form, nämlich die Gesetzlichkeit des Handelns, und es ist *unser* autonomes Handeln nur in dem Maße, wie wir es der selbstgegebenen Form unterwerfen. Die kritische Wende besagt, daß diese Normen nicht den Kriterien der Erscheinungsrealität unterliegen. Man sieht, daß es den Kern der kritischen Philosophie zerstört, wenn man die moralischen Normen aus faktischen oder ideierten Konsensen oder, wie Rousseau will, aus Lebensinteressen herleiten will. Wir halten nur vorläufig das Ergebnis fest: Durch den aus der platonisch-aristotelischen idea- und eidos-Tradition stammenden, jedoch modifizierten Formbegriff hat Kant ein Instrument, das er nach kurzem Zögern in der Mitte der sechziger Jahre gegen Hume und Rousseau verwendet. Der Formbegriff rettet ihn in der Erkenntnistheorie vor dem Humeschen Skeptizismus und in der Ethik und Rechtsphilosophie vor dem Rousseauschen Naturalismus oder Materialismus. Rousseaus Allgemeinheit des Willens ist immer eine aus dem konkreten Wollen der Individuen gewonnene Allgemeinheit; sie kann dann lebendiger Allgemeinwille werden, wenn die Bürger tatsächlich auf Grund ihrer gleichen patriotischen Erziehung und ihrer ökonomischen homogenen Lage ihr Interesse mit dem Allgemeininteresse identifizieren können, d.h. identisch finden. Die volonté générale ist wesentlich fundiert im intérêt générale; es ist keine „vertu" gefordert (der Begriff könnte im *Contrat social* gänzlich fehlen), sondern ein psychologisches und ökonomisches Arrangement, das das Allgemeinsein des Individuums materialiter sichert. Diese Vorstellung ist Kant dagegen überhaupt oder doch zunehmend fremd. Bei ihm liegt die Allgemeinheit und Notwendigkeit in dem apriori gegebenen *Form*begriff und ist damit von vornherein von Rousseaus empiristischem Allgemeinheitsstreben unterschieden. Als autonome, sich selbst verpflichtende Wesen sind wir Personen, die diesen Status aus dem moralischen „mundus intelligibilis" herleiten. Die sittliche Qualität der Person im Gegensatz zur empirischen Realität des psychologisch-biologischen Menschen ist durch die reine praktische Vernunft objektiv real. Kant also ist (gegen Platon: subjektivistischer) Realist in der praktischen Philosophie, während Rousseau auf der Grundlage seines naturalistischen Konzepts nur (uneingestandener) Nominalist sein kann. Kants „Rechtslehre" ist nach der Meinung ihres Autors nur auf der Grundlage der transzendentalphilosophischen Unterscheidung von Ding an sich und Erscheinung möglich. Ohne dieses theoretische Fundament läßt sich kein inneres und äußeres Mein und Dein begründen, d. h. man kann ihm keine Realität nichtphysischer Art vindizieren. Nach Kant ist also der *Contrat social* begründungstheoretisch unhaltbar; retten lassen sich allenfalls einige Gedanken, die sich als philosophisch reformulierbar erweisen.

Diese Auffassung einer fundamentalen Differenz zwischen einem apriorischen Recht und dem *Contrat social* entspricht nicht der Auffassung, die Kant selbst um 1770 notiert. In einer Gegenüberstellung mit dem Hobbesschen *Leviathan* heißt es vom *Contrat social*: „Der Sozialkontrakt (Bürgerbund) oder das Ideal des Staatsrechts (nach der Regel der Gleichheit) in abstracto erwogen, ohne auf die besondere Natur des Menschen zu sehen" (Refl. 6593; XIX 99). Kant testiert dem *Contrat social* hier also eine von aller Anthropologie freie Grundlegung des Rechts und kann durch das so interpretierte Werk angeregt worden sein, ab 1770 auch in der Ethik eine anti-naturalistische Position zu vertreten. (So die Interpretation Reichs 1936, 13ff.) Tatsächlich ist die Formphilosophie Kants vom Rousseauschen Naturalismus durch Welten getrennt.

13. 3 Natur- und Zivilzustand

Der Naturzustand wird im *Contrat social* mit einer bewußten Strategie unterbestimmt: Er wurde im *2. Discours* in extenso erörtert und soll jetzt, im *Contrat social*, durch keine positiven Elemente in den status civilis hineinwirken, sondern nur mit dem Etikett „unhaltbar" die Notwendigkeit einer (neuen) sozialen Ordnung signalisieren. „Ich unterstelle, daß die Menschen zu dem Punkt gelangt waren, an dem die Hindernisse, die ihrer Erhaltung im Naturzustand entgegenstehen, durch ihren Widerstand die Oberhand über die Kräfte gewinnen, die jedes Individuum aufbieten kann, um sich in diesem Zustand zu erhalten." (III 360; I 6,1: „Je suppose les hommes parvenus à ce point où les obstacles qui nuisent à leur conservation dans l'état de nature, l'emportent par leur résistance sur les forces que chaque individu peut employer pour se maintenir dans cet état.") Rousseau will seinen „contrat" oder „pacte fondamental" direkt auf einen nicht näher ausgeführten Vor-Zustand folgen lassen, um nicht die Negativlasten der falschen Vergesellschaftung einbeziehen zu müssen. Dieses Verfahren ermöglicht es, in der Alternative entweder der Vereinigung zum Zweck der kollektiven Willensbildung oder der Vereinigung zum Zweck der Streitschlichtung bei Konflikten eindeutig die erste Variante zu wählen. Es sollen die anonymen „obstacles" und deren „résistance", die das menschliche Geschlecht zu vernichten drohen, durch eine Bündelung der Willen und der Kräfte überwunden werden. Um welche Hindernisse es sich genau handelt, wird nicht gesagt. Für die Vereinigung der Individuen wird nur ein Vorbehalt angemeldet: Die Pflicht eines jeden, sich selbst und damit die (implizit als einzig möglich vorgestellten) Mittel der Selbsterhaltung, die je eigene „force" und „liberté", zu erhalten. An einigen Stellen jedoch reichert Rousseau die vorstaatliche Position des späteren Bürgers ein wenig an; er spricht von einem „[...] unbegrenzten Recht auf alles, was ihn reizt und das er erreichen kann" (III 364; I 8,2: „[...] droit illimité à tout ce qui le tente et qu'il peut atteindre") und von der vorstaatlichen „possession", die sich im Staat insgesamt in „propriété" verwandle. Aber diese Rechtspositionen bleiben undeutlich. Ist mit dem „unbegrenzten Recht" das Hobbessche Recht aller auf alles (und alle) gemeint, oder sind umgekehrt Personen schon im Naturzustand für einander Rechtspersonen, wie es Locke für die allgemeine vorstaatliche Menschengesellschaft annimmt? Wenn dies letztere der Fall ist, gehören andere Personen entschieden nicht in den unbegrenzten Rechtsbereich „all dessen, was ihn reizt und was er erreichen kann". Aber wie ließe sich dieses Tabu begründen? Warum soll ich andere Menschen im Naturzustand nicht töten oder mit Gewalt in meinen Besitz bringen? Rousseau hat offensichtlich keine Antwort auf diese elementare, vieldiskutierte Frage. – Restringiert der vorstaatliche Besitz die Gesetzgebungskompetenz des Allgemeinwillens entgegen der ausdrücklichen Feststellung, daß es keine Vorbindungen gibt und dieser Wille völlig souverän ist? Auch hier muß Rousseau eingestehen, daß er keine Antwort hat.

Wie immer mit den Gütern und Rechten im vorstaatlichen Zustand zu verfahren ist, Rousseau verzichtet auf eine nähere Artikulation des vorstaatlichen Privatrechts. Damit bleibt unklar, wer eigentlich die Person ist, die ihre Kräfte und ihre Freiheit in der Verschmelzung mit dem „moi commun" (III 361; I 6, 10) erhalten soll; wo aber liegen dann die Kriterien dafür, daß bei der Einverleibung der Personen in den Staatskörper die abstrakt postulierte Kontinuität wirklich gewahrt bleibt? Und wie ist die vorstaatliche Freiheit, wie sind die Kräfte genau bestimmt, so daß ihr Erhalt kontrolliert werden kann? Berücksichtigt man, daß die Metamorphose vorsieht, daß aus einem „dummen und bornierten Tier" (III 364: „animal stupide et borné") ein Mensch wird und daß dieser Mensch sein Menschsein dadurch realisiert, daß er Bürger ist, so bleibt als einziges Kriterium übrig, daß die Verschmelzung aller mit allen im Hinblick auf ihre Kräfte und ihren Willen gelingt, wenn sie total ist, und daß sie mißlingt, wenn sie nur partiell ist. Nur: was heißt das genau?

Anders Locke und Kant. Der Staat wird bei ihnen nicht als Zusammennahme der vorher getrennten Kräfte konzipiert, sondern als Gerichts- und Sicherheitsinstanz für die Streitfälle, die unter mit Willkürfreiheit ausgestatteten Menschen im Hinblick auf das innere und äußere Mein und Dein unvermeidlich sind. Dieses Mein und Dein wird privatrechtlich fixiert und gewinnt damit ein kriterielle vorstaatliche Funktion für die Kräfte- und Freiheitserhaltung. Hier also der Staat als Streitschlichtungsinstanz, als Dritter neben und über den streitenden Parteien, dort, bei Rousseau, als Bündelung der vorher zerstreuten Kräfte und Willensbildungen. Locke und Kant verpflichten die Legislative auf bestimmte, aus dem Privatrecht stammende Aufgaben und Kompetenzen, während Rousseau den allgemeinen Willen nur im Hinblick auf sein Verfahren und das analytische „alle über alle" festlegt. Hier die im Prinzip unitarische Lösung, dort die liberale. Habermas schreibt zurückhaltend: „Im ganzen gesehen, legt Kant eher eine liberale, Rousseau eher eine republikanische Lesart der politischen Autonomie nahe" (Habermas 1992, 130). „Republikanisch": Wenn dieser auch von Kant reklamierte Begriff damit vereinbar ist, daß die volonté générale keinen Widerstand findet in einem Vor-Recht, auf das sich ein Bürger auch *gegen* den Staat und seine legislativen Konsense berufen kann; man denke etwa an das Recht der freien Meinungsäußerung, das nicht, wie Kant atavistisch formuliert, ein Recht der freien Feder, sondern ein Recht der privaten Druckerpresse und der Vertriebssysteme ist. Locke und Kant ermöglichen sich selbst als freie Schriftsteller und Publizisten in den Rechtsgebilden, die sie konzipieren; Hobbes und Rousseau dagegen entwerfen Staaten, die die freie Forschung und Publizistik ohne rechtliche Probleme eliminieren können.

Die Schwäche der Kantischen Festschreibung eines bestimmten Privatrechts liegt in der unvermeidlichen Kontingenz seiner Inhalte; das Familienrecht z. B. ist bei Kant so konzipiert, daß hausinterne Angelegenheiten für den Staat nicht transparent sind. Die rechtliche Unmündigkeit der Frau, der Kinder und des Gesindes führt dazu, daß sie mögliche Rechtsläsionen durch den Hausherren nicht vor ein Gericht bringen können. Damit wird das Haus zu einem mit begrenzter Souveränität ausgestatteten Staat im Staat. Die geschichtliche und geographische Kontingenz bestimmter, im Privatrecht als einem Natur- oder Vernunftrecht entwickelter Inhalte läßt sich weder bei Locke noch bei Kant durch eine Theorie der historischen Vermittlung auffangen. Für Kant ist theorieimmanent weder zu begründen, daß die Formen seines Privatrechts in ihren Grundzügen der – historisch kontingenten – römischen Rechtstradition entstammen, noch steht die privatrechtliche Struktur für künftige Modifikationen zur Disposition. Die mitteleuropäische Privatrechtsgeschichte kann der von Kant apriori entwickelten Vernunftsystematik nach dieser selbst nur zufällig besonders nahestehen, und die ihm präsenten Formen des Privatrechts müssen zufällig die sein, die mit der Vernunft auch später koinzidieren sollen. Rousseau dagegen hat durch die Depotenzierung des Privatrechts mit diesen Schwierigkeiten nicht zu kämpfen. Der Preis allerdings, den Rousseau zahlt, ist hoch. Die widerstandslose Metamorphose des naturständigen, gänzlich unbestimmten freien Ich in das „moi commun" des Staats. Der Mensch wird im Handeln und Denken zu einem Glied des sozialen Totums; nur das Verbrechen und der natürliche Tod erlösen ihn aus dem Staats-Ich, das ihn ermöglicht.

Aber heißt es nicht auch bei Kant, daß nur der „übereinstimmende und vereinigte Wille Aller, so fern ein jeder über Alle und Alle über einen jeden ebendasselbe beschließen, mithin nur der allgemein vereinte Wille gesetzgebend sein [kann]" (VI 313–314)? Ergo ist der reale *Wille* aller eine unhinterschreitbare Rechtsquelle, und die Rücksicht auf das zuvor festgelegte Privatrecht bildet kein Kriterium für die Rechtlichkeit der souveränen Willensäußerungen! Nicht der Inhalt des Willens, sondern nur noch das korrekte Verfahren seiner Ermittlung gewährleistet die Rechtlichkeit der Beschlüsse des allgemeinen Willens. So scheint es. Der Kantische Wille ist jedoch zugleich praktische Vernunft, und als praktische Vernunft bedarf der allgemeine Wille der Erkenntnis der naturrechtlichen (wir würden sagen: menschenrechtlichen) Imperative, die sich im vorstaatlichen inneren und äußeren Mein und Dein artikulieren. Bei Rousseau fehlt diese Komponente gänzlich.

„Du contrat social; ou, Principes du droit politique“. Der Titel der Schrift von 1762 zeigt nicht an, was Rousseau tatsächlich aus dem Gesellschaftsvertrag macht. Er beschränkt sich nicht auf die Initiierung der äußeren Rechtsverhältnisse, sondern wird zum Prinzip aller Sozialität und Sittlichkeit. Hymnisch wird der Übergang vom Natur- zum Zivilzustand begrüßt wie die prometheische Tat, die (nach Aischylos) ein dummes Tier in einen Menschen verwandelt. Der im *2. Discours* kritisierten Äußerlichkeit und Halbheit der bisherigen Vergesellschaftung wird die vollendete Verstaatlichung entgegen gehalten. Nicht halbherzige Verbindung von Natur- und Zivilzustand könne die Menschheit vor ihrer Destruktion und ihrem Selbstverlust bewahren, sondern nur die gänzliche, radikale Konversion – nur wenn der Mensch mit Haut und Haaren zum Bürger dieses und nur dieses Staates wird, gewinnt er sich aus dem Selbstverlust zurück, wird zu einem Neuen Menschen und gewährleistet, daß die vollendete Kunst wieder zur Natur wird.

Bei Kant dagegen wird die Kompetenz der Rechtsfigur des Gesellschaftsvertrages juridisch ernüchtert und strikt als rein äußerlich zu bestimmen versucht. Eine Folge (oder Voraussetzung) ist die Scheidung von Rechts- und Tugendlehre. Zwar werden beide vom Gesetzesbegriff des kategorischen Imperativs aus generiert, aber in strikter Trennung gehalten. Die Motive meines Gehorsams gegenüber dem Staat, der die äußeren Handlungen der Bürger zur gesetzlichen Übereinstimmung bringt, diese Motive können, aber sie müssen sich nicht aus der subjektiven Sittlichkeit speisen. Kant entzerrt das suggestive Rousseausche Identitätstheorem und zeigt emphatisch die Grenzen der Staatskompetenz, so wie Lockes Titel es anzeigt: „True Original, Extent, and End of Civil Government“, nachformuliert von Wilhelm von Humboldt: „Idee zu einem Versuch, die Grenzen der Wirksamkeit des Staats zu bestimmen“ (1792).

Verfolgt man diese Vorstellung der Trennung von innen und außen und der Lokalisierung des Gesellschaftsvertrags im Bereich nur der äußeren Handlungen, so wird man jedoch auf ein Defizit aufmerksam, das es bei Rousseau nicht gibt. Dies soll in den folgenden Zeilen kurz umrissen werden.

Kant stellt dem Ideal des „moi commun“, in dem die Lösung des „problême fondamental“ liegen soll, unvorsichtig die These entgegen: „Das Problem der Staatserrichtung ist, so hart es auch klingt, selbst für ein Volk von Teufeln (wenn sie nur Verstand haben) auflösbar [...].“ (VIII 366,15–16) Die Republik ist die rationalste Lösung ihrer, der Teufels-Menschen, Konflikte; die instrumentelle Vernunft reicht aus, die äußeren Handlungsräume kompatibel und gesetzlich zu gestalten. Es ist jedoch deutlich, daß Kant dieses Äußerlichkeitsideal nicht wirklich durchführen kann. Die „Rechtslehre“ von 1797 nimmt Binnen-Dimensionen in Anspruch, die im liberalistischen Kalkül nicht enthalten sind. Man denke an das Familienrecht oder auch das Strafrecht; in beiden Fällen ist mit dem Personenbegriff eine Resistenz gegenüber den Beschlüssen von allen über alle im Hinblick auf die äußere Handlungsfreiheit verbunden. Der Personenbegriff verbietet nach Kant z. B. die Abschaffung des Instituts der Ehe, er verbietet auch z. B. drakonische Strafen zur Abschreckung vor aller Versuchung zu verbotenen Handlungen. Wie immer das Kantische Ehe- und Strafrecht zu beurteilen ist, die eigenen theoretischen Lösungen bieten dem utilitätsbedachten Teufels*willen* Widerstand. Ohne ein Prinzip der Achtung des Rechts um seiner selbst willen und der Ausrichtung der Gesetze nach überstaatlichen Wertprinzipien ist das Recht bei Kant nicht realisierbar. Die Teufelsgeschichte und die strikte Trennung von Recht und Tugend verunklären diesen Tatbestand. Hier liegt ein Problem, das, so oder anders artikuliert, immer zu einer theoretischen und praktischen Revision des Äußerlichkeitsstrangs mit Rousseauschen Mitteln herausgefordert hat.

13.4 Der Erwerb von Eigentum im Naturzustand

Dieser Erwerb wird von Locke, Rousseau und Kant unterschiedlich bestimmt. Locke nimmt erstens an, daß Gott den Menschen insgesamt die *niedere* Natur zur Nutzung gegeben, daß jeder also Mitbesitzer an allem Besitzbaren ist, und zweitens, daß er einen Teil des von ihm Mitbesessenen dadurch zu seinem exklusiven Eigentum machen kann, daß er es sich durch Arbeit gleichsam einverleibt. Rousseau formuliert dagegen im *Contrat social* folgende Position: „Um das Recht des Erstbesitzers an irgendeinem Stück Land zu rechtfertigen, bedarf es im allgemeinen folgender Bedingungen: Erstens, daß dieses Terrain noch von niemandem bewohnt wird; zweitens, daß man nur so viel in Besitz nimmt, wie man benötigt, um zu subsistieren; und drittens, daß man nicht durch eine leere Zeremonie davon Besitz ergreift, sondern durch Arbeit und Kultivierung, das einzige Eigentumszeichen, das in Ermangelung gesetzlicher Rechtstitel von anderen geachtet werden muß." (III 366; I 9, 4) Die Arbeit („le travail et la culture"), die bei Locke als Realaneignung fungiert, wird hier – zugleich? – zu einem bloßen Zeichen. Könnte sie durch andere Maßnahmen, die diese Zeichenfunktion effizienter ausüben, ersetzt werden? Andere sollen dieses Zeichen respektieren – aber hatten sie nicht ein unbegrenztes Recht auf alles, was sie verlockte (III 364)? Warum sollen hungernde Nomaden die Früchte der Arbeit eines wohlgenährten Bauern respektieren? Lockes Theorie besagte, daß die Menschen in der allgemeinen Menschheitsgesellschaft für einander den Status von Rechtspersonen haben; sie haben keineswegs ein unbegrenztes Recht auf alles (und alle), sondern kennen die von Gott gegebenen, evidenten oder leicht erschließbaren Naturgesetze, sie können und sollen sich selbst nach diesen Gesetzen richten und sind kompetente Richter und Urteilsvollstrecker im Fall der Verletzung dieser elementaren Handlungsnormen. Die Lockesche Theorie jedoch gerät durch das Streichen der deistischen Prämisse aus den Fugen und wird, wenn verbleibende Teilstücke aus ihr benutzt werden, zu einem bloßen Wunschdenken.

Kant ist der Idee, daß der ursprüngliche Rechtstitel mit der in die Sache investierten Arbeit zusammenhängen muß, lange gefolgt. Dafür gibt es Dokumente in der zweiten Hälfte der sechziger Jahre, und in den Vorarbeiten zur Rechtslehre wird dieser Gedanke weiter umspielt. Erst in der endgültigen Fassung ist offenbar eine rein formale Theorie des äußeren Sachbesitzes gelungen. Sie wird im „Rechtlichen Postulat der praktischen Vernunft" (VI 246) vorgetragen und besagt erstens, daß ein Gegenstand meiner Willkür etwas ist, „was zu gebrauchen ich *physisch* in meiner Macht habe". Nun kennt – zweitens – die reine praktische Vernunft keine anderen als formale Gesetze des Gebrauchs der Willkür. Für die Frage der Rechtlichkeit, die durch die praktische Vernunft entschieden wird, ist es somit irrelevant, ob ein Gegenstand meiner Willkür materialiter in meinem physischen Besitz ist oder nicht. Also muß, so lautete der Schluß, ein Besitz, der nur ein äußeres Meines darstellt, rechtlich möglich sein, und er soll ermöglicht werden, weil sich die Freiheit im Gebrauch der Gegenstände sonst selbst aufheben würde. Dieser Schluß hat jedoch zur Folge, daß allen anderen eine Pflicht auferlegt wird, sich des äußeren Meinen zu enthalten, eine Pflicht, die sie zuvor nicht hatten und die ihre Freiheit einseitig einschränkt. Erst mit dieser neuen Rechtspflicht ist die Rechtswirklichkeit eines äußeren Mein und Dein deduziert; Kant nennt den synthetischen Satz, in dem die Erlaubnis der einseitigen Freiheitseinschränkung aller anderen ausgesprochen wird, auch das „Postulat der rechtlich-praktischen Vernunft". Dies ist der Rohbau des Beweises, der noch einige weitere Klippen enthält und einer Demonstration der theoretischen Möglichkeit des nicht-physischen als eines intelligiblen Besitzes bedarf. Von der überwundenen Arbeitstheorie heißt es, man könne „jene so alte und noch weit und breit herrschende Meinung schwerlich einer anderen Ursache zuschreiben [...], als der insgeheim obwaltenden Täuschung, Sachen zu personificiren und gleich als ob jemand sie sich durch an sie verwandte Arbeit verbindlich machen könne, keinem Anderen als ihm zu Diensten zu stehen, *unmittelbar* gegen sie sich ein Recht zu denken; [...]" (VI 269,4–9). Die Besitzrelation kann also keine intrinsische Eigenschaft eines Dinges sein, wie Locke wollte, sondern ist eine auf den *Gebrauch* von Dingen bezogene Freiheitsbeschränkung von Personen untereinander. Wie die Dinge als ein Mein oder Dein zu markieren sind, ist eine Frage nur der Konvention, nicht der naturalen Modifikation der Dinge selbst.

Bei Rousseau wird der Staat zum „dominus eminens" des gesamten Territoriums, das er okkupiert. Das Eigentum, das ich von ihm erhalte, ist mir lediglich zum Nießbrauch überlassen – verlangt es der Staat als der eigentliche Besitzer zurück, muß ich, so wird man folgern müssen, ohne einen Rechtsanspruch auf Entschädigung weichen. Nichts spricht bei Rousseau gegen vom Allgemeinwillen erlassene Gesetze, die das private Eigentum begrenzen und z. B. eine Agrarreform ermöglichen, um der Konzentration des Eigentums an Produktionsmitteln in der Hand einiger weniger entgegen zu wirken. Der entscheidende Punkt in der Bildung des konkreten allgemeinen Willens ist das allgemeine Interesse, und eine Reduktion des Unterschieds zwischen Arm und Reich kann sehr wohl im Allgemeininteresse liegen.

Anders Kant. Auch bei ihm ist der Souverän, das Volk also als rechtliche Einheit, der „dominus territorii", der Obereigentümer (VI 323,27–28), nur so kann der Staat seiner primären Aufgabe nachkommen, das (innere und) äußere Mein und Dein zu bestimmen und zu schützen. Die Eigentumsbestimmung ist jedoch eingefügt in die allgemeine staatliche Funktion der „iustitia distributiva", von der gilt, daß der Staat sie „ist". Sie bezieht sich nur auf eine Streitschlichtung und kann nicht in Anspruch genommen werden für eine etwaige Umverteilung und Agrarreform. Die Kantische Losung ist das „beati possidentes", wobei das Glück der „beati" noch dadurch gesteigert wird, daß einzig sie (ergänzt um Staatsbeamte) aktive Staatsbürger sind und also die Gesetzgebung in ihrer Hand haben. Am Ende bleibt eigentlich nur ein Satz der „Rechtslehre", der das Glück trüben könnte: Die männlichen passiven Staatsbürger sollen einen gesetzlichen Rahmen vorfinden, der es ihnen ermöglicht, sich „aus diesem passiven Zustande zu dem activen empor arbeiten zu können" (VI 315,21–22). Die Gesetze müssen also so beschaffen sein, daß jeder, der es naturaliter kann (also nicht Kinder und Frauen) und will, Qualifikationen oder Produktionseigentum erwerben kann, um mit ihnen außer der bürgerlichen auch die politische Freiheit zu erlangen.

13.5 Die Gewaltenteilung

Das System der triadischen (oder sie umspielenden) Gewaltenteilung lag Rousseau vor, zunächst bei Locke, sodann bei Montesquieu. Im Hintergrund der aristotelische praktische Syllogismus einer allgemeinen Regel (Ursprung der Legislative), der Subsumtion eines vorliegenden Falles unter die Regel (Judikative) und sodann als Schluß die Ausführung der Handlung (Exekutive). Im Naturzustand, so John Locke, bildet das jedermann erkennbare allgemeine Naturgesetz die maior; der einzelne ist sodann befugt und verpflichtet, einzelne Handlungen nach diesem Gesetz zu beurteilen und endlich in den einschlägigen Fällen eine Strafe zu vollziehen. Diese drei Kompetenzen werden an die „political society" delegiert: Das allgemeine Gesetz gibt die Legislative in Form einer Spezifikation der Naturgesetze; die Judikative beurteilt strittige Handlungen, und die Exekutive vollzieht den Urteilsspruch. Wo diese Übergabe stattgefunden hat, können wir von einem Staat sprechen (*Second Treatise of Government* VII, §§ 87–88, 124–126).

Montesquieu stellt die Gewaltenteilung so vor, daß zunächst Legislative und zwei Formen der Exekutive (die eine bezogen auf das Äußere des Staats, die andere auf das Innere; „droit des gens“ und „droit civil“) unterschieden werden; danach wird die erste Variante der Exekutive als Exekutive schlechthin, die zweite als „puissance de juger“ bezeichnet (Montesquieu, *De l'esprit des lois* XI 6). Rousseau nun nimmt die Dopplung der Exekutive zurück und kennt nur noch zwei Gewalten: Die der Gesetzgebung und die der Regierung. „Jede freie Handlung hat zwei Ursachen, die zu ihrer Hervorbringung zusammenwirken, eine geistige [„morale“], nämlich den Willen, der die Handlung bestimmt und beschließt, und eine physische, nämlich die Kraft, die sie ausführt.“ (III 395; III 1, 2: „Toute action libre a deux causes qui concourent à la produire, l'une morale, savoir la volonté qui détermine l'acte, l'autre physique, savoir la puissance qui l'exécute.“) Eben dies treffe auch auf den Staatskörper zu; der Wille sei die „puissance législative“, die Ausführung obliege der „puissance exécutive“. Eine dritte Gewalt ist (trotz III 377; II 5, 5 und III 394; II 12, 4) nicht vorgesehen! Drei Dinge sind symptomatisch für Rousseau beim Vergleich mit Kant, der sich dem Lockeschen Typ der Gewaltenteilung wieder annähert. Erstens: Rousseau geht nicht aus vom Kontext eines praktischen Syllogismus, sondern von der Gegebenheit eines Individuums, das als isoliertes gedacht wird. Es will irgendetwas und setzt dann seinen Körper in Gang, um diesen Willen zu realisieren. Hier muß notwendig das Allgemeine, das in der maior des praktischen Syllogismus als ein alle betreffendes Gesetz gedacht war, in den Willen selbst gelegt werden. Also zweitens: Rousseau streicht ein der Willensbildung vorgängiges erkennbares Gesetz. Es gibt keinen rechtlichen Sachverhalt, den der Gesetzgeber *erkennt* und dann als positives Gesetz spezifiziert und erläßt, sondern nur den Willen, der der unhinterschreitbare Urgrund der Rechtlichkeit ist. Rousseau streicht drittens die judikative Gewalt. Am Anfang der Staatsgründung stand, wie sich oben zeigte, nicht der zu schlichtende Dissens künftiger Bürger, sondern eine Bedrohung, gegen die nur der Kollektivwille und die Kollektivkraft vieler Menschen Rettung versprachen. Der Staat ist das „moi commun" des Willens und der bewegenden Kraft, beides in dem gemeinsamen Staatskörper. Wer gegen die Gesetze verstößt, wird Gegenstand der „Kriminalgesetze" („loix criminelles") und verläßt eo ipso die Staatsgesellschaft und kann als ihr Feind mit Kriegsrecht getötet werden – die juridische Prozedur wird in ein Vorgehen der „puissance exécutive" in ihrer Beziehung nach außen verwandelt. „Im übrigen wird jeder Übeltäter dadurch, daß er das Gesellschaftsrecht (‚droit social') verletzt, infolge seiner Verbrechen zum Rebellen und Verräter an seinem Vaterland. Indem er dessen Gesetze verletzt, hört er auf, ein Mitglied zu sein und führt sogar Krieg gegen sein Vaterland. Damit ist die Erhaltung des Staats inkompatibel mit seinem Überleben; einer von beiden muß zugrunde gehen, und wenn man den Schuldigen den Tod erleiden läßt, so weniger als Bürger als als Feind" (III 376; II 5, 4). „Tout malfaiteur" heißt es kurz: Von einem unabhängigen Gericht, in dem ein Bürger nach bestimmten Regeln verurteilt werden muß, um als Übeltäter bezeichnet werden zu können, ist bei Rousseau keine Rede. Und da ein vorgängiges Privatrecht nicht die Staatsfunktionen umreißt und auf die äußeren Handlungen begrenzt, sondern der Lebenswille und der Nutzen des „corps politique" den Leitfaden abgeben, kann der allgemeine Wille z. B. befinden, daß eine „religion civile" nützlich für das Staatswohl ist und das Bekenntnis zu ihr erzwingen. „Sobald sich jemand nach öffentlicher Anerkennung dieser Glaubensartikel aufführt, als glaube er nicht an sie, möge er mit dem Tod bestraft werden [...]" (III 468; IV 8, 32).

Vergleicht man die Platonische Republik mit den Staatsgebilden Rousseaus und Kants, so fällt eine Differenz besonders ins Auge: Bei Platon hat die Erkenntnis den Primat, bei Rousseau und Kant dagegen der Wille. Die Staatslenker Platons zeichnen sich dadurch aus, daß sie ihr Leben der Theorie weihten und daß sie erkennen, was gut ist, gut auch für die Bürgerschaft, in der sie leben. Treten sie in die Politik ein, dann realisieren sie in der Praxis, was sie in der Theorie als wahr, schön und gut erkannt haben. Bei Aristoteles gibt es zwar keine Philosophenherrscher, aber doch eine gemeinsame, von der Polis durchgängig konzipierte Instruktion der Aktivbürger in der Bildung ihres Körpers, ihres Gefühlslebens, ihres Charakters und ihrer Erkenntnis. Dagegen ist der allgemeine Wille, der bei Rousseau und Kant zur höchsten politischen Instanz wird, durch keine epistemische Vorleistung bedingt; die Aktivbürger, aus deren Willen sich die Legislative rekrutiert, brauchen niemals ihre Einsicht und Erkenntnis nachzuweisen, sondern sind als Wollende ausgezeichnet. Diese Position ist zu einer dominierenden Anschauung in der beginnenden Neuzeit geworden, besonders durch Thomas Hobbes. Der Notstaat, in den die Bürger als gleiche und freie eintreten, hat weder in einer Lehrelite wie bei Platon noch in einem großen, das ganze Leben der gleichen und freien Bürger umfassenden Erziehungsprogramm seine Grundlage. Der Hobbessche Bürger bringt nichts mit als seinen Überlebenswillen; Locke verjagt – in der Theorie, aber ein wenig auch in der Praxis – die Despoten und vertraut auf eine sich in der Gesellschaft durchsetzende religionsgestützte Moralität und die Kompatibilität der vernünftigen Interessen eines jeden mit den Interessen aller anderen. Rousseau wiederum hat nichts als den gesunden Lebenswillen des einzelnen und des Volks im ganzen, so lange es nicht durch eine fehlgeleitete Kultur zersetzt und sittlich ruiniert ist. Und Kant? Der Aktivbürger ist der Vorsteher eines ökonomisch selbständigen Hauses (sei es, daß diese ökonomische Position selbst erworben oder auch ererbt ist) oder Bediensteter des Staats. Er ist befugt zur Teilnahme an der Gesetzgebung ohne jeden Kompetenznachweis. Nun ist offensichtlich, daß der politische Wille sich nicht darin erschöpfen kann, daß er sich selbst will, sondern der epistemischen Vorleistungen bedarf, er muß Alternativen erkennen, auf die er sich mit begründeten Entscheidungen beziehen kann.

Wie wird das zur Willensbildung nötige, im Grundmodell jedoch nicht unter einem Titel „Erkenntnis-Gewalt" vorgesehene Wissen eingebracht? Bei Rousseau artikuliert die Legislative das homogene Interesse aller. Rousseaus geheime Vorliebe gilt den Bauern, die ohne Geldwirtschaft (III 429; III 15, 2: „Donnez de l'argent, et bientôt vous aurez des fers. Ce mot de *finance* est un mot d'esclave [...]") und weitere Weltkenntnis, am besten wohl als Analphabeten, so wie die rüstigen Spartaner und die Urrömer in den Tiefen ihres Gemüts das Wissen über ihre eigenen Interessen haben. Rousseaus Mißtrauen gegenüber der zeitgenössischen Erkenntniskultur zeigt sich in dieser Neigung zu den Früh- und Marginalvölkern. Ob Corsica und Polen, für die er Verfassungsentwürfe schrieb, Universitäten haben, wie es mit den Druckereien und Büchern dort bestellt ist, scheint eine gänzlich abwegige

Frage zu sein. Wenn von einer „vierten Gewalt“ gesprochen wird, so ist es keine durch eine freie Presse und gut finanzierte Universitäten aufgeklärte und kritische öffentliche Meinung, sondern es sind im Gegenteil die faktischen Sitten, Bräuche und tradierten Landesmeinungen (III 394; II 12, 5).

In der Kantischen „Rechtslehre“ bleibt die Legislative farblos und unbestimmt. Aus der Theorie folgt, daß in ihr die aktiven Staatsbürger unmittelbar oder durch ihre Vertreter die Landesgesetze geben; apriori notwendig ist eine der Aufgaben die Positivierung der allgemeinen Naturrechtsgesetze aus dem Privatrecht, sodann die Schaffung der rechtssichernden Institutionen. Bleibt man in diesem Konzept der „Rechtslehre“, so ist nicht klar, woher die aktiven Staatsbürger ihre Kenntnisse beziehen, um zur Gesetzgebung nicht nur befugt, sondern auch befähigt zu sein. Kant hat das epistemische Pendant, die vierte Gewalt der sich aufklärenden kritischen öffentlichen Meinung, an anderer Stelle entwickelt.

Literatur

Baczko, Br. 1974: Solitude et Communauté, Paris.

Borowski, L. E. 1912: Darstellung des Lebens und Charakters Immanuel Kants, hg. v. F. Groß, in: Immanuel Kant. Sein Leben in Darstellungen von Zeitgenossen, Berlin, 3–115.

Cassirer, E. 1993: Rousseau, Kant, Goethe, hg. v. Rainer A. Bast, Hamburg.

Geismann, G. 1982: Kant als Vollender von Hobbes und Rousseau, in: Der Staat 21, 161–189.

Habermas, J. 1992: Faktizität und Geltung. Beiträge zur Diskurstheorie des Rechts und des demokratischen Rechtsstaats, Frankfurt.

Herb, K. 1989: Rousseaus Theorie legitimer Herrschaft. Voraussetzungen und Begründungen, Würzburg.

Herb, K. 1996: Contrat et histoire. La transformation du contrat social de Rousseau à Kant, in: Revue germanique internationale 6, 101–112.

Kant, I. 1900ff.: Gesammelte Schriften (Akademie-Ausgabe), Berlin.

Kant, I. 1991: Bemerkungen in den Beobachtungen über das Gefühl des Schönen und Erhabenen, hg. v. M. Rischmüller, Hamburg.

Reich, Kl. 1936: Rousseau und Kant, Tübingen.

Schmidt-Biggemann, W. 1995: Die Freiheit, der Wille, das Absolute. Fichte als Aus-denker Rousseaus, in: Rousseau in Deutschland, hrsg. von Herbert Jaumann, Berlin, 197–220.

Steinkraus, W. E. 1974: Kant and Rousseau on Humanity, in: Southern Journal of Philosophy 12, 265–269.

Williams, D. L. 2007: Ideas and Actuality in the Social Contract: Kant and Rousseau, in: His-tory and Political Thought 28, 469–495.

Auswahlbibliographie zu Rousseaus *Gesellschaftsvertrag*

1 Textausgaben und Übersetzungen

1.1 Gesamtausgaben

Collection complète des oeuvres de Jean-Jacques Rousseau, hg. v. P. A. Du Peyrou, 24 Bde., Genf 1782, Supplément 6 Bde., Genf 1783–1784.

Œuvres complètes, hg. v. V. D. Musset-Pathay, 25 Bde., Paris 1823–1826.

Œuvres complètes, hg. v. B. Gagnebin und M. Raymond, Paris 1959ff., bisher 5 Bde. (Bibliothèque de la Pléiade).

Werke in vier Bänden, München 1996.

1.2 Einzelausgaben des *Gesellschaftsvertrags* und Teilsammlungen der politischen Schriften

Du Contrat social, hg. v. M. Halbwachs, Paris 1943.

Du Contrat social, hg. v. B. de Jouvenel, Genf 1947.

The Political Writings of Jean-Jacques Rousseau, hg. v. Ch. E. Vaughan, Oxford 1962, 2 Bde.

Du Contrat social, hg. v. R. Derathé, Paris 1964.

Du Contrat social, hg. v. R. Grimsley, Oxford 1972.

Der Gesellschaftsvertrag oder die Grundzüge des Staatsrechtes, hg. v. H. Denhardt, Stuttgart 1958.

Vom Gesellschaftsvertrag oder die Grundzüge des Staatsrechts, hg. v. H. Brockard, Stuttgart 1977.

Vom Gesellschaftsvertrag. Oder Grundlagen des politischen Rechts, hg. v. E. W. Skwara, Frankfurt / Main 1996.

Der Gesellschaftsvertrag, hg. v. A. Heine, Essen 1997.

Kulturkritische und politische Schriften in 2 Bänden, hg. v. M. Fontius, Berlin 1989.

Sozialphilosophische und Politische Schriften, München 1989.

Politische Schriften. Abhandlung über die Politische Ökonomie. Vom Gesellschaftsvertrag. Politische Fragmente, hg. v. L. Schmidts, Paderborn 1995.

Principes du droit de la guerre. Écrits sur la paix perpétuelle, hg. v. B. Bachofen und C. Spector, Paris 2008.

2 Sekundärliteratur

2.1 Bibliographien, Sammelbände, Hilfsmittel

Bibliographie und Rezensionen in: Annales de la Société Jean-Jacques Rousseau, Genf 1905ff.

Conlon, P. M. 1981: Ouvrages français relatifs à Jean-Jacques Rousseau 1751–1799. Bibliographie chronologique, Genf.

Dent, N. 1992: A Rousseau dictionary, Oxford u. a.

Dictionnaire de Jean-Jacques Rousseau, hg. v. R. Trousson u. F. S. Eigeldinger, Paris 2006.
Études sur le „Contrat social“ de Jean-Jacques Rousseau. Actes des journées d'étude organisées à Dijon, Paris 1964.
Feminist Interpretations of Jean-Jacques Rousseau, hg. v. L. Lange, University Park 2002.
Hobbes and Rousseau. A collection of critical essays, hg. v. M. Cranston u. R. S. Peters, New York 1972.
Jean-Jacques Rousseau. Politique et nation, hg. v. R. Pomeau u. a., Paris 2001.
Jean-Jacques Rousseau. Critical assessments of leading political philosophers, hg. v. J. T. Scott, London / New York 2006.
Jean-Jacques Rousseau en 2012: Puisqu'enfin mon nom doit vivre, hg. v. M. O'Dea, Oxford 2012.
Rousseau and freedom, hg. v. C. McDonald, Cambridge 2010.
Rousseau and liberty, hg. v. R. Wokler, Manchester.
Rousseau et la philosophie politique. Annales de philosophie politique (5), Paris 1965.
Routledge Philosophy Guidebook to Rousseau and The Social Contract, hg. v. C. Bertram, London / New York 2004.
Sénelier, J. 1950: Bibliographie générale des oeuvres de Jean-Jacques Rousseau, Paris.
Soetard, M. 1989: Jean-Jacques Rousseau. Philosoph – Pädagoge – Zerstörer der alten Ordnung. Eine Bibliographie, übers. v. Ingrid Altrichter, Zürich.
The Cambridge Companion to Rousseau, hg. v. P. Riley, Cambridge 2001.

2.2 Literatur zu Rousseaus Politischer Philosophie

Andrivet, P. 1976: Jean-Jacques Rousseau: quelques aspects de son discours politique sur l'antiquité romaine, in: Studies on Voltaire and the Eighteenth Century 151, 131–148.
Asal, S. 2007: Der politische Tod Gottes. Von Rousseaus Konzept der Zivilreligion zur Entstehung der Politischen Theologie, Dresden.
Asbach, O. 2002: Die Zähmung der Leviathane: Die Idee einer Rechtsordnung zwischen Staaten bei Abbé de Saint-Pierre und Jean-Jacques Rousseau, Berlin.
Bachofen, B. 2002: La Condition de la liberté. Rousseau, critique des raisons politiques, Paris.
Baczko, B. 1970: Rousseau. Einsamkeit und Gemeinschaft, Wien u. a.
Benoist, J.-M. 1981: Critique du signe et de la représentation de Rousseau à aujourd'hui, in: History of European Ideas 1, 123–132.
Berlin, I. 1969: Four Essays on Liberty, London / Oxford / New York.
Bernardi, B. 2006: La fabrique des concepts. Recherches sur l'invention conceptuelle chez Rousseau, Paris.
Bolz, N. 2009: Diskurs über die Ungleichheit. Ein Anti-Rousseau, Paderborn / München.
Brandt, R. 1973: Rousseaus Philosophie der Gesellschaft, Stuttgart.
Broome, J. H. 1963: Rousseau. A study of his thought, London.
Casini, P. 1979: L'antichità et la ricerca della patria ideale, in: Rousseau secondo Jean-Jacques, 87–95.

Bürgin, A. 2008: Endliches Subjekt – Gleichheit und der Ort der Differenz bei Hobbes und Rousseau, Paderborn.
Cassirer, E. 1970: Das Problem Jean-Jacques Rousseau, Darmstadt.
Cell, H. / MacAdam, J. I. 1988: Rousseau's response to Hobbes, New York.
Chapman, J. W. 1956: Rousseau – Totalitarian or Liberal? New York.
Charvet, J. 1974: The social problem in the philosophy of Rousseau, London.
Cobban, A. 1934: Rousseau and the modern state, London.
Cohen, J. 2010: Rousseau. A free community of equals, Oxford u. a.
Cranston, M. 1984: Rousseau on equality, in: Social Philosophy and Policy 2, 115–124.
Critchley, S. J. 2008: Der Katechismus des Bürgers: Politik, Gesetz und Religion bei, gemäß, mit und gegen Rousseau, Zürich / Berlin.
Dent, N. 1988: Rousseau, New York.
Derathé, R. 1948: Le rationalisme de Jean-Jacques Rousseau, Paris.
Derathé, R. 1950: Jean-Jacques Rousseau et la science politique de son temps, Paris.
Durand, B. 2007: Rousseau, Stuttgart.
Edmonds, D. / Eidinow, J. 2008: Rousseaus Hund. Zwei Philosophen, ein Streit und das Ende aller Vernunft, München.
Ellenburg, St. 1976: Rousseau's political philosophy: An interpretation from within, Ithaca / New York.
Erdmann, K. D. 1935: Das Verhältnis von Staat und Religion nach der Sozialphilosophie Rousseaus, Berlin.
Evans, M. 1995: Freedom in Modern Society: Rousseau's challenge, in: Inquiry 38, 233–255.
Ferrara, A. 1992: Modernity and authenticity: A study of the social and ethical thought of Jean-Jacques Rousseau, Albany.
Fetscher, I. [3]1975: Rousseaus politische Philosophie, Frankfurt / M.
Fischer, Kl. H. 1991: Jean-Jacques Rousseau: Die soziologischen und rechtsphilosophischen Grundlagen seines Denkens, Schutterwald.
Forschner, M. 1977: Rousseau, Freiburg / München.
Goldschmidt, V. 1982: Individu et communauté chez Rousseau, in: Revue de Théologie et de Philosophie 114, 247–258.
Gough, J. W. 1957: The social contract, Oxford.
Goyard-Fabre, S. 1978: Sur quelques équivoques de la loi civile dans la doctrine de Rousseau, in: Revue Philosophique de la France et de l'étranger 168, 287–304.
Goyard-Fabre, S. 1984: Rousseau et les législateurs grecs, in: Diotima 12, 120–130.
Grimsley, R. 1968: Rousseau and the religious quest, Oxford.
Grimsley, R. 1973: The philosophy of Rousseau, London u. a.
Groethuysen, B. 1949: Jean-Jacques Rousseau, Paris.
Hall, J. C. 1973: Rousseau: An introduction to his political philosophy, London.
Haymann, Fr. 1898: Rousseaus Socialphilosophie, Berlin.
Hentig, H. 2004: Rousseau oder Die wohlgeordnete Freiheit, München.
Herb, K. 1989: Rousseaus Theorie legitimer Herrschaft, Würzburg.

Herb, K. 1999: Bürgerliche Freiheit. Politische Philosophie von Hobbes bis Constant, München / Freiburg.

Herb, K. / Morgenstern, K. / Scherl, M. 2011: Im Schatten der Öffentlichkeit. Privatheit und Intimität bei Jean-Jacques Rousseau und Hannah Arendt, in: Jahrbuch für Recht und Ethik 19, 275–298.

Herb, K. / Taureck, B. 2012: Rousseau-Brevier, München.

Heyer, A. 2006: Die politische Dimension der Anthropologie. Zur Einheit des Werkes von Jean-Jacques Rousseau, Frankfurt / Main u. a.

Horowitz, A. 1987: Rousseau, nature, and history, Toronto.

Hubert, R. 1928: Rousseau et l'Éncyclopédie, Paris.

Hunter, J. F. M. 1966: The logic of social contracts, in: Dialogue 5, S. 31–46.

Inston, K. 2010: Rousseau and Radical Democracy, London u. a.

Kersting, W. 1994: Die politische Philosophie des Gesellschaftsvertrags, Darmstadt.

Khodoss, Fl. 1980: Du Contrat social de Jean-Jacques Rousseau, Commentaire, Paris.

Kuster, F. 2005: Rousseau – Die Konstitution des Privaten. Zur Genese der bürgerlichen Familie, Berlin.

Lacoue-Labarthe, P. 2004: Poetik der Geschichte, Berlin.

Leduc-Fayette, D. 1974: J.-J. Rousseau et le mythe de l'antiquité, Paris.

Leigh, R. A. 1979: Rousseau and the Problem of Tolerance in the Eighteenth Century, Oxford.

Lemos, R. M. 1977: Rousseau's political philosophy: An exposition and interpretation, Athens (Georgia).

Lepan, G. 2007: Jean-Jacques Rousseau et le patriotisme, Paris.

Levine, A. 1976: The politics of autonomy: A Kantian reading of Rousseau's Social contract, Amherst.

Lloyd, H. A. 1991: Sovereignty: Bodin, Hobbes, Rousseau, in: Revue Internationale de Philosophie 45, 353–379.

Manent, P. 1987: Histoire intellectuelle du libéralisme. Dix leçons, Paris.

Manent, P. 2007: Naissances de la politique moderne. Machiavel, Hobbes, Rousseau, Paris.

Martin-Haag, E. 2009: Rousseau ou la conscience sociale des lumières, Paris.

Martins, E. de R. 1978: Autonomia e liberdade, in: Revista Latinoamericana de Filosofia 4, 99–117.

Mason, J. H. 1989: Individuals in society: Rousseau's republican vision, in: History of Political Thought 10, 89–112.

Masters, R. D. 1968: The political philosophy of Rousseau, Princeton / New York.

Mayer-Tasch, P. C. 1968: Autonomie und Autorität. Rousseau in den Spuren von Hobbes? Neuwied / Berlin.

Meier, H. 2011: Über das Glück des philosophischen Lebens. Reflexionen zu Rousseaus Rêveries in zwei Büchern, München.

Melzer, A. M. 1990: The natural goodness of man: On the systems of Rousseau's thought, Chicago.

Mensching, G. 2003: Rousseau zur Einführung, Hamburg.

Neuhouser, F. 2008: Rousseau's Theodicy of Self-Love. Evil, Rationality, and the Drive for Recognition, New York.

Noone, J. B. 1972: Rousseau's theory of natural law as conditional, in: Journal of the History of Ideas 3, 23–42.
Nussbaum, Ch. 1996: Majoritarianism, autonomy, and „etrenchment", in: Southwest Philosophy Review 12, 85–102.
Philonenko, A. 1984: Jean-Jacques Rousseau et la pensée du malheur, 3 Bde., Paris.
Plamenatz, J. 1963: Man and society: political and social theory – Machiavelli through Rousseau, vol. 1, New York .
Polin, R. 1971: La politique de la solitude. Essai sur Jean-Jacques Rousseau, Paris.
Putterman, E. 2010: Rousseau, law, and the sovereignty of the people, Cambridge u. a.
Radica, G. 2008: L'Histoire de la raison. Anthropologie, morale et politique chez Rousseau, Paris.
Ramgotra, M. 1994: Modern Theories of the state: Rousseau's republican project, in: History of European Ideas 19, 819–825.
Rang, M. 1959: Rousseaus Lehre vom Menschen, Göttingen.
Rapaczynski, A. 1987: Nature and politics: Liberalism in the philosophies of Hobbes, Locke, and Rousseau, Ithaca / New York.
Rath, C. 2010: Zur politischen Philosophie in Rousseaus kleineren Werken, Marburg.
Reich, Kl. 1947: Staatsrecht und Ethik bei Rousseau, in: Romanische Forschungen LX, 719–733.
Reich, Kl. 1936: Rousseau und Kant, Tübingen.
Reiche, E. 1935: Rousseau und das Naturrecht, Berlin.
Reisert, J. R. 2003: Jean-Jacques Rousseau. A Friend of Virtue, Ithaca u. a.
Riley, P. 1973: How coherent is the social contract tradition?, in: Journal of the History of Ideas 34, 543–562.
Riley, P. 1982: Will and political legitimacy, Cambridge.
Riley, P. 1986: The General Will Before Rousseau, Princeton.
Roels, J. 1969; Le concept de représentation politique au dix-huitième siècle français, Louvain / Paris.
Roussel, J. 1972: Jean-Jacques Rousseau en France après la Révolution 1795–1830. Lectures et légende, Paris.
Scheltens, D. R. 1977: The social contract and the principle of law, in: The Philosophical Quarterly 17, 317–338.
Schottky, R. 1995: Untersuchungen zur Geschichte der staatsphilosophischen Vertragstheorie im 17. und 18. Jahrhundert: Hobbes – Locke – Rousseau – Fichte; mit einem Beitrag zum Problem der Gewaltenteilung bei Rousseau und Fichte, Amsterdam.
Shklar, J. 1969: Men and citizens: A study of Rousseau's social theory, London.
Soetard, M. 2012: Jean-Jacques Rousseau. Leben und Werk, München.
Spaemann, R. 2008: Rousseau – Mensch oder Bürger. Das Dilemma der Moderne, Stuttgart.
Spector, C. 2011: Au prisme de Rousseau: usages politiques contemporains, Oxford.
Starobinski, J. 2003: Rousseau. Eine Welt von Widerständen, Frankfurt / Main.
Strauss, L. 1953: Natural Right and History, Chicago.

Strong, T. B. 1975: The practical unity of community and privacy, in: Humanitas 11, 85–97.
Sturma, D. 2001: Jean-Jacques Rousseau, München.
Talmon, J. L. 1961: Die Ursprünge der totalitären Demokratie, Köln.
Touchefeu, Y. 2007: L'antiquité et le christianisme dans la pensée de Jean-Jacques Rousseau, Oxford.
Vernes, P. M. 1980: L'image de l'homme grec chez Jean-Jacques Rousseau, in: Diotima 8, 148–151.
Viroli, M. 1988: Jean-Jacques Rousseau and the „well-ordered society", New York.
Vossler, O. 1963: Rousseaus Freiheitslehre, Göttingen.
Waterlot, G. 2004: Rousseau. Religion et politique, Paris.
Weil, E. 1984: Rousseau et sa politique, in: Pensée de Rousseau, hg. v. P. Bénichou et al., Paris, 9–39.
Wokler, R. 1987: Rousseau's two concepts of liberty, hg. v. G. Feaver, Lives, liberties and the public good, Basingstoke u. a., 61–100.
Wokler, R. 2004: Rousseau, Freiburg u. a.

2.3 Literatur zum *Gesellschaftsvertrag*

Baczko, B. 1959–62: Rousseau et l'aliénation sociale, in: Annales de la société Jean-Jacques Rousseau 35, 223–233.
Barth, H. 1965: Volonté générale et volonté particulière chez J.-J. Rousseau, in: Rousseau et la philosophie politique. Annales de philosophie politique 5, 44–57.
Beyssade, J. M. 1979: État de guerre et pacte social selon Jean-Jacques Rousseau, in: Kant-Studien 70, 162–178.
Chevalier, J.-J. 1964: Le mot et la notion de gouvernement chez Rousseau, in: Études sur le Contrat social, 291–313.
Cohen, J. 1986: Reflections on Rousseau: Autonomy and democracy, in: Philosophy and Public Affairs 15, 275–297.
Col, N. R. 2001: Rousseau, le contrat social et la révolution, Rennes.
Colonna D'Istria, G. u. a. 2008: Relire Du Contrat social de Jean-Jacques Rousseau, Clermont-Ferrand.
Cranston, M. 1987: Jean-Jacques Rousseau and the fusion of democratic sovereignty with aristocratic government, in: History of European Ideas 8, 417–425.
Cress, D. A. (Hg.) 1987: On the social contract: Jean-Jacques Rousseau, Indianapolis.
Crocker, L. G. 1968: Rousseau's Social contract: An interpretative essay, Cleveland.
de Freitas, J. 1997: Política e festa popular em Rousseau: a recusa de representação, São Paulo.
Demouge, G. 2002: Rousseau ou la révolution impossible, Paris.
Etane, Y. 1996: Rousseau: le Contrat social en question, in: Philosopher 19, 23–42.
Fralin, R. 1978: The evolution of Rousseau's view of representative government, in: Political Theory 6, 517–536.

Fralin, R. 1986: Rousseau and community: The role of „moeurs“ in social change, in: History of Political Thought 7, 131–150.
Gaul, J. 2001: Freiheit ohne Recht. Ein Beitrag zu Rousseaus Staatslehre, Berlin.
Gildin, H. 1983: Rousseau's social contract: The design of the argument, Chicago.
Guinle, J. P. 1978: Le législateur de Rousseau et le héros hegelien, in: Revue Philosophique de la France et de l'étranger 168, 305–316.
Herb, K. 1993: Naturgeschichte und Recht. Rousseaus Weg vom „Discours sur l'inégalité“ zum „Contrat social“, in: Zeitschrift für Politik 40, 355–371.
Herb, K. 1996: Contrat et histoire. La transformation du contrat social de Rousseau à Kant, in: Revue Germanique International 6, 101–112.
Hiley, D. R. 1990: The individual and the general will: Rousseau reconsidered, in: History of Philosophy Quarterly 7 (April 1990), S. 159–178.
Jones, W. T., Rousseau's general will and the problem of consent, in: Journal of the History of Philosophy 25 (1987), S. 105–130.
Jouvenel, B. de 1962: Théorie des formes de gouvernement chez Rousseau, in: Le Contrat social, 343–351.
Kain, Philip J. 1990: Rousseau, the general will, and individual liberty, in: History of Philosophy Quarterly, 315–334.
Khodoss, Fl. 1980: Du Contrat social de Jean-Jacques Rousseau, Commentaire, Paris.
Lakoff, S. 1987: Liberty, equality, democracy, hg. v. G. Feaver, Lives, Liberties and the public good, Basingstoke u. a., 101–120.
Leigh, R. A. 1972–77: Le Contrat social, oeuvre genevoise?, in: Annales de la société Jean-Jacques Rousseau 39, 93–111.
Lemos, R. M. 1975: Rousseau's animadversions on representative democracy, in: Social Theory and Practice 3, 367–377.
MacAdam, Jim 1983: Rousseau's democratic principle, in: Journal of the History of Philosophy 21, 231–234.
Mason, P. A. 1993: The Genevan republican background to Rousseau's Social contract, in: History of Political Thought 14, 527–572.
Mc Kenzie, L. A. 1982: Rousseau's debate with Machiavelli in in the „Social contract“, in: Journal of the History of Ideas 43, 209–228.
Polin, R. 1964: La fonction du législateur chez J.-J. Rousseau, in: J.-J. Rousseau et son oeuvre, Problèmes et recherches, Paris, 231–248.
Ramel, F. / Joubert, J. 2001: Rousseau et les relations internationales, Paris.
Rehm, M. 2006: Bürgerliches Glaubensbekenntnis. Moral und Religion in Rousseaus politischer Philosophie, München.
Röd, W. 1978: Eigentum und Arbeit in Rousseaus politischer und ökonomischer Theorie, in: Revue Internationale de Philosophie 32, 260–278.
Rosenblatt, Helena 1997: Rousseau and Geneva: From the First Discourse to the Social Contract, 1749–1762, New York.
Scheltens, D. R. 1977: The social contract and the principle of law, in: The Philosophical Quarterly 17, 317–338.
Schottky, R. 1994: Das Problem der Gewaltenteilung bei Rousseau und Fichte, in: Daimon, Revista de Filosofia 9, 289–322.

Simpson, M. C. 2002: The logic of freedom in Rousseau's Social Contract, Boston.
Terrel, J. 2001: Les Théories du pacte social. Droit naturel et souveraineté de Bodin à Rousseau, Paris.
Trachtenberg, Z. 1997: Subject and citizen: Hobbes and Rousseau on Sovereignty and the self, hg. v. T. O'Hagan, Jean-Jacques Rousseau and the sources of the self, Avebury, Brookfield.
Underwood, L. J. 2007: Terror by Consent. The Modern State and the Breach of the Social Contract, Bern u. a.
Waldron, J. 1990: Rights and majorities: Rousseau revisited, in: Nomos 32, 44–75.

Personenregister

Sachregister

Hinweise zu den Autoren

Olaf Asbach, geb. 1960, Professor für Politische Theorie und Ideengeschichte an der Universität Hamburg (Heisenberg-Professur „Europa und Moderne"). *Buchveröffentlichungen*: Kritische Gesellschaftstheorie und historische Praxis (1997), Von der Erkenntniskritik zur Kritischen Theorie der Gesellschaft (1997), Altes Reich. Frankreich und Europa (Hg. mit Sven Externbrink u. Klaus Malettke, 2001), Die Zähmung der Leviathane (2002), Staat und Politik zwischen Absolutismus und Aufklärung (2005), Vom Nutzen des Staates (Hg. mit Rüdiger Voigt, 2009), War, the State and International Law in Seventeenth Century Europe (Hg. Peter Schröder, 2010), Europa – Vom Mythos zur ‚Imagined Community'? (2011).

Paul Bastid, 1892–1974, seit 1951 Professor in Dijon, dann an der Université de Droit, d'Économie et de Sciences Sociales de Paris; von 1924 bis 1951 Parlamentsabgeordneter, französischer Abgesandter beim Völkerbund, Mitglied der Académie des Sciences Morales et Politiques. *Buchveröffentlichungen*: Sieyès et sa pensée (1939), Benjamin Constant et sa Doctrine (1966).

Reinhard Brandt, geb. 1937, Professor em. für Philosophie in Marburg und Gründer des Marburger Kant-Archivs. *Buchveröffentlichungen*: Die Aristotelische Urteilslehre (1965), Rousseaus Philosophie der Gesellschaft (1973), Eigentumstheorien von Grotius bis Kant (1974), Die Interpretation philosophischer Werke (1984), Die Urteilstafel (1990), D'Artagnan und die Urteilstafel (1991), Zu Kants politischer Philosophie (1998), Die Wirklichkeit des Bildes (1999), Philosophie in Bildern (2000), Philosophie. Eine Einführung (2001), Universität zwischen Selbst- und Fremdbestimmung (2003), Immanuel Kant. Was bleibt? (2010), Wozu noch Universitäten? Ein Essay (2011). Herausgeber zahlreicher Sammelbände. Seit 1987 Herausgeber der Kantischen Vorlesungen im Rahmen der Akademie-Ausgabe von Kants Gesammelten Schriften. Mitherausgeber der Kant-Forschungen (1987ff.). Zahlreiche Aufsätze zur griechischen Philosophie, zur französischen, englisch-schottischen und deutschen Aufklärung. Daneben Arbeiten zur Interpretation philosophischer Werke und zur Kunstgeschichte.

Jean Cousin, 1902–1981, seit 1929 Professor in Albi und Poitiers, von 1937 bis 1972 Professor für Littérature latine an der Faculté des Lettres de Besançon, Herausgeber zahlreicher Editionen griechischer und lateinischer Werke im Französischen (Platon, Tacitus, Cicero, Quintilius u. a.), Aufsätze zur antiken und klassischen französischen Literatur.

Bernard Gagnebin, 1915-1998, Professor für Technique de la recherche in den Sozialwissenschaften an der Faculté des Arts der Universität Genf. Seit 1940 Konservator der Manuskriptsammlung der Universitätsbibliothek Genf, seit 1959 deren Vizepräsident. Mitherausgeber der Pléiade-Ausgabe der Schriften Rousseaus und Voltaires. *Buchveröffentlichungen*: Burlamaqui et le droit naturel (1944), A la rencontre de J.-J. Rousseau (1962).

Karlfriedrich Herb, geb. 1957, Professor für Politische Philosophie und Ideengeschichte an der Universität Regensburg, Lehrbeauftragter am Humboldt-Studienzentrum der Universität Ulm. *Buchveröffentlichungen*: Hobbes über die Freiheit (zs. mit Georg Geismann, 1988), Rousseaus Theorie legitimer Herrschaft (1989), Bürgerliche Freiheit. Politische Philosophie von Hobbes bis Constant (1999), Alexis de Tocqueville (zs. mit Oliver Hidalgo, 2005), Montesquieus Staatsverständnis. Die Natur des Staates (zs. mit Oliver Hidalgo, 2008), Rousseau-Brevier. Schlüsseltexte und Erläuterungen (zs. mit Bernhard H. F. Taureck, 2011). Aufsätze zur praktischen Philosophie und zur Philosophie der Aufklärung.

Wolfgang Kersting, geb. 1946, Professor em. für Philosophie und Direktor am Philosophischen Seminar der Christian-Albrechts-Universität zu Kiel. *Buchveröffentlichungen*: Die Ethik in Hegels „Phänomenologie des Geistes" (1974), Wohlgeordnete Freiheit. Immanuel Kants Rechts- und Staatsphilosophie (1984), Niccolò Machiavelli. Leben – Werk – Wirkung (1988), Thomas Hobbes zur Einführung (1992), John Rawls zur Einführung (1993), Die politische Philosophie des Gesellschaftsvertrags (1994), Gerechtigkeit und Medizin (1995), Recht, Gerechtigkeit und demokratische Tugend (1997), Platons ‚Staat' (1999), Theorien der sozialen Gerechtigkeit (2000), Politik und Recht (2000), Rechtsphilosophische Probleme des Sozialstaats (2000), Kritik der Gleichheit. Über die Grenzen der Gerechtigkeit und der Moral (2002), Kant über Recht (2004), Gerechtigkeit und Lebenskunst. Philosophische Nebensachen (2005), Der liberale Liberalismus (2006), Gerechtigkeit und öffentliche Vernunft. Über John Rawls' politischen Liberalismus (2006), Verteidigung des Liberalismus (2009), Macht und Moral. Studien zur praktischen Philosophie der Neuzeit (2010), Wie gerecht ist der Markt? Ethische Perspektiven der sozialen Marktwirtschaft (2012).

John P. Plamenatz, 1912–1975, Chichele Professor of Social and Political Thought an der Oxford University, Fellow der British Academy. *Buchveröffentlichungen*: Consent, Freedom and Political Obligation (1938, 2. Aufl. 1968), The English Utilitarians (1949, 2. Aufl. 1958), Man and Society (3 vol. 1963), Karl Marx's Philosophy of Man (1975).

Michaela Rehm, geb. 1968, Juniorprofessorin an der Abteilung Philosophie der Universität Bielefeld, „Junior Fellow" am Max-Weber-Kolleg für kultur- und sozialwissenschaftliche Studien der Universität Erfurt. *Buchveröffentlichungen*: Bürgerliches Glaubensbekenntnis. Moral und Religion in Rousseaus politischer Philosophie (2006).

Patrick Riley, geb. 1941, Michael Oakeshott Professor em. of Political Science an der University of Wisconsin-Madison; Lecturer am Department of Government der Harvard University. *Buchveröffentlichungen*: Will and Political Legitimacy (1982), Kant's Political Philosophy (1983), The General Will Before Rousseau (1986), Leibniz' Universal Jurisprudence (1996), The Cambridge Companion to Rousseau (Hg., 2001).

Robert Wokler, 1942–2006, Reader in The History of Political Thought am Department of Government der University of Manchester. *Buchveröffentlichungen*: Social Thought of J.-J. Rousseau (1987), Rousseau (1995), Rousseau and Liberty (Hg., 1995), The Enlightenment and Modernity (Hg. mit Norman Geras, 2000), The Counter-Enlightenment of Isaiah Berlin (Hg. mit Joseph Mali, 2003).

FRÜHE NEUZEIT / AUFKLÄRUNG

Hume: Eine Untersuchung über den menschlichen Verstand
Jens Kulenkampff (Hrsg.)
ISBN 978-3-05-002866-8

Leibniz: Monadologie
Hubertus Busche (Hrsg.)
ISBN 978-3-05-004336-4

Locke: Essay über den menschlichen Verstand
Udo Thiel (Hrsg.)
ISBN 978-3-05-004481-1

Locke: Zwei Abhandlungen über die Regierung
Bernd Ludwig,
Michaela Rehm (Hrsg.)
ISBN 978-3-05-005076-8
[in Vorbereitung]

Machiavelli: Der Fürst
Ofried Höffe (Hrsg.)
ISBN 978-3-05-004350-0
[in Vorbereitung]

Rousseau: Vom Gesellschaftsvertrag
Reinhard Brandt,
Karlfriedrich Herb (Hrsg.)
ISBN 978-3-05-005146-8

Spinoza: Ethik
Michael Hampe,
Robert Schnepf (Hrsg.)
ISBN 978-3-05-004126-1

Spinoza: Theologisch-politischer Traktat
Otfried Höffe (Hrsg.)
ISBN 978-3-05-006070-5
[in Vorbereitung]

KLASSISCHER DEUTSCHER IDEALISMUS

Fichte: Grundlage des Naturrechts
Jean-Christophe Merle (Hrsg.)
ISBN 978-3-05-003023-4

Hegel: Grundlinien der Philosophie des Rechts
Ludwig Siep (Hrsg.)
ISBN 978-3-05-005680-7

Hegel: Phänomenologie des Geistes
Dietmar Köhler,
Otto Pöggeler (Hrsg.)
ISBN 978-3-05-004234-3

Hegel: Wissenschaft der Logik
Anton Friedrich Koch,
Friedrike Schick (Hrsg.)
ISBN 978-3-05-003711-0

Kant: Die Religion innerhalb der Grenzen der bloßen Vernunft
Otfried Höffe (Hrsg.)
ISBN 978-3-05-004682-2

Kant: Kritik der praktischen Vernunft
Otfried Höffe (Hrsg.)
ISBN 978-3-05-005106-2